中文社会科学引文索引(CSSCI)来源集刊

Renmin University Law Review

人大法律评论

2018年卷第1辑 · 总第26辑

《人大法律评论》编辑委员会组编

法律出版社
LAW PRESS·CHINA

卷首语

经过半年时间的组稿,《人大法律评论》(以下简称《评论》)2018 年第 1 辑终于和大家见面了！在本辑的组稿、编印、出版的过程中,收到了广大学人的踊跃投稿,得到了法学院王轶院长、指导老师张志铭教授、丁晓东老师、外审专家学者的大力支持,也得到了法学院诸多师长及历届编辑的不断激励。此外,法律出版社黄琳佳编辑一如既往的辛勤付出,编辑部成员以及贺瑞、李焕集、刘继烨、李泽宇、唐少敏、翟玉涛、刘鹿鸣、陆琦、宋史超、龚钰、张卓、马平川、李梦阳、曹恩诚、潘泽钧等实习编辑的共同努力,使本书的出版成为可能。我们在此向诸位表示衷心感谢!

《评论》成为 CSSCI 来源集刊以来,来稿数量颇多,其中不乏高质量的稿件,由于版面所限,我们不得不在众多来稿里优中选优。在本辑《评论》中,我们精选了 16 篇文章,作者分别来自中国人民大学、清华大学、山东大学、四川大学、华东师范大学、中国政法大学、西南政法大学、华东政法大学、上海财经大学、北京理工大学、河北经贸大学、北京城市学院众城智库等。本辑《评论》,我们继续落实双向匿名评审制度,并实行专家外审制度,最终完成组稿。我们对向本刊投稿的诸位作者表示衷心感谢,对稿件被本刊采用的作者表示诚挚祝贺!

在“专题研讨一”栏目中,我们收录了“中华法律文化”领域的佳作 4 篇。武树臣教授的大作《“春秋决狱”新论——一种法文化的视角》一文将“春秋决狱”置于广大的法文化史中进行宏观的考察和把握。作者认为,“春秋决狱”的产生应当回归到汉代的一系列社会条件,包括正统儒家思想与严酷刑律之间的不协调、立法条件不成熟需要司法渠道的强化、司法实践对待案件的粗糙处理等六个条件;“春秋决狱”的价值方向是既维护集权君主制度又维护父系家庭秩序;“春秋决狱”所取得的成果标志着古代刑法理论的进步,开拓了成文法与适用判例相结合的中国混合法的雏形,同时还有儒家经义借助法定程序进入司法领域发挥指导作用、为刑法典完善提供条件、一定程度上对皇权有所制约等社会意义和法文化意义上的价值。作者运用翔实的资料、宏大的叙事和精炼的语句为我们呈现了新的视角下的“春秋决狱”，并且对当代的法学方法论仍有促进作用，可谓发现了我国古代的法治瑰宝。郭成伟教授的作品《西汉的批判反思对理论构建与法制文明发展的影响》回溯了西汉初年到武帝时期在武器上、思想上、制度上的批判简史和理论上的反思历程，指出了西汉的武器批判对创建文明国度、思想批判对理论文明建设，以及制度批判对法制文明的重要意义。郭成伟教授认为，这场历经了几代君臣的批判反思摈弃了秦朝“任法弃礼”的误国理论，较为彻底地清除了秦朝暴政的荼毒，同时构建了以儒家学说为母体、道家学说为基础、法家学说为完善手段、阴阳家学说为强化武器的综合理论体系，它促进了西汉治国理论的变革和构建，客观上为西汉法制建设发挥了重要的引领作用。汉文帝雅纳张释之之逆耳谏言，依法处犯跸者以罚金，以及文景二帝先后改革刑制，以身体刑、劳役刑取代肉刑的文明改革等，均属西汉时期法制文明生成并持续发展的例证之一。在《古代司法中的实践智慧——以兼及法作为实践智慧的基本立场》一文中，作者武建敏先生从“法”的古文字切入，揭示了中国古代法律文化的司法中心主义思想。作者指出当前学界“立法者中心”的研究立场使法概念作为规则被理解，而在司法与法之间内在统一性的驱动下，部分学者开始从实践、行动、实践智慧等维度重新审视法概念，力图注入法概念的实践元素，“立法者中心”的立场开始向“司法者中心”倾斜，这恰与古代法观念相通。作者从“道德”“经验”“辩证法”三个维度展开，阐释了古代司法的实践智慧：司法的道德化不仅为一个具体的纠纷找到了合理的解纷方式，而且在深层的意义上解决了司法纠纷的前提问题，促进“人类善”的实现；经验主义哲学是古代中国司法的根基，更关注探求生活世界本身而不是其外的抽象世界；辩证法的运演过程内含于作为法律生活中心的司法过程。从司法反观法本身，作为实践智慧的法反对法条主义，倡导情境主义，肯定人治主义的合理性，表达了鲜明的价值论立场，同时主张行动的自主性。在《亲情与公义的共赢——中国传统家族法视野下的隐亲、告亲与救亲》一文中，景风华老师通过法律的规范分析方法，探讨隐亲与告亲在中国传统法律当中的范围和限度，更为准确地界定“亲亲相隐”的性质。同时运用体系解释的方法，综合分析容隐与缘坐、自首等相关制度之间的关系，揭示亲情与公义如何在中国传统的家族伦理体系及法律体系中得到统一。最后她提出当下法律如果能够接受“亲亲相隐”，同时承继“告亲”与“救亲”的亲属法传统，将亲属为首作为案件裁判的减轻情节，也许能够打破价值对立的僵局，为当前的伦理讨论提供新的思路，并对中国的法治建设有所助益。

在“专题研讨二”栏目中，我们收录了“德国古典法哲学”领域的佳作4篇，旨在较为完整地展示德国古典法哲学之逻辑进展（康德、费希特、谢林、黑格尔）的总体面貌。在《黑格尔对西方近代自然法理论的批判与改造》一文中，作者朱学平先生认为黑格尔通过对西方近代自然法理论的批判和改造，完成了一场重大而深刻的法哲学革命。具体而言，作者指出这场范式革命从黑格尔对康德法哲学的批判展开，黑格尔认为自然法理论赖以成立的抽象人性概念无法为法哲学提供坚实基础，为此，他用更加具体、真实的伦理取而代之，作为法哲学的基础。而后，黑格尔在重新接纳现代个体精神的前提下，一方面将自然法理论与经济学结合起来，提出独特的市民社会理论；另一方面则在伦理的基础上对国家进行重构。最后，黑格尔用市民社会和国家的分离取代了自然法理论的法律和道德的分离，并成为其后法学理论发展的基础和前提。在黄涛先生的大作《论历史与法权——谢林〈先验唯心论体系〉中有关法权演绎的学说》中，作者将审视的目光投向了德国古典哲学发展史上长期被忽视的思想家谢林。作者以谢林的相互承认学说以及建立在此基础上的法权演绎学说为主线，分析他在《先验唯心论体系》中提出的法哲学学说，对谢林法哲学思想进行了初步建构。作者试图论证，谢林发展了费希特以来有关相互承认的看法，将历史引入了对于自由的论证之中，从而导致了德国古典哲学发展史上的自由观的一次重要转变。并且在此基础上，为新的法权演绎，也为历史法学派的诞生提供了哲学的基础。作者同时发现，在谢林的整个法权演绎的过程中存在着内在矛盾，这也造成了他在主张废除国家和强调绝对的伦理国家之间的立场摇摆。在《费希特的正义思想》一文中，作者张东辉教授结合费希特知识学的演变过程，尝试从法权、伦理和宗教三个维度概述其正义思想，并试图阐明这三种正义思想的内在关联和本质内涵。作者认为费希特在外在的规范层面引领了法权的启蒙，其意识到社会正义的彰显仅凭道德法则的命令和良心的自我发现见效甚微，必须诉诸外在的法律制度和国家的强制力量加以规范和衡量。因而认为其三种正义思想在本质上都倾向于法权正义，即一种注重外在的法权秩序的正义。由此，作者认为费希特的正义思想的重要启示在于，正义不能仅仅停留于内在的道德层面，而是必须客观化为公民社会的法权秩序。但同时也注意到，其正义思想的法律化有矫枉过正的倾向，对强制的强调多于自由。吴彦老师的大作《康德法哲学：框架、特征及其精神》一文通过追溯《法权学说》构思、遗忘和重新提及的历史以及在此书中表达的基本框架和精神来阐述康德法哲学的基本要义。人们通常把自由看作康德法哲学唯一的核心精神，从而把原子式个体的观念强加给康德。而正如吴彦老师在文中指出的，康德在《法权学说》中强调了法则以及交互影响的观念，从另一个角度说明，这种仅只依凭自由来阐释康德法哲学的努力是有偏差的。我们必须从法则之下的自由或自由的法则，以及从中所体现出来的交互关系的观念来解释康德的法哲学。这种在保持个体独立性的同时又强调对于他者的开放性的观念才是康德法哲学的基本精神。

"论文"栏目选取了基础法学、刑法、经济法、民商法、诉讼法、国际法领域的佳作6篇。

在基础法学领域，王玉薇博士《智能互联网时代网络犯罪治理的伦理构造研究》一文以卢曼的"系统功能分化"理论为视角，指出互联网时代网络犯罪伦理治理的问题可被归咎于"自治"功能的不足。作者认为网络伦理子系统对网络犯罪的治理呈现出封闭化、提前化和工具化等新特征。但是随着网络犯罪风险的增多与伦理治理进程的演进，"自治"功能却产生了诸多网络负外部性，其后果直接影响到网络犯罪治理的实效性和合理性，也将从根基上消解伦理自治的合法性基础。最后，作者得出结论，其认为高效治理网络犯罪的伦理制度路径有三：一是提升网络伦理的自治能力，加快自我合理性进程的推进；二是严格拿捏网络伦理自治的内部限度，避免向权力主义寻租；三是积极探索"准则、市场、代码、法律"各自作用的法治边界，以利于多系统治理格局的形成。

在刑法领域，闫召华先生的《论认罪认罚自愿性及其保障》一文探讨了当下认罪认罚从宽制度运行中的"自愿性"要件的若干问题。作者首通过与真实性、明知性、合法性等概念作比较，界定了"自愿性"的概念。然后从程序正义、实体正义、诉讼效率等角度论证了"自愿性"的重要意义；接下来，作者从规范角度和实证角度检讨了司法实践中"自愿性"保障的若干不足。之后，作者分析了现有制度框架下"自愿性"保障的有利因素和不利因素。最后，作者指出了"权利抗衡"和"权力保障"这两种保障"自愿性"的制度构造方法，并指出长远来看"权利抗衡”是大势所趋。

在经济法领域，张世明教授在《经济法作为社会法的属性讨论》一文中对经济法是否具有社会法属性作了细致入微的讨论。首先，作者从民国时期开始梳理，他发现这一时期学者大多继受了德日学说，将经济法作为社会法的组成部分，并由此廓清民法、行政法与经济法之间的关系，证成了经济法作为部门法存在的合法性。其次，作者认为社会法所谓的“社会”，自始就有“部分社会说”和“全体社会说”两种认知取向。时至今日，学界关于经济法属性的争论仍然与这种社会观有关。最后，在实现社会实质公平方面，作者认为经济法的积极平等观与社会法的消极平等观相互协调。所谓社会本位的法律，不过是权利本位法律的调整。其基础还是权利，仅是有目的的予以限制而已。法律的目的虽转向增进社会大众的生活，但着手处仍是在保护个人权利。

在民商法领域，于明明女士在《不动产登记资料查询制度的规范化思考》一文中梳理了不动产登记资料的性质、查询主体、查询方式和查询范围、查询与共享的区别。作者通过分析政府信息和个人信息的范围和本质属性，认为不动产登记资料在性质上属于特定自然人的财务或者社会信息，属于个人信息的范畴，不属于政府信息。基于不动产登记资料的性质，应当对登记资料的查询主体进行必要限缩，包括权利人、利害关系人和有关国家机关。权利人仅指不动产登记簿上记载的不动产登记物权人，不含隐性共有人；利害关系人范围的界定应该利用目的解释的方法界定申请人与所查询不动产登记资料的关系。不动产登记资料的查询制度应在维护交易安全和保护权利人隐私之间寻求平衡，严格限制“以人查房”。此外，国家部门间的共享和登记资料的查询也有必要予以廓清，二者的内涵外延不同，在主体、性质、方式和作用等方面均有显著差异。

在诉讼法领域，樊传明先生在《证据排除规则的陪审制基础》一文中通过研究普通法系证据法/证据排除规则系统及其陪审制基础，指出二者在观念、历史和证成上存在关联。首先，在观念上，证据法被视为规制法庭证据评价的体系，目的在于实施法庭认识论原则；其次，在历史上，陪审制的发展与证据法的演进存在关联性；最后，从功能证成的角度也可以看到陪审制与证据法之间的联系。陪审员的一些非理性认知倾向被一些实证研究确证，通过排除规则予以管控，尽管有其潜在成本，但是也会带来高于成本的制度收益。这解释了排除规则立法的必要性。陪审制所造就的二元式法庭结构，能够使排除规则这种管控方式有效地运行。这解释了排除规则立法的可行性。因此,作为一种观念演绎和历史发展结果的排除规则体系,在当代适用陪审制的司法制度中,仍有其正当性。

在国际法领域,杨宽先生在《论国际人道法在外空武装冲突中的适用》一文中首先描述了外空武器化不断加剧的趋势,进而论证了外空武装冲突已具备现实可能性。在此背景下,他提出了外空武装冲突对现行国际人道法的三大挑战:第一,国际人道法能否适用于外空存在一定的法律模糊性;第二,外空的军民两用性质为国际人道法的适用带来挑战;第三,新型外空武器的发展为国际人道法的适用带来挑战。而后,他从国际人道法公约、国际法院的相关裁决或咨询意见以及外空国际条约等三个方面阐释了国际人道法适用于外空的法律基础,又详细论述了区分原则、比例原则等国际人道法原则在外空的具体适用。作者对于我国关于外空武装冲突法律规制的立场和对策建议是:第一,推动外空安全国际立法,坚持不得在外空使用武力的原则;第二,积极参与阐释适用于外空武装冲突的国际人道法规则的国际进程;第三,制定关于外空武装冲突的作战指导手册或规则。

"评论"栏目选登了2篇文章。在《略论汉唐之际的法典编纂者》一文中,作者王宏治先生梳理了自汉代以降,魏晋南北朝直至隋唐的法典编纂者,其中既有经学大师、儒学名家,也有深谙狱讼的法官,而这些法官也都具有儒学背景。文章以法律儒家化为线索,从汉朝经义决狱,到礼法合一的《唐律疏议》,虽跨越千年,其间不乏社会动荡,法治隳突,国土分裂,政权林立,但正是因为每朝每代,都有着一批代表其文化特色的精英,以学士或法官的身份参与制定法典的活动。他们既能坚持把儒家思想融入法典,同时又能坚持法理的独立性,正是因为这些一流学者参与法典编纂,才使以儒家学说为核心的中华法典能够远播中外,成为当时世界法学的顶峰之作。在《齐奄猫论:耿定向法哲学批判》一文中,作者屠凯先生凭借生动的文笔、翔实的资料对耿定向的法哲学思想进行了极为详尽的介绍,尤其通过对《耿定向文集》的精彩解读完整揭示出耿定向思想之全貌。针对近年来学界对李贽的思想给予负面评价,而对耿定向的思想则倾向于重视其正面价值的研究趋势,屠凯先生对李贽与耿定向之争的背景、内容、二人的思想异同进行了介绍。在此基础上,他全面地评价了二人思想的进步性和不足,并最终得出结论:耿定向的思想最终是为了维护政权,具有明显的落后性。对耿定向的思想,学界应当回归过往以批判为主的定调。

【评论】

专题研讨一

“春秋决狱”新论[*]

——一种法文化的视角

武树臣[**]

内容摘要：

“春秋决狱”作为中国古代刑法史的重大事件，是汉代一系列社会条件下的特殊产物。“春秋决狱”的价值方向是既维护集权君主制度又维护父系家庭秩序。“春秋决狱”所取得的成果不仅标志着古代刑法理论的进步，更重要的是开拓了成文法与适用判例相结合的中国混合法的雏形。

关键词：

春秋决狱　客观归罪　原心论罪　判例

一、“春秋决狱”的生成

西汉以后，儒学进居统治地位并发挥了实际作用，皇帝下诏、大臣奏章无不据引儒家经典，以儒家经义为最高指导思想。儒生不断涌入官吏队伍，经过长期的施政实践，他们逐渐熟习政事与法律，自然以儒学精神来改造现行法律。完成这一历史使命的首先是经义决狱，由于多援引春秋之义，故称“春秋决狱”。

“春秋决狱”是儒学在法律领域构筑的第一座桥头堡，由汉武帝时治公羊学的名儒董仲舒开其端。所谓引经决狱（或春秋决狱），是指遇到义关伦常而法律无明文律定，或虽有明文却有碍纲常情理的疑难事件，则引用儒家经典中所记载的古老判例故事，或从判例故事中引申出某项原则来，用以对该疑难事件作

---

* 本文在写作中参考了笔者的学生林丛的博士学位论文：《两汉经义法律化研究》，特此致谢。

** 山东大学法学院人文社科一级教授，法学博士。

出裁决。这实际上等于确认儒家经义具有高于现行法律的特殊地位，从而为儒学向司法领域的渗透打开一条通道。从法律样式的角度来看，西汉开始的引经决狱（或春秋决狱）是对西周春秋“议事以制”审判方式的一次历史重温。

“春秋决狱”是汉武帝时集中出现的重大刑事司法事件或方式，它不仅对古代刑事法律的价值取向——维护集权王朝和宗法家庭秩序，而且对古代刑事司法的样式——成文法与“判例”〔1〕制度相结合——的形成，均具有重大的开创性和可持续性的影响。

“春秋决狱”产生的原因有六：第一，被奉为正宗的儒家思想特别是其中的伦理之礼和“以德服人”的精神，与当时汉承秦制之严酷刑律尚处于不协调、两张皮的状态，需要被调整完善。第二，由于法律实践经验积累之不足，当时的刑律在维护集权王朝和家庭秩序两方面都显得很不充分，在立法条件尚不成熟之际，亟须通过司法渠道率先加以强化。第三，当时刑事司法制度本身就存在缺欠，司法中又往往失之于严酷，加之法官的业务素质有限，在司法中常常机械地照章办案，不注意区别对待，甚至实行简单化的“客观归罪”，〔2〕这种情况需要及时修正。第四，儒家经典特别是其中的《春秋》，虽然是一部史书，但是蕴含了丰富的治国经验和教训，记录了众多的先例、故事、格言、遗训，涵盖了君臣父子不可违犯的行为准则。《春秋》以记事之方法，批评暴乱之君父，鞭笞叛逆之臣

---

〔1〕“判例”一词是舶来品，是清末才出现的。在此之前古代法律中没有“判例”这一法定用语。中国历史上从未形成现代西方那样的判例制度。作者使用“判例”一词并不是认为中国古代曾经有过英美国家那样的“判例法”。今人法史著述中所说的“判例”，是对古代司法审判中可援引经过朝廷批准可以作为判决依据的这类案例的现代表述。先秦判例法即以“议事以制”、遵从先例为特征。秦汉以后，这种审判方式在缺乏成文法或成文法不完善的情况下起着临时补救的作用，并被成文立法或法令所吸收。秦汉以后历代均实行以法典和法令为主体的成文法制度，严格来说在中国历史上只有宋元两朝把断例确认为国家的重要的法律形式。在更多时期，由于皇权的强化及对全国司法的集中控制，绝大多数朝代都严禁法官在司法审判中直接援引成案。基于一种主流见解，即认为适用判例必然会破坏国家法制的统一。因此，大量成案在上升为判例之前就被搁置了。但是成案对法官裁判案件特别是疑难案件时无疑具有重要参考价值。参见杨一凡、刘笃才：《历代例考》，社会科学文献出版社2009年版。

〔2〕武树臣等：《中国传统法律文化》，北京大学出版社1994年版，第415页。

子,明辨是非曲直,伸张礼义,其目的就在于恢复正当的社会秩序。〔3〕 故后世学者以《春秋》为"孔子之刑书""儒家之法经""法律之断例"。范罕说:"邵子曰,《春秋》,孔子之刑书也。程子曰,五经之有《春秋》,犹法律之有断例也。唐陈商立曰,《春秋》者,儒家之法经也;""《春秋》之为法经,为刑书,为断例,可以见其梗概矣。"〔4〕皮锡瑞称:"《春秋》近于法家",〔5〕因此,在治国理政司法等方面,《春秋》比起那些注重理论阐释而忽视具体操作的儒家经典来,无疑具有更为具体、更为直接的使用价值。第五,在战国成文法确立之前,特别是在贵族政体下,其审判方式是"议事以制",从而形成了"帅型先考"、遵从先例的习惯。只是在变法改制的战国时代,由于集权官僚政体和成文法的兴起,法官判案只遵从成文法,特别是前代先例故事所维护的社会关系已经过时,前代的先例故事从内容到形式均被政体搁置了。但是,"议事以制"、遵从先例的习惯和传统意识并未泯灭,一旦条件成熟,便可复燃。第六,"学而优则仕",当一代精研或熟悉儒家经典特别是《春秋》之旨的学者们有机会参与国家政治法律事务时,自然将儒家经义与现实司法结合起来。"春秋决狱"就是为适应当时的社会需要,且在主观客观条件基本具备的条件下登上历史舞台的。

---

〔3〕 《史记·太史公自序》谓:"夫《春秋》,上明三王之道,下辨人事之纪,别嫌疑,明是非,定犹豫,善善恶恶,贤贤贱不肖,存亡国,继绝世,补弊起废,王道之大者也;""《春秋》辩是非,故长于治人;""《春秋》以道义,拨乱世,反之正,莫近于《春秋》。《春秋》文成数万,其旨数千。万物之散聚皆在《春秋》。《春秋》之中,弑君三十六,亡国五十二,诸侯奔走不得保其社稷者不可胜数。察其所以,皆失其本已。故《易》曰:失之毫厘,差以千里。故曰:臣弑君,子弑父,非一旦一夕之故也,其渐久矣。故有国者不可不知《春秋》,前有谗而弗见,后有贼而不知。为人臣者不可不知《春秋》,守经事而不知其宜,遭变事而不知其权。为人君父而不通于《春秋》之义者,必蒙首恶之名。为人臣子而不通于《春秋》之义者,必陷篡弑之诛死罪之名。……夫君不君则犯,臣不臣则诛,父不父则无道,子不子则不孝。此四行者,天下之大过也。以天下之大过予之,则受而弗敢辞。故《春秋》者,礼义之大宗也。"

〔4〕 (清)范罕:《法论四篇》,载《法意发凡:清末民国法理学著作九种》,程波点校,清华大学出版社 2013 年版,第 20 ~ 21 页,初版于宣统二年十月。

〔5〕 皮锡瑞:《经学通论》,中华书局 1959 年版,第 6 页。

二、“春秋决狱”的价值取向

“春秋决狱”的价值是什么？如果说荀子首倡“隆礼重法”的二元法律价值观的话，那么，汉代的“春秋决狱”正是实现二元的法律价值观：既维护集权君主政体的君臣之序，又维护父系家庭的父子之序。

“春秋决狱”以维护集权君主政体的政治秩序为首务。维护以君臣关系为核心的国家秩序本来就是《春秋》之要义。故孟子曰：“孔子成春秋而乱臣贼子惧。”〔6〕春秋之义正是以此为首要目的。其具体表现如下：

第一，在处理统治阶级与被统治阶级的关系方面。春秋决事的做法可以追溯到秦。秦末陈胜起义，秦二世咨询对策，博士曰：“人臣无将，将即反，罪死无赦，愿陛下急发兵击之。”〔7〕

第二，在确立皇位王位继承人方面。秦亡与其无确定的嗣君制度不无关系。“汉既初兴，继嗣不明。”〔8〕“非刘氏而王者天下共诛之”的誓言并没有解决全部问题，而动乱常常起于萧墙之内。终汉之世，往往因王位继承而发生血腥变乱。皇族、贵戚、诸王无不卷入其中。究其实皆因未确立有效的继承秩序。汉景帝立嗣，犹豫于立子立弟之间。大臣以《春秋》之义“大居正，宋之祸宣公为之”，“《春秋》所以非宣公”，（宋宣公不立子而立弟，故国乱祸不绝）“方今汉家法周，周道不得立弟，当立子”为谏，终立子。〔9〕“子以母贵，母以子贵”，即在皇族内部，母子之间因对方的尊贵身份而尊贵。该原则与“立適以长不以贤，立子以贵不以长”〔10〕原则在理论上可以避免因王位继承而引起的内乱。汉和帝针对“下邳王被病沈滞之疾，昏乱不明，家用不宁，姬妾适庶，诸子分争，纷纷至今”的情况，专门下诏，强调“《礼》重適庶之序，《春秋》之义大居正”的原则。〔11〕在诸侯王位继承方面还有一个原则是“诛君之子不宜立”。“诛君”即有罪被诛的

---

〔6〕《孟子·藤文公下》。

〔7〕《史记·刘敬叔孙通列传》。

〔8〕《史记·太史公自序》。

〔9〕《史记·梁孝王世家》。

〔10〕《春秋公羊传·隐公元年》。

〔11〕参见《东观汉记·下邳惠王衍》。

君主。《汉书·景十三王传》载:"缪王元嗣,二十五年薨。大鸿胪禹奏:'元前以刃贼杀奴婢,子男杀谒者,为刺史所举奏,罪名明白。病先令,令能为乐奴婢从死,迫胁自杀者凡十六人,暴虐不道。故《春秋》之义,诛君之子不宜立。元虽未伏诛,不宜立嗣。'奏可,国除。"在皇位继承上,上述原则所起的作用不是必然的,它们常常受到各种复杂政治因素的影响,而皇帝的最高决策权仍然占据着重要地位。

第三,维护尊君卑臣之序是刑法的首要任务。在汉代很长一段时间里,尊君卑臣之序尚未完全确立:"间者辅臣颛政,贵戚太盛,君臣之分不明。"[12]中央朝廷的权威受到来自旁系皇亲的挑战。《春秋》之义有"君亲无将,将而必诛。""将"即谋逆之心。臣子或君主的亲属有叛乱谋反之心,即使没有采取行动也要诛杀。最突出的一例是淮南王案。《史记·淮南王安传》载:(众臣)"皆曰:淮南王安,大逆无道,谋反明白,当伏诛。胶西王瑞议曰:安废法度,行邪僻,有诈伪心,以乱天下,营惑百姓,背畔宗庙,妄作妖言。《春秋》曰:臣毋将,将而诛。安罪重于将,谋反形已定,当伏法。"广陵王刘荆亦以此获刑。《后汉书·樊宏阴识列传》载:"其后广陵王荆有罪,帝以至亲悼伤之,诏儵于羽林监南阳任隗杂理其狱。事竟,奏请诛荆。引见宣明殿,帝怒曰:'诸卿以我弟故,欲诛之,即我子,卿等敢而邪!'儵仰而对曰:'天下高帝天下,非陛下之天下也。《春秋》之义,君亲无将,将而诛焉。是以周公诛弟,季友鸩兄,经传大之。臣等以荆属托母弟,陛下留圣心,加恻隐,故敢请耳。如令陛下子,臣等专诛而已。'"曹爽不仅以此伏诛,且被夷三族。《魏志·曹爽传》载,公卿朝臣廷议:"《春秋》之义,君亲无将,将而必诛。爽以支属,世蒙殊宠,亲受先帝握手遗诏托以天下,而包藏祸心,蔑弃顾命,乃与晏、及当等谋图神器。范党同罪人,皆为大逆不道。"

第四,规范臣子的合法权限。依《春秋》之义:"大夫受命,不受辞。出竟有可以安社稷利国家者,则专之可也。"[13]意为外出官员出于维护社稷利益的考虑,在无法获得君主批准的情形下,可擅自采取应变措施。但是,秦汉统一王朝成立之后,这一古老原则就必须以"王者无外"的新原则重新加以诠释。《汉书·严朱吾丘主父徐严终王贾传下》载:"元鼎中,博士徐偃使行风俗。偃矫制,使胶东、鲁国鼓铸盐铁,还,奏事,徙为太常丞。御史大夫张汤劾偃矫制大害,法

〔12〕《史记·张敞传》。

〔13〕《春秋公羊传·庄公十九年》。

至死。偃以为《春秋》之义,大夫出疆,有可以安社稷,存万民,颛之可也。汤以致其法,不能诎其义。有诏下军问状,军诘偃曰:‘古者诸侯国异俗分,百里不通,时有聘会之事,安危之势,呼吸成变,故有不受辞造命颛己之宜;今天下为一,万里同风,故《春秋》‘王者无外’。偃巡封域之中,称以出疆何也?且盐铁,郡有余臧,正二国废,国家不足以为利害,而以安社稷存万民为辞,何也?’……偃穷诎,服罪当死。军奏‘偃矫制颛行,非奉使体,请下御史征偃即罪。’奏可。”

“春秋决狱”以维护父系家庭的秩序为宗旨。其具体表现如下:

首先是褒扬复仇。《春秋公羊传》赞许复仇:“君弑,臣不讨贼,非臣也。子不复仇,非子也。”[14]“九世犹可以复仇乎?虽百世可也。”[15]但是,复仇是有条件的:“父不受诛,子复仇可也。父受诛,子复仇,此推刃之道也。”[16]在这种观念影响下,汉代司法对复仇案的处理比较犹豫,《轻侮法》即其例。《后汉书·邓张徐张胡列传》载:“建初中,有人侮辱人父者,而其子杀之,肃宗贯其死刑而降宥之,自后因以为比。是时遂定其议,以为《轻侮法》。敏驳议曰:‘夫《轻侮》之法,先帝一切之恩,不有成科班之律令也。夫死生之决,宜从上下,犹天之四时,有生有杀。若开相容恕,著为定法者,则是故设奸萌,生长罪隙。孔子曰:民可使由之,不可使知之。《春秋》之义,子不报仇,非子也。而法令不为之减者,以相杀之路不可开故也。今托义者得减,妄杀者有差,使执宪之吏得设巧诈,非所以导在丑不争之义。’”虽然《轻侮法》被废止,但是终汉之世,复仇并未得到法律的严格禁止,司法中往往对复仇者予以宽宥,而民间舆论则赞颂复仇。

其次是主张亲亲相隐。《春秋公羊传》提倡亲属相隐:“父母之于子,虽有罪,犹若其不欲服罪然。”[17]汉时有疑狱:“甲无子,拾道旁弃儿乙养之以为子。及乙长,有罪杀人,以状语甲,甲藏匿乙。甲当何论?仲舒断曰:‘甲无子,振活养乙,虽非所生,谁与易之!《诗》云:螟蛉有子,蜾蠃负之。《春秋》之义,父为子隐,甲宜匿乙。诏不当坐。”[18]在司法实践中,只要不是谋反不敬等重罪,亲属得相隐匿。

---

〔14〕《春秋公羊传·隐公十一年》。

〔15〕《春秋公羊传·庄公四年》。

〔16〕《春秋公羊传·定公四年》。

〔17〕《春秋公羊传·文公十五年》何休注引孔子“父为子隐,子为父隐,直在其中矣”。

〔18〕程树德:《九朝律考》,商务印书馆2010年版,第212页。

最后是“妇人无专制擅恣之行”。时有疑狱:“甲夫乙将船,会海风盛,船没,溺流死亡,不得葬四月。甲母丙即嫁甲。欲当何论。或曰:‘甲夫死未葬,法无许嫁。以私为人妻,当弃市。’议曰:‘臣愚以为《春秋》之义,言夫人归于齐,言夫死无男,有更嫁之道也。妇人无专制擅恣之行,听从为顺。嫁之者归也。甲又尊者所嫁,无淫衍之心,非私为人妻也。明于决事,皆无罪名。不当坐。’”[19]“夫死未葬”,“私为人妻”,竟当处以弃市,旨在维护夫权。而“尊者所嫁”“听从为顺”,旨在维护尊长之支配权。若夫死有男,则无更嫁之道,旨在提倡贞妇之行。以上春秋决狱的两个价值取向,二者不矛盾:孝弟,就不犯上作乱,“求忠臣必于孝子之门”。[20] 如果矛盾,“不以亲亲害尊尊”[21]“不以父命辞王父命”“不以家事辞王事”。[22]

三、“春秋决狱”的历史地位

“春秋决狱”在古代法律文化史中具有十分重要的意义。主要表现为以下六点:

第一,“春秋决狱”是古代刑法学理论的一大进步。在以《春秋》为儒家经典的视野里,将“春秋决狱”视为法律“儒家化”是很自然的。但是,如果从古代刑法实践历史的角度来看问题,其结论就不同了。如果回顾一下荀子的意见,或许可以得到启发。生活在战国成文法时代的荀子,在支持成文法的同时,敏锐地发现了司法中存在的不足,即机械地照搬法律条文。正如商鞅片面强调法官“通数”“以数治”“以数相举”[23]而忽视了对法律宗旨的掌握。正如《庄子·天下》所谓:“以法为分,以名为表,以参为验,以稽为决,其数一二三四是也,百官以此相齿。”因此荀子批评慎到“终日言成文典,仅循察之,则倜然无所归宿”。[24] 荀子认为法官不仅要掌握法律条文——“法数”,更要深谙法律条文背

〔19〕 程树德:《九朝律考》,商务印书馆2010年版,第213页。

〔20〕 《后汉书·韦彪传》。

〔21〕 《春秋谷梁传·文公二年》。

〔22〕 《春秋公羊传·哀公三年》。

〔23〕 《商君书》之《靳令》《禁使》《慎法》。

〔24〕 《荀子·非十二子》。

后的宗旨——“法义”。低水平的法官只能做到“不知其义,谨守其数”,[25]其结果是“不知法之义而正法之数者,虽博,临事必乱”。[26]“人无法则伥伥然,有法而无志其义则渠渠然,依乎法而又深其类然后温温然”;[27]只有大儒不仅明知“法数”而且更深谙“法义”。因此荀子提倡“议”即学习研究讨论:“法而不议,则法之所不至者必废。……有法者以法行,无法者以类举,听之尽也。”[28]只有做到“有兼听之明”,才能够“辨异而不过,推类而不悖,听则合文,辨则尽故”。[29]荀子的“法而议”有似汉代的驳议奏谳制度。“以类举”的“类”有似汉代的故事、决事比。而“不知其义,谨守其数”则有似汉代司法中的“客观归罪”。[30]

汉代的“客观归罪”,有二例:“甲父乙与丙争言相斗,丙以佩刀刺乙,甲即以仗击丙,误伤乙。甲当何论?或曰:‘殴父也,当枭首’。论曰:‘臣愚以为父子,至亲也,闻其斗,莫不有怵怅之心,扶伏而救之,非所以欲诟父也。《春秋》之义,许止父病,进药于其父而卒。君子原心,赦而不诛。甲非律所谓殴父也,不当坐’”;“甲夫乙将船,会海风盛,船没,溺流死亡,不得葬四月。甲母丙即嫁甲。欲当何论。或曰:‘甲夫死未葬,法无许嫁。以私为人妻,当弃市。’议曰:‘臣愚以为《春秋》之义,言夫人归于齐,言夫死无男,有更嫁之道也。妇人无专制擅恣之行,听从为顺。嫁之者归也。甲又尊者所嫁,无淫衍之心,非私为人妻也。明于决事,皆无罪名。不当坐。’”[31]“殴父也,当枭首”,“夫死未葬法无许嫁,以私为人妻,当弃市”正是不管行为人主观状态的客观归罪。原心定罪的本质是在考察犯罪所造成的客观后果的同时,注意分析犯罪行为人实施犯罪时的主观心理状态——是故意还是过失,然后做出裁判。这无疑是古代刑法理论的一大进步。这种刑法理论或源于前代的司法实践,或源于前代的刑法思想,如《尚书》所谓“眚”(故意)“非眚”(过失)“终”(累犯)“非终”(偶犯)之类。《春秋繁

[25] 《荀子·荣辱》。

[26] 《荀子·君道》。

[27] 《荀子·修身》。

[28] 《荀子·王制》。

[29] 《荀子·正名》。

[30] 武树臣等:《中国传统法律文化》,北京大学出版社1994年版,第415页。

[31] 程树德:《九朝律考》,商务印书馆2010年版,第213页。

露·精华》说:“春秋之听狱也,必本其事而原其志,志邪者不待成,首恶者罪特重,本直者其论輕。”而《盐铁论·刑德》则谓:“春秋之治狱,论心定罪,志善而违于法者免,志恶而合于法者诛。”

法史学界对原心定罪似有扩大化的诠释——原心定罪为统治阶级罪刑擅断提供依据。其实并不符合其本来的意义。应当指出,当统治阶级的罪刑擅断与残酷的政治斗争结合在一起的时候,那已经远远超越了刑法理论的范畴了。而前例所谓“甲又尊者所嫁,无淫衍之心,非私为人妻也”,实际上同时开创了依情(特殊情节)论罪的先河。“以情断狱”之法盖源于春秋时代,如鲁庄公曾自谓“余听狱虽不能察,必以情断之”。[32] 可以说从“原心论罪”到“依情断罪”,是古代刑法理论的又一次提升。《唐律疏议·名例》有“原其本情,议其犯罪”,“临时科断,须究本情”[33]的规定,盖源于此。

第二,“春秋决狱”是古代刑事司法程序中驳议奏谳的一个重要环节和侧面,儒家经义借此法定程序进入司法领域并发挥指导作用。秦简秦律有《法律答问》,系上级回答下级司法官吏咨询的记录,其中也反映了对适用具体成文法条的不同理解。汉代刑事司法程序中有驳议奏谳之制:“县道官疑狱者,各谳所属二千石官,二千石官以其罪名当报之。所不能决者,皆移廷尉,廷尉亦当报之。廷尉所不能决,谨具为奏,傅所当比律令以闻。”[34] 此制为汉后诸朝所延续。如《晋书·刑法志》:“凡为驳议者,若违律令节度,当合经传及前比故事,不得任情以破成法。”《魏书·刑法志》:“(太平真君)六年春,以有司断法不平,诏诸疑狱皆付中书,依古经义决之。”“春秋决狱”属于驳议奏谳程序中出现的一个事物,只不过所发表的意见出于儒家经典特别是《春秋》而已。其中,那些就事论事的意见,诸如“殴父也,当枭首”“甲夫死未葬,法无许嫁。以私为人妻,当弃市”之类,反映了忠于成文法条、只注重客观事实的法家思维方式。而注意行为人主观心理状态,又善于从历史典故先例中寻找法律原则的意见,则反映了儒家综合全面的思维方式。

第三,“春秋决狱”为古代刑法典的完善提供条件。“春秋决狱”的实行程度与刑法典的完善程度成反比——刑法典越不完善则“春秋决狱”越盛行,刑法

---

〔32〕《国语·鲁语上》。

〔33〕(唐)长孙无忌:《唐律疏议》,刘俊文点校,中华书局1983年版,第32页、第85页。

〔34〕《汉书·刑法志》。

典越趋于完善则“春秋决狱”越趋于萎缩。在刑法典不断完善的过程中,春秋决事比和众多决事比不仅为司法裁判提供了参考和借鉴,而且为刑法典的修订和完善提供了新鲜材料。

第四,“春秋决狱”从内容、形式、程序诸方面在一定程度上对皇权有所制约。汉武帝以后,“春秋决狱”并非孤独一枝,而是随着官僚队伍的职业化,法律知识的成熟化,朝廷议事的程序化共同发展的。春秋之义多种多样,其中有些原则对皇帝依个人好恶独断专行具有一定制约作用。比如,“春秋之义,君子大居正”“春秋之义,以功覆过”“春秋之义,善善及子孙,恶恶止其身”“春秋之义,功在元帅,罪止首恶”“春秋之义,原情定过”“春秋之义,尊上公谓之宰,海内无不统焉”,“春秋之诛,不避亲戚”“春秋之诛,大义灭亲”“礼云:公族有罪,虽曰宥之,有司执宪不从”。[35]

第五,“春秋决狱”是对前代“议事以制”“判例法”传统的一次局部复兴,又是以“议事以制”的传统方式弥补成文法不足的积极尝试。“春秋决事比”与汉代众多“决事比”一起,奠定了成文法与“判例”共同组成的“混合法”的最初格局。西周春秋审判方式是“议事以制”。“事”即故事、先例,“议”即“度”,分析、选择。王念孙《议事以制》:“‘昔先王议事以制,不为刑辟’。李奇曰:‘先议其犯事,议定然后乃断其罪。不为一成之刑铸于鼎也。’引之曰:议读为仪,仪度也。谓度事之轻重以断其罪,不豫设为定法也。古字多以议为仪,说见《经义述闻·左传》。”[36]其大意为,在审判案件时,先从以往的故事中选择一个最相类似的先例,从中概括出一个法律原则,作为裁判的依据,然后做出判决。叔向断邢侯、雍子、叔鱼案时谓:“夏书曰:昏墨贼杀,皋陶之刑也,”[37]子产断公孙楚、公孙黑互伤案时谓:“直钧则幼贱有罪,”[38]都是适用先例当中所蕴含的法律原则。这种审判方式是世袭贵族政体的产物,也与“帅型先考”的观念相契合。在战国成文法时代,一是实行国家制定的成文法,“诸产得宜,皆有法式”,司法官吏判案只能依照法律,不得参照以往的先例;二是以往的先例故事所维系的社会关系已经大大改变了,失去适用的可能性。因此,“议事以制”的审判方式被

---

[35] 程树德:《九朝律考》,商务印书馆2010年版,第211~227页。

[36] 王念孙:《读书杂志》(二),上海古籍出版社2014年版,第566页。

[37] 《左传·昭公十四年》。

[38] 《左传·昭公元年》。

迫退出历史舞台。但是,由于成文法天然的缺欠——既不可能包揽无遗,又不可能随机应变,就需要一种成文法之外的方式来加以补救。于是“春秋决狱”就应运而生了。

“春秋决狱”的结果是形成先例故事。在后来的司法当中,该先例故事一经被援引即成为“春秋决事比”。从审理“甲误伤父乙”案的过程来看,首先从《春秋》史书当中找出“许止弑父”案的先例,该先例的判决是“赦而不诛”,判决理由是“许止无弑父之心”,从该先例当中引申出“原心”以论罪的法律原则。其次,以“原心”以论罪的法律原则适用于此案,以为甲无殴父之心,故不构成殴父罪,最后得出“不当坐”的判决。这种审判方式就是中国古代的“判例法”。《论语·为政》:“温故而知新,可以为师矣。”古代士师正是通过研究以往的故事来寻找解决现实问题的钥匙。它和英国的判例法有没有形似之处?梅因说:“英国法律中任何一条规则,必须首先从印成的许多判决先例所记录的事实中清理出来,然后再由特定法官根据其不同的风格、精确度以及知识而表现于不同的文字形式中,最后再把它运用于审判的案件。”[39]丘吉尔说:“英国人的自由并不依靠国家颁布的法律,而是依靠长期逐渐形成的习惯”;“法律早就存在于国内的习惯之中,关键是需要通过潜心研究去发现它,把见诸史籍的判例加以比较,并在法庭上把它应用于具体争端。”[40]经义亦源于习俗:“经义折狱,世人每以为怪,其实,事之厌于众心者,即成习惯,经义折狱,亦犹之据习俗,援法理耳,绝无足异也。”[41]读了《春秋决狱》的文字,就可以发现,中国古代的判例法和英国的判例法在操作程序上没有天壤之别。这证明人类法律实践活动具有共通性。

《荀子·王制》说:“有法者以法行,无法者以类举。”此处之“法”当即成文法。此处之“类”当即《礼记·王制》所谓“比”。汉代有“比”。《礼记·王制》:“众疑赦之,必察小大之比以成之”。郑玄注:“小大犹轻重,已行故事曰比。”《周官·秋官司寇·大司寇》:“凡庶民之狱讼,以邦成弊之。”郑玄注:“邦成,谓若今时决事比也。弊之,断其狱讼也。”又《汉书·刑法志》载武帝时“死罪决事比万三千四百七十二事”。

---

〔39〕 [英]梅因:《古代法》,沈景一译,商务印书馆2010年版,第9页。

〔40〕 [英]温斯顿·丘吉尔:《英语国家史略》(上),薛力敏、林林译,新华出版社1985年版,第208页。

〔41〕 吕思勉:《秦汉史》,商务印书馆2010年版,第725页。

“春秋决事比”是汉代“比”的组成部分之一。《汉书·刑法志》载高祖诏：“自今以来，县道官狱疑者，各谳所属二千石官，二千石官以其罪名当报之。所不能决者，皆移廷尉，廷尉亦当报之。廷尉所不能决，谨具为奏，傅所当比律令以闻。”“当比律令”即最相类似的律令。《晋书·刑法志》：“凡为驳议者，若违律令节度，当合经传及前比故事，不得任情以破成法。”“前比故事”当指先例故事。适用“当比律令”与适用“前比故事”的差别在于，前者是比附律令——成文法，后者是援引判例——判例法。即陈顾远所谓“比系以律文之比附为重，例则以已有之成事为主，是其所异。”[42]从适用“当比律令”到适用“前比故事”，反映出一种社会现象，即在成文法典不适合发展变化的社会生活之际，创制适用判例是非常明智的选择。陈顾远指出，“两汉至南北朝，有司依《春秋》经义而断狱，系比已行之故事为法，后世例所创始，此固不失为一种渊源，而汉代之比则更然也”。[43] “已行之故事”又称“行事”。王充《论衡·别通》：“法令之家，不见行事，议罪不审。章句之生，不鉴古今，论事不实；”“百家之言，古今行事。”王念孙《行事》：“行事者，言已行之事，旧例成法也。汉世人作文言行事、成事者意皆同。”又《视已成事》：“鄙谚曰：‘不习为吏，视已成事’……言不习为吏，则当视已事以为法也……三代之所以长久者，其已事可知也。”[44]陈顾远又指出：“汉科之外，又有比，比之为义固繁，但汉之所谓比，不外以例相比况也。易词以言，律无专条，取其相近者比拟用之耳。后世之所谓比附，即汉之比，故与例同而又异也。”“例之为义，比也类也颇似于比。但比系以律文之比附为重，例则以已有之成事为主，是其所异。然皆不外据彼事以为此事之标准，得互训之，此或汉重视比，而后世重视例，两名不并立之故也与。”[45]

中国古代刑法的表现形式是多元的，基本上由稳定的刑法典、法令和非稳定的比、例等共同组成。由于朝廷对全国司法活动的统一而严厉的控制，其中的比、例常常被迅速提升为成文法条，纳入成文法的序列，从而失去原始判例的形式。诚如陈顾远在分析中国古代法律的特点时所说的：“说它是成文法系，却因临时设制，有例，有比，有指挥，有断案，殊难为比；谓其近于英美法系，仍因常

---

〔42〕 陈顾远：《中国法制史概论》，三民书局1964年版，第90页。

〔43〕 陈顾远：《汉之决事比及其源流》，载《复旦学报》1947年第3期。

〔44〕 （清）王念孙：《读书杂志》（二），上海古籍出版社2014年版，第865页、第763页。

〔45〕 陈顾远：《中国法制史概论》，三民书局1964年版，第88页、第90页。

法俱在,有律,有令,有刑统,有会典,更难并论。总括起来,是成文而不成文,不成文而成文,兼具欧陆法系与英美法系的优点。"[46]其实,这种法就是中国古代所独有的"混合法"。

第六,"春秋决狱"有利于提高法官的逻辑思维水平,实现法官群体的职业化。战国的逻辑学即"形名之学"是与成文法的产生携手同行的,邓析、商鞅等均以"形名之学"见长。正如冯友兰先生所指出的:"中国古代诡辩思想的产生,是和成文法的公布,法治思想的发展有密切的联系。从某种意义说,它们是对法治的一种反应;""所谓名家,也是和诡辩思想联系在一起的,而诡辩思想的产生,就其社会根源说,是春秋战国时期各国公布法令所引起的一个后果。"[47]依照法家的逻辑,立法活动的逻辑方法是"归纳",即由具体到一般,罪名的产生过程近似于"归纳",比如从盗窃各种财物的违法行为当中抽象出"盗窃"罪。其司法过程则近似于"演绎",即从一般的罪名到具体的犯罪事实,亦即所谓"循名责实"。正如《庄子·天下》所谓:"以法为分,以名为表,以参为验,以稽为决,其数一二三四是也,百官以此相齿。"故胡适总结道:"中国古代以来的法理学只是一个刑名之学;""刑名之学只是一个控名则实。"[48]"判例法"的操作过程则是这样的:首先是选择一个最相类似的先例,然后从中引申出一种法律原则,这个过程近似于"归纳"。其次,在适用判例时,由一般原理推演出适用于特殊情况的结论,这个过程又近似于"演绎"。春秋时代的法官善于适用判例。当时法官的标准是"直"和"博":"直能端辨之,博能上下比之。"[49]当时不乏子产、叔向那样"帅志博闻""习于春秋"[50]"心率旧典""能道训典"[51]的学者型法官。由于社会原因所致,法家式的法官只偏面熟知成文法条,而不谙历史典故包括儒家经典。因此,"春秋决狱"无疑是对法官群体的一场考验或法理培训。程树德先生曾指出:"《礼乐志》叔孙通所撰礼仪与律同录藏于理官。《说文》引汉律祠宗庙丹书告,《和帝纪》注引汉律春曰朝秋曰请,是可证朝觐宗庙之仪,吉凶丧

---

[46] 陈顾远:《中国文化与中国法系法》,中国政法大学出版社 2006 年版,第 54 页。

[47] 冯友兰:《中国哲学史新编》(第 1 册),人民出版社 1962 年版,第 307 页、第 309 页。

[48] 胡适:《中国哲学史大纲》,中国言实出版社 2014 年版,第 396 页。

[49] 《国语·晋语八》。

[50] 《国语·晋语七》。

[51] 《国语·楚语下》。

祭之典,后世以之入礼者,而汉时则多属律也。"[52]那些只知道死背条文的法吏显然已经跟不上时代的发展而终将被淘汰。“春秋决狱”实践的结果,不仅促进了当时的刑法制度的完善,而且还促进了法官群体的职业化,使法官成为既谙熟法条又“习于春秋”的新式法官。

“春秋决狱”只是汉代司法当中的一个侧面,其另一个侧面是以法决狱,两者并行不悖。马小红谓:“无论法家对律的阐释,与儒家思想有着怎样的冲突,律制在现实国家与社会的治理中都是无法废除的。"[53]且以汉代法律文书为例:“律曰:不孝,弃市。有生父而弗食三日,吏且何以论子?廷尉榖等曰:当弃市。有曰:有死父,不祠其家三日,子当何论?廷尉榖等曰:不当论。有子不听生父教,谁与不听死父教罪重?榖等曰:不听死父教,毋罪。"[54]很明显,“不听死父教,毋罪”“死父,不祠其家三日,不当论”与儒家所谓“三年无改于父之道,可谓孝矣"[55]和“丧毕则祭"[56]是相违背的。这说明儒家有儒家的一套理论体系,刑法有刑法的一套理论体系,两者不可能完全合一,儒家提倡的礼不可能完全上升为国家刑法典。

“春秋决狱”仍是依律而行,不曾破坏当时的法律。诚如《论衡·程材》所云:“文吏治事必问法家,县官事务莫大法令”;“夫五经亦汉家之所立,儒生善政大义皆出其中。董仲舒表《春秋》之义,稽合于律,无乖异者”。而法律的地位未因“春秋决狱”而动摇。有些春秋之义如“君亲无将”其本身就包括维护君权的宗旨,与法家本来一致。“从史事观察,汉代经与律均具崇高的地位,经义与律令乃构成汉代政治的两大依据;”“他(董仲舒)并没有明显地排斥法律明文,大都只是引经以济法条的不足”。[57]“法吏求之于律令而不持其平者,儒生求之经术,尤其是《春秋》,而得其情与理”。[58]

---

[52] 程树德:《九朝律考》,中华书局2006年版,第11页。

[53] 马小红:《律、律义与中华法系关系之研究》,载高明士主编:《中华法系与儒家思想》,台湾大学出版中心2014年版,第195页。

[54] 彭浩、陈伟、工藤元男:《二年律令与奏谳书》,上海古籍出版社2007年版,第374页。

[55] 《论语·学而》。

[56] 《礼记·祭统》。

[57] 黄源盛:《汉唐法制与儒家传统》,元照出版有限公司2009年版,第18页、第115页。

[58] 陶希圣:《中国法制之社会史的考察》,食货出版社1979年版,第155页。

"春秋决狱"和法律注释不能完全解决所有司法中的问题:"张斐杜预同注一章,而生杀永殊。"[59]相反,"春秋决狱"还很可能制造同案不同判,更不必说它还可能充当徇私枉法和政治斗争排除异己的借口。如梅因所谓"从合理的惯例产生出不合理的惯例。类比,这是法律学成熟时期中最有价值的工具,但在法律学的初生时代却是最危险的陷阱。"[60]刑法注释是刑法理论和实践本身的问题,伦理观念可以浸润之而不能解决所有问题。正如今天的司法不一,既不能简单地归结为法官政治觉悟和业务水平问题,究其实是成文法法条过于笼统,缺乏一系列判例加以明确仔细的诠释,从而造成法官自由裁量权过大而造成的弊端。

陈顾远说:"中国法系之体躯,法家所创造也,中国法系之生命,儒所赋与也。"[61]汉代的"春秋决狱"无疑向我们展示了古代法的体躯和生命。中国法系之生命不仅包括宗法伦理精神,而且还包括崇尚人之主观能动性的"判例法"。

A New Argument of "Judgement by Chunqiu"

—A Perspective from Legal Culture

Wu Shuchen

Abstract: As an event in the history of Chinese criminal law, "Judgement by Chunqiu" grows out of a series of social conditions. Its value is to protect monarchism and patriarchal family order. The achievement of "Judgement by Chunqiu" not only represents improvement of Chinese ancient criminal law, but also develops the rudiment of hybrid legal system of statute law and legal precedent which is even more remarkable.

Key words: Judgement by Chunqiu Objective incrimination The original heart conviction Legal precedent

(责任编辑:李 驰)

〔59〕 群众出版社编辑部编:《南北朝刑法志》,载群众出版社编辑部编:《历代刑法志》,群众出版社1988年版,第255页。

〔60〕 [英]梅因:《古代法》,沈景一译,商务印书馆2010年版,第13页。

〔61〕 陈顾远:《中国法制史概论》,三民书局1964年版,第3页。

西汉的批判反思对理论构建与法制文明发展的影响

郭成伟*

内容摘要：

西汉王朝通过武器上、思想上、制度上的深刻批判与理念上的反思，比较彻底地清除了秦朝暴政的影响，从而促进了治国理论的变革和重构。它不仅摒弃了秦朝“任法弃礼”的误国理论，而且构建了以儒家学说为母体、以道家学说为基础、以法家学说为完善手段、以阴阳家学说为强化武器的综合治世的庞大理论体系，为西汉法制建设的发展发挥了重要的引领作用。而当时的批判反思与理论构建的直接成果，就体现在汉文帝雅纳张释之谏言，最终对犯跸者作出合法而又合理的判决；同时又表现为汉文景帝实施刑制改革，以身体刑替代肉刑，以劳役刑替代肉刑的文明改革等。进而出现了西汉法制文明的生成与持续发展的局面。

关键词：

西汉时期　批判反思　理论建构　法制文明生成与发展

一、批判秦朝暴政，推行文明改革

汉代法制文明的建立与发展，首先经历了深刻批判的过程，这一过程是有破有立的过程。它的发展大致可归纳为三个历史阶段。第一个阶段，是以高祖刘邦“斩蛇起义”为标志，进入了武器批判秦朝暴政时期，从而完成推翻秦朝暴政的历史使命。第二个阶段，是理论上的批判，通过批判法家的“重刑主义”，相继确立了“黄老无为而治”，以及董仲舒“大德小刑”的儒家法制指导思想。第

* 中国政法大学教授。

三个阶段是制度批判的时期,这一时期几乎贯穿于汉朝兴衰的整个过程。纵观整个汉代,武器批判的时期虽然短暂,却奠定了汉代政权的基础。然而,对于汉代社会文明与法制文明而言,理论批判与创制、制度批判与重构,则显得更加重要。

(一)武器批判对创建文明国度的重要意义

刘邦为首的农民起义军,通过浴血奋战,首先进入咸阳,推翻了秦朝暴政,但保留了秦朝各项文明成果。所以这场武器批判是文明和进步的。相反,项羽起义军焚烧咸阳皇宫与屠城,破坏了社会文明。在此后的楚汉对抗与斗争中,主张文明的刘邦义军最终战胜了项羽义军,这绝非偶然。这在一定程度上是刘邦义军武器批判的文明进步,战胜项羽义军野蛮落后的必然结果。

(二)思想批判对理论文明建设的重要意义

汉初对秦朝暴政及其所体现"任法弃礼"的重刑主义思想多有批判。这种批判直指秦始皇和秦代法家代表人物李斯等人。即所谓:

> 秦始皇设为车裂之诛,以敛奸邪,筑长城于戎境,以备胡越。征大吞小,威振天下,将帅横行以服外国。蒙恬讨乱于外,李斯治法于内。事逾烦天下逾乱,法逾施而奸逾炽。兵马益设而敌人逾多。秦非不欲为治,乃举措暴众,而用刑太极故也。[1]

汉初高祖、吕后、文帝、景帝在批判秦代"重刑主义"理论的同时,最先确立黄老"无为而治"的思想,以此推动汉代的社会文明与司法文明的发展。这主要体现在"休养生息"、"宽省刑罚"与"与民休息"的思想理论与各项举措上。他们认为秦代在治理国家的根本方针上是完全错误的。秦代横征暴敛,在于残民。而汉代奉行黄老之学,认为"为治之本,务在于安民"。而"安民之本,在于足用;足用之本,在于勿夺(农)时;勿夺(农)时之本,在于省事;省事之本,在于节欲"。[2] 即在大乱之后,把"安民"等"休养生息"的方针,作为治国的根本;把对统治阶级无穷欲望的有效约束作为治国的重要内容,从而在批判秦代的基础上重新确立了"民本主义"的思想与理论。

---

[1] (汉)陆贾:《新语》卷上《无为第四》。

[2] 《淮南子》第14卷《诠言训》。

西汉武帝时期以文景盛世文明为改革的基础,其思想理论的批判与建树升华至新的高度:用新儒学"德主刑辅"的思想理论批判秦朝,建构起"君本位"的新儒学,取代了春秋战国时期孔孟为代表的"民本位"的传统儒学,融汇各家学说,成为汉王朝占统治地位的国家指导学说。即以新儒学的伦理道德观(三纲五常观)教化民众,并作为主要手段,建立起预防犯罪的精神堤坝。同时辅之以法律强制的各项措施与制度,形成稳定有效的综合治理社会的模式。其理论基础正如董仲舒所总结的:

阳为德,阴为刑;刑主杀而德主生。……王者承天意以从事,故任德教而不任刑。刑者不可任以治世,犹阴之不可任以成岁也。为政而任刑,不顺于天,故先王莫之肯为也。今废先王德教之官,而独任执法之吏治民,毋乃任刑之意与!孔子曰:"不教而诛谓之虐。"虐政用于下,而欲德教之被四海,故难成也。[3]

汉初君臣上下所进行的这场规模巨大的思想批判运动具有重要意义。这场批判运动,使汉代彻底摆脱了秦代暴君式的统治方式,从而开始了开明统治的新时代。与此同时,也使汉代打破了秦时的精神禁锢,进入了思想解放的重要时期。先是运用顺应自然与社会规律的黄老"无为而治"思想理论,扫除了秦朝极端专制的法家意识。此后,又确立了新儒学在国家意识形态上的统治地位,用"德主刑辅"文明治世思想取代了秦朝单纯的法家路线,为汉代社会文明与法制文明的发展奠定了坚实的理论基础。

(三)制度批判对法制文明的重要意义

有关制度方面的批判,最早源起于刘邦义军占领秦都咸阳时期。据《汉书》卷一上《高帝纪》载:"(元年)十一月,(刘邦)召诸县豪杰曰:'父老苦秦苛法久矣……与父老约,法三章耳;杀人者死,伤人及盗抵罪。余悉除去秦法。'"而《汉书》第23卷《刑法志》也说:"汉兴,高祖初入关,约法三章曰:'杀人者死,伤人及盗抵罪。'蠲削烦苛,兆民大悦。"可见,汉代的制度批判,首先着眼于秦法苛酷性与繁杂性,通过对秦法的有力批判,提出"宽省刑罚"的思想,并将最初的立法制度化为三条。从而获得了民众的普遍欢迎。这场最初的制度批判,既是"黄老思想"制度化的结果,又成为刘邦起义军合法存在的重要依据。同时也开启

[3] 《汉书》第56卷《董仲舒传》。

了有汉一代批判秦朝苛酷法制,构建汉代新式法制的先河,对汉朝以后的法制文明和司法文明的建设具有重要的开创作用。刘邦建立汉王朝以后,进一步推进汉代的制度批判与建设工作,以"三章之法不足以御奸"为由,命令萧何择取秦法有益的内容,"作律九章"。其后又令叔孙通制《傍章律》十八篇。[4] 从而进一步稳固了汉代法制文明建设的成果,并影响了后世。

此后,伴随西汉武帝年间法律儒家化的演进过程,以及批判秦朝法律制度的深化,又相继制定了体现"君为臣纲"精神的《朝律》六篇,以及全力维护皇帝与国家安全的《越宫律》二十七篇。至此,对秦朝法制的批判与对汉朝的法制构建告一段落,最终形成了以《九章律》《傍章律》《越宫律》《朝律》六十篇为主干的汉代法制系统。上述法律的制定,反映出秦汉法制的巨大差异,秦朝法律是以法家的极端思想作为理论基础,而汉朝法律则把新儒学这一包罗万象的学说作为理论基石,使汉朝法制具有更大的包容性与时代的适应性,从而保证汉朝的可持续发展。这场制度批判的意义重大,通过汉代长期的批判与探索,在吸纳法家法制思维方式、道家顺势而为的思考方法和阴阳家阴阳平衡统一的思想观念的基础上,丰富与发展了新儒学,推进了儒家化的法制建设,反映出封建时代的法制文明与司法文明的程度。同时,找寻到预防犯罪的教化形式与惩办犯罪的强制措施相结合的治国模式,开创了中国封建时代文明管理的新样式,与秦朝横征暴敛和重刑泛滥的状况形成了鲜明的对照,这是中国法制史上文明进步的体现,应当予以肯定。

二、历史反思带动了理论变革与发展

(一)黄老道家学说提供了理论基础

这里的"黄"指轩辕氏黄帝,"老"指道学的创始人李耳。黄帝与老子的尊重自然、尊重规律,力图实现阴阳合一、天地人合一的学说,对汉初产生了重要影响。特别是老子的《道德经》,这部道家学说的经典之作,对汉初的影响更加显著。本于老子道学的庄周,对道学也多有贡献。他的《胠箧》《在宥》《天道》《天运》《天地》等篇都对后世产生了较大的社会影响。它们在汉朝法制文明与司法文明的建设中,起到了重要的理论奠定作用。下面结合汉代,特别是西汉

---

〔4〕《汉书》第23卷《刑法志》。

初期的社会实际，说明道家学说的重要作用。

第一，道家讲“天道”，并以这种“天道”精神作为理论的指导思想。老子在《道德经》第一章中开篇就说：“道可道，非常道；名可名，非常名”，“无名，天地之始；有名；万物之母。故常无欲，以观其妙；常有欲，以观其徼。此二者，同出而异名。同谓之玄，玄之又玄，众妙之门。”[5]老子讲的道，不是一般的道理，而讲的是天地与自然界发展的整体规律，宣传与弘扬这种规律，依照这种规律治理国家，就无往而不胜，有如“治大国，若烹小鲜”[6]一样。为了运用这一顺势而为的理论，他又讲到“有”与“无”的辩证关系，对统治者来说，保持清静无为的无欲状态，就是顺应了百姓的普遍要求，不侵扰百姓，是达到长治久安和可持续发展的最好办法。因此，应当从俭去奢，从仁去残，从礼而去不义。和无欲相对应的是有欲，有欲是指有节制地控制统治者欲望，而应以无欲为标准，减少统治者个人的妄为。此二者同义而名不同而已，其道理虽深，而价值无限。魏源在《老子本义》《论老子》一文中，深刻指出：汉初文景帝时期，通过历史反思，总结亡秦教训，深入研究了老子学说，才成就了汉代盛世。他认为：“文景曹参之学，岂深于嵇、阮、王何乎？而西汉、西晋、燕、越焉。则晋人以庄为老，而汉人以老为老也。岂独庄然。”魏源通过历史分析，得出汉文景时期远胜西晋时期的根本原因，在于汉文景时期是本于黄帝与老子的“无为而无不为”的治世学说，而不效法“虚”“玄”的庄子之学。也正如魏源所说：“（推行老子学说）（文景）之世，而去甚去奢，化嬴秦酷烈为文景刑措，不啻后世羲皇矣。岂若刑名清谈长生之，小用而小弊；大用而大弊邪！”[7]他还说：“夫治，始黄帝，成于尧，备于三代，歼于秦。迨汉气运再造，民脱水火。登衽席，亦不啻太古矣。则曹参文景，断绸为朴，网漏吞舟，而天下化之。盖毒痛乎秦，酷剂峻攻乎项，一旦清凉和解之渐进饮食，而勿药自愈。盖病因药发者，则不药亦得中医。”他还说：“老氏书赅古今，通上下。上焉者，羲皇、关、尹，治之以明道。中焉者，良参文景以济世。”在这里，魏源运用历史的解剖刀，分析西汉刘邦成功和秦亡与项羽兵败乌江的原因，是因为汉朝运用老子的“无为无不为”的理论，以柔弱胜刚强，以无为胜有为。关键是在于治乱世，能够对症下药。这剂药，就是遵从由乱而治的规律，清

〔5〕　老子《道德经》下篇，《诸子集成》第 3 卷。

〔6〕　魏源：《老子本义》·《论老子》，《诸子集成》第 3 卷，第 1 页。

〔7〕　魏源：《老子本义》·《论老子》，《诸子集成》第 3 卷，第 1 页。

静无为,以安民为要,实行“轻徭薄赋”“宽省刑罚”“与民休息”的方策,汉初的政策赢得了民心,赢得了天下。这体现了魏源对汉文景之治的内涵有着深刻正确的认识与把握。

第二,运用“一分为二”的辩证观点考察黄老之学对汉代的影响,道家主张也存在一些消极因素。应当说,以柔弱胜刚强的黄老学说,无疑奠定了汉文景时期法制文明与司法文明的理论基础。但随着社会与历史的发展,老庄之学理论上的消极性,在文景后期已经表现得愈益凸显。汉景帝虽然平息了吴楚七国之乱,打击了地方诸侯王的分裂势力,但分布在各地的诸侯王国和地方豪强尾大不掉的情况,并未根本改变。汉朝中央集权的统治仍然面临着地方的分离势力的威胁,各诸侯王的割据自立、骄横不法,与地方豪强的蛮横行为,都对完成“大一统”理想的汉武帝形成挑战。匈奴的“和亲”政策,也屡屡受挫。窦太后为首的统治阶层因“好黄帝、老子言,(武)帝及太子诸窦不得不读《黄帝》《老子》,尊其术”[8]这种阻碍国家发展的倾向,随着西汉武帝即位,国家实现了政治上高度统一,经济上已具有雄厚的实力,军事力量愈益强大的形势。凡此种种,都呼唤着一种新的积极上进的思想统一全国的意识形态,进而完成更辉煌的历史使命,与时代要求相适应的新儒学应运而生,从而取代了黄老学说的统治地位,一跃而成为显学,上升为国家的统治学说。

(二)法家学说的理论完善作用

汉朝在建设法制文明过程中,深刻地反思与批判了法家重刑主义的极端思想,但同时并没有否定法家的法制学说对汉代理论的完善作用。景帝中元五年曾下诏说:“法令度量,所以禁暴止邪也。”[9]这就是说,在黄老学说盛行的文景帝时期,依然重视法家学说的理论完善作用,重视法制在惩治犯罪上的不可或缺的补充功能,从而弥补了单纯的伦理道德的教化职能的缺陷与不足。以后汉宣帝也说:“汉自有天下,霸王道杂之。”[10]这清楚地表明汉王朝始终坚持德刑并用、以德为主的方针,而没有根本改变。此后,《汉书·刑法志》也通过历史的总结概括地说:“故制礼以崇敬,作刑以明威也。圣人既躬明哲之性,必通天地之心。制礼立教,立法设刑”,而“刑罚威狱,以类于天之震曜杀戮也;温慈惠和,

---

[8] 《史记》第49卷《外戚世家》。

[9] 《汉书》第5卷《景帝纪》。

[10] 《汉书》第8卷《宣帝纪》。

以效天之生殖长育也。”[11]《汉书·刑法志》借用天学之说，进一步论证了“则天制礼”与“则天用刑”的相辅相成、密不可分的紧密关系。对此总括说：“天生五材，民并用之；废一不可，谁能去兵。鞭扑不可弛于家，刑罚不可废于国，征伐不可偃于天下。用之有本末，行之有逆顺耳。”[12]从以上总结中可以看出，汉代不但在建汉之初，而且贯穿了两汉的始终，都坚持道德教化的预防犯罪职能，与法制的惩办犯罪职能的结合使用，用以巩固王朝统治。所不同的是，无论在指导思想上，还是在实际运用上，都是德礼为先，刑法为次，具有主次与本用的严格区分。

(三)阴阳家学说的理论强化作用

阴阳之学，同样活跃于春秋、战国时期，虽然经过秦朝焚书，但它的精神与影响仍延续到汉朝。据《诸子集成》第3卷《列子》载有永始三年刘向校刊，晋张湛注《列子》·《天瑞第一》篇，把列子列为阴阳学家。其身世，为郑国人。和郑国的郑缪公为同一时期的人。“盖(为)有道者也。”但作为世之大隐，“四十年无人识者。”后到卫国，聚徒讲学，他的学说由弟子整理，形成《列子》一书的雏形。(列子)学本于黄帝、老子。[13] 但列子的阴阳之学，虽本于黄老的道学，却有重要发展。据《列子卷一》《天瑞第一》记载：列子认为万物无不处在变化当中，“故常生常化，常生常化者，无时不生，无时不化。阴阳尔，四时尔。”[14]列子在归纳万物处于变动的规律时，找寻出根本原因。这就是自然界的四时变化所引发的，也是阴阳合一而产生的中和结果。借用列子的话说，即是：“昔者，圣人因阴阳以统天地。”[15]列子把阴阳之学提高到治国理政的新高度：

故有生者，有生生者；有形者，有形形者；有声者，有声声者；有色者，有色色者；有味者；有味味者。生之所以生者，死矣。而形形者，未尝有声。之所声者，闻矣。而声声者，未尝发。色之所色者，彰矣。而色色者，未尝显。味之所以味者，尝也。而味味者，未尝呈，皆无为之职也。能阴能阳，能柔能刚，能短能长，

[11] 《汉书》第23卷《刑法志》。

[12] 《汉书》第23卷《刑法志》。

[13] 《诸子集成》第3卷《列子》目录第2页。

[14] 《列子》第1卷《天瑞第一》。

[15] 《列子》第1卷《天瑞第一》。

能圆能方，能生能死，能暑能凉，能浮能沉，能宫能商，能出能没，能玄能黄，能甘能苦，能羶能香，无知也，无能也。而无不知也，而无不能也。[16]

列子以辩证的方法，阐述阴阳合一的治国之道。从法哲学的角度看，列子学说中的"一分为二"，即把阴阳作为万物存在的两极，这两极是对立有分的，这是一个量变的过程。但是，应对宇宙万物的变化，处理人群社会矛盾的纷争，终归要由分转为合，进而完成"一分为二"到"合二而一"的质变过程。由上可见，列子的阴阳之学，在春秋战国的学术争鸣时代，是颇具特色的一家之言，既有着辩证思维，也有朴素的唯物主义精神。他的影响是客观存在的。并没有因秦朝的焚书而消失。经过对这段历史的反思，西汉，特别是汉初文景时期，在理论变革中吸取了阴阳家的有益成分，对当时理论体系的建构发挥了重要作用。特别是对汉代法制文明的形成产生了深远的影响。西汉武帝时期的儒学大师董仲舒，是"罢黜百家，独尊儒术"的倡议者。在他阐述新儒学的观念时，总是把列子的阴阳学说作为自己理论的有机构成，以此强化自己理论的影响。据《汉书》第24卷《董仲舒传》载：董仲舒曾在对策时对汉武帝讲述自己的观点。他说："臣闻天之所大奉使之王者，必有非人力所能致而自至者，此受命之符也。天下之人同心归之，若归父母，故天瑞应诚而至。"本来汉武帝即皇位，是汉朝皇位继承制度确定的。而董仲舒在引用阴阳之学说明这一事实时，则赋予了神权色彩。把汉帝即位说成了"天命所归""天瑞应诚"所致。他在《春秋繁露》的奏文中进一步说：

王者欲有所为，宜求其端于天。天道之大者在阴阳。阳为德，阴为刑；刑主杀而德主生。是故阳常居大夏，而以生育养长为事；阴常居大冬，而居于空虚不用之处。以此见天之任德不任刑也。天使阳出布施于上而主岁动；使阴入伏于下而时出佐阳；阳不得阴之助，亦不能独成岁。终阳以成岁为名，此天意也。王者承天意以从事，故任德教而不任刑。刑者不可任以治世，犹阴之不可任以成岁也。为政而任刑，不顺于天，故先王莫之肯为也。今废先王德教之官，而独任执法之吏治民，毋乃任刑之意与。[17]

---

[16] 《列子》第1卷《天瑞第一》。

[17] 《汉书》第24卷《董仲舒传》。

董仲舒在论证自己新儒学观念时,为强化自己理论的说服力,将神化了的阴阳学说加以包装,把自己"大德小刑""阳德阴刑"的观点,说成是"天意"的反映,使西汉武帝相信并接受这些观点是奉天而行,是"天道"的体现。可见,董仲舒的新儒学不但得到阴阳之学的有力支撑,阴阳之学同时也成为神化自己理论的重要工具。

(四)新儒学的理论变革与综合性的功能效用

汉初倡导儒学的理论学说,促进统治方式改变,首推陆贾和贾谊。他们结合汉初实际提出儒学的治世理论,并认为汉朝统治者首要之举,在于转变统治的思维模式。陆贾在回答汉高祖刘邦"乃公居马上"得天下,"安事《诗》、《书》"[18]问题时,讲了一句警世名言:"居马上得之,宁可马上治之乎?"[19]接着,进一步分析说:"汤武逆取而顺守之,文武并用,长久之术也。……秦代刑法不变,率灭赵氏。使秦已并天下,行仁义,法先圣,陛下安得而有之?"这使笃信黄老之学的刘邦为之耳目一新,于是令陆贾总结"秦所以失天下,吾所以得之者"的历史教训,从而完成了《新语》一书。[20]

贾谊则进一步指出儒家"礼义等差"的思想在社会生活中的重要作用。即"夫立君臣,等上下,使父子有礼,六亲有纪,此非天之所为,人之所设。"[21]又说:"夫礼者禁于将然之前,而法者禁于已然之后,是故法之所用易见,而礼之所为生难知也。"但是,礼者"贵绝恶于未萌,而超教于微渺,使民曰迁善远罪而不自知也。"[22]他在这里强调了儒家伦理道德对强化犯罪意识的防范,所具有的其他学说无法比拟的重要作用。由于汉初经济极度衰败,恢复经济和安定民生都成为了首要问题。加之,汉初统治者在暴秦亡后,大多信奉黄老之学。所以儒学理论观念虽有教益,但没有引起统治阶级的重视。与此同时,这表明当时的儒学理论尚不完善,需要有进一步的理论升华。

到西汉武帝时期,较之汉初时期,社会情势发生了深刻变化。当时的黄老学派,因自身的消极性与保守性,已无法适应社会变革的需要,而董仲舒的新儒

[18] 《史记》第97卷《郦生陆贾列传》。

[19] 《汉书》第48卷《贾谊传》,《新书》·《过秦论》上、中、下篇。

[20] 《史记》第97卷《郦生陆贾列传》。

[21] 《史记》第97卷《郦生陆贾列传》。

[22] 《汉书》第48卷《贾谊传》,《新书》·《过秦论》上、中、下篇。

学理论应运而生，并最终取代了黄老之学。汉武帝为代表的统治阶级之所以抛弃黄老之学，改奉新儒学，究其原因，首先在于董仲舒变革了原有的儒学理论，形成新的儒学理论框架。先秦的孔孟儒学强调"民为国本"的人文主义，把集体本位"民"，作为国家的根本。所以要求统治者对"民"或"百姓"，应施加"德政""仁政"。孔子曾说："礼以行义，义以去利，利以平民，政之大节也。"〔23〕；又说："克己复礼为仁。"〔24〕孟子对于"民本"学说又有重要发展。他说："三代之得天下也，以仁；其失天下也，以不仁。国之所以废兴存亡者，亦然。"〔25〕为此，他强调："民为贵，社稷次之，君为轻。是故得乎丘民而为天子；得乎天子为诸侯，得乎诸侯为大夫。"〔26〕

董仲舒生活在汉代，活跃于汉武帝当政时期，社会情势的变化，特别是适应汉武帝强化中央集权、施展雄才大略的需要，董仲舒对先秦儒学基础理论做了重大变革。他在《春秋繁露·基义》中说："君臣、父子、夫妇之义，皆取诸阴阳之道。君为阳，臣为阴；父为阳，子为阴；夫为阳，妇为阴。"〔27〕而《白虎通义》则使之法典化与神秘化，"谓君臣、父子、夫妇也。……故《含文嘉》曰：'君为臣纲，父为子纲，夫为妻纲'""三纲法天地人……君臣法天，取象日月屈信（申），归功天也。父子法地，取象五行转相生也。夫妇法人，取象六合阴阳，有施化端也"。〔28〕由上可见，西汉中期以董仲舒为代表的新儒学，对春秋战国时期的儒学理论作出重大变革，即把以"民本"为核心的人文主义精神，变化为以"君本"为核心的集权主义的专制精神，而且披上了阴阳学说的外衣，使之成为经久不变的教条。也正是因为以董仲舒为代表的新儒学变革了传统儒学的基本理论，使之适应了汉武帝强化中央集权的君主专制的需要，这才获得最高统治者的首肯，使儒家学说从一般的学说上升为占统治地位的国家学说，并长期占据着意识形态的统治地位。

董仲舒为代表的新儒学，之所以能成为汉代显学，指导国家的思想与精神

〔23〕《左传·成公二年》。

〔24〕《论语·颜渊》，《诸子集成》第1卷。

〔25〕《孟子·离娄上》，《诸子集成》第1卷。

〔26〕《孟子·尽心·下》，《诸子集成》第1卷。

〔27〕董仲舒：《春秋繁露·基义》。

〔28〕《白虎通义·三纲六纪》。

文明建设,其原因还在于董仲舒所建立的新儒学,是以儒学为母体,吸收并综合了道家、法家、阴阳等各家所长,构建起一个庞大的包容的思想体系。这一思想体系,是以儒家的"三纲五常"为思想核心,以遵从道家的"天道"精神为依从,以法家的"缘法而治"的思想作为补充与完善,以阴阳家的"阴阳合一"学说作为强化手段,适应了西汉中期复杂的内外形势的需求,满足了封建统治阶级积极上进的政治愿望,因而顺理成章地登上意识形态的顶端,成为整个国家的指导学说。也如董仲舒本人所说:"王道之三纲可求于天。"[29]"天不变,道亦不变。"又说:"王者承天意以从事,故任德教而不任刑。"但教化不止,犯罪不停时,"天子之所宜法以为制,大夫之所当循以为行也",为此,他主张:"圣人法天而立道,亦薄爱而忘私,布德施仁以厚之,设谊立礼以导之。春者天之所以生也,仁者君之所以爱也;夏者天之所以长也,德者君之所以善也;霸者天之所以杀也,刑者君之所以罚也。由此言之,天人之征,古今之道也。"[30]

对于董仲舒的理论建树,及其对汉代法制文明和司法文明的影响,《汉书》第56卷《董仲舒传》的评述有所说明:"仲舒所著,皆明经术之意,及上疏条教,凡百二十篇。……皆传于后世,掇其切当施朝廷者,著于篇。"刘向之子刘歆则说:"仲舒遭汉承秦灭学之后,《六经》离析,下帷发愤,潜心大业,令后学者有所统壹,为群儒首。"[31]这些评价都是符合汉朝实际的。但不得不指出,董仲舒的新儒学由于过分地强调纲常礼教的作用,以期使之成为千古不变的信条。这对后世治国理论必然产生长期的消极的影响。

三、批判与反思促进了法制文明的生成与发展

(一)汉初法制文明的社会基础

衡量社会文明发展的尺度,通常是根据社会群体的人文素质高下,社会管理水平的高低,以及社会经济可持续发展的程度等内容加以比较,从而得出比较客观的结论。依据上述标准,汉文景帝时期,形成了我国的第一个盛世,其社会文明程度明显高于秦朝。从当时的社会基础上看,有以下明显表现。

---

〔29〕 董仲舒:《春秋繁露·基义》。

〔30〕《汉书》第56卷《董仲舒传》。

〔31〕《汉书》第56卷《董仲舒传》。

1. 统治阶层人文素质有较高幅度的提升

根据史书记载,刘邦义军较之项羽义军,虽战斗力有所不足,但人文素质明显胜于后者。《史记》第8卷《高祖本纪》载:刘邦义军入咸阳不烧宫室,不杀降王子婴。正所谓:“始怀王遣我,固以能宽容;且人已服降,又杀之,不详。”“乃以秦王属吏,遂西入咸阳。”同时:“封秦重宝财物府库,还军坝上。”从中反映出刘邦等领袖人物宽容大度与目光长远的特质,这与烧秦宫,抢劫财货、宫女,杀秦王子婴的项羽相比,文明程度远高于后者。与此同时,注意民生,安抚遭受动乱之苦的贫民百姓,用以争取民心。即所谓“凡吾所以来,为父老除害,非有所侵暴,无恐!且吾所以还军坝上,待诸侯至而定约束耳。”与此同时,“乃使人与秦吏行县乡邑,告谕之”。致使“秦人大喜,争持牛羊酒食献飨军士”。沛公又让不受,曰:“仓粟多,非乏,不欲费人。人又益喜,唯恐沛公不为秦王。”〔32〕此外,刘邦集团的主要成员也同样具有比较高的人文素质。以萧何为例,从刘邦起义拜沛令时起追随左右,“沛公至咸阳,诸将皆争走金帛财物之府分之,何独先入收秦丞相御史律令图书(包括户籍)藏之”。其后,刘邦被封为汉王,当项羽和诸侯屠烧咸阳过后,只有汉王与萧何等“具知天下厄塞,户口多少,强弱之处,民所疾苦者,以何具得秦图书也”。〔33〕 由此可见,作为刘邦集团的主要成员,萧何所具备的不贪财而重国事的品格,不仅比之同时代各诸侯与高官有着更高的人文素质,较之刘邦集团的其他成员也同样略胜一筹。

2. 统治集团管理社会能力增强

汉刘邦具有统领天下英杰的帅才,具备比较强的驾驭与管理全局的能力,正如他自己总结的:

> 夫运筹策帷帐之中,决胜于千里之外,吾不如子房。镇国家,抚百姓,给馈饷,不绝粮道,吾不如萧何。连百万军,战必胜,攻必取,吾不如韩信。此三者,皆人杰也,吾能用之,此吾所以取天下也。项羽有一范增而不能用,此其所以为我擒也。〔34〕

〔32〕《史记》第8卷《高祖本纪》。

〔33〕《史记》第53卷《萧相国世家》。

〔34〕《史记》第8卷《高祖本纪》。

其情也如刘邦部下王陵所说：

> 陛下使人攻城略地，所降下者因以予之，与天下同利也。项羽妒贤嫉能，有功者害之，贤者疑之，战胜而不予人功，得利而不予人利，此所以失天下也。[35]

从中可见，刘邦集团能够战胜项羽集团，不是偶然的。项羽集团单凭强大的武力是能称雄于一时，但最终归于失败，其原因有多方面的。仅从刘邦统治集团管理能力上看，就高于后者。管理本身就是一门科学，科学的管理也是刘邦集团战胜项羽集团的重要因素。

汉朝建立后，社会经济残破不堪，以至"民失作业，而大饥馑。凡米石五千，人相食，死者过半"。[36] 严重的社会经济形势，考验着汉初统治集团的政治智慧与社会管理能力。刘邦君臣把社会管理的重点放到恢复农业生产、保障民生等最急迫的方面。正如《汉书·食货志上》所说：

> 上于是约法省禁，轻田租，什五而税一，量吏禄，度官用，以赋于民。而山川园池市肆租税之入，自天子以至封君汤沐邑，皆各为私奉养，不领于天子之经费。[37]

即通过统治阶层的节俭自律，不扰百姓生计，采取轻徭薄赋的方略，迅速恢复与发展经济，通过让利于民的方针，使得藏富于民成为现实。

汉自高祖刘邦至景帝，历经七十余年。由于连续几代的努力，特别是采取了恰当的管理方案，实施了有效的管理，迅速扭转了恶化的经济形势，使汉朝社会经济进入了可持续的发展时期，形成了史上有名的"文景之治"。当然，文景盛世的出现，又和臣僚坚持安民方针与适度的实行社会管理密不可分。以曹参、贾谊、晁错为例，就可以说明这一问题。

汉朝建立后，曹参先任齐国相，曾召集"长老诸生"研究如何实施有效的社会管理。其间，齐国盖公提出的"贵清静而民自定"的方策。曹参毅然加以采

---

[35] 《汉书》第 40 卷《王陵传》。

[36] 《汉书》第 24 卷《食货志上》。

[37] 《汉书》第 24 卷《食货志上》。

纳,并坚持9年,终于达到"齐国安集"的社会效果。其后,刘邦过世,惠帝即位,不久丞相萧何也过世。依照刘邦的遗嘱,曹参继任相国,他依然遵照刘邦与萧何的管理方策,坚守"无为而治"的各项措施。其情又如当时民谣所说:"萧何为法,讲若划一;曹参代之,守而勿失。载其清靖,民以宁一。"[38]

惠帝之后的文帝、景帝也相继采纳了贾谊与晁错的建议,同样采取了"清静无为"的管理方针,重点在于"务民于农桑、薄赋、广蓄积以实仓禀,备水旱"。[39]与此同时,进一步完善管理措施。第一,倡导农耕,抑制行商。第二,免收天下农田租税十二年,减少口赋,减少徭役。第三,实施卖爵,减少农民负担,增加国家粮食储备。

由于汉初管理社会的方法,适时适度,符合社会经济发展要求,故取得明显的治世效果。

3. 实现了社会经济的可持续发展

从社会经济可持续发展考虑,汉朝从高祖刘邦起,开始实行释放商业奴婢的开明措施,宣布凡因家庭饥寒而卖身为奴婢者,一律释免为平民。一方面有利于争取民心;更重要的是解放生产力,使之投身于农业经济。不但提高了他们的生产积极性,也增加了农业收成和国家的田赋。

惠帝之后,文帝、景帝坚持"以民为本"的民本主义精神,推行"轻徭薄赋""与民休息"的方针,在减轻农民负担的同时,实施国家售卖爵位的制度。凡捐粟六百石者,授二等爵"上造";捐粟四千石者,授九等爵"五大夫";捐粟一万二千石者,授第十八等爵"大庶长"。另外,还规定一般犯罪人员,也可以捐粟赎免。以此充实国库,防备水旱之灾。[40]

另外,汉初各帝都经历了秦末农民大起义,深知"君者,舟也;庶人者,水也。水则载舟,水则覆舟",故"欲安,则莫若平政爱民","节俭自律"。[41] 其中,以汉文帝为例。他即位23年,宫中各项用具,从无增加。又以修建露台花费百金,抵折中产之家十家的财产,而宣布停建。从文帝到皇后,穿着简单,以示敦朴,为天下先。修皇陵,使用瓦器,一律不用金银铜锡做装饰,而且依山势而修,并

[38] 《汉书》第39卷《曹参传》。

[39] 《汉书》第24卷上《食货志第四》。

[40] 《汉书》第4卷《文帝纪》。

[41] 《荀子·王制》。

不另起坟地。[42] 综上汉代各项措施的贯彻实施,产生了明显的效果。据史书记载:汉文帝"专务以德化民,是以海内殷富,兴于礼义,断狱数百,几致刑措"。[43] 另据《汉书》第23卷《刑法志》所载:

及孝文即位,躬修玄默,劝趣农桑,减省租赋。而将相皆旧臣,少文多质,惩恶亡秦之政,论议务在宽厚,耻言人之过失。化行天下,告讦之俗易。吏安其官,民乐其业,畜积岁增,户口寖息。风流笃厚,禁罔疏阔。[44]

当时政局稳定,经济恢复发展,百姓遵纪守法,社会秩序良好,逐渐形成了经济持续发展的局面。

至景帝末年,"京师之钱累百巨万,贯朽而不可校。太仓之粟陈陈相因,充溢露积于外,腐败不可食"。[45]

综上可以看出,汉文景帝时期采用了社会文明的管理模式,造成了社会经济可持续发展的态势,适应了当时社会发展的需要,取得了前人所未有过的显著成就。应予以充分肯定。

(二)法制文明的生成与发展

1. 法制文明的生成

汉初深刻的批判与反思带来社会文明的发展,也必将促进法制文明生成与发展。反过来,法制文明的形成与发展,又对社会文明发挥了重要的保障作用。两个方面相辅相成,形成了文明的完整体系。汉代文景帝时期的历史实践就有力地证明了这一点。

汉文景帝时期承袭高祖刘邦以来的治国方针与路线,并在批判秦朝"任法弃礼"的重刑主义错误路线的基础上,逐渐形成了带有社会文明标志的新型治国方针与路线。这一方针体现在奉行"以安民为本"的思想上。汉文帝前元十三年指出"农,天下之本,务莫大焉"。[46] 《淮南子》《诠言训》也说:"为治之本,

[42] 《汉书》第4卷《文帝纪》。

[43] 《汉书》第4卷《文帝纪》。

[44] 《汉书》第23卷《刑法志》。

[45] 《汉书》第24卷上《食货志第四》。

[46] 《史记》第10卷《孝文本纪第十》。

务在于安民;安民之本,在于足用;足用之本,在于勿夺时;勿夺时之本,在于省事;省事之本,在于节欲。"[47]"安民为本"的思想是对传统人文主义文明思想的继承与发展。《尚书·大禹谟》说:"德为善政,政在养民。"[48]孟子曾说:"民为贵,社稷次之,君为轻。"[49]他本着人文主义的高度,从精神文明的视角,把作为集体本位的"民",提升到社会人群中的最高位置,但如何落实"民"的至上地位,也没有来得及说明。汉文景时期的"安民为本"的思想,则具有丰富的内涵及具体落实的步骤。这就是先使百姓生活由贫致富,藏富于民,先富民而后富国。富民的步骤则要尊重作物生长规律,按节气种植、收割,不违农时。不违农时,即不影响农民生产活动,则在于减少赋税与劳役,使他们安心务农。而轻徭薄赋,减省农民负担,则在于统治阶级(包括最高统治者)清心寡欲、不妄生事端,干扰生产。从高祖刘邦、吕后到文帝、景帝的社会实践都证实了这一方针和思想的正确性以及所取得的显著成效。这和秦朝横征暴敛、重刑处断的暴君式的野蛮统治方式做了严格的区分,体现了当时人文主义的文明管理思想发展的新高度。

文景帝时期本着"安民为本"的方针,在不断的探索中,形成了有利于农业社会发展的"富之""教之""编户齐民""绳之以法"的综合治理的治国路线。所谓"富之",就是为政的重点在于富民。富民不是最终目的,对富裕起来的百姓进行礼义道德的教化,是预防犯罪的重要手段。教化不是万能的,对于民众和百姓必须通过保甲或里甲制加强管理。社会管理也不是万能的,总是会有少数人违法犯罪,所以必须依法惩治,这样就把富民与礼、乐、政、刑相结合,实现了综合的文明的社会治理。这种综合的整体地推进社会文明与法制文明改革,是汉文景时期造就盛世的有力保障。同时也体现了"富之","教之","编户齐民"的社会文明与"绳之以法"的法制文明有机协调与统一。

2. 法制文明的发展

应当指出,汉文景帝时期的社会文明对法制文明具有明显的促进作用。同时后者对前者也具有重要的保障作用。

第一,汉文景帝时期的法制改革,首先是吸取了秦朝重刑泛滥的教训,进行

[47] 《淮南子》第14卷《诠言训》。

[48] 《尚书·大禹谟》,《十三经注疏》(上册)。

[49] 《孟子·尽心下》。

删除罪名、改革刑名的工作。其实,这项工作早在刘邦登基称帝后就开始,但只是限于大赦斩刑以下的狭小范围。据《汉书》第1卷下《高帝纪下》载:"(汉高帝五年)春正月……又曰:'兵不得休八年,万民与苦甚,今天下事毕,其赦天下殊死以下'韦昭曰:'殊死,斩刑也。'"师古曰:"殊,绝也,异也,言其身首离绝而异处也。"又据《汉书·刑法志》载,"至高后元年,乃除三族罪,妖言令",[50]即废除了夷三族这种灭绝三族的酷刑,删除了秦代妖言令。至汉文帝时期,对秦朝沿袭下来的酷刑进一步进行反省。(文帝)即位第十三年(在看到淳于缇萦上书后,感愧万分),令曰:"……今法有肉刑三(黥、劓、斩左右趾),凡三也。而奸不止,其咎安在?"[51]

他认为:

> 非乃朕德之薄,而教不明与!吾甚自愧。故夫训道不纯而愚民陷焉。诗曰:'恺弟君子,民之父母。'今人有过,教未施而刑已加焉,或欲改行为善,而道亡由至,朕甚怜之。夫刑至断支体,刻肌肤,终身不息,何其刑之痛而不德也!岂称为民父母之意哉?其除肉刑,有以易之;及全罪人各以轻重,不之逃,有年而免,具为令。[52]

这实际上是批判秦朝刑罚苛酷,进行汉初刑罚制度改革的宣言书,也是汉初刑罚制度改革的行动纲领。以比较文明的笞刑和徒刑代替了残酷野蛮的黥刑、劓、斩左趾。但斩右趾则改为弃市重刑,而宫刑未能废除。至景帝时,进一步改革刑制。即将文帝黥刑改为髡钳城旦舂保留下来;另外,将劓刑笞三百,最终改为笞一百;将斩左趾笞五百,最终改为笞二百。同时规范刑具,减少犯人痛苦。又规定一人行刑到底,不得中途换人。从而使"笞者得全"[53],即虽受刑,但又不过重,得以保全。汉文景帝时期的刑制改革,是中国传统刑罚制度在社会文明发展的大背景下,实现的一次带有文明性质的法制改革,也是以往残酷肉刑走向劳役刑与身体刑的文明性的刑罚改革,它对隋唐时期封建五刑的形成

[50] 《汉书》第23卷《刑法志》。

[51] 《汉书》第23卷《刑法志》。

[52] 《汉书》第23卷《刑法志》。

[53] 《汉书》第23卷《刑法志》。

有着重要影响。

第二,从人道主义立场出发,本着“德政”“仁政”的理念,对老、幼、鳏、寡、孕者、师、侏儒等有罪当戴刑具的,不须戴,采取宽容的原则,体现了法制文明的一面。如汉景帝后元“三年复下诏曰:‘高年老长,人所尊敬也,鳏寡不属逮者,人所哀怜也。其著令:年八十以上,八岁以下,及孕者未乳,师、朱儒,当鞠系者,颂系之。’”如惇曰:“师,乐师盲瞽者。朱儒,短人不能走者。”师古曰:“颂读曰容。容,宽容之,不桎梏。”[54]

第三,汉文帝时期张释之依法办理犯跸案,最终得到汉文帝的肯定,同样体现了当时的法律至上,文明审判的司法文明的特征。《汉书》第50卷《张释之传》载:“上行出中渭桥,有一人从桥下走,乘舆马惊。于是使骑捕之,属廷尉。释之治问。曰:‘县人来,闻跸,匿桥下。久,以为行过,既出,见车骑,即走耳。’释之奏当:‘此人犯跸,当罚金。’”[55]汉文帝开始时有愤怒的心情,曾说:“此人亲惊吾马,吾马赖柔和,令他马,固不败伤我乎?而廷尉乃当之罚金!”张释之回答说:“法者天子所与天下公共也。今法如此而更重之,是法不信于民也。且方其时,上使立诛之则已。今既下廷尉,廷尉,天下之平也,一倾而天下用刑皆为轻重,民安所措其手足?唯陛下察之。”想过之后,汉文帝回答说:“廷尉当是也。”[56]

同样是张释之,按照文帝命令审理偷盗高祖庙座前玉环案。从中再次体现出公正、公平的依法办案,司法文明的特征。张释之依据《汉律》将盗窃犯定为弃市死刑。文帝大怒,认为盗窃神器,应当处以灭族之刑。张释之据法力争说:“法如是足也。”并说人盗宗庙一器便族诛,如盗长陵一抔土,如何加等处罚呢?这一段时间,文帝征求太后意见,最终同意了张释之代表大理寺作出的判决。[57]

第四,文景帝时期社会文明也促进了司法文明的发展。据《汉书·刑法志》载:“及孝文即位……惩恶亡秦之政,告讦之俗易。吏安其官,民乐其业,畜积岁增,户口寖息。风流笃厚,禁罔疏阔。选张释之为廷尉,罪疑者予民,是以刑罚

[54] 《汉书》第23卷《刑法志》。

[55] 《史记》第120卷《张释之传》。

[56] 《史记》第120卷《张释之传》。

[57] 《史记》第120卷《张释之传》。

大省,至于断狱四百,有刑错之风。"[58]由上可见,在汉文景帝时期,特别是在文帝后期,由于吸取亡秦的深刻教训,改弦更张,"以安民为本",使民众生活普遍得到改善,由贫穷到逐渐富足,减少了由于贫困而发生的盗窃犯罪;由于废除秦朝告奸之法,使民风改观,消除了告奸之风;由于实行宽省刑罚的方针,又能任用循吏张释之为廷尉,掌管天下刑狱,最终出现,疑罪从轻、从赦的局面,使刑事处罚有了大幅度下降,全国年审刑案400件左右。而真正实施死刑处罚的却寥寥无人。从天下大乱,实现了天下大治,充分体现了社会文明对司法文明的促进作用。同时也可以看到,当时司法文明发展,实现了对犯罪的有效约束,又对汉文景帝时期的社会文明发展起到了保障作用。

当然,汉文景帝统治时期,因特定的历史环境下,所产生的社会文明、法制文明和司法文明状况,并不完全带有普遍性。汉代的不同时期,就有不同的表现。例如武帝即位后,"外事四夷之功,内盛耳目之好",加剧了社会矛盾,又错误地任用酷吏张汤等为廷尉。这些酷吏又专以武帝意旨办事,使西汉王朝又出现了"死人之流血离于市,大辟之计岁以万计"[59]的严重局面。以致西汉后人评价说:"秦有十失,其一尚存,治狱之吏是也。"[60]可见,汉初的法制文明与司法文明,其产生是有其重要原因的。但随着社会形势与治安状况的变化,也会随之发生变化。汉武帝后期社会从文明又重新变为不文明,乃至陷于野蛮残酷的境地。这的确发人深省,值得后人警惕。

The Influence of Criticism and Reflection in the Western-Han Dynasty on Theory Construction and Legal Civilization Development

Guo Chengwei

Abstract: In the Western-Han Dynasty, by profound criticism on weapons, thoughts and systems and reflection on old ideas, influence of tyranny in the Qin Dynasty had been eliminated to a large degree. Therefore, state-governing theory's transformation and reconstruction had been contributed. Criticism and reflection

[58] 《汉书》第23卷《刑法志》。

[59] 《汉书》第51卷《路温舒传》。

[60] 《汉书》第23卷《刑法志》。

had a leading effect on legal construction of Western-Han Dynasty. It not only abandoned the theory of "relying on legal system rather than ritual system" which had contributed to the destruction of Qin Dynasty, but also developed a complicated systems which took Confucianism as the main body, based on Taoist, took Legalism as an improved way and took Yin-yang Theory as an strengthened weapon. The direct results are Emperor Wen of the West Han's acception of Zhang Shi's suggestion and Emperor Jing of the West Han's transformation on criminal law, which contributed to generation and sustainable development of legal civilization.

Key words: The Western-Han dynasty Criticism and reflection Theory construction Generation and sustainable development of legal civilization

（责任编辑：李　驰）

古代司法中的实践智慧*

——以兼及法作为实践智慧的基本立场

武建敏**

内容摘要：

古老的“法”字蕴含了中国古代法律文化的秘密，体现了一种司法中心主义的思维方式。由于司法与法之间的内在统一性，古代司法中所蕴含的实践智慧也正是中国法内含的实践智慧。古代司法的实践智慧包含了道德维度，道德作为实践智慧的内在元素，为司法活动提供了引导性价值；古代司法的实践智慧还包含了经验的维度，经验作为实践智慧的组成部分，构成了古代司法活动娴熟技艺的基础；古代司法的实践智慧具有辩证法属性，无论是在普遍与具体之间，还是法律与道德及情理之间，古代法官解决问题的方式都充分体现了实践智慧的辩证法属性。从司法观照法本身，作为实践智慧的法反对法条主义，倡导情境主义，肯定人治主义的合理性，表达了鲜明的价值论立场，同时主张行动的自主性。

关键词：

古代司法　实践智慧　价值论　辩证法　法哲学

实践智慧作为一个重要的哲学概念，同时是实践主义法哲学[1]分析和研究

---

* 本文系国家社会科学基金重点项目（13AFX002）、河北经贸大学科研基金重点项目（2014KYZ06）的阶段性成果。

** 河北经贸大学法哲学研究中心主任、教授，法学博士。

〔1〕 实践主义法哲学也可以被称之为法律实践主义，它是当下中国法哲学应当着力打造的理论形态。法律实践主义坚持理论与实践的内在统一性，注重理论谋划的实践合理性，倡导“做事”的朴实风格，而实践智慧概念正是沟通理论与实践的统一性的核心概念。法律实践主义强调“实践”、“实践合理性”及“实践智慧”的思想气质，在中国古代司法中也有自身良好的存在根基，传统司法所呈现的基本风貌正体现了实践主义的思想意向。

法律生活的理论和方法。经亚里士多德、马克思、伽达默尔等伟大思想家的阐释，实践智慧本身成为一种理论，而真正的理论本身同时必然包含着一种方法论。当这个纯然西方的概念被“引荐”到中国，诸多研究中国文化的学者便用这个概念分析中国的历史传统，〔2〕表征了实践智慧概念所蕴含的思想意蕴与中国文化之间所具有的高度契合性。甚至可以说，实践智慧正是一种地道的中国理论，只不过这个名称是舶来品。虽然实践智慧的概念还没有引起法学界足够的重视，但实践智慧本身与法律生活及法治之间的契合性、相通性却是一种内在的关联，至于实践智慧与中国古代司法活动之间就更表现了原汁原味的统一性。

一、古老“灋”字的实践指向：一个切入点

在当代中国法学界的学术话语和知识体系中，法是被作为规则看待的，作为规则的法概念成为了人们架构法学理论和法律体系以及法学学术与法学教育的理论前提。这个前提曾经发挥了非常重要的历史作用，它对改革开放之后中国法学的迅速发展和中国法学教育的崛起以及中国社会主义法律体系的完善具有重要的构造价值。但随着法学研究的深入以及人们视界的开阔，作为规则的法概念理解已经日益暴露出其内在的问题。尽管当下法学界仍然在主导意向上坚持法作为规则的学说，但已经有日益增多的学者开始反省这样的认知前提，他们从实践、行动、实践智慧等维度重新审视法概念，力图注入法概念的实践元素。法在本质上并不是规则，而是一种动态的实践过程，是一种实践智慧。这样的判定不仅契合法作为法的实践本性，而且契合中国文化对于法概念的基本解释图景，同时也保持了与当下中国法治实践深化发展的时代契合性。

在对古老的“灋”字的诠释中，中国学术界有着多种多样的阐释图景，尽管不同的阐释图景包含了相异的解释策略，但人们都认识到了中国古代社会的“灋”不是象牙塔内的知识构造，而是与生活世界保持着内在的统一性和契合性。从古文字本身看，“灋”字是由三个部分构成的，即“水”“廌”和“去”，而无

〔2〕 运用实践智慧概念研究中国文化的代表性文献，可参见陈来：《论儒家的实践智慧》，载《哲学研究》2014 年第 8 期；杨国荣：《论实践智慧》，载《中国社会科学》2012 年第 4 期。从中可以看到实践智慧与中国哲学的内在契合。

论这三个部分中的任何元素，都是与法律实践活动息息相通的，绝不是一种单纯知识的构造，“灋”字本身无非就是对法律实践活动的表达。中国的古代法文化并不是“立法者中心”的法文化，这与今天有着很大的区别；今天学界的研究无疑体现了“立法者中心”的基本立场，但这是有问题的，当前这一立场正在悄然发生变化，即从“立法者中心”向“司法者中心”的立场转变，这不仅与中国古代“灋”的观念相通，也与建设社会主义法治体系的基本理念具有重要的关联性。〔3〕 司法中心主义的思维方式是一种实践论的思维方式，是一种中介化的思维方式。古老的“灋”字所蕴含的恰恰是法的实践指向和司法指向，只是到了近代中国，由于西方科学与理性精神的输入，使人们忘却了自身的历史传统，满足于单纯的知识构造而忽略了法的实践本性，由此所架构的法学理论及其法律实践都是有问题的，这是一个值得认真反思的现象。

至于“灋”字的三个构成元素，均体现了法的实践本性，而这个实践的主体就是法官，因此，法在中国古人那里实际上所表现的乃是一种“司法决策”，这自然是一种司法中心主义的思维方式。“水”本身并不像许慎所讲的乃是“公平”的象征，所谓“公平”的解读无非是一种直观思维的表现，并无多少理据。“水”实际上是一种惩罚，是对那些触犯了公共生活准则的人的制裁，是一种放逐的惩罚。“古代‘法’字中的‘水’，并无公平之义。其本义是消除犯罪和确保平安，是强制性行为规范的符号。至于公平、公正之义，是战国法家为了以平民之‘法’取代贵族之‘礼’而给‘法’字新加上去的‘添加剂’。”〔4〕“廌”字本身就是法官的图腾，无论将“廌”解读为怎样的一种“动物”，其象征意蕴均与法官相通，即法官的图腾。王充在论及“獬豸”时说道：“一角之羊也，性知有罪。皋陶治狱，其罪疑者，令羊触之，有罪则触，无罪则不触。斯盖天生一角圣兽，助狱为

〔3〕 中国法学学术的转向是当下中国法学发展的内在欲求。理论法学的研究已经出现“实践转向”的重大发展；部门法学则会发生一种“解释学转向”，将自己当作“立法者”的部门法学研究范式其实并无多大的理论价值，至于实践价值对于大多数的部门法学家而言根本就难以企及，只有实现部门法学的“解释学转向”或者“司法转向”才是部门法学发展的合理化路径，但是这里的解释学并不是知识论意义上的解释学，而是实践论的解释学，即实践诠释学。

〔4〕 武树臣：《中国法的源与流》，人民出版社2013年版，第35页。

验,故皋陶敬羊,起坐事之。此则神奇瑞应之类也。"[5]断狱司法可以说是"廌"的最根本的思想意蕴,于是法被看作司法中心思维方式之呈现也就顺理成章了。"去"字则表现了"弓矢相离",实际上是证据不符合的意思,[6]这是"去"字本身的证据学意蕴。由此可见,无论是"水"还是"廌"抑或是"去",其本质意向均指向法官中心,因此可以说司法的实践指向本就是中国法律文化的基本旨趣。

法的实践智慧正是法的实践本性的思想表达。任何智慧的生成都不可能是单纯的知识构造的结果,尽管亚里士多德区分了"智慧"和"实践智慧"的概念,而将"智慧"看作是一种纯粹的知识理论探求,[7]但在中国人的话语体系中,智慧本身是一个实践性的概念,实践智慧是一个非常契合中国文化思想意向的思想形态,正是人们在断狱司法活动当中,不断地养就了自身的实践智慧,并逐步形成了实践智慧的思想综合体。司法中的实践智慧是一种思想方式,也是一种实践方式。作为思想方式,实践智慧是法官对司法合理性的一种判定方式,一项司法裁决是否合理,关键要看是否满足了实践智慧的基本要求;作为实践方式,实践智慧就是法官进行司法裁决的方式,不管法官是否意识到实践智慧的贯彻,实践智慧作为法官的实践方式,其本身就是一种司法决策方式。实践智慧体现了理论与实践的统一,思想与行动的契合。在中国古代司法运行过程中,实践智慧是在场的。实践智慧在古代法官的观念和行动中,表现了一种综合性及统摄性的思想意蕴。但若是将其加以分析,则可以从道德维度、经验维度、辩证智慧等不同的角度加以诠释,而在总体上古代司法中的实践智慧则表现了中国古人的司法艺术,这是解读传统司法的重要方式,尽管它不是唯一的阐释方式。

---

[5] 《论衡·是应》。

[6] 武树臣:《中国法的源与流》,人民出版社2013年版,第36页。

[7] 那种纯粹的理论探求的智慧可以被叫做"理论智慧",它旨在探求普遍性的知识,并用普遍性的知识去解决人们的认识和实践问题,这样的智慧或许可以说具有"神性",这样的智慧固然非常高贵,却并不具有实践的本性。"人自身属于动变世界,人的行为本身就是一种自为的动变,指导行为去应对动变的世界以求取相对稳定的幸福,需要一种特殊的智慧,即实践智慧,这是一种纯粹人性的或属人的智慧。"对实践智慧的深入探求正是亚里士多德实践哲学的要旨所在。参见徐长福:《走向实践智慧——探寻实践哲学的新进路》,社会科学文献出版社2008年版,第187页。

二、道德的维度

实践智慧内含道德维度,它具有一种伦理德性的基本意向:一个具有实践智慧的人,必然是一个具备伦理德性的主体,否则就不可能被称之为具有实践智慧。"明智在于深思熟虑,判断善恶以及生活中一切应选择或该避免的东西,很好地运用存在于我们之中的一切善的事物,正确地进行社会交往,洞察良机,机敏地使用言辞和行为,拥有一切有用的经验。记忆、经验和机敏,它们全部或源于明智,或伴随着明智。"〔8〕亚里士多德的实践哲学是哲学史上最早也最为系统阐释实践智慧的哲学形态。〔9〕这可以说是对实践智慧的一个经典判定,实践智慧所具有的道德维度是非常明显的,同时这里所显示的实践智慧与伦理德性之间的关系应该是内在的,而不是外在的、偶然的连接。这种对实践智慧的认识是与对实践概念的把握相一致的,实践概念在实践哲学的意义上具有伦理道德的基本维度,这与我们过去对实践概念所做的认识论的简单化理解存在根本差异,一种不具备善的合理性的所谓行动在本质上是不能被称为实践的,而缺乏了善的合理性引导的实践智慧也往往会偏离真正属人的方向,甚至给人类造成灾难。

实践智慧概念是属于西方哲学的,但却是分析中国文化的基本方法,而在对于中国文化的实践智慧探求中,实践智慧所蕴含的道德维度更是突出显明,乃至于是中国文化之所有表现层面的根本特征所在。陈来在谈到儒家的实践智慧之时,强调指出:"儒家的实践智慧始终是强调以道德为基础,从不脱离德性。"〔10〕儒家的实践智慧不仅仅体现在儒家哲学元典的论述当中,更为重要的是体现在中国古代政治法律的实践活动当中,其间司法中的实践智慧可谓是其

〔8〕 苗力田主编:《亚里士多德全集》(第8卷),中国人民大学出版社1994年版,第460页。此处的"明智"即"实践智慧",在苗力田和廖申白的译本中,"*phronesis*"均被译为"明智"。但从现在学术界的普遍使用而言,似乎用"实践智慧"更合乎潮流。实践智慧正在日益凝练为一种方法论。

〔9〕 中国哲学很早就具备了实践智慧的思想元素,但却缺乏实践智慧的理论表达,这也是实践智慧在中国学术系统中难以成为方法论的重要原因。

〔10〕 陈来:《论儒家的实践智慧》,载《哲学研究》2014年第8期。

重要的特色,古代司法的实践智慧中所蕴含的道德维度是显而易见的。这同时也与古人赋予古老的“法”字以伦理学意蕴密切相关。“法”的另一种写法是“佱”,“佱”字不仅包含了适可而止的实践智慧,同时也体现了先民们在生活实践中的伦理智慧,其“文身”所包含的伦理禁忌就表现了先民们实践智慧的伦理之维。“古老的‘佱’(法)字是中国古代法所内含的伦理精神的一个古老记号。”[11]法、道德与实践智慧是一致的,正如同说法和道德都是实践理性一样,法与道德同样可以被看作实践智慧,不过这并不是知识论和逻辑学意义上的定义,而是对于法与道德的理论诠释方式。

古代司法的道德之维可以说源远流长,它以儒家哲学为支撑,深刻地影响和塑造了中国古代的司法智慧。孔子断狱常将道德情理放到司法决策的首要地位,凡是有违伦理道德大义的事情,即便符合事实真相,孔子也要以其卓越的道德智慧采取别样的司法对策,而其最后的结论却又令人信服,这便是一种实践智慧。在孔子做鲁国大司寇的时候,有父子两人到他那里打官司,孔子不问是非曲直,径直将两人关进了牢房,最后两人在牢房里幡然悔悟,孔子便将他们放了回去。这自然可以解读为孔子的息讼思想,但若根据这个案件之后孔子所发的议论,实在又是一个非常经典的实践智慧道德化之范例。在这个判例中,季桓子认为孔子应该以杀戮的方式教民孝道,孔子的一番言论却更让人感受到他卓越的实践智慧。当冉有将季桓子的言论告诉孔子之后,孔子感慨道:“呜呼!上失其道而杀其下,非理也。不教以孝,而听其狱,是杀不辜。三军大败,不可斩也。狱犴不治,不可刑也。何者?上教之不行,罪不在民故也。夫慢令谨诛,贼也,征敛无时,暴也,不试责成,虐也。政无此三者,然后刑可即也。《书》云:‘义刑义杀,勿庸以即汝心。’惟曰未有慎事,言必教而后刑也。既陈道德以先服之,而犹不可;尚贤以劝之,又不可,即废之;又不可,而后以威惮之。若是三年,而百姓正矣。其有邪民不从化者,然后待之以刑,则民咸知罪矣。《诗》云:‘天子是毗,俾民不迷。’是以威厉而不试,刑错而不用。今世则不然,乱其教,繁其刑,使民迷惑而陷焉,又从而制之,故刑弥繁,而盗不胜也。夫三尺之限,空车不能登者,何哉?峻故也;百仞之山,重载陟焉,何哉?陵迟故也。今

[11] 武树臣:《仁·太极图·佱(法)——中国古代法哲学探源》,载《法学杂志》2015年第9期。

世俗之陵迟久矣。虽有刑法,民能勿逾乎?"[12]孔子的智慧是大智慧,他不是着眼于一事一理,而是从全局的总体性为问题提供解决的策略。诚然,刑罚的效果是很有限的,[13]道德教化才是治理国家最为根本的策略,司法中的道德教化自然是其重要的环节。在这种情况下,司法的道德化不仅为一个具体的纠纷找到了合理的解纷方式,而且在深层意义上解决了司法纠纷的前提问题。

孔子的思想言论彰显了司法道德化的实践智慧,道德本身即蕴含了实践智慧的机理,[14]这样的实践智慧既反对道德教条主义,也反对法律教条主义。从汉代一直到清朝末年司法运行的道德智慧,都是一个比较普遍的现象。在这漫长的历史发展中,复仇的个案一直是人们关注的焦点,其中也折射了道德作为实践智慧的思想元素。从关于复仇的诸多案例中,我们能够看到多数司法官员在复仇问题上都表现出自身的道德化立场,我们也可以说,道德援助了"焦虑不安的法官"。[15] 尽管复仇本身是国家法律所禁止的,但在儒家经义上却有一种模棱两可的倾向,似乎所采取的是一种平衡的智慧。而无论法律的规定如何,法官们的决策基本体现了对复仇者的同情与赞美,甚至有的法官不惜个人受到法律的制裁,也要将复仇者放跑,可以说是司法道德化的典范,而其中民间社会对复仇的大力强调与支持在一定意义上又鼓励了司法官员将"复仇"道德化之意向。当然,儒家经义强调对待复仇的中道智慧,也算是一种实践智慧的体现,其间自然贯彻了道德化的理念,否则,若是单纯地依照法律,那么,对复仇者的制裁也就没有了争议。在复仇当中,自然是包含了一种道德化的意向,不仅蕴含着

---

[12] 《孔子家语·始诛第二》。

[13] 在孔子的观念中,"法律固然可以规制人的兽性,却无力改变社会成员的内在品质。"参见 Yu Fan and Stephanie Wang, *The Triumph of Confucianism: How A Subjugated Legal System is Failing A Generation of Chinese Women and Girls*, 15 Cardozo J. L. & Gender, 2009, p. 691。

[14] 真正的道德是具有一种"问题意识"的,道德内在地包含了解决纠纷的策略。但道德的实践意义同样不能离开主体的"在场",驾驭道德的主体需站在实践智慧的立场体会和把握道德,道德才能切入人们的生活世界,否则道德便有被教条化的危险,道德也就走向了实践智慧的反面。

[15] 任何棘手的法律问题往往难以依赖法律本身加以解决,包含着实践智慧面向的理论而非抽象的理论,内在于实践智慧的道德而非教条主义的道德,都会在司法操作者那里真正地"上手","上手"的智慧是面向实践的,也就是实践智慧。

孝道伦理,更为重要的是内在地包含了国家与社会得以延续和发展的原始正义,在国家公权力的扩张力不能及的地方,复仇就会成为一种自然的现象,司法官员的支持不仅是道德的要求,甚至也是国家正义的需要,于是便出现了“睁一只眼闭一只眼”的奇怪现象,但这并不是放纵,因为国家在“该出手时”也一样“会出手”。

明清时期是中国历史上判牍文化甚为发达的时代,而其判牍中所显现的道德智慧也达到了十分高妙的境界。[16]

张船山有一判词如下:

审得即墨县解送王小山杀人一案,本府一再审问,觉有不类,再四开导,始知为卖命顶凶者。真正杀人凶手,实为屈培秋。今已提到正凶,供认不讳。查杀人者死,律有常刑,所以惩凶匿,儆邪辟也。若有钱可以买代,则富家子弟,将何所顾忌?皇皇国法,是专为平民设,而非为富豪设矣。有是情乎?有是理乎?千金之子,不死于市,此本乱世末流之行为,而非盛世圣朝之所应有。屈培秋以口角细故,用刀杀人,其罪已不可逭;而又不束身司败,以二百金买人一命,则家有百万,可以屠尽全县。以一案而杀二命,其罪更何可恕。须知前一杀,尚出于一时愤极,或非居心杀人;后一杀则纯为恃富杀人,有心杀人。误杀者,可免抵;故杀者,不可免也。屈培秋应处斩立决,并于行刑前,先杖二百;王小山顶凶卖命,依律亦应杖责,姑念出自孝心,为养活父母计,应从宽免责;王小山父王桂林,贪图二百金之微利,至将亲爱之子,付诸刀俎之下,不特犯国法,且无人情,依律应处无故杀害子女罪减等,杖二百,流五千里。姑念其子小山,孝弟性成,初次审问时,即哀哀吁请,勿累父母,并愿以一命牺牲,不累堂上。泪随声下,满堂为之弹指。今果按律惩处,不几大伤厥心,本府为爱护孝子计,一体准予免责。薰蚊蚝以烧艾炷,恐坏罗帷;剔蚯蚓于兰根,虑伤香性。治恶僧须看佛面,打疯狗还念主人。全孝子之心,捐顽父之杖。即墨县令审案糊涂,办事昏聩,姑

[16] 当然,这一点并不能绝对地理解。我们固然可以将实践智慧抽象为一种理论,但实践智慧的操作始终需要主体的驾驭,这便使现实的司法运行中并不会出现“实践智慧的普遍化”。我们可以形成一种关于司法的“实践智慧”理论系统,却不能必然保障司法实践中“万事万物”的合理化。无论是制度,还是理论,都是有缺欠的,也许只有统一于实践智慧,才可能获得世界的合理化,但这个合理化又不可能是与现代性交织到一起的形式合理化,而必然是情境化的。

念事出无心，免于惩办，从宽详请撤任。〔17〕

这个判例可以说是情理道德运用的典范，陈述的情理化和语言的道德化自然造就了结论的合理化，这样的实践智慧不仅合理地解决了纠纷，而且宣示了司法的目的性追求，保持了与儒家意识形态的高度契合性。〔18〕 当然，这个判例的智慧还在于，它既可以获得国家意识形态的支撑，也可以满足民间社会的期待，可以说实现了国家与社会之间的平衡。古代法官的使命不仅具有"国家性"，同样也具有"社会性"，能够获得双重支持的司法当然彰显了实践智慧的意义。这当然是儒家实践智慧的重要体现，儒家实践智慧构成了一个开放的系统，而不是一个封闭的理论体系，它渗透到了包括司法活动在内的生活世界的多重实践领域。道德作为儒家实践智慧的重要维度与儒家所追求的生活世界的情理化是一体化的，乃是辩证法实践本性的真实表现。〔19〕

道德作为实践智慧的有机组成部分，其在古代司法运行中的重要价值表现在：保障司法纠纷的解决能够有利于促进"人类善"的实现，这就是儒家伦理道

---

〔17〕 金人叹、吴果迟编：《断案精华》（下册），海峡文艺出版社2003年版，第330～331页。

〔18〕 这个判例中似乎包含了一种"妥协"的旨趣。很多人认为，在中国儒家法学思想中，相比西方给予了"妥协"以更高的价值认同，认为中国人把以权利为基础的主张看作是对基本伦理原则的背离，一些外国学者也是这么认为的。（Justice Robert F. Utter, Tribute, "Dispute Resolution in China", 62 *Wash. L. Rev.*, 1987, p. 383.）但实际上并非如此，妥协并非毫无原则，任何妥协都不可能背离儒家的"义"，其间的道理自然在情理之中。儒家的确讲求妥协，但若是由于妥协而造成了人们自身权利的失序，那么就不会产生真正良好的秩序，儒家哲学是一种"度"的哲学，倘若妥协背离了基本的度，那么就不会是对儒家伦理道德的维护。至于中国传统诉讼中争斗的一面，更是让人看到了"利益"的挣脱，当然这个"利益"并不就是"权利"。"利益"的争夺也必须符合情理及义的原理，方可获得人们的认同，突破了边界自然就会受到谴责了。

〔19〕 朱熹哲学便特别强调了儒家实践智慧的情理化之维。"在朱熹看来，'因人之情'的情感原则与'经权相济'的辩证智慧，是儒家礼学在生活实践中得以有效运用的方法论基础。其中，'敬'与'礼宜从厚'是其情感原则的基本内容，'时'与'中'则是构成经权'相济'原则的核心要素。朱子对礼的实践性特质的重视和对礼学实践原则的讨论，为儒家的实践智慧提供了一个情理并重的理论样本。"冯兵：《儒家实践智慧的礼学演绎——论朱子的礼学实践观》，载《哲学研究》2016年第1期。

德的全面贯彻;保障道德化论证的引进能够使案件本身的解决方式更加合情合理,令人真正信服;通过整体性道德考量,保障个案公正;通过道德论证,实现道德教化之目的;通过道德介入,保持古代司法审判与意识形态的良好契合性。古代司法中实践智慧的道德指向并不是人们的外在利益的获得,而是一种真正的道德境界的提升,那或许才是一种真正意义上的道德幸福。相比于古代司法,今天的司法已经缺失了道德的维度,即缺失了司法实践智慧的道德维度。当司法被功利主义和经济至上所控驭的时候,司法的灵魂和法律的精神就会受到严重的损伤,这应该是当代中国法治谋划所需慎重考量的问题。

三、经验的维度

任何情况下谈及实践智慧,都不可能离开经验的维度。尽管有时候使用“经验智慧”的概念给人一种缺失了价值维度的感觉,但无论如何“经验智慧”也是颇能反应实践智慧的本质规定性的重要维度。当我们一般性地讨论智慧的时候,自然不是在论及亚里士多德的“理论智慧”,生活意义上的智慧是一定要有经验前提的。当我们称赞一个人有实践智慧的时候,那一定是在赞美一个经验丰富的实践主体。一个满脑袋“四书五经”却无任何经验累积的人,最后只能演变为教条主义者;一个头脑中装满了法条,却无实际的司法经验的人,一定不会成为一名优秀的法官,充其量只是一个法条主义者。但经验决不意味着狭隘的经验主义,它是实践中的训练,更是训练中的提升,它必然要趋向于智慧。无论是经验智慧还是实践智慧,都只属于那些有准备的头脑。很多人虽然也具备一定的司法经验,但并不当然地就是拥有实践智慧的人,实践智慧是内在的素养,某种意义上具有天生的成分,[20] 有一些人注定不可能成为有实践智慧的

---

〔20〕 儒家讲心性,其实践智慧自然无法与心性相分,这一点自然是十分清晰的,否则也不会凸显实践智慧的道德维度。其实不惟儒家,道家也有心性,其心性论更具超越性。“‘无为’和‘无心’等概念还逸出了思想世界之外,建构起以心性论和实践智慧为出发点的精神境界理论,而从思想世界到精神境界的进路恰恰显示了道家哲学的理论进深。”郑开:《道家形而上学的理论特质——以“道德之意”为中心的讨论》,载《中国社会科学》2017 年第 11 期。当然,道家心性论与其实践智慧是内在统一的,若无道家“清静无为”的心性,便不可能有其实践智慧的展开,道家的实践智慧以“道”为根基,是一种至高的生存状态。

人。因此,有的人注定不能去做法官,有的人注定不能去做政治家,有的人注定不能去做教师,否则就一定会破坏司法公正事业、伟大的政治追求和崇高的育人事业。经验构成了实践智慧的一个重要维度,但绝不是单一的维度,经验是与道德德性元素一起发挥作用的,一个有经验的人并不当然就拥有实践智慧,这是事物的本性所决定的自然结果。

古代中国司法是以经验主义哲学为根基的,在传统司法的整体运行中经验发挥着巨大的作用。我们知道,司法哲学最为根本的问题是普遍与具体的对接问题,这就决定了理论的重要性,同时又预示了经验的基础性地位。中国古代法官当然是有理论的,[21]这个理论就是儒家哲学或者说儒家伦理学,同时古代法官的经验又对一个案件的合理解决发挥着至关重要的作用,经验的价值是基础性的,它糅合了实践智慧,当中塑造了司法的合理性价值。古代司法中有一个流动的传统,即"五听辞讼",它体现了经验在司法中的贯彻。察言观色的本领不是一个年轻人可以娴熟地驾驭的,只有那些有经验的法官才可能通过察言观色洞悉事情的缘由和案件的真相。"严遵为扬州刺史,巡行部内,忽闻哭声,惧而不哀,驻车问之,答曰:'夫遭火烧死。'遵疑之,因令吏守之,有蝇集于尸首,吏乃披髻视之,得铁钉焉。即按之,乃伏其罪。"[22]这里关键的问题之一是"惧而不哀",遵循着这一"察言观色"的考量结果,居然破获了一起杀夫案,由此可见,经验乃是中国古代法官的智慧。若是一个年轻的法官,可能就不会从妇女的脸色和哭声中把握"惧而不哀"的状态,自然也就难以捕获案件的真相了。任何一个案件都有一个具体的场景,在这个具体的场景中不仅需要法官把握案件的真相,也需要法官能够在具体的情境中选择最为合理的"理论"或"原则"对案件作出合理的解决,这依然需要经验的在场,面对同样的事实,有的法官会倾向于教条主义或法条主义,有的法官会运用实践智慧对问题采取一种实践合理性的解决进路。黄霸、薛宣、沈括、庄遵、曾国藩、胡林翼、张船山等,都是这样的法官,他们的断案是一种实践智慧的进路,其间包含了重要的经验之维,[23]古代

---

[21] 这个理论是能够消解自身而弥漫于实践之中的理论,其最高的体现就是实践智慧。

[22] 杨奉琨校释:《疑狱集·折狱龟鉴校释》,复旦大学出版社1988年版,第10页。另外该书第259~260页中列举了诸多案件,均体现了古代司法官员"察言观色"的高超技艺。

[23] 关于古代司法中的经验问题,我曾经在若干年前做过一定的论述。可参见武建敏:《传统司法行为及其合理性》,中国传媒大学出版社2006年版,第52~59页。

中国司法中内在地包含着一种拒斥法条主义的思想倾向。在这里经验没有局限于自身,而是走向了实践智慧。

古代中国司法呈现出一种鲜明的经验指向,这是与中国古人的思维方式密切相关的。中国文化与西方文化不同,它不去探求生活世界之外的抽象世界,其知识探求的指向就是生活世界本身。而生活世界乃是一个时间、事件及实践的延展过程,在这个过程中经验是重要的维度,在时间中累积经验,在事件中提升经验,在实践中培育经验。儒家学派尤其注重现实的经验智慧,它的问题指向本身就是经验性的,而不是思辨性的。儒家伦理学是指导法官判案的理论前提,这个理论不是抽象的理论体系,而是以经验为前提的对生活世界的关怀。即便是儒家所塑造的法官在情理化和道德化的司法论证中,其论证展开的方式也往往是经验性的,生活世界的经验使得他们深刻认识到伦理道德在实践延展中所发挥的重要的作用。在这个过程中,经过时间的积累,经验的元素逐步具有了一种先验的属性,[24]但即使是相对先验的心理存在,其根基仍然是生活世界的经验,也正是因为如此,古代司法中的解纷方式才能够获得生活在经验世界的人们的认同,并在人们的认同中逐步获得合法性。

古代司法经验指向的形成与传统中国人的受训方式是具有内在联系的。中国传统教育是以儒家为蓝本的,其中涉及经史子集,而其中不仅仅是“史”体现了经验训练的价值,即便是其他的元素也都具有经验性规训的功能。例如,《春秋》作为经书,实际上也是史书,其间不仅具有微言大义的义理构成,而且《春秋》故事又恰恰是经验的要件,那些习得了《春秋》的人不仅获得了义理的原理,也受到了经验的洗礼,于是经验思维的养就也就顺理成章了,董仲舒就是这个方面的典型,其“春秋决狱”恰恰是经验主义思维的集中表达。至于那些儒家哲学家们的论著,当然也贯彻了经验规训的思想指向,无论是《论语》还是《孟子》,其义理的阐发往往都有一个经验的依托,从“先王”出发的论证正是经验主义的一个例证。古代法官的经验思维正是由于传统教育的规训方式构造的结果,尽管教育与规训并不是唯一的方式,但毫无疑问发挥着重要的作用。经历了漫长的教育和规训的文人们,一旦有机会步入官场并掌握了司法权力,其漫长受训中所养就的经验思维就会自动地发挥作用,使得中国古代司法活动呈现

〔24〕 李泽厚曾经谈及了经验变先验的道理。可参见李泽厚:《历史本体论》,北京三联书店2002年版,序言第1页。

出一种经验的取向。经验的元素同道德元素一起糅合到实践智慧当中,共同塑造了传统司法行为的合理性。

由此可以看到,传统中国虽然没有专门的法官教育和选拔机制,但古代的选官制度在总体上所具有的经验维度,恰恰契合了司法的本性,这是一种值得现代社会借鉴的传统元素。司法在本质上是经验的,它需要一种"在场的体验",[25]教育的训练应该以经验模式让人们去适应"在场的体验"的司法本性。当代中国的法学教育以及法官遴选方式,缺失了一种经验的维度。我们培养的法官大多数成为教条主义者或法条主义者,在思想上不去探寻经验元素的合理性,更缺乏感悟经验智慧的理论基础。近代以降的中国更多汲取了科学和理性的精神,忽略了对生活世界本身的深入探求,更忽略了对传统中国社会生活世界之实践智慧的深入挖掘,这在法学界和法律界是一个十分普遍的现象。让司法回归生活世界,让司法回归实践智慧,让司法回归经验世界,正是确定当代中国司法合理性的根本前提。我们的司法一直处在迷茫的状态,换一种视角而站在实践智慧的立场去理解和把握司法的改革,会生成真正属于我们自身的司法哲学及其方法论。走向实践智慧是摆脱迷茫的基本路径。

四、辩证的维度

实践智慧本身就具有一种辩证的向度,或者说实践智慧本身具备真正的辩证法品性。实践智慧从不偏执,它所强调的是实践性、中介性和主体间性,实践智慧最忠实地表达了对于事物本性的忠诚,最真实地体现了对生活世界的关怀,最辩证地申明了解决问题的基本策略。实践智慧内在地包含了辩证法的本

---

〔25〕 美国实用主义哲学阵营中的诸多思想家即秉承了这样的理念,这一思想深刻影响和塑造了美国的法哲学。威廉·詹姆斯是实用主义哲学的奠基人,他的思想深刻影响了大法官霍姆斯,实用主义哲学的经验指向、偶然性思维、亲历性原理对我们思考司法哲学具有重要的学术价值。关于詹姆斯的哲学思想,可参见[美]威廉·詹姆斯:《心理学原理》,郭宾译,江西教育出版社 2014 年版;[美]威廉·詹姆斯:《彻底的经验主义》,庞景仁译,上海人民出版社 2006 年版;[美]威廉·詹姆斯:《实用主义——某些旧思想方法的新名称》,李步楼译,商务印书馆 2012 年版。詹姆斯的哲学对法哲学的意义是巨大的,我们应该从中汲取对我们有价值的思想元素,这些思想元素不仅具有理论价值,并且具有强大的实践功能。

性，完美地实现了人自身对自身生活世界的介入，这是一种真实的关于人的生活的实践智慧的哲学立场。辩证法与实践智慧的统一性，哲学界也从不同的角度进行过论证。“理论范围内的辩证法与实践智慧结合起来就是实践哲学的辩证法。事实上，两者也是不容分开的，我们在考察理论范围内的辩证法时，实践智慧的元素已经被意识到了；而自觉形态的实践智慧则是理论辩证法发展的一个结果。”〔26〕这里所讲的实践智慧是与理论辩证法相通的，但其实实践智慧本身就是辩证法，辩证法就是实践智慧，而辩证法与实践智慧的统一性在中国古典思想中表达得尤其充分。实践智慧之于传统中国则有着不同的特质，有学者主张它可以被看作一种“非理论的实践智慧”，〔27〕“我们称之为中国古代哲学的东西，事实上正是一些非理论的实践智慧。而这种实践智慧的复兴不是简单地回到古代实践哲学，而是必须使之现代化，将之转换成为一种现代实践智慧。”〔28〕这话自然是有道理的。我们不可能回到传统的实践智慧，传统的实践智慧一定会在“视界融合”中获得整合，但不能因此就将传统实践智慧看作“非理论的实践智慧”，而将传统的实践智慧与辩证法看作某种低级阶段的智慧形态。传统的实践智慧是古人自觉运用的智慧，同时它又是以古汉语的形式表现最为充分而不受科学化玷污的智慧形态。

古代中国的司法正体现了实践智慧的辩证法品性。法律生活的中心问题是司法问题，这是一个普遍性与具体性的辩证关系问题，法官就是要在普遍性的一般原理和具体的情境之间做出恰当的决策，这是一个合理化的过程，也可以说是辩证法的实践智慧的运演过程。中国古代的法官既不用普遍性去裁量具体性，也不以具体性为理由而弃普遍性原理于不顾，总是力图在普遍与具体之间寻找恰到好处的解决问题的策略。在清代曾经有这样一则判例，有个老太太王赵氏，她有个闺女叫王金凤。老太太先将闺女嫁给了牛谋儿，结婚不久，牛谋儿为了养活其妻及岳母，就到外地经商去了。恰在这个时候，有个叫马玉林

〔26〕 王南湜、谢永康：《后主体性哲学的视域——马克思唯物主义的当代阐释》，中国人民大学出版社 2004 年版，第 182 页。

〔27〕 笔者更倾向于将传统中国的实践智慧看作一种理论与实践未被割裂的辩证法状态，同时也意味着理论与方法的实践融合。

〔28〕 王南湜、谢永康：《后主体性哲学的视域——马克思唯物主义的当代阐释》，中国人民大学出版社 2004 年版，第 182 页。

的人先是引诱了王金凤，其后王金凤屈从嫁给了他。但是过了没多久，牛谋儿就回到了家里，发现了真相就告到了官府。法官先把王金凤判给了牛谋儿，但他们刚走出大堂，牛谋儿就开始痛打王金凤。于是法官觉得这样裁决不妥当，最后不得不改判，将王金凤判由“官媒另行嫁卖”，而且只允许当地人娶其为妻，这样裁判的目的在于能够赡养王赵氏。[29] 关于“一女二嫁”的法律问题，在《大清律例》当中是有明确规定的：“凡逐婿嫁女，或再招婿者，杖一百。其女不坐。男家知而娶者，同罪。不知者，亦不坐。其女断付前夫，出居完聚。”[30] 开始的时候，法官将王金凤判给了牛谋儿，这样做非常符合法律的普遍法则。当然，这位法官大人是完全可以依据这个判决结论，终止该案件的审理工作的。但是法官却并没有这样做。当他看到走出大堂的牛谋儿对王金凤痛下狠手的时候，便意识到时才判决的问题与局限，于是便调整了自己的裁判。这便是对于情境的考量，对具体案件本身的个别性的合理性分析。倘若牛谋儿因“王金凤与马玉林”之间的事一直耿耿于怀，或将造成更大的悲剧。当然，法官的最终判决也很有意思：“只准本地农商娶买，仍须将其母一同养赡。”其实清朝的法律并没有相应的明确规定，但其裁决结论却非常符合事物的情境合理性。这个判例可以看作普遍与具体之间辩证智慧的重要体现。在这里，单纯的普遍性的片面性得到了克服与消解，同时人们并不感到对具体情境的考量而损伤案件背后的普遍原理，这依然是一个符合儒家情理道德之普遍原理的优良裁定。

实践智慧在司法运行中就是发生在普遍与具体之间的智慧，研究中国哲学的杨国荣颇得实践智慧之要义。“以实践智慧沟通一般原则与特定情境，意味着扬弃以上二重偏向。一般原则若停留于自身而不落实于具体情境，便往往不仅具有抽象的性质，而且容易衍化为超越的教条，在此形态下，其现实性的品格也每每难以得到体现；特定情境中的问题如果仅仅以经验的方式来解决，则常常也会呈现自发性和盲目性。当一般原则运用于特定的情境时，一方面，原则本身通过引导人们解决特定情境中的问题，开始由抽象向现实过渡；另一方面，特定情境中的经验在一般原则的规范之下，也逐渐由自发、盲目向自觉的层面提升。在这里，实践智慧的特点既在于扬弃一般原则的抽象化与教条化，使之在特定的情境中获得具体的内涵与现实的品格，又表现为克服经验的自发性与

---

[29] 虞山襟霞阁主编：《刀笔菁华》，中华工商联合出版社2001年版，第120页。

[30] 《大清律例》第104条。

盲目性，使之在一般原则的引导下获得自觉的品格。"[31] 既然古代司法中的实践智慧是发生在普遍与具体对接的特殊情境之中，那么实践智慧对于情境的依赖就变得非常重要，同时也意味着实践智慧必然要依赖实践主体的在场，在这个意义上无论是对于实践智慧的把握，还是辩证法的实践，人都是在场的，离开了人以及人的活动，就既不可能有辩证法，也不可能有实践智慧。在传统中国司法活动中有众多的高水平的法官，他们在漫长的儒学经义道德的训练中培育了自身的理论素养，这种素养将与实践融合，同时又在为官实践中训练了自身的经验智慧。他们具有深厚的文化内涵，正是由于拥有了一大批这种高素养的法官队伍，传统司法才可能表现出卓越的实践智慧的辩证法品性。倘若古代司法被今天的法条主义式的法官所充斥，则不仅难以推动实践智慧的发展，也难以为问题的解决提供合理的方略。

在传统中国文化中有很多概念可以说都体现了实践智慧和辩证法的思想意向，而这些概念所内含的思想文化恐怕已经成为了人们文化心理结构的重要组成部分。比如"度"和"中庸"这两个概念，它们都是中国哲学的重要概念，也是最能体现实践智慧与辩证法特质的概念。对于中国古代的法官而言，若是能够在审判活动中真正地把握"度"和"中庸"，就是他们的实践智慧，就是他们具备辩证法素质的鲜明体现。在普遍与具体之间，既不能过度地迁就普遍性，也不能过度地迁就具体性，这既是"度"，又是"中庸"。"经权变通"也是实践智慧的表现，但"经权变通"本身也要坚持"度"和"中庸"的原则，否则要么伤害了"经"，要么伤害了具体情境中的人或事。对于中国古代的法官而言，其所要着力塑造的正是自己的"实践智慧"，只有实践主体的适格，才可能真正创造具有"实践智慧"特质的司法合理性之风貌。中国古代司法中有一种法体形式，[32] 名为"判例法"或"先例法"。"先例法"也是实践智慧的体现和表达，一方面，"先例法"中的经验主义是实践智慧中经验维度的最好注脚；另一方面，"先例法"中的甄别与权衡正是实践智慧运用的艺术之体现，而权衡的过程既是实践智慧的展开过程，又是辩证法由自在走向自为的发展过程。古代司法的辩证法精神是传统中国司法中一个重要的特征，它构造了古代法官的文化心理结构及思想方式和行为方式，在漫长的历史实践中充分展示了实践智慧的优良品质。

---

〔31〕 杨国荣：《论实践智慧》，载《中国社会科学》2012 年第 4 期。

〔32〕 参见武树臣：《中国法律文化大写意》，北京大学出版社 2011 年版，第 5 ~ 6 页。

五、以司法观法:法作为一种实践智慧的法哲学诠释

司法作为沟通法律的普遍世界与具体世界的中介,其本身最完整地表达了法的本性。在法的实践本性的意义上,我们可以说从司法切入进而去理解法的本性,乃是一种符合事物本性的思想进路。从司法行动的角度加以分析,则法可以被看作实践智慧,以法的问题意识为切入点同样可以做出实践智慧的判定。关于这个问题,通过对古代司法中的实践智慧的把握,我们看到了法作为实践智慧的认知和理解方式所具有的合理性价值。但我们必须清楚,从司法观法并将法看作实践智慧的目的,并不是要架构一套关于"法作为实践智慧"的形而上的知识体系,如果从知识体系的角度去理解实践智慧,则恰恰背离了实践智慧的本义,因为实践智慧本身是非体系性的。[33] "法作为实践智慧"的认知是一种思想方式,是一种思维方式,是一种看待法律生活的方式。如果用更为哲学化的表达方式,那么,"法作为实践智慧"就是人本身的一种生活方式。无论是法还是法治,从实践智慧的角度看,都是一种生活方式,实践智慧本身蕴含了一种生活化的意向。从司法看法,"法作为实践智慧"的判断是成立的,司法的观察视角本身表现了对于"法作为实践智慧"的有力支持;而"法作为实践智慧"在法哲学的层面上则需要较为细化的诠释。[34]

其一,法作为实践智慧,它反对教条主义或法条主义。教条主义或法条主义是把某种原则或规则抽象化,将其看作绝对的普遍真理,并用这种抽象化的原则任意裁剪现实生活的思维方式。这种思维方式在政治法律实践中是普遍存在的,尽管实践者也会高喊着"具体问题具体分析"的口号,但实际上那只不

---

〔33〕 实践智慧本身往往充满着盖然性和偶然性,在一定意义上可以被看作实践推理。参见 Eric Engle and Aristotle, "Law and Justice: The Tragic Hero", 35 *N. Ky. L. Rev.*, 2008, p. 1。而在关涉到实践推理的时候,人们也总是习惯于引用亚里士多德的理论加以强调。参见 Miriam Galston, Taking Aristotle Seriously: "Republican-Oriented Legal Theory and The Moral Foundation of Deliberative Democracy", 82 *Cal. L. Rev.*, 1994, p. 329。实际上,亚里士多德区分了实践推理和演绎推理,其研究是当代人把握诸多领域问题的重要学术渊源。

〔34〕 关于作为实践智慧的法的基本属性,我曾经做过一段解释性的论证。参见武建敏:《中国法治实践学派的哲学基础》,载《浙江大学学报》(人文社会科学版)2016年第3期。

过是教条主义者的一个标签而已，其本身在口号化的表达中也会演变为教条。从理论角度分析，这仍是一种立法中心主义的思维方式，其所关注的是普遍的规则世界的架构，而不是现实生活世界的合理性构造。法条主义思维影响下的法学理论往往也会找寻自身牢固的思想基础，这就是所谓的科学和理性，并在此基础上去架构自身的知识系统。科学与理性从近代西方形成之后，在给人类以伟大而卓越的信念的同时，也让人迷失了自身的方向，概念法学的膨胀结果让人们失去了对普遍理想主义的信心，珍视生活世界才是谋划法律理性的根本思想基础。前现代的中国古代司法从不期望架构一种所谓的普遍知识体系，在古代法官那里，法就是一种实践智慧，是人们对现实生活问题的合理化决策，这是一种行动的智慧。在当代法治实践以及法哲学理论构造中，我们就是要挖掘传统司法中的实践智慧元素，用一种切合于法的本性的思想架构和改造我们的头脑，形成一种合理化的理论前提，而这种理论在一开始就注定了一种被消解却又弥漫于实践中的命运，也只有在这个意义上，理论和实践的二元化困境才可能有效地解决，实践智慧本身就是反对二元化的，认知领域中概念的对立必须在实践中消解自身。

其二，法作为实践智慧，它具有情境主义的实践特质。法是发生在普遍性与具体性之间的“故事”，作为实践智慧的法虽然并不否定普遍性的价值，但它更为关注的是具体性，也就是那个具体的“情境”，实践智慧只能发生在具体的情境之中，在单纯的普遍性当中根本就不存在实践智慧。追寻普遍性价值并完成人类构造普遍知识的追求是理论智慧的事业，理论智慧是可以不关注人类的行动的，离开人的行动似乎人们同样可以通过理论智慧而获得普遍性知识，但由此而获得的普遍知识却难以具有实践指向。实践智慧则不然，它必须走向实践，或者说它本身就是实践的。作为实践智慧的法，强调的是对具体语境的把握，是要解决具体情境中的问题。因此，这是一种情境主义的法学思维方式，是一种问题中心的理论思考方式。法作为实践智慧，必须能够解决具体情境中的问题，并使其具备实践合理性的价值。[35] 因此，实践智慧既不能离开经验的维度，也不能离开道德的维度，否则就不可能为问题的解决提供一个合理的最优

〔35〕 实践合理性与实践智慧是内在相通的，实践合理性同样是遭遇具体情境时的决策问题，而实践情境中的决策总是同善的原则相关联。参见 Caryn L. Beck-Dudley，“Edward J. Conry，Legal Reasoning and Practical Reasonableness”，33 *Am. Bus. L. J.*，1995，p. 91。

方案。公孙龙尝言:白马非马。这即是一个关于普遍与具体的辩证法命题。按照"法作为实践智慧"的立场,则我们强调的是那个具体的"白马",而不是普遍的"马",只有这样才能够解决现实的具体问题,这是一种实践主义或情境主义的思想策略。

其三,法作为实践智慧,它认可人治主义的合理性。[36] 实践智慧是主体在场的智慧,而非冷冰冰的逻辑演绎,这才是一种实事求是的实践论立场。在当代中国的法学话语体系中,人治是一个备受指责的概念,但其实关于人治概念的内容都是批评者自己添加上去的,甚至我们可以说人治乃是一个有学术界虚拟构造的敌人。其实,法律生活中是一定要有人治的,正所谓"有治人无治法""徒法不足以自行",说的正是这样的道理。在中国传统法律政治文化中,并没有人治的概念。在传统中国的学术文本中,人们强调的是"贤人之治",它是中国古人的理想。我们将司法作为分析法的基本环节,那么在法律的普遍世界与具体世界对接的过程中,司法活动所需要的是贤人的在场。倘若没有众多的贤人的在场,恐怕司法的合理化事业是根本就无法实现的,而中国传统教育正是训练了一大批贤人,这正是深刻理解和消化"法乃是实践智慧"的精妙思想的结果,尽管那个时候并没有实践智慧的概念。古人的聪明才智正在于这种实践智慧,用实践智慧的眼光看待法治,则人治是法治的构成要素。人治并不是与法治对立的概念,其对立完全是人为的,法治内在地包含了人治的元素。这在原始儒家和古希腊圣者的思想体系中都是如此,在中国古代的司法实践以及当代美国的司法活动中均有鲜明的体现。

其四,法作为实践智慧,内在蕴含了价值论立场。实践智慧本身具有道德的维度,从实践智慧的角度看待法,则法律生活本身就会展现为价值在场的实践过程。古代中国的司法贯穿了儒家伦理道德的价值论立场,这个价值论立场本身不仅具有引导方向的功能,而且其本身就是实践智慧的内在元素,因为正是这种方向性的引导,法官对问题的解决才具备了良好的价值合理性,这是一种内在于实践的合理性。儒家的伦理道德对于传统中国而言是一种几乎没有"整理加工"的思想立场,它向法律生活的渗透,在赋予法律以价值合理性的同

---

〔36〕 这里所谓的"人治"并不是所谓的与"法治"对立的概念,更不是所谓的"专制性"和"任意性",而是一种"贤哲政治"的思想策略。即便在其"弥散性"的意义上讲,它也是对于一般法治操作者的主体性结构的合理化认同。

时,给予了中国古代法以实践智慧的基本品性。法是为人类自身而存在的,它不是漂浮在宇宙中抽象的知识体系,而是人类自身安身立命的生活方式。法作为生活方式必须完成对人类自身的价值引导,尽管每个时代的价值体系不同,但"人作为人的价值"应该是每个时代的法所首肯的价值,贯彻了此种价值维度的法,其本身就是实践智慧,它能够真正地帮助人们认识和把握法存在的价值。法作为实践智慧,由于价值论的在场,使法律生活中的诸多疑难问题都能够获得良好的解决,道德价值系统是解决纷争的重要策略,能够娴熟地驾驭道德元素的个体具备了实践智慧的基本品质。在一定意义上讲,法作为实践智慧并不是为了解决简单的案件纠纷,而是为了解决复杂的疑难案件,正是这种贯彻了价值论立场的实践智慧的法,才可能具有解决疑难的法哲学功能。

其五,法作为实践智慧,倡导行动的自主性。法是一种实践智慧,法治也是一种行动,这本身就是一种反对单纯知识论架构的法哲学立场。将法看作实践智慧的观念,"提倡反思,反对科学主义使人丧失自主性和行动自由",[37]知识的增量并不意味着自由的同比例增长,掌握了实践智慧,才能获得真正的自由。法作为实践智慧的法哲学倡导一种行动的精神,主张一种积极作为的立场,只有在实践中才能获得真正的智慧,这是实践哲学最为朴实的哲学观念。法作为实践智慧的核心价值就是实践,只有在行动中才能真正体现法作为实践智慧的基本品性,也只有在行动中才能不断使法获得提升和发展。古代法官的审判活动本身就是一种行动,古代法官们在行动中推动了儒家道德观的贯彻,在行动中实现了普遍性与具体性的融合,在行动中养就了自身的经验智慧,在行动中完成了对司法合理性的塑造。儒家文化倡导知行合一。"在儒家看来,不仅是德性所知,经典世界中的一切叙事若要通向现实世界,就必须由实践来完成,实践的智慧必须化为实践的行动。实践智慧作为'知'本身就要求把自身展开为'行'。"[38]其实,实践智慧本身就是"知行合一",而不是作为"知"展开为"行",真正合理的理解应该是"知中有行,行中有知"。法作为实践智慧,必然强调法的行动本性,强调作为实践主体的人本身行动的自主性和创造性。正是在无数次的行动中,法的实践智慧品性才可能得以确立,法治才可能逐步生成。我们

〔37〕 郑永流:《实践法律观应以转型中的中国为出发点》,参见钱弘道主编:《中国法治实践学派》(第1卷),法律出版社2014年版,第192页。

〔38〕 陈来:《论儒家的实践智慧》,载《哲学研究》2014年第8期。

沉浸在行动的喜悦当中，实践智慧正在向我们逼近。

Practical Wisdom in Ancient China's Judicial Operations

Wu Jianmin

Abstract: The old character "*fa*" implies the secret of ancient China's legal culture and represents a thinking mode of judicial centralism. As judiciary and law are internally unified, the practical wisdom as we found in ancient China's judicial operation is exactly the practical wisdom contained in Chinese laws. The practical wisdom in ancient China's judicial operation contains three dimensions: morality, experiences and dialectics. The morality, as an internal element of the practical wisdom, has the guiding value for judicial operations. The experiences, as a part of the practical wisdom, construct the basis for ancient judicial skills. At the same time, ancient Chinese judges demonstrated a nature of dialectics in judging between universality and particularity, and among law, morality and reason. To understand law from the perspective of judicial operations, we will find that law, as a kind of practical wisdom, opposes legalism, argues for contextualism and confirms the rationality of rule by man. It expresses a distinct value stand, while advocating the autonomy of action.

Key words: Ancient China's judicial operation　Practical wisdom　Theory of value　Dialectics　Legal philosophy

（责任编辑：陈梦寻）

亲情与公义的共赢*

——中国传统家族法视野下的隐亲、告亲与救亲

景风华**

内容摘要：

亲属容隐并非中国传统法中的独立制度，它与告诉、缘坐、自首等形成了一套亲属法律体系。正是在这种相互勾连的家族法中，"亲亲相隐"体现出它在统合亲情与公义方面的独特智慧："亲亲相隐"存在"父为子隐"和"子为父隐"两个向度。"父为子隐"是基于人情而给予尊长的特权，尊长放弃自己隐匿晚辈的特权就可以进一步表现为大义灭亲；"子为父隐"则由伦理规范演变成为义务规范，卑幼仅在尊长涉及谋反等罪行时方可控告。但这种告亲之举并非单纯"忠高于孝"的价值导向，其更多是缘坐制度下一种自我脱罪的手段。而自首制度的介入又消解了卑幼告亲的价值空间，通过将"大义灭亲"转化为"大义救亲"，实现了亲情与公义在伦理体系及法律体系中的共赢。这对化解当前伦理讨论中价值对立的僵局有一定的积极意义。

关键词：

亲亲相隐　大义灭亲　缘坐　自首

亲属容隐制度因其涉及国家与家庭、亲情与法律、传统与现代等一系列重大议题，在社会伦理学界、政治法律学界引起的争论经久不衰。众所周知，亲属容隐的思想来源可追溯到《论语》。孔子对叶公以"其父攘羊，而子证之"为"直躬者"的论断提出了针锋相对的反驳，表明"父为子隐，子为父隐，直在其中矣"

* 本文受到"四川大学中央高校基本科研业务费研究专项项目(skbsh201719)""中国博士后科学基金资助项目(2017M623013)"资助。

** 四川大学法学院助理研究员、专职博士后，法学博士。

的立场。[1] 而提到"亲亲相隐",难免会涉及另一个对立的概念——"大义灭亲"。"大义灭亲"的典故出自另一本儒家经典《左传》:卫国老臣石碏的儿子石厚帮助卫庄公的第三子州吁杀兄自立,石碏亲自设计杀死了州吁和石厚。对于石碏的行为,孔子称赞道:"石碏,纯臣也。恶州吁而厚与焉。大义灭亲,其是之谓乎!"[2] 由此可以看出,"亲亲相隐"和"大义灭亲"都是为孔子所赞誉的品格。可是同样对于违法的亲属,一个要求"隐",另一个则要求"灭",这两种看上去截然相反的态度背后所蕴含的价值争议以及中国当今立法中究竟应该以何者为更高的价值是学界讨论的焦点。

然而,从价值判断的角度去论证亲情和公义何为位阶更高的利益,结果总是见仁见智,难以达成共识。以郭齐勇、范忠信为代表的学者认为"亲亲相隐"制度体现了人性的回归,至亲之间的维护是社会信任体系的基石,值得法律为此让步。而且,对亲情的尊重不仅是中国传统法制的特点,亦是当代外国刑法的共性,中国目前理应接续这一优良传统。以刘清平、邓晓芒为代表的学者则对"亲亲相隐"制度提出严厉的批评。他们认为,不管这一制度设立的初衷为何,在现实层面,"亲亲相隐"不可避免地裹挟着强烈的腐败倾向,必然会破坏社会秩序与公正,现代法治绝不可取。[3] 陈壁生则指出,"亲亲相隐"和"大义灭亲"并非同一个理论层面的问题。"亲亲相隐"是制度设计与法律规定,而"大义灭亲"仅是一种道德要求。[4] 韩树峰更是提出汉魏之际并无"亲亲相隐"之制的论断。其所谓的"亲亲相隐",必须具备双向容隐以及主要表现为义务这两个特点。[5] 虽然这一界定尚可商榷,但也提醒我们注意容隐的向度与性质。还有学者建议回到历史情境去厘清儒家经典关于亲属容隐的论述。如黄源盛的《人性、情理、法意——亲亲相隐的传统与当代》一文侧重于对法律规范流变的

---

[1] 《论语注疏》第13卷《子路》,北京大学出版社1999年版,第177页。

[2] 《春秋左传正义》第3卷《隐公四年》,北京大学出版社1999年版,第88页。

[3] 双方争议的主要作品收录在《儒家伦理争鸣集——以"亲亲互隐"为中心》这本论文集当中。

[4] 参见陈壁生:《"亲亲相隐"与"大义灭亲"》,载《国学学刊》2009年第1期。

[5] 参见韩树峰:《汉魏无"亲亲相隐"之制论》,载中国政法大学法律古籍整理研究所编:《中国古代法律文献研究》(第6辑),社科文献出版社2012年版,第221~237页。

史实描述。[6]

以上研究仍是将亲属容隐看成中国传统法中一项独立的制度，而将状告亲属的“大义灭亲”视为它的反面。本文则试图通过法律的规范分析方法，探讨隐亲与告亲在中国传统法律当中的范围和限度，更为准确地界定“亲亲相隐”的性质。同时运用体系解释的方法，综合分析容隐与缘坐、自首等相关制度的关系，揭示亲情与公义如何在中国传统的家族伦理体系及法律体系中得到统一，希冀能够打破价值对立的僵局，为当前的伦理讨论提供新的思路，并对中国的法治建设有所助益。

一、规范解释下的双向容隐

从孔子的话来看，“亲亲相隐”包含两个向度，即“父为子隐”和“子为父隐”。这种父与子相互之间的容隐，充满了浓浓的人伦亲情，也反映了儒家所一贯主张的父慈子孝的礼治理想。但是在重视长幼差次的儒家伦理中，父与子尊卑有别，这种地位的差异直接导致在依据儒家伦理建构起来的传统法律中，二者的权利和义务产生了巨大差别。

汉宣帝于地节四年(公元前66年)颁布的“亲亲得相首匿”诏令云：“父子之亲，夫妇之道，天性也。虽有患祸，犹蒙死而存之，诚爱结于心，仁厚之至也，岂能违之哉。自今，子首匿父母，妻匿夫，孙匿大父母，皆勿坐。其父母匿子，夫匿妻，大父母匿孙，罪殊死，皆上请，廷尉以闻。”[7]可以看到，子、孙、妻对于父母、祖父母、夫等尊亲属的隐匿是可以直接免罪的，反过来，父母、祖父母、夫对子、孙、妻等卑亲属的隐匿所享受到的优待仅为死罪上请，即由皇帝作为死刑是否执行的最终裁断者。虽然很可能因此免去一死，但其行为仍需定罪处刑是毫无疑问的。

中国传统法典的集大成者《唐律疏议》规定了“同居相为隐”的总原则：“诸同居，若大功以上亲及外祖父母、外孙、若子孙之妇、夫之兄弟及兄弟妻，有罪相

[6] 参见黄源盛：《人性、情理、法意——亲亲相隐的传统与当代》，载台湾中国法制史学会主办：《法制史研究》(第29期)，第152~199页。

[7] (汉)班固：《汉书》第8卷《宣帝纪》，中华书局1962年版，第251页。

为隐。"[8]所谓大功以上亲,是指丧服为斩衰、齐衰和大功的亲属。根据儒家丧礼的服制体系,亲属关系越近,则丧服越重;关系越远,丧服越轻。丧服由重到轻可分为斩衰、齐衰、大功、小功、缌麻五等,以此作为亲属关系和人伦秩序的基本准则。在一个父系宗族中,大功以上亲有祖父母、父母、伯叔父母、兄弟姐妹、堂兄弟、子女、侄儿、孙,皆是血缘关系极近的亲属。其中既包括尊亲属,也包括卑亲属,这似乎说明卑幼与尊长之间的容隐是平等的。但到了具体篇章中,就能看到"子为父隐"和"父为子隐"的规定截然不同。

(一)父为子隐

地节四年诏对"父为子隐"持有相当保留的态度,而最早可见对这一原则予以接纳的法律文本当属唐律。在唐律中,"有罪相为隐"的递进解释为"漏露其事及擿语消息,亦不坐"[9]。对于普通人来说,"诸捕罪人,有漏露其事令得逃亡者,减罪人一等";[10]"诸知情藏匿罪人,若过致资给,令得隐避者,各减罪人罪一等"[11]。而得相容隐者却不受该条款的限制。借用现代法律的规范分析方法,法律的八个基本概念可以分成四组相反关系和四组相关关系,相反关系分别为:权利—无权利、特权—义务、权力—无权力、豁免—责任。[12] 运用特权、义务、豁免、责任这四个基本法律概念分析唐律条文,可以得出:"民众有揭发犯罪的义务,否则就要承担包庇窝藏罪的责任",其相反关系为"亲属享有不揭发犯罪(容隐)的特权,透露消息、藏匿罪人、帮助逃跑等行为可以得到豁免(免于处罚)"。[13]

容隐作为特权的面向在唐律中一体适用于"父为子隐"和"子为父隐"。但二者的不同之处是,"父为子隐"是一项纯粹的特权,仅仅是"可以隐",而不具备任何强制性。《唐律疏议·斗讼律》明确指出,对于"告子孙、外孙、子孙之妇

[8] 刘俊文:《唐律疏议笺解》第 6 卷《名例》,中华书局 1996 年版,第 466 页。

[9] 刘俊文:《唐律疏议笺解》第 6 卷《名例》,中华书局 1996 年版,第 467 页。

[10] 刘俊文:《唐律疏议笺解》第 28 卷《亡捕律》,中华书局 1996 年版,第 1965 页。

[11] 刘俊文:《唐律疏议笺解》第 28 卷《亡捕律》,中华书局 1996 年版,第 2004 页。

[12] 关于八个基本法律概念的定义,可参见[美]霍菲尔德:《基本法律概念》,张书友编译,中国法制出版社 2009 年版,第 26 ~ 78 页。

[13] 正如霍菲尔德所言,"权利"这一术语经常被滥用,被不加区别的用以涵盖特权、权力或豁免。学界常将"容隐"称为一种权利,实则是一种特权和豁免。

妾及己之妾者”，不论是否属实均“勿论”[14]——父母及祖父母告发子女和孙子女不但不受限制，甚至即使是诬告也不按罪论处。对于父母和祖父母以外的其他尊长，唐律本来规定其状告卑幼仍得承担一定的责任：“诸告缌麻、小功卑幼，虽得实，杖八十；大功以上，递减一等。”[15]但明、清两朝则更改了这条律文，仅规定了诬告的罪责，尊长如实揭发卑幼的罪行完全获得了法律的允准。这就是说，“父为子隐”只是考虑到父子之间的情感关系，规定父母可以不必承担揭发犯罪的义务，在隐匿了犯罪的子女后能够豁免包庇窝藏罪的法律责任。但这并不影响父母放弃这种特权，主动告发自己的子女。

（二）子为父隐

地节四年诏对“子为父隐”则完全予以采纳，“皆勿坐”说明它已经完成了对于责任的豁免。然而，汉宣帝之所以慷慨接纳“子为父隐”，而对“父为子隐”比较吝啬，根本原因在于“子事父母，有隐无犯”“子不言父之过”等皆为礼经明确规定的为人子的基本行为规范。可以说，“父为子隐”不过出自人情，而“子为父隐”却是出于伦理。而伦理又与法律的义务性规范有天然的亲缘关系，二者很容易相互转化，因此，自唐以后，“子为父隐”就由“可以隐”变为“必须隐”。

《唐律疏议·斗讼律》规定：“诸告祖父母、父母者，绞。”[16]“诸告期亲尊长、外祖父母、夫、夫之祖父母，虽得实，徒二年，其告事重者减所告罪一等。即诬告重者，加所诬罪三等。告大功尊长各减一等；小功、缌麻，减二等；诬告重者，各加所诬罪一等。”[17]但凡卑幼状告尊长，即使情况属实，也要受到法律的严厉惩处，甚至付出生命的代价。而且状告父母、祖父母属于“十恶”中的“不孝”重罪，为常赦所不原。[18] 因此，“子为父隐”自唐代以后虽然仍具备特权的面向，但它更多地成为一项法定义务，除谋叛以上的重罪外，卑亲属必须隐匿违法的尊亲属，否则就要承担法律责任。

---

[14] 刘俊文：《唐律疏议笺解》第24卷《斗讼》，中华书局1996年版，第1634页。

[15] 刘俊文：《唐律疏议笺解》第24卷《斗讼》，中华书局1996年版，第1633页。

[16] 刘俊文：《唐律疏议笺解》第23卷《斗讼》，中华书局1996年版，第1623页。

[17] 刘俊文：《唐律疏议笺解》第24卷《斗讼》，中华书局1996年版，第1629页。

[18] 刘俊文：《唐律疏议笺解》第1卷《名例》，中华书局1996年版，第61页。

二、体系解释下的告亲原理

不顾血缘亲情而检举告发有罪的亲属一般被定性为“大义灭亲”之举。然而,一项行为若能被称为“大义灭亲”,须以胸怀“大义”为前提,即秉持这种为儒家推崇备至的高尚品格,以纯良磊落的动机去实行“灭亲”的行为。

“义”的具体范畴在《论语》里并不是很明晰,孔子基本上将其作为一个现成的概念来使用,如“君子之于天下也,无適也,无莫也,义之与比”;[19]“君子喻于义”[20]等,“义”的实质内涵是由“仁”的道德追求和“礼”的社会理想共同体现的。孟子对于“义”的讨论则更为具体。他将“义”列为人的“四端”,指出:“羞恶之心,义之端也。”[21]“羞恶之心”是一种社会情感活动,是在行为评价中由于自我或他人的行为与道德准则相冲突而引起的。因此,“义”可以被视作行为与社会身份、道德原则相符合的一种正当性,其构成了家国秩序的基本原则和规范。这些秩序又可被归纳为五类,即父子、君臣、长幼、男女、朋友,是为五伦。而“义”尤其侧重于君臣关系,如“君臣有义”[22]“义之于君臣也”。[23]

因此,“大义灭亲”可以理解为由于亲属的行为违背了以君臣关系为核心的基本社会秩序和道德准则,从而使当事人产生了强烈的愤慨,并在这种正当情绪的支配下实施了“灭亲”的行为。然而,双向容隐的两种例外情况是否皆可被纳入“大义灭亲”的范畴是一个值得商榷的问题。

(一)父灭子

上文中已经论述,父母对于子女的容隐并非强制性义务,甚至,中国传统法对父母状告子女的行为还采取十分宽容的态度,不仅对父母、祖父母告发甚至是诬告自己子孙的行为不采取任何处罚措施,还给予父母送惩权。对于那些违犯教令、违礼悖德的不肖子孙,父母和祖父母可以请求官府对其予以惩戒。甚

---

〔19〕《论语注疏》第4卷《里仁》,北京大学出版社1999年版,第50页。

〔20〕《论语注疏》第4卷《里仁》,北京大学出版社1999年版,第51页。

〔21〕《孟子注疏》第3卷《公孙丑上》,北京大学出版社1999年版,第94页。

〔22〕《孟子》第5卷《滕文公上》,北京大学出版社1999年版,第146页。

〔23〕《孟子》第14卷《尽心下》,北京大学出版社1999年版,第393页。

至当父母以不孝的罪名请求处死子女时，官府也可能满足父母的要求。比如刘宋著名大臣何承天在讨论不孝罪时就援引律文："违犯教令，敬恭有亏，父母欲杀皆许之。"[24]虽然违犯教令更侧重于子女在家庭生活中对父母的忤逆，但子女因触犯法律而被父母扭送至官府，仍可纳入送惩权的范畴。由此可见，父母告发或送惩子女的权利并不因亲亲相隐律的存在而受到限制。

更有甚者，父母不经过官府，擅自处置犯错的子女也被给予相当大的宽容。虽然自中央集权的帝制国家建立以后，生杀大权统一收归最高统治者所有，除此之外的任何人对他人生命的处置都为法律所禁止，但在父权强大的宗法制社会，这也并非绝对。比如汉武帝时期的大臣金日磾认为其子"自殿下与宫人戏"有违男女之道、君臣之义，愤而将其杀死，未见其承担任何法律上的不利后果。[25] 唐律规定："若子孙违反教令，而祖父母、父母殴杀者徒一年半；以刃杀者徒二年；故杀者，各加一等。……过失杀者，各勿论。"[26]对父杀子仅处以轻微的刑罚。元、明、清的法律比唐律更为宽容，子孙有殴骂不孝的行为，父母将其杀死可以免罪。在传统法律看来，父母承担着教育子女的责任，也享有惩戒子女的特权。在身体发肤皆受之父母的思想影响下，子女的生命既然由父母赐予，在子女做出有玷祖宗之事时，父母便可将其剥夺。即便进入帝制国家，这种父权仍实际存在。这就为"大义灭亲"提供了伦理与法律上的基础：在"亲亲相隐"之外的自由空间里，父母可以动用尊长的特权将不肖子置之于法或加以惩戒。

因此，父权是"大义灭亲"在"亲亲相隐"律下得以存在的正当性基础。凡是被当作大义灭亲的典型而受到肯定与赞扬的事例，几乎都是尊长之于卑幼的模式，比如石碏设计杀死自己祸乱朝政的儿子石厚，为孔子所称许；刘仁赡因其子崇谏意图叛国投敌而将其处斩，部下皆感泣；[27]铁面无私的"包青天"忍痛处

---

〔24〕 （梁）沈约：《宋书》第 64 卷《何承天传》，中华书局 1974 年版，第 1702 页。

〔25〕 参见（汉）班固：《汉书》第 68 卷《金日磾传》，中华书局 1962 年版，第 2960 页。

〔26〕 刘俊文：《唐律疏议笺解》第 22 卷《斗讼》，中华书局 1996 年版，第 1561 页。

〔27〕 （宋）欧阳修：《新五代史》第 32 卷《死节传》，中华书局 1974 年版，第 352 页。

斩为祸一方的侄儿包勉的虚构故事更是被人传唱至今。[28] 在"家国同构"的政治体制和社会结构中,国家与社会的治乱,首先取决于家长的特权运用和责任担当,也因此在"亲亲相隐"所许可的范围内产生了另外一种价值期许:希望家长作为社会组成细胞的首脑能够尽到管教的责任,约束好家人,对晚辈少一份纵容和姑息。

此外,这些事例还有另一个共同特征,即实施"大义灭亲"的主体皆是身负维护"大义"使命的国家公职人员,如石碏是卫国元老重臣,刘仁赡为南唐著名将领,包拯乃北宋京畿最高行政长官。他们的身份决定了依法惩处包括亲属在内的作奸犯科之人成为一种职责,而这也是百姓对官员的期许。尤其是在官场黑暗、吏治腐败、权贵横行不法、百姓饱受欺压之时,民众怀着朴素的"贤人治国"的理想,将希望寄托于无私正直的清官出现。"大义灭亲"之所以能够作为一种品质与"亲亲相隐"的法律原则并存,与这种清官情结是分不开的。当然,即便是刚正不阿的清官,其所能"灭亲"的对象也基本局限在卑亲属的范围内。对于身担"大义"之人该如何对待自己违法的尊亲属这一问题上,先贤孟子早已给出了答案。面对"舜为天子,皋陶为士,瞽瞍杀人,则如之何"的提问,孟子回答道,舜应该弃天下犹弃敝蹝,"窃负而逃,遵海滨而处,终身欣然,乐而忘天下"。[29] 这是一个颇具智慧的答案。身为天子,舜不能动用所掌握的国家权力来妨碍皋陶执法,所以只能放弃权位,仅以人子的身份带着犯罪的父亲逃匿。天下犹可放弃,而唯一不能放弃的,就是父子之间的伦常。

(二)子告父

与父母之于子女不同,子女对父母等尊亲属的隐匿是一种强制性义务,违反者被视为"干名犯义",将遭致法律的严厉惩处。然而,这则规定"必须隐"的法律条文还有但书,"若犯谋叛以上者,不用此律",[30]"诸告祖父母、父母者,

---

〔28〕 "文帝杀舅"和"季友鸩兄"是为数不多的两个以幼杀长而间或被称作"大义灭亲"的事例。但汉文帝逼死舅舅薄昭一事常为史家所诟病,其动机未必出于"大义";季友毒死异母兄长叔牙则是奉国君遗命,而且季友是嫡子,叔牙为庶子,叔牙虽然年长,但地位卑于季友。

〔29〕 《孟子注疏》第13卷《尽心》(上),北京大学出版社1999年版,第370~371页。

〔30〕 刘俊文:《唐律疏议笺解》第6卷《名例》,中华书局1996年版,第467页。

绞”的范围被限定在“非缘坐之罪及谋叛以上而故告者”。[31] 所以,如果父母所犯之罪涉及谋反、谋大逆、谋叛,子女揭发状告并不为罪,而隐匿其罪行则要如常人一般按律科断。由此一来,“必须隐”变成了“必须告”,唐律在疏议中对这样的法律设计做了如下解释:“缘坐谓谋反、大逆及谋叛以上,皆为不臣,故子孙告亦无罪,缘坐同首法,故虽父祖听捕告。”[32]

大概是其中提到了“不臣”的理由,瞿同祖先生这样评述亲属之间的容隐与告讦:“家族与国、忠与孝,在并行不悖或相成时,两皆维持;但在两者互相冲突而不能两全时,则国为重,君为重,而忠重于孝。所以普通的罪许子孙容隐,不许告讦,而危及社稷背叛君国的重罪,则为例外。”[33] 这一观点为当今大多数学者所认同,如有学者认为,“亲亲相隐”所隐的是小过,“大义灭亲”灭的是大罪;“亲亲相隐”与“大义灭亲”的表面矛盾被内在的“君君臣臣”统一起来:“君臣之义重于父子之情,邦国利益大于家庭幸福。当二者利益发生冲突时,要毫不犹豫地割舍父子之情而尽君臣之义,牺牲家庭幸福而保邦国利益。”[34] 然而,在“家国同构”的传统社会,在“移孝作忠”的家国伦理之下,这种凸显“忠”“孝”矛盾的观点仍有商榷的余地。

从家族法的整体性角度分析,之所以允许亲属相互告发谋反、谋大逆、谋叛三种罪行,很重要的一个原因在于,这些犯罪并非罪止一身,而是要实行缘坐。缘坐是中国古代因一人犯罪而使与犯罪人有血缘关系或家庭生活关系的人连带受刑的制度,其鲜明地体现了中国传统法律的家族主义特点。在唐律中,法律规定:“诸谋反及大逆者,皆斩;父子年十六以上皆绞,十五以下及母女、妻妾、祖孙、兄弟、姊妹若部曲、资财、田宅并没官……伯叔父、兄弟之子皆流三千里,不限籍之异同”;[35]“诸谋叛者,绞。已上道者皆斩。妻、子流二千里;若率部众百人以上,父母、妻、子流三千里。”[36] 由于谋反者的亲属要受到牵连,所以假设父亲谋反,法律却仍然强制子女遵守隐匿的义务,那么子女告发父亲的罪行就

[31] 刘俊文:《唐律疏议笺解》第23卷《斗讼》,中华书局1996年版,第1623页。

[32] 刘俊文:《唐律疏议笺解》第23卷《斗讼》,中华书局1996年版,第1623页。

[33] 瞿同祖:《中国法律与中国社会》,商务印书馆2010年版,第71~72页。

[34] 刘斌:《“亲亲相隐”与“大义灭亲”》,载《社会科学论坛》2008年第9期。

[35] 刘俊文:《唐律疏议笺解》第17卷《盗贼》,中华书局1996年版,第1237页。

[36] 刘俊文:《唐律疏议笺解》第17卷《盗贼》,中华书局1996年版,第1253页。

会以违反"亲亲相隐"律的罪名被处死,不告发又会在父亲的罪行败露后因缘坐被处死。无论告与不告,子女只有待死的份,这显然是不公平的。在中国传统法的转型时期,确实曾出现过这样的情况。比如西汉衡山王刘赐谋反,其太子爽上书告发,后来衡山王因事败自杀,而太子爽坐告王父不孝弃市。[37] 梁武帝时期,建康女子任提女坐诱口当死,其子景慈亦被牵连,按律应当被判处5年徒刑。为了避免缘坐,景慈在法庭上证实其母确实有此罪行。当时的法官虞僧虬却认为,景慈"陷亲极刑,伤和损俗",反而判处他更重的流刑。[38] 其时正处于法家之法走向儒家化的历史进程中,一方面,法律中仍保留着秦代收孥连坐之法的印迹,亲属只能通过相互揭发罪行来避免缘坐责任;另一方面,"亲亲相隐"的理念已为法官所接受并进入法律实践。这就使法律在运行中同时出现了"必须告"和"必须隐"的矛盾要求,[39] 景慈等人便成为这种矛盾法律之下的牺牲品。

因此,容隐与缘坐亦是一对相反的法律关系,要实现亲属相隐,必然要求废除族诛连坐。在汉昭帝始元六年(公元前81年)著名的盐铁会议上,贤良文学在论及父子相隐的问题时,所批评的重点就是"首匿相坐之法"。后世的法律也确实在将"亲亲相隐"上升为正式律文的同时大幅度限缩缘坐的适用范围。但只要缘坐没有被完全废除,为了避免出现上述告亦死、不告亦死的情况,法律必须得允许子女告发谋反的父亲。所以,亲亲相隐律的这则例外条款一方面确实是对容隐特权的限制,但另一方面也是对容隐义务的免除。从缘坐的角度来看,不失为给予不愿附从谋反的子女一条生路。这与其说是"忠高于孝"的表现,不如说是随着立法技术的成熟,法律内部体系日臻完善的客观要求。

这点也可以从告发谋反父母无罪的另一重要理由是"缘坐同首法"中看出来。缘坐同首法,其完整表述为"缘坐之罪及谋叛以上,本服期虽捕告,俱同自首例"。[40] 是指本应被株连的人若告发有罪亲属可按自首之法来论处。而根

---

〔37〕 参见(汉)班固:《汉书》第44卷《衡山王传》,中华书局1962年版,第2156页。

〔38〕 参见(唐)魏征:《隋书》第25卷《刑法志》,中华书局1973年版,第700页。

〔39〕 关于缘坐与容隐的矛盾,参见魏道明:《始于兵而终于礼——中国古代族刑研究》,中华书局2006年版,第51~63页。

〔40〕 刘俊文:《唐律疏议笺解》第5卷《名例》,中华书局1996年版,第366页。

据唐代的自首制度:“诸犯罪未发而自首者,原其罪。”[41] 除了杀伤人、偷渡、强奸、私习天文等少数不允许自首之罪,自首其他罪行可一概免罪。这说明根据中国古代的法律逻辑,告发亲属之罪而使自己免于缘坐之刑的理由是自首。由于告发者与谋反亲属的亲缘关系,他已经成为了法律上的“犯罪人”,告发亲属罪行只是其从“犯罪集团”中脱离出来的表现。这一行为与其称作“大义灭亲”,不如视为洗清自己的方式。

再退一步讲,即使子女告发谋反的父亲可以被称为“大义灭亲”,“灭”的手段也是受到严格限制的。《说文解字》称:“灭,尽也。”当“灭”加诸人时,多与直接剥夺生命相联系。对于父母来说,“灭”的手段有多种,既可以告发,也可以送惩,有些时候甚至能够亲自处置。但对于子女来说,那仅有的一点点所谓“大义灭亲”的余地也只是体现在告发父母有谋叛以上的罪行,无论如何都不能亲自动手。王隐所撰《晋书》记载了这样一则事例:女子李忽杀死了打算北叛的父亲,而一贯以刚正忠勇著称的大将周处不但不认为这是“大义灭亲”,反而痛斥她“无人子之道,证父攘羊,伤化污俗”,上书请求处死李忽。周处的奏疏得到了批准,李忽最终被处以极刑。[42] 在《说岳全传》中,宋将曹宁在战场上杀了自己投敌叛国的父亲,岳飞大惊道:“哪有子杀父之理?岂非人伦大变!”在逼迫曹宁自刎后,岳飞还吩咐将其首级割下,号令一日。就连敌将兀术也认为岳飞此为明理之举,甚为赞叹。[43] 虽然《说岳全传》是一部小说,此事并不一定为真,但也可从中看到当时的主流价值取向。因忠义而被人们推崇备至的岳飞尚且认为“大义灭亲”不能超越父子之伦,何况其他?

总而言之,“亲亲相隐”存在自上而下和自下而上两个向度。在尊长之于卑幼的面向上,“亲亲相隐”是尊长的特权,是法律体恤长辈的一片舐犊之情而对其包庇窝藏行为予以豁免。而到了卑幼那里,“亲亲相隐”不仅是豁免,更是法律强制规定的义务。义务必须遵守,但特权可以放弃,尊长放弃自己隐匿晚辈的特权就可以更进一步表现为大义灭亲。而卑幼仅在尊长涉及谋反等罪行时方可控告,法律又以缘坐、自首等体系设计消解了“大义”的价值空间。因此,隐亲与告亲并不存在尖锐的价值对立,二者统一于儒学立场下

---

〔41〕 刘俊文:《唐律疏议笺解》第5卷《名例》,中华书局1996年版,第365页。

〔42〕 《西晋文纪》第13卷引王隐《晋书》,文渊阁四库全书版。

〔43〕 参见(清)钱彩:《说岳全传》第56回,天津古籍出版社2004年版,第338~342页。

的父子伦常。

三、告发亲属:大义灭亲还是大义救亲?

上文提到容隐、缘坐与自首的关系,本应被株连的人告发有罪亲属可按自首之法免除缘坐之罪。事实上,对于一般犯罪,只要是法律上容许相互隐瞒罪行的亲属相互告发,被告也按自首免除刑责。唐律即明文规定:"即遣人代首,若于法得相容隐者为首及相告言者,各听如罪人身自首法。"〔44〕所谓代首,是犯罪人拜托别人代为出首,犯罪者本人尚有自首意图;而为首,则是在犯罪人本人完全不知情的情况下被自己的亲属告发;相告言则是指亲属平日各犯有罪,因为忿争而互相揭发。后两种情况与今日所言的自首制度大相径庭,〔45〕然而在中国传统的家族法视野下则一体视之。而且,被告因亲属的揭发而得以按自首开罪并不区分尊长与卑幼的向度:"告子孙、外孙、子孙之妇妾及己之妾者……被告得相容隐者,俱同自首之法。"〔46〕"诸告期亲尊长、外祖父母、夫、夫之祖父母,被告之者与自首同,告者各徒二年。"〔47〕凡是法律容许自首的罪行,尊长状告卑幼,二人均可无事(如果尊长不坚持惩治卑幼的话);而卑幼状告尊长,尊长按自首免罪,卑幼却因干名犯义而被处刑。这种亲属相告的结果实则是有利于被告的。

后世对于容隐与自首的法律规定基本沿用唐代。清代有这样一则实例:乾隆三十八年(1773年),凶犯因典卖纠纷将受害人殴打致死,随后用白银五十两与被害人之父私和。被害人之弟得知此事后控告凶手,当然也牵扯出其父私和人命的罪行。地方官起初判处凶手绞监侯,被害人之父则因私和人命被判杖一百、徒三年。但刑部认为,此案是发生在亲属之间的犯罪揭发,应当适用自首之法,遂将案卷驳回,后改判为:被害人之弟以卑告尊,干名犯义,处杖一百,徒三

〔44〕 刘俊文:《唐律疏议笺解》第5卷《名例》,中华书局1996年版,第366页。

〔45〕 有关自首制度的古今演变,参见蒋正阳:《清代与现代自首制度的比较研究——对法律现代主义的几点反思》,载[美]黄宗智、尤陈俊主编:《历史社会法学:中国的实践法史与法理》,法律出版社2014年版,第265~288页。

〔46〕 刘俊文:《唐律疏议笺解》第24卷《斗讼》,中华书局1996年版,第1634页。

〔47〕 刘俊文:《唐律疏议笺解》第24卷《斗讼》,中华书局1996年版,第1630页。

年,被害人之父则因其子之告诉而视为自首,免罪。[48]

这样的判决结果现在看来或许匪夷所思,一些现代法学者也以此为例批判中国传统法律制度。然而在当时的历史情境下,律学家们对这种法律设计颇为赞赏。清代著名律学家薛允升评论道:"若不许容隐,则恐有以伤其恩;若不许为首,则恐无以救其亲。首则欲其亲之免罪,本乎亲爱之意而出之也。告则欲其亲之正法,本乎贼害之意而出之也。故既著容隐为首之例,又严干名犯义之法,真天理人情之至也。"[49]在容隐、干名犯义、为首等制度共同组成的家族法体系下,为了"灭亲"而状告亲属的行为基本被杜绝,因为这样做不但丝毫达不到"灭"的目的,还会使自己身陷囹圄。与此相反,法律推定得相容隐者代亲属承认罪行乃出于亲爱之意,其动机是"救亲"。即瞿同祖所言"为救其亲,免陷亲于刑戮,自不惜以己身触犯告言父祖的刑章"。[50]纵然相告言乃是因为忿恨而互相揭发,与为首的意图并不相同,但丝毫不影响使对方获利的实际效果,从而促进了家族整体的维系。

甚至对于谋反、谋叛、谋大逆这种在很多学者看来需要"大义灭亲"的罪行,清律也规定"其谋反、叛、逆未行,如亲属首告或捕送到官者,正犯俱同自首律免罪"。[51]而且,这里可以通过首告而使正犯免罪的主体是一般亲属,包括小功、缌麻在内,比一般犯罪将亲亲相隐限定在大功以上亲的范围更大。刑部这样解释这则法律的用意:"以谋叛未行之案,事最诡秘,官司难以知觉。故特设宽典,使其彼此讦告,或捕送到官,不特亲属免其缘坐,即正犯亦得宽宥。至于寻常罪犯,事虽轻于谋叛,但官司易于访拿,原不藉亲属之捕送其首告到官,因其不敢藐法,故视其服属之亲疏,分别减免,以示区别。"[52]所以对于谋反未行的案件,法律一方面规定"干名犯义"在此不再适用,免除了卑幼揭发尊长罪行的后顾之忧;另一方面扩大了具有为首效果的亲属范围,使正犯更有可能因为亲属的揭发而获得法律利益。在这种情况下,揭发犯罪的亲属不承担法律责任,而且还可免予缘坐,被揭发的正犯亦可因此免罪,国家也维护了政权的稳定,从而形成了三方

---

[48] 参见(清)全士潮、张道源等辑:《驳案汇编》,法律出版社2009年版,第32~35页。

[49] (清)薛允升:《唐明律合编》,法律出版社1999年版,第648页。

[50] 瞿同祖:《中国法律与中国社会》,商务印书馆2010年版,第71页。

[51] 《大清律例》第5卷《名例律下》,清文渊阁四库全书本。

[52] (清)祝庆祺等编:《刑案汇览三编》,北京古籍出版社2004年版,第135~136页。

的共赢。

四、余　　论

中国传统社会中的“亲亲相隐”与“大义灭亲”皆应置于整个家族法体系中来看待。在这个体系中，隐亲、告亲与救亲形成了统一的逻辑链条，共同服务于长幼有序、尊卑有别的父子伦理。“大义灭亲”只是在父权所许可的范围内对“亲亲相隐”的法律原则所做的补充。在卑亲属之于尊亲属的面向上，则无所谓“大义”可言。时至今日，这个体系已经发生了重大变化。缘坐制度被废除，父子之间的法律关系也变得平等，不可能再出现“必须隐”的强制性义务规范。因此，当人们如今再谈论起“亲亲相隐”时，主要是针对其作为特权的面向，即亲属可以拒绝出庭作证，甚至可以获得包庇罪、窝藏罪的豁免，从而实现对人伦亲情与亲属利益的特殊保护。当然，这种容隐属于“可以隐”的范畴，亲属亦可选择揭发。然而，对“亲亲相隐”持否定观点的学者认为，在这样的法律设计下，极少有人会选择揭发犯罪亲属，如此一来必然不利于打击犯罪，有损于社会秩序与国家利益。

其实，在这两种价值争论不下的背后，仍是将“隐亲”与“告亲”作为“亲亲相隐”与“大义灭亲”的截然对立，是亲情与公义二者只能存其一的艰难抉择，而这种二元论的思维在古代并不存在。传统法律通过亲属为首的制度设计，巧妙地将“大义灭亲”转变成“大义救亲”，使无论是“隐亲”还是“告亲”，都是出于亲属之间的亲爱之意，从而实现了公义与亲情的双赢。这种制度设计正是当今我国法律所欠缺的。现行刑法对于自首的认定主要侧重于犯罪人的个人意志，而对亲属在自首当中的作用一直语焉不详。通过数次司法解释，代首基本上获得了法律的认可，为首则因犯罪人本人并无自首意图而不为法律所承认。但在法律实践中，亲属为首开始逐渐成为一个影响案件裁判的情由。《南方都市报》曾报道过这样一则案例：2013年1月14日，广东男子钟建宁强奸女同事后将其杀害，妻子余某在劝其投案自首未果后带领侦查人员将其抓获。钟建宁强奸杀人情节恶劣，且系累犯，原本难逃一死，但其妻子的行为成为案件唯一一个可以从轻的量刑情节。法院最终决定判处钟建宁死刑，缓期二年执行。主审法官解释道：“家属大义灭亲对案件有何影响，作为从轻量刑情节可以减到什么程度，在目前的法律和司法解释中都缺乏明确的规定和解释。但在全国的司法实践中，大义灭亲基本上都被公认为一个可以从轻量刑的情节。”“本案中如果法庭对钟建宁妻子的这一举动从量刑上不予考虑,那判决结果可能在价值导向上会形成不足。”“可以说是他妻子救了他一命。”〔53〕

这个案例可谓是接续了中国古代法律传统,也为当下的法律设计和法律发展提供了有益启示。在人伦亲情越来越为人们所珍视的今天,如果法律能够接受“亲亲相隐”,同时也承继“告亲”与“救亲”的亲属法传统,将亲属为首作为案件裁判的减轻情节,那么,人们在做出选择时会面临着新的考量:纵使“隐亲”可获得法律责任的豁免,但犯罪的亲属一旦被抓,必会遭到严惩。在侦查技术日益发展的今天,“隐亲”的成功率也越来越低;而如果选择“告亲”,则可帮助犯罪的亲属争取法律的宽大处理,实则是“救亲”。相信会有不少明理之人选择后者。如此一来,“亲亲相隐”制度既可得到落实,又不致给社会秩序造成太大的冲击,从而将国家利益与人伦亲情统一起来。

A Win-win Situation of Domestic Affection and Righteousness
—Relative Concealment, Informing against Relatives, Rescue of Relatives in the View of Chinese Traditional Kinship Legal System

Jing Fenghua

Abstract: Relative concealment is not an isolated system in Chinese traditional law, it has formed a set of closely related kinship legal system with informing against relatives, collective punishment and self-surrender. It is in the mutual connected kinship legal system, relative concealment reflects its unique wisdom in integrating domestic affection and righteousness: relative concealment contains two dimensions as father conceals child and child conceals father. The "father conceals child" is a privilege given to seniority based on humanity. If the eldership gives up this privilege, it can be describe as placing righteousness above family loyalty. However, the "child conceals father" becomes obligation from ethical norm. The young can inform against elder relatives only when the elder involve in the crime of

〔53〕《妻子带警察抓丈夫,法院因此“刀下留人”》,载《南方都市报》2014 年 3 月 19 日,第 GA08 版。

treason. This legal design is not only the value orientation of "loyalty above filial piety", but the means of self-clear under the system of collective punishment. And the intervention of surrender system not only deconstructs the value of informing against relatives, but also turns informing against relatives to rescue of relatives, leading to the win-win situation of domestic affection and righteousness in ethical system and legal system. It is of positive significance to resolve the deadlock of value antagonism in current ethical discussion.

Key words: Relative concealment Place righteousness above family loyalty Collective punishment Confession to justice

（责任编辑：李展硕）

专题研讨二

黑格尔对西方近代自然法理论的批判与改造

朱学平*

内容摘要：

黑格尔通过对西方近代自然法理论的批判和改造，完成了一场重大而深刻的法哲学革命。这场革命的基础是他洞见到自然法理论赖以成立的抽象的人性概念无法为法哲学提供坚实基础，为此，他用更加具体、真实的伦理取而代之，作为法哲学的基础。其后，他在重新接纳现代个体精神的前提下，一方面将自然法理论与经济学结合起来，提出独特的市民社会理论，以克服自然法理论的不足；另一方面则在伦理的基础上对国家进行重构。结果，市民社会和国家的分离遂取代了自然法理论的法律和道德的分离，成为其后法学理论发展的基础和前提。

关键词：

黑格尔　自然法理论　伦理　市民社会　国家

在西方近代法哲学史上，黑格尔通过对近代自然法理论的批判和改造，完成了一场被意大利著名自然法学家登特列夫称作是“乾坤的大扭转”[1]的重大而深刻的范式革命。登氏明言，黑格尔的观念乃是“一个完全把自然法思想颠倒了过来的理论”；[2]不仅如此，黑格尔1820年出版的《法哲学原理》“丝毫没有提到传统意义的自然法”，相反，其“‘伦理国家’的学说完全取代了长久以来一直与西方思想相伴随的自然法学说，它把原有的那种理想界与现实界的关系完全颠倒了过来——原有的那种理想界与现实界的关系，乃是自然法思想的必

* 西南政法大学行政法学院副教授，哲学博士。

[1] [意]登特列夫：《自然法：法律哲学导论》，李日章等译，新星出版社2008年版，第82页。

[2] [意]登特列夫：《自然法：法律哲学导论》，李日章等译，新星出版社2008年版，第82页。

要先决条件。在黑氏看来,有关自然法的种种主张,都是应然与实然对抗的结果,黑氏认为……真正的哲学必须超越这个对抗,必须使人跟历史的世界(他自己创造的历史世界)达成调和"。[3] 他最后指出:"黑格尔的历史概念标示了自然法思想之结束。"[4]显然,在黑格尔与自然法理论的关系上,尽管登氏不赞成黑格尔的观点,但他敏锐地理解到黑格尔法哲学通过诉诸人与历史的和解,消除了自然法思想赖以存在和运行的根本前提,即"应然"与"实然"的对立,从而实际上终结了近代自然法理论。

然而,登特列夫因囿于自然法理论,难以认识到黑格尔法哲学的更加积极的一面,即它不仅终结了自然法理论,而且对其进行了全面的改造。在黑格尔之后,"应然"与"实然"的对立、"自然状态"与"政治状态"的分立与关系、法律和道德的分离,这些自然法理论的基本话语,失去了既有的威力;"市民社会"和"国家"的关系取代了"自然状态"与"政治状态"的关系,占据了 19 世纪以来政法理论的中心地位,法律和道德的关系不再是法哲学的核心。相反,随着黑格尔"市民社会"理论的创立,社会学研究在政法理论中的地位蒸蒸日上,社会学法学大有后来居上,全面赶超传统自然法理论之势。

由此看来,黑格尔确实实现了登特列夫所言的"乾坤大扭转",将西方人(甚至全球)的政法理论和实践带入了一个全新的世界。时至今日,我们仍需不时回到黑格尔的思想本身,看他到底如何实现这场革命。唯有如此,我们才能对黑格尔法哲学的实质及其对于当下的意义有一个比较到位的理解和把握。

一、黑格尔对康德法哲学的最早批判及其对西方近代自然法立场的超越

从黑格尔的思想发展来看,他对近代自然法理论的知识首先是从康德(然后是费希特)的法哲学和道德哲学的研读和批判开始的。与现在将康德、费希特和黑格尔本人放在一起,作为德国哲理法学派的代表人物的习惯做法不同,

---

〔3〕 [意]登特列夫:《自然法:法律哲学导论》,李日章等译,新星出版社 2008 年版,第 85 ~ 86 页。

〔4〕 [意]登特列夫:《自然法:法律哲学导论》,李日章等译,新星出版社 2008 年版,第 86 页。

黑格尔自己一向将康德、费希特视为自然法学派的成员,并在其著名的《论自然法的科学探讨方式》[5]一文中作为"形式主义"派别进行批判。

黑格尔对康德的批判始于法兰克福时期。据罗森克兰次报道,黑格尔的批判首先针对就是现代自然法理论的核心:法律和道德的两分。"当康德1797年出版了他的法学和德性学说,黑格尔就从1798年8月10日起把这两部著作连同道德形而上学一道进行了严格研究。……当他在摘要中从导论进行到特殊章节后,就到处将他自己的概念同康德的概念对立起来。在此他已力求在一个更高的概念中将实定法的合法性与知其自身为善或是为恶的内在性的道德统一起来。他在评论中常把这个概念叫作'生命',后来就称之为'伦理'。他抗议康德压制自然,抗议将人肢解为由义务概念的专制主义产生的决疑论。"[6]与此相关的是黑格尔对康德的国家与教会分离的观点的批判,要求实现二者的统一。他写道:"这种分离何以和在何种程度上是可能的?如果国家拥有的是所有权原则,那么教会的法律就是和国家法律相抵触的。国家法律涉及的是完全特定的权利,把人极不完全地当作具有财产的人,反之在教会内人却是一个整体,教会作为行动着的并且创有设施的可见的教会,其目的是企求给人提供并维持这种整体感。……但如果国家的原则是个完全的整体,教会和国家就不可能是相异的。在国家方面是加以思考的、进行统治的东西,在宗教方面也是同一的、有生命的、通过想象表现出来的整体。只有在人整个已支离成特殊的国家的人和教会的人时,教会整体才是残缺不全的片段。"[7]

---

[5] 此文标题全称为《论自然法的科学探讨方式,它在实践哲学中的地位及其与实证法学的关系》(*Über die wissenschaftlichen Behandlungsarten des Naturrechts, seine Stelle in der praktischen Philosophie und sein Verhältnis zu den positive Rechtswissenschaften*)为黑格尔分两次发表在他在耶拿前期与谢林合办的《哲学批判杂志》卷二第2期和第3期(1802年12月号和1803年3月号)上,后收入现在学界通行的《黑格尔全集》(理论著作版)第2卷。

[6] Karl Rosenkranz, *G. W. F. Hegels Leben*, Berlin: Verlag von Dunker und Humblot, 1844, p. 87. 中译文参见《黑格尔政治著作集》,薛华译,中国法制出版社2008年版,第16~17页。

[7] Karl Rosenkranz, *G. W. F. Hegels Leben*, Berlin: Verlag von Dunker und Humblot, 1844, pp. 87-88. 中译文参见《黑格尔政治著作集》,薛华译,中国法制出版社2008年版,第17~18页。

显然，从1798年起，超越现代自然法理论，克服法律和道德的分离，以消除人自身的异化和分裂，实现人的完全的整体，即已成为黑格尔终身思考的根本使命。这一点从他这时使用的基本概念即“生命”可以看出来。由它衍生出来的“伦理”概念，成为黑格尔法哲学的最重要概念。正是在“伦理”中，自然法理论的“法律”和“道德”的分立得到了消解。

在法兰克福时期，黑格尔用来克服“法律”和“道德”的对立的，是从席勒的美学和荷尔德林的统一哲学中取来的“爱”和“美”的基本观念。在这一时期的重要作品《基督教的精神及其命运》中，他通过将基督教教义的根本解释为“爱”，思考克服法律和道德、教会和国家的分裂，进而恢复人的存在的完整性的可能性和现实性。他将人的完整性的恢复视为一个从法律到道德，然后经过爱而回到宗教或生命的过程。在此过程中，“爱”起着至关重要的作用。他设想，法律的实定性可以通过主观化而得到化解，由此内化为道德法则。尽管如此，（康德意义上的）道德法则仍有缺陷，仍然是客观的或实定的，因为这种道德法则本身包含了普遍概念和特殊物（“冲动”“嗜好”等）之间的对立，因此人仍然是分裂的，而非完整的。[8] 他试图通过基督教导的“爱”去除康德的道德命令所包含的对立，实现道德法则与爱好之间的统一，以此恢复人的整体性生命：“法则和爱好之间的这种一致就是生命，而作为不同物之间的关系，就是爱”。[9]

问题是，“爱”这种主观的特性是否足以消除法律和道德所具有的客观性、实定性？这是黑格尔在以“爱”作为扬弃法律和道德的对立以及各自的缺陷的中介之后，进一步提出的一个重要问题。此问题的实质在于，“爱”的观念是否具有客观性？由此，黑格尔在现实生活领域遇到了由康德开启的观念论哲学所要解决的根本问题，即观念的客观性问题。换言之，主观和客观、应然和实然的同一性问题。这种同一性的基础何在？

---

〔8〕 参见《黑格尔早期著作集》（上卷），贺麟等译，商务印书馆1997年版，第379～390页。

〔9〕 G. W. F. Hegel, *Gesammlte Werke*, Band 2, Hamburg: Felix Meiner Verlag, 2014, p. 159. 中文参见《黑格尔早期著作集》（上卷），贺麟等译，商务印书馆1997年版，第382页。另外，以下黑格尔此全集本简写为*GW*，在正文中直接标注，卷数直接跟在其后，如*GW*2，即表示《黑格尔全集》第2卷。

他通过考察耶稣本人和基督教的历史命运，对此问题做出回答。尽管他最初认为爱具有此种能力，但随着考察的深入，他发现，基于耶稣的“爱”的教义建立起来的早期基督教团体实际上自己变成了社会中的一个排他性组织。在原始基督教团体的单纯的“爱”的领域之外，还存在它无法统摄和克服的其他的生活领域和活动。由此，这种“爱”实际上脱离了现实生活的具体联系，也就无法完全消除客观性。由是，爱只是“一种情感，一种主观的东西”（*GW*2，p. 302.），现实、客观性与之相对立。真正的宗教——生命——必须超出这种主观的情感之外，使之与现实相结合，即实现客观与主观、“（对现实的）认识与情感”的完全综合（*GW*2，p. 305.）。

黑格尔对“爱”的分析和批判产生了至关重要的结果，使得其哲学的基本立场开始从主观观念论向客观观念论转变。亦即，哲学的真正基础不是个人性规定（譬如“爱”这样的情感等）。相反，它必须超越主体性的立场之上，进入对现实生活整体的认识和把握。在1800年9月写下的一个残篇中，这一新的立场得到宣示。这里，黑格尔直接质疑人性的一般概念，指出：“人性的普遍概念可以容许无限的样态……到底什么是纯粹的人性？这个概念不过就是符合人性的一般概念。但是活生生的本性永远不同于人性的概念，由此那对于概念来说只是一种样态、纯粹偶然性、多余的东西，成为一种必要的、有生命的东西，也许是唯一自然的和美丽的东西。”（*GW*2，p. 353.）在这种情况下，自然法理论赖以建立的“人性的一般概念不再够用”，而康德的“意志自由也成了片面的标准，因为人的伦常（Sitten）和性格……并不决定于概念的规定；在每一形式的教化中，都必定会出现一种更高的力量的意识，以及超出知性和理性的观念”（*GW*2，p. 353.）。这里透露出他的全新观点，即要上升到一种比“人性的一般概念”更高的立场，由此，概念和实存、应然和实然不会像在康德哲学中那样绝对对立，而是在“人的伦常和性格”中获得了内在统一。

其次，这种更高立场（他此时称为“生命”）也不是毫无差异的纯粹统一，而是包含了差异和分裂于自身。他最初追求的就是那种人与人之间浑然无别的纯粹实体性的统一，然而通过对基督教的考察，他认识到，这种追求的结果只能是分离和对立。[10] 问题不是回到纯然无别的源始统一，而是在承认分离和差别

---

〔10〕“教会和国家、崇拜和生活、虔诚和德性、精神活动和世俗活动决不能融而为一，这就是基督教会的命运。”见 *GW*2，p. 328。

的前提下,达致生命的更高统一。他在另一残篇的修改稿中写道:“生命从未发展的整一出发,历经教化、圆圈,达到一种完满的整一;未发展的整一与分离的可能性、世界相对立;反思在发展中产生了越来越多的对立物……直到爱在完全无客体性中扬弃了反思……发现完满无缺的生命自身。”〔11〕这段话表明,哲学的任务并不是从人的完整性理想出发,消灭现实中的各种差别(包括道德和法律、教会和国家的分离),而是如何从更高的生命出发,把握法律、道德和伦理的本质,并建立一个生命(或“伦理”)的体系。

二、黑格尔对西方近代自然法的系统批判

黑格尔对西方近代自然法的最早的系统批判出现在耶拿前期的《论自然法的科学探讨方式》(以下简称《论自然法》)一文。在此文中,他从此前对康德的单独批判扩展到费希特以及之前的霍布斯、洛克等人。哲学上,他接受了谢林同一哲学的话语体系,但思想内核仍然是他在法兰克福时期形成生命哲学的基本观念;在具体的法哲学观念上,他此前一贯秉持的古典伦理观念也得到了系统的陈述。他以此开启了超越与改造西方近代自然法的征程。

对他来说,近代自然法理论的根本缺陷在于其赖以出发的个人主义立场。因此,他要反对的就是“主体的绝对性”“那些称作反社会主义的、将个人的存在摆在首位的体系”〔12〕。他明言:“我们的前提就是肯定的东西,即绝对伦理总体无非是一族人民。”〔13〕与之相对,个人只是从属于人民之下的“否定的东西”。在这种视角下,在作为整体的绝对伦理与个体之间,后者也就完全从属于前者之下。换言之,对他来说,真正的自然法乃是以古典希腊伦理为基础与前提的自然法,而非近代以个体为出发点的自然法。他援引语言上的证据,指出“绝对伦理的自然中即有一种普遍物或者伦常(*Sitten*),因此,表示伦理的希腊词,还有德语词,都卓越地表明了伦理的这种自然,而最近的伦理体系由于以一种自

〔11〕 *GW2*,pp. 85 - 86,右栏。在另一处,黑格尔指出,生命乃是“整一、样态(分离)和发展了的在生命和精神中的重新合一……的联系”,见 *GW2*,p. 277。

〔12〕 G. W. F. Hegel, *Werke* 2, Frankfort am Main: Suhrkamp Verlag, 1970, p. 454.

〔13〕 G. W. F. Hegel, *Werke* 2, Frankfort am Main: Suhrkamp Verlag, 1970, p. 481.

为存在和个别性为原则,就无法做到使用这些词语而不言明它们的联系”。[14] 他直接引证亚里士多德,说“人民按自然先于个人”[15],鲜明地表达了其古典立场。由此,他完全颠覆了自然法的根本含义。“自然法和道德学的关系便以这种方式颠倒过来了,即是说,自身否定之物的领域仅属于道德学,而真正的肯定物则属于自然法”。[16] 显然,其所言的“自然法”,已经完全不在现代意义上使用,而是存在于一个人民整体之中的伦理;就其体现于各个个人身上而言,则表现为一个伦理体系。[17] 他由此出发对自然法理论展开批判。

他的批判从方法论的角度切入。根据探讨方式的不同,他将近代西方近代自然法分为以霍布斯、洛克等人为代表的“经验主义的探讨方式”和以康德、费希特为代表的“形式主义的探讨方式”,分别进行批判。

在他看来,经验主义一方面带有自然法理论的固有缺陷,即因其从个体出发,故而无法达到对绝对伦理的整体直观与把握,另一方面却因其并不执著于赖以出发的个别经验规定,而在一定程度上以歪曲的形式反映了伦理整体。就前一方面而论,他明言,由于经验主义停留在杂多经验及其外在的结合之中,从而“对于经验主义来说,那种肯定的、自身表达为绝对总体的统一性必须要作为一个他者和异己之物添加到这些众多性之中,而在绝对同一性的两个方面的这种形式的结合中,即已包含了:这个总体正如原始统一性的总体一样,自身表现得模糊、不纯粹”。[18] 此处所言的“肯定的、自身表达为绝对总体的统一性”即为他所言的“伦理整体”,这是经验主义所无法真正把握到的,因此经验主义便只是将其作为一个外在的东西,添加到众多个人之上,由此真正的伦理整体便只是以“模糊、不纯粹”的方式表现出来。然而,正因为如此,经验主义也就能够在一定程度上对伦理整体做出反映,尽管只是歪曲的反映:“在这种科学的努力极其模糊的中介那里,仍能瞥见绝对物的反映和主宰,然而同时亦可瞥见它的

---

[14] G. W. F. Hegel, *Werke* 2, Frankfort am Main: Suhrkamp Verlag, 1970, p. 504.

[15] G. W. F. Hegel, *Werke* 2, Frankfort am Main: Suhrkamp Verlag, 1970, p. 505.

[16] G. W. F. Hegel, *Werke* 2, Frankfort am Main: Suhrkamp Verlag, 1970, p. 505.

[17] 博比奥(Norberto Bobbio)对黑格尔的这种立场的根本转变进行了全面阐述,参见 M. Riedel (hrsg.), *Materialien zu Hegels Rechtsphilosophie*, Band 2, Frankfurt am Main: Suhrkamp Verlag, 1975, pp. 86 – 89。

[18] G. W. F. Hegel, *Werke* 2, Frankfurt am Main: Suhrkamp Verlag, 1970, pp. 446 – 447.

歪曲。"[19]其所以如此,根本原因在于经验主义的理性不够,不能将其把握到的东西提升为理念。根本而言,则在于经验主义无法超越个体立场,从总体出发思考问题。

由此,黑格尔进一步对自然法理论的"自然状态"和"社会状态"二分进行批判。从伦理整体的角度出发,便不存在这两种状态的根本分离。所谓"自然状态"不过是自然法学家从现实的社会出发做出的理论抽象。"当人们从思想中去掉隐隐约约被怀疑为属于特殊和转瞬即逝的东西,认为它们属于特殊的伦常、历史、文化甚至国家的时候,那就处于赤裸裸的自然状态的形象之下,或者只剩下抽象的人跟他的基本能力了"。[20] 区分"自然状态"和"社会状态"的根本前提是人性中的必然性和偶然性、一般性和特殊性的区分。然而,黑格尔之前即已指出,在一个国家、人民的风俗伦常中,这两者实际上并不能截然分开。换言之,这种区分只是抽象的理智思维的产物,并不具有真实性。真正的自然法探讨必须回到每个人赖以存在的伦理立场。经验主义由于无法做到这一点,导致其自然法理论的歪曲和失真。

与经验主义自然法理论一样,被黑格尔称为"形式主义"的康德和费希特的自然法理论同样以个体为基础和出发点,但与经验主义不同的是,他们想要使个体完全摆脱经验领域的束缚,成为纯然形式的理性个体(或主体),在此基础上重构伦理体系。这是黑格尔批判的重点。

他指出,形式主义自然法执著于理性主体的纯粹形式的统一性,由此造成了其理论体系的两大缺陷:其一,他们所达到的理念或者同一性,仅为相对同一性,而非绝对同一性;其二,形式与内容、观念物与实在物在他们这里没有达到内在统一,而是表现为一种因果关系。"我们只能在叫做实践理性者那里认识观念物和实在物的同一性的形式的理念,并且在这些体系中,这个理念应当是绝对的无差异点。但是那个理念没有从差异走出来,而且观念物也没有达到实在性;因为尽管在这种实践理性中观念物和实在物是同一的,然而实在物却确

---

〔19〕 G. W. F. Hegel, *Werke* 2, Frankfurt am Main: Suhrkamp Verlag, 1970, p. 442. 在另一处,黑格尔将经验主义比作一座无声地展示了其建筑师的精神的建筑,"就像一座将其建筑师的精神无声无息地呈现于分散的材料之中的建筑,建筑师自己的总体形象没有作为形态在其中展示出来"。同前注〔18〕,第450页。

〔20〕 G. W. F. Hegel, *Werke* 2, Frankfort am Main: Suhrkamp Verlag, 1970, p. 445.

实一直都是与观念物绝对对立的。这种实在物本质上被设定于理性之外,而实践理性则仅仅居于不同于这种实在物的差异之中;其本质被理解为一种与多之间的因果关系——一种绝对受到差异影响的同一性,这种同一性没有从现象中走出来。"[21]他理解的"理念"(此文所言之"绝对无差异点")乃是基于一族人民的伦理理念,而形式主义追求的则是理性主体的实践理性所能达到的理念。后者以个人及其形式普遍性为前提,无法超出个人立场之上。

有意思的是,黑格尔并不完全否认这种个人的立场,相反,他认为真正的伦理理念以之为前提,并且将其作为必然性包含于自身之中。依他之见,超出个人立场之上的"伦理自然"乃是"无差异"和"相对同一性"(或"差异")的绝对统一,而不仅仅是在康德、费希特这里所达到的基于个人的形式同一而达到的相对同一性。后者处于必然领域,尚未上升到真正的伦理自由的境地。然而,他对这种相对同一性的肯定却非常重要。对其相对独立地位的承认及其与居于其上的"无差异"领域的区分,实为他后来"市民社会"和"国家"的著名区分的萌芽。

他对康德、费希特的第二个批判是:实践理性的形式与内容之间的关系是一种因果关系,而非两者的内在统一。这一点在他对康德的实践理性立法的批判上清楚表达出来。"实践理性应当去除法则的所有材料,它不过应该将任意之准则的合适形式奉为最高法则而已"。[22] 据此,他认为,实践理性的立法不过是将任一内容提升为普遍统一性的形式,然而该内容本身并未被扬弃掉。由此,便出现了矛盾。道德法则的本质在于纯粹形式,而非内容;然而,道德法则要具有现实性,就必须设定内容。从而,在康德这里,形式和内容之间的冲突便永久设立起来,二者无法达到内在统一,实践理性的理念随之成为"应当"。

黑格尔的批判实际上涉及他所言的"差异"领域形式与内容的同一性问题。这个问题关联到他后来所言的"市民社会"中的个人和社会的内在统一问题。康德在普遍的道德层面上考虑个人的行动问题,而黑格尔则将其置于现代个人的具体社会生活处境之下进行处理。在《论自然法》中,黑格尔的思想还完全处于古典希腊政治哲学的笼罩之下,因此尽管他在此文中承认康德、费希特哲学所蕴含的"相对同一性",并在其对伦理体系的构建中进一步将其规定为"相对

[21] G. W. F. Hegel, *Werke* 2, Frankfort am Main: Suhrkamp Verlag, 1970, p. 456.

[22] G. W. F. Hegel, *Werke* 2, Frankfort am Main: Suhrkamp Verlag, 1970, p. 460.

伦理”(它包含了需要和劳动领域与法权领域),[23]然而从此时的《伦理体系》到《1803/04年精神哲学》,黑格尔都在亚里士多德创立的古典政治哲学传统下从事伦理体系的重建,由此,他所言的这一相对伦理的领域便按照亚里士多德的“家庭”—“国家”的二分而置于作为自然伦理的“家庭”之下,而没有像在晚期法哲学当中那样获得一个脱离了“家庭”的独立地位。

从其思想发展来看,《论自然法》以“回归古典伦理”的方式对近代自然法理论进行批判,一方面,通过基于古典立场的绝对伦理体系的建构,使得超出现代自然法的设想得到了有效贯彻,为法哲学觅得了一个新的基地;另一方面,对康德、费希特的思想的一定程度的肯定,也暗含了其与古典伦理的内在差异。总体而言,在以《论自然法》等文本为代表的耶拿前期,黑格尔还完全笼罩在古典伦理的阴影下,其独创性体系尚无从窥知。

三、黑格尔对西方近代自然法的彻底改造

《1805/06年精神哲学》标志着黑格尔法哲学思想的一大转折。在这个重要文本中,他在区分西方古今精神的基础上,首度肯定了现代世界的个体性原则对于古代世界精神的超越:“这是近代的更高原则,是古人、柏拉图所不知道的。在古代,美的公共生活是所有人的伦常,——美[是]普遍物和个人的直接统一,一件艺术品,其中没有一个部分与全体分离,而是自知的自我与其表现的这种天才般的统一;但是个别性的绝对自知、这个绝对的己内存在,[在古代]没有出现,柏拉图的理想国以及斯巴达,都没有这种自知的个体性。”[24]用黑格尔的术语来说,古代精神是实体性精神,个人完全消失于人民的公共生活之中,没有一己之私的存身之地;现代世界的精神则以个人为原则,人人皆知自我为本质,自身具有完全的独立性(*GW*8, p. 262.)。换言之,古人没有从直接性、从自然及其必然性之中走出来,而现代西方人则挣脱了自然的束缚,进到了更深的精神层次。对个人的承认构成现代世界的基本前提。

由此,他再次回到费希特哲学的基本立场:个人作为理智和意志的统一,就

---

[23] G. W. F. Hegel, *Werke* 2, Frankfort am Main: Suhrkamp Verlag, 1970, pp. 488 – 489.

[24] G. W. F. Hegel, *Gesammlte Werke*, Band 8, Hamburg: Felix Meiner Verlag, 1976, p. 263.

是得到普遍承认的个人，即人（Person），它构成了现代法律和伦理的出发点和前提。"这个认识着的意志现在就是普遍意志。它是被承认了的存在……个人、主体就是人。个人的意志就是普遍意志，普遍意志就是个人意志——伦理一般，然而直接就是法律"。[25] 但这并不意味着他完全赞同费希特的自然法观点。其法哲学的基础仍然是"伦理"，而非自然法。

他对现代主体性的这种重新肯定是在经过了古典伦理的洗礼之后，于是主体性赖以成立的基础便不是近代自然法理论所言的抽象人性（或人的一般概念），而是"精神"；对自然的超越便不再如康德、费希特那样，只是在抽象的个人的层面上，而是在精神即共同体（"一族人民"）的层面上。康德、费希特只是想要在纯然个人的立场上克服和终结现代自然法理论，从而无法完全实现其目的，因为个人的主观观念如何具有客观性乃是康德、费希特无法克服的难题。只有黑格尔在超出个人的精神哲学的立场上，方能彻底终结自然法理论。

在《1805/06 年精神哲学》中，黑格尔遂在新的精神哲学基础上重构其"伦理体系"。随着个体性的肯定，黑格尔开始与现代世界和解，《论自然法》赖以立基的古典自然伦理终归失效，亚里士多德奠立的传统"家"—"国"二元结构体系也随之瓦解。由此，他此前将"劳动和需要"以及"法权体系"置于家庭之下的做法即不再成立。相反，在个体性主导的现代社会，传统家庭已经失去其原有的政治、经济和社会功能，并由建立在平等个人之上的市场社会所取代。同时，黑格尔仍然坚持此前所做的相对伦理与绝对伦理的区分。因此，他便无法赞成西方近代自然法对"国家"（"公民社会/civil society"）的规定。在他看来，近代自然法视域下的国家（civil society）也与古典国家一样，未能从自然、必然性领域当中走出来。基于此种考虑，他在《1805/06 年精神哲学》中将"国家"归于即"现实精神"之下（*GW*8，pp. 222 - 253.），并在其上另辟"宪法"作为绝对伦理之体现（*GW*8，p. 253ff.），"市民社会"与"国家"的二分于此渐露头角。[26]

---

〔25〕 G. W. F. Hegel, *Gesammlte Werke*, Band 8, Hamburg: Felix Meiner Verlag, 1976, pp. 221 - 222.

〔26〕 德国学者 Jürgen Behre 指出："但因这里国家仍然是市民社会的环节，因此仅具有相对普遍性，黑格尔用第三节'宪法'作为与市民社会相对的伦理的绝对实存。如法哲学中一样，这种实存表现为人民的一个等级制的有机体和立宪君主制度。" See Jürgen Behre, *Volkssouveränität und Demokratie*, VSA-Verlag, 2004, pp. 129 - 130.

“现实精神”第一部分“被承认的存在”,论述在现代市场经济的基础上如何实现个人意志和普遍意志的同一问题,大致相当于《法哲学原理》的“需要和劳动的体系”;第二部分为“法律”,“国家”归于其下,其内容为以维护个人权利为旨归的自由主义法治国体系。于此可见,“现实精神”实由之前的“相对伦理”发展而来。但与此前的“相对伦理”相比,其含义已经发生革命性变化。由于“现实精神”以现代个体性为前提,从而突破了传统自然伦理的樊篱。黑格尔创造性地将近代自然法理论(特别是康德、费希特的“形式主义”)与斯密的经济学结合起来,使抽象的法权形式获得了具体的社会经济内容,形式与内容、法权与社会开始获得内在统一。由此,黑格尔独具特色的“市民社会”也就呼之欲出了。[27] 一方面,“现实精神”在经济社会领域对抽象个体主义的实现克服了近代自然法理论令人诟病的“自然状态”的虚构性,同时也消除了其所固有的形式和内容的冲突,自然法理论的“自然状态”与“社会状态”的划分遂告失效;同时,随着自然法理论意义上的“国家”归于“现实精神”之下,西方传统 civil society 一词所具有的“公民社会”的含义便不再成立,因为此时的“国家”只是一个经济与社会意义上的国家(现在意义上的“社会国家”),而非传统意义上的“政治国家”(或“政治共同体”)。于是,黑格尔便在“宪法”部分对作为公共领域的绝对伦理进行论述。由此,《1805/06 年精神哲学》就在改造西方近代自然法理论的基础上,在一定程度上奠定了新的法学理论的基础。现在,新理论的基础是“市民(bourgois)”和“公民(citoyen)”的区分,而非此前的“自然人”和“社会人”的划分。对此,黑格尔具有极明确的意识。他指出,个人在现代社会具有双重性:“两种个体性——同一个人既照顾他自己和家庭、劳动、缔约等,同时也为普遍劳动,以普遍为目的——按照前一方面,他叫市民,按照后一方面,他叫公民。”(*GW*8,p. 261.)

尽管《1805/06 年精神哲学》开始克服西方近代自然法的缺陷,并对伦理体系进行重构,但其缺陷仍极明显。这不仅表现在它并未明确提出“市民社会”概念,而且也将“国家”归于“现实精神”之下,表明此时黑格尔的国家观尚未成熟。这一点也从“宪法”这一部分论述中可以看出来。一方面,他在卢梭社会契

---

〔27〕 J. Behre 甚至认为,尽管“市民社会”概念并未出现在《1805/06 年精神哲学》中,但“现实精神”的内容实际上已经接近于《法哲学原理》的“市民社会”了。参见 Jürgen Behre,*Volkssouveränität und Demokratie*,VSA-Verlag,2004,p. 129,N. 47。

约论的基础上阐发普遍意志(尽管同时反对其民主制),另一方面,对伦理整体的论述仍与之前的《论自然法》和《伦理体系》大同小异,照样从诸等级及其道德的角度进行阐述。[28] 此外,《1805/06 年精神哲学》的"宪法"部分与"艺术、宗教和哲学"放在一起,"道德"与诸等级的"意向"(Gesinnung)不分等,都表明尽管黑格尔着意将私人与公民、社会经济领域与公共政治领域区分开来,但其法哲学体系的基本架构尚未成形。

黑格尔晚期法哲学重新回到其早期思考的出发点,即近代自然法理论之法律和道德的分离。现在,他不再否认这种分离,而是将其作为他建构法哲学体系的自明的前提和出发点,从而肯定了近代自然法理论的有效性。晚期黑格尔并不否认西方现代自然法理论的成果,而是要补充、完善其不足,并使其消解于他自己的伦理体系之中。于是,1817 年《哲学全书》的"客观精神"即由"法"、"道德"和"伦理"三部分构成,其晚期法哲学的体系结构由此底定。同时,黑格尔抛弃了社会契约观念,但"市民社会"的概念尚未出现,因而作为其法哲学之核心的"市民社会"和"国家"的分离也没有得到呈现。[29]

1817/18 年海德堡大学法哲学讲座标志着黑格尔法哲学的成熟。"法"、"道德"和"伦理"的三分体系首次得到全面贯彻,"法""道德"作为"观念性环节"在"伦理"中得到扬弃,[30] 因为只有伦理才实现了"主观物和客观物的交融"(*GW*26,1,p.73.),即主观和客观、观念与实在的内在同一。与"法""道德"建立在个人的主观意志之上不同,"伦理"的基础乃是基于实体自由的普遍意志。他在开始阐述"家庭"时便明确指出了"伦理"立场与"法"(及"道德")的立场之间的根本区别:"作为家庭之基础的法,迥异于我们讨论财产权的法,家庭法的基础极其不同,是另一种类;此处是实体自由,普遍意志构成基础,而构成财

---

[28] 契约论见 *GW*8,p.254;对各等级及其道德的阐述,见同前,第 266 页以下。博比奥说没有一部黑格尔的法学—政治著作不驳斥契约论(见 M. Riedel(hrsg.),*Materialien zu Hegels Rechtsphilosophie*,Band 2,Frankfurt am Main: Suhrkamp Verlag,1975,p.87),并不确切。

[29] G. W. F. Hegel, *Vorlesungen über Rechtsphilosophie* 1818 – 1831,Band 1,Stuttgart-Bad: fromman-holzboog,1973,pp.136 – 215.

[30] 黑格尔在讲座中指出:"法和道德都只是观念性环节,唯有伦理才是它们的实存",见 *GW*26,1,p.73。

产权之基础的意志则不属于实体自由的类别；这里，为财产权奠基的人格毋宁说已经消解了。”（*GW*26，1，p. 80.）这种说法不独适用于“家庭”，同样（并更加）适用于“家庭”之后的伦理形态。这清楚表明，黑格尔在接纳现代主体性的基础上，实现了对西方近代自然法理论的真正超越。

与此同时，在本次讲座中，黑格尔在继续坚持市民和公民之分的基础上，首度提出“市民社会”概念，将其同“家庭”和“国家”并列，作为“伦理”的三大环节之一（*GW*26，1，p. 79.）。他指出：市民社会的“目的是在个人的关系中、在个人的特殊利益中保护个人……这里是涉及国民经济学的市民获得的关系，以及法、司法和警察权的关系”（*GW*26，1，p. 79.）。将“市民社会”作为“伦理”的环节之一，这种做法再次突破了《1805/06年精神哲学》的理解。现在，市民社会作为实体性的伦理形态，不再像之前那样仅仅是一种主体间的相互承认的关系。更加重要的是，随着“市民社会”概念的提出，以及将“国家”作为单独的伦理形态与市民社会分离开来，“市民社会”和“国家”的二分也就最终确立起来。由此，市民社会和国家的关系便取代和终结了西方近代自然法理论的法律和道德的分离，成为此后的国家和社会理论的出发点和根本前提。

四、结　　论

黑格尔从法兰克福时期力图消除康德、费希特法哲学当中的法律和道德的分离开始，至耶拿前期在古典伦理的基础上开始对自然法理论进行全面批判，随后在耶拿末期试图在现代自然法（卢梭、费希特）的基础上重建伦理体系，直到最后在晚期法哲学中重新以法律和道德的分离作为其成熟法哲学的前提和出发点，历经20年，终于在与现代社会及其精神和解的基础上，构建出其独具一格的法哲学体系，实现了对自然法理论的消解与改造。

黑格尔批判与改造近代自然法理论的根源在于他对作为后者之根基的现代抽象的人性概念所具有的根本缺陷的洞见。由此，如何在作为具体的伦理存在的人民的基础上重建新的法和国家的理论体系便成为其根本使命。在实现这一使命的过程中，黑格尔需要克服的障碍，一是对古典伦理的迷恋，二是在明确意识到近代自然法理论之不足的前提下，又要肯定其所包含的真理性。他的市民社会理论通过将自然法理论与经济学结合起来，克服了后者固有的形式主义缺陷；同时，他通过将个人主义及法权限制在经济和社会领域，并在现代精神的前提下重建伦理国家,由此不仅走出了古典自然伦理,也试图使国家摆脱个人主义和利益的纠葛,界定了市民社会和国家的分离。由此,我们即可看到他对自然法理论所做的根本改造:第一,将法哲学的基础从抽象的个人主义立场转变为更加具体、真实的实体性伦理立场,这是黑格尔在法哲学领域实现“乾坤大扭转”的根本前提。第二,通过将自然法和经济学结合起来,创造出独特的市民社会理论,从而克服了自然法理论的形式主义;相应地,作为自然法理论的出发点和前提的“自然状态”也就仅仅限于各个国家或人民之间,不再存在于各个伦理共同体内部。第三,在伦理的基础上重构国家制度体系。由此,国家并不如自然法理论所言,出自组成共同体的个人的契约;相反,其本身即是一个有机的伦理整体。黑格尔一方面以此将国家与市民社会进行彻底划界,另一方面则通过对当时德国国内外政治现状的考察,提出切中实际的宪制方案,达致哲学思考与德国国家建构的内在统一。

由此,黑格尔以其独特的伦理体系,在承认法律和道德二分的前提下,实现了对近代自然法理论的彻底改造,并由此而消解并终结了自然法理论。[31] 如我们在马克思处所见,黑格尔之后的法哲学探讨的出发点便不再是法律和道德的分离,而是黑格尔最早阐发的市民社会与国家的分离和关系。法社会学取代自然法学,成为法学理论的新宠。法哲学领域这场重大变革的根源在于黑格尔对自然法理论的改造。对此,我们还了解不多,反思也就更少。

Hegel's Criticism and Transformation of Modern Natural Law Theories

Zhu Xueping

Abstract: Through criticism and transformation of modern natural law theories, Hegel completed an important and deep revolution of philosophy of right. The revolution is initiated from his insight that the abstract concept of humanity, on which modern natural law theories are founded, cannot provide a firm foundation for philosophy of right. Instead of the abstract concept of humanity, he employed

〔31〕 博比奥认为黑格尔法哲学消解并完成了自然法理论。黑格尔是否完成了自然法理论,似可进一步商榷。博比奥的观点参见 M. Riedel (hrsg.), *Materialien zu Hegels Rechtsphilosophie*, Band 2, Frankfurt am Main: Suhrkamp Verlag, 1975, p. 81。

more concrete and real ethical life as the foundation of his philosophy of right. Then, under the condition of reaccepting modern individuality, he, on the one hand, put forward his important theory of civil society through the integration of the natural theory and economy, so as to overcome the defect of modern natural law theories. And he, on the other hand, reconstructed the theory of state based on ethical life. Thus, the separation of civil society and state takes the place of the separation of law and morality, and becomes the foundation and premise of later legal theories.

Key words: Hegel　Natural law theories　Ethical life　Civil society　State

（责任编辑：赵轩毅）

论历史与法权*

——谢林《先验唯心论体系》中有关法权演绎的学说

黄　涛**

内容摘要：

弗里德里希·谢林是德国古典法哲学发展史中的一位长期以来被忽视的思想家。他在《先验唯心论体系》中发展了费希特以来有关相互承认的看法，不是将相互承认视为是一种个体性的机制，也就是说，不是将相互承认建立在自我和他者的关系基础上，而是在整个历史发展的进程中来看待相互承认的可能性，从而将历史引入到了对于自由的论证之中，从而导致了德国古典哲学发展史上的自由观的一次重要转变，使历史开始成为自由的要素。并且在此基础上，为新的法权演绎，也为历史法学派的诞生提供了哲学的基础。这就是权利在历史过程中获得先验的根据，法律制度因此获得了客观历史的基础。然而，在《先验唯心论体系》的末尾，这一建立在历史基础上的自由观却被他有关审美自由的论证所削弱。自由被视为出自天才艺术家之手的创造，法律制度也就成为了天才立法者的个人创造的产物。由此，在谢林的整个法权演绎的过程中就存在内在矛盾，也造成了他在主张废除国家和强调绝对的伦理国家之间的立场摇摆。

关键词：

相互承认　理智直观　历史　法权　国家

在德国古典法哲学史上，弗里德里希·谢林是一个最不受重视的思想家，

* 本文为上海市哲学与社会科学规划青年课题“权利与共同体——德国古典法哲学关于法权概念的哲学证明”（2015EFX002）的阶段性成果。

** 华东政法大学政治学与公共管理学院副研究员。

在他那里没有一个完整的法哲学体系,也没有有关法权的完整作品,仅仅有一篇短小的论文《论自然权利新演绎》,[1]但即便是这篇论文,在他的著作体系中也似乎不占任何重要地位。谢林并未撰写过像康德的《法权学说》、费希特的《自然法权基础》和黑格尔的《法哲学原理》那般气势恢宏的体系性的法哲学著作,因此,在德国古典法哲学和政治哲学的研究中,人们不去探究谢林有关法权的学说也就不足为怪。[2] 然而,奇怪的是,在卡尔·曼海姆著名的《保守主义》一书中,却明确地将谢林视为是历史法学派的鼻祖。[3] 曼海姆的这一评论,使关注历史法学派思想来源的研究者们惊诧不已。在通常的哲学史教科书中,谢林仅仅是一位在宗教哲学或者在艺术方面有着巨大成就的哲人,他有着怎样的法哲学思想,又在什么地方深刻地影响了历史法学派?本文以谢林的相互承认学说以及建立在相互承认基础上的法权演绎学说为主线,分析他在《先验唯心论体系》中提出的法哲学学说,并试图建构一个分析谢林法哲学思想的初步线索。

[1] 参见[德]谢林:《自然权利新演绎》,曾晓平译,邓晓芒校,载《世界哲学》2004年第4期。

[2] 在英语学界,据笔者所见,近期有关谢林的政治哲学的研究仅有一部:Saitya Brata Das, *The Political Theology of Schelling*(《谢林的政治神学》), Edinburgh university Press, 2016。德语学界有关谢林的法哲学的探究十分罕见。2017年岁末,时在比勒菲尔德大学进行学术访问的朱学平先生发现了两篇有关谢林法哲学与的博士论文,分别是:Alexander Hollerbach 的 *Der Rechtsgedanke Bei Schelling: Quellenstudien zu seiner Rechts-und Staatphilosohphie*(《谢林的法权思想:谢林法哲学与国家哲学探源》), Vittorio Klostermann Frankfurt Am Main, 1957, 以及 Markus Hofman 的 *Über den Staat hinaus: Eine Historisch-systematishce Untersuchung zu F. W. J. Schellings Rechts-und Staatsphilosophie*(《超越国家:谢林法哲学与国家哲学的历史—体系研究》), Schulthess Juristische medien AG, 1999. 尤其是前一本书,在末尾一章比较详细地讨论了谢林与历史法学派的关系。值得说明的是,本文的写作具有试探性质,由于语言方面的限制和时间限制等原因,无法对上列两部德文文献进行分析,在此仅提供文献信息,供后来者参考。笔者在此感谢朱学平先生和汤沛丰博士提供的文献帮助。

[3] 参见[德]曼海姆:《保守主义》,李朝晖等译,译林出版社2002年版,第204~206页。

一、《先验观念论体系》中的相互承认学说

谢林是费希特的信徒,但他很快就走出了费希特的体系。他的先验哲学的出发点也就是费希特阐述的绝对自我。但不同于费希特,谢林的绝对自我已不再纠缠于非我,在他看来,纠缠于非我的自我还并未获得真正的自我意识,达不到真正的理智直观。在这一点上,谢林极大地偏离了费希特,因为费希特仍然坚持,理智直观依赖于感性直观,自我意识取决于自我进攻非我。

费希特在自由理论方面的贡献在于,实践理性的自由不再是一种内在于个体心灵之中的理性事实,而是依赖于他者,只有承认这个外在的他者也是自由的主体才有可能。因此,在费希特那里,自由就不再是个体的自由,而是共同的自由。自由越出了个体性,这就是在德国观念论哲学发展史上著名的"相互承认学说"。[4] 即便如此,在费希特那里,对这种自由的体现还是依赖于外在个体的承认,如果这个个体不承认我的自由,那么我的自由就得不到保证,因此,他建立起来的相互承认就还只是或然的概念。相互承认还停留在观念之中,并未成为现实,这就是在《自然法权基础》中最终用强制概念取代相互承认概念的根本原因。强制成为了自由的保证,但外在的强制却与绝对自我的理念相矛盾,因为在绝对自我那里,一切外在于它的东西都是不存在的。这就导致晚期费希特不得不用绝对概念取代绝对自我概念,从而消除了强制概念和相互承认之间的矛盾,但这也导致了他的自由,不再是属于人的绝对自我的自由,而是顺从神圣意志的过程中所获得的自由。

因此,尽管费希特承认了理智直观,但他却认为,理智直观需要得到感性直观,亦即他者的辅助。这就在根本上偏离了理智直观,因为这样一来,绝对自我就依赖于他者,取决于他者对自身的承认。[5] 与费希特不同,理智直观在谢林那里并不需要得到感性直观的辅助,而是直接地获得了运用,不仅如此,感性直

---

〔4〕 对于费希特的伦理学说的最新文献,参见 Allen Wood, *Ficht's Ethical Thought*, Oxford University,2016。尤其参见第三章中有关交互主体性和相互承认的论述。

〔5〕 本文有关费希特的相互承认理论及其基础上的法哲学的相关概述,参见黄涛:《走向相互承认的法权——费希特的自由概念及其基础上的法权演绎学说》,即将刊登于《西南民族大学学报》(人文社会科学版)。

观是通过理智直观而成为可能的。〔6〕 因此,在谈到“自我所遭受的强制”这个问题时,谢林说:

强制感的存在必须首先从自我的本性本身推演出来,况且探究那种强制感的根据的问题,又以本来的自由的活动为前提,而这种自由的活动与那种受约束的活动是一种活动。并且实际上也确实如此。自由是一切事物所依托的唯一根本,我们决不是把客观世界视为在我们之外存在的现成事物,而是仅仅视为我们固有的自由活动的内在受限制状态。整个存在都不过是受到阻碍的自由的表现,因此,存在就是禁锢在知识中的我们的自由活动。〔7〕

谢林并不满意费希特的相互承认学说中所谓的“自我设定非我,并受非我的限制”的命题。在费希特笔下,无论自我发挥了多大程度的主动性,非我总是外来物,尽管他后来强调,不是非我进攻自我,而是自我进攻非我,但非我毕竟不是自我设定的,因此,自我就只能够克服非我带来的强制,并且在此过程中体会到自己的自由和主动性。相较而言,谢林的自由观念彻底摆脱了非我的强制。因为,在他的笔下,非我并非外在于自我的,非我之所以存在,完全是自我设定的,然而,自我如何从自身出发设定非我呢?

从表面上看,谢林似乎也承认费希特的相互承认学说,认为“只有理智之外的、给理智产生了意志活动概念的这样一种行动才能成为理智的自我决定的间接根据”,〔8〕并且十分明确地主张,“除了承认其他理性生物的存在之外,没有任何理性的生物能证实自己是理性生物”,〔9〕但在他那里,对于相互承认有着更加隐晦的论证形式。谢林将上述论证转换为理智与理智之间的存在形式问题,具体来说,是以先验观念论体系为原则的实践哲学体系的第二条原理,即“理智的自我决定活动或者理智自己对自己的自由行动,只能由这种理智之外

〔6〕 参见谢林对于感性直观的推论,这个推论颠倒了此前将感性直观的本质视为被动的刺激的观点,而使其成为理智直观的一种具体的表达形式。参见[德]谢林:《先验观念论体系》,梁志学等译,商务印书馆1976年版,第86页以下部分。

〔7〕 [德]谢林:《先验观念论体系》,梁志学等译,商务印书馆1976年版,第49页。

〔8〕 [德]谢林:《先验观念论体系》,梁志学等译,商务印书馆1976年版,第221页。

〔9〕 [德]谢林:《先验观念论体系》,梁志学等译,商务印书馆1976年版,第230页。

的一种理智的特定行动得到解释"[10]。在理解这项原理的过程中,重要的是注意到谢林关于理智为何要在自身之外设定一个理智的论证,这个论证并不是简单对费希特论证的重复,因为,正如有论者注意到的,在费希特的论证中还存在不少含混的地方,其中有一个不曾获得解决的重要问题,即一个人为何要承认他人,为何要响应他人的召唤或要求。[11]

在谢林这里,相互承认的必要性不是源于外在他者的召唤,[12]而是源于个体对自身的自我限制,这就极大地不同于费希特。在《自然法权基础》中,个体的被动性是外来的,以至于费希特不得不在《伦理学体系》中对自我与非我的关系做进一步发挥,而在谢林这里,只因为自我自身设定的被动性,外部的事物才能被设定。谢林指出:

迄今推演出来的、无疑已经讲明的和谐就在于:直接确立在我之内的被动性,也就是把在我之外的主动性确立成了必要的补充,而且这是为了我自己的直观;我只有通过一定的外来影响才能达到自由,所以,为了自由起见,在我之内的被动性是必不可少的。这样一来,正像先验观念论根本是通过直接颠倒迄今的哲学解释方式产生的一样,这种和谐理论也就是对常见的和谐理论的颠

---

[10] [德]谢林:《先验观念论体系》,梁志学等译,商务印书馆 1976 年版,第 220 页。

[11] Neuhouser 的评论,参见 Fichte, *Foundations of Natural Right*, Edited by Frederick Neuhouser, Translated by Michael Baur, Cambridge University Press, 2000.

[12] 中译本没有反映出这个区别,而将 Aufforderung (summons) 这个词翻译成了"公准"——在《自然法权基础》的中译本中,则将同样的词翻译成为了"要求"(这个词并不能充分地作为高度学术化的语言,因而很容易从哲学读者的眼皮底下溜走)——从而模糊了谢林与费希特的关系,参见《先验观念论体系》,商务印书馆 1976 年版,第 222 页,另参见《自然法权基础》,谢地坤等译,商务印书馆 2004 年版,第 37 页。Robert Williams 虽然注意到了费希特和谢林之间的关系问题,但他的解释同我们在此的解释又较大差异,他并未注意到第三种受限制状态的问题,也没有注意到历史的概念在谢林那里的意义,而是将莱布尼茨的无窗口的单子和费希特的召唤概念视为谢林的相互承认学说的来源,参见 Robert Williams, *Hegel's Ethics of Recognition*, University of California Press, 1997, p. 42。Robert Williams 的研究非常值得重视,因为,在当代研究相互承认的文献中,极少有人注意到谢林的相互承认学说,更遑论比较他同费希特、黑格尔相互承认学说之间的差异。

倒。照庸俗的观点看来,在我之外的主动性确立了在我之外的被动性,因为主动性是根本的,被动性是派生的。照我们的理论看来,直接由我的个性建立起来的被动性则是我在自己之外直观到主动性的条件。可以设想,一定量的主动性仿佛遍布于整个理性生物之中,每个理性生物都对全部主动性有同样的权利,但为了仅仅一般地成为主动的,它就必须以一定的方式来行动;如果理性生物攫取了全部主动性,给其他一切理性生物剩下来的便紧紧是绝对的被动性。这样,否定一个理性生物之内的主动性,就可以直接确立这个理性生物之外的主动性,而且在一个理性生物之外确立起来的主动性恰好等同于在这个理性生物之内取消了的主动性。所谓直接地确立理性生物之外的主动性,这决不意谓着仅仅在思想中确立这种主动性,而是意谓着也为直观确立这种主动性,因为一切作为意识的条件的东西都必须从外部加以直观。[13]

这段话有几个重要的值得注意的地方:

首先,相互承认是自我意识的条件。而自我意识在谢林那里被视为是一种理智的直观活动,这种理智直观的基本形式,能够将自我变成自己的对象。[14]理智直观学说在康德那里是遭到了否定的,因为康德只承认存在感性的直观,在费希特笔下,理智直观概念出现在较晚的时期,而在1796年左右,直观的概念仍然是一个指向对象或者世界的概念,而不是以直观者自身为对象,因此,直观概念在此仍然是感性直观的概念,它对自由的能动性构成了限制,“直观是被扬弃的、由理性存在者本身自愿放弃的效用性”,也正是因为这一点,在直观世界和世界本身方面就还需要设定一种能动性,这种能动性就是指理性存在者回归到自身的活动,但与此同时,就它指向客体而言,又不是这种行动。[15]

费希特在直观过程中所设定的那种能动性,其实就是自我意识,也就是谢林所说的理智的直观,但至少在1800年之前,费希特并未发现理智直观的存在,在很长一段时期,自我意识只不过是一种思想的对象,它并不具有事实上的

---

〔13〕 [德]谢林:《先验观念论体系》,梁志学等译,商务印书馆1976年版,第228~229页。

〔14〕 参见[德]谢林:《先验观念论体系》,梁志学等译,商务印书馆1976年版,第37~39页。

〔15〕 [德]费希特:《自然法权基础》,谢地坤等译,商务印书馆2004年版,第19页。

力量。尽管在费希特的后期著作中出现了所谓“理智直观”的概念,但这一概念还尚未获得哲学的运用,而只是表现为一种超越经验的“看”。[16]

其次,这种相互承认的观念不同于之前有关相互承认的哲学解释。在费希特那里,非我的存在,正是为了对自我构成限制。因此,被非我限制的自我是被动的自我,这种被动性不是自我主动设定的,而是自我在面对非我的阻碍时被迫确立的。

最后,在意识之外设定的主动性不仅仅出现在思想中,而且必须可以直观到。在谢林看来,“一切作为意识的条件的东西都必须从外部加以直观”。接下来我们将对这最后一点进行详尽发挥,这一点涉及谢林“相互承认”自由观最重大的甚至是根本性的特征。

直观是谢林整个哲学的出发点,但他所谓的直观是指理智对于自身的意识,因此有别于在康德的著作中所出现的感性直观。两种直观的共同之处在于它们都是直接的知识,而不是通过证明、结论和概念的媒介而获得的间接知识。但是,两者的差异在于:在感性直观中,直观活动与直观对象完全不同,而在理智直观中,对象和对象的产生则是同一的,创造者与被造者是同一回事。[17] 只是这里所谓的“理智的直观”并不是一蹴而就的,而是要不断地提升级次,在谢林的哲学系统中,被提升的级次就是直观的级次,直观意味着理智获得了对于自身的认识,并且直观是具体的和现实的,因此,理智直观也就意味着,理智在具体的对象中看到了自身,绝对的理智就是整个世界。然而,这绝对不是说从主观的理智中可以分析获得整个世界,而是说理智要想获得对于自身的整体认识,就必须拥有整个世界,这是主体和客体相互统一的根源所在。[18]

因此,“一切作为意识的条件的东西都必须从外部加以直观”也就意味着,他者不能仅仅存在于“思想”中,就像康德和费希特那里一样,体现为应然的力量,而是要成为一种在自我之外已经存在的现实的力量,有其现实的形态。谢

〔16〕 参见[德]费希特:《对德意志民族讲演》,梁志学等译,商务印书馆 2010 年版,第 60~61 页。

〔17〕 参见杨祖陶:《德国古典哲学的逻辑进程》,武汉大学出版社 2003 年版,第 185~186 页。

〔18〕 参见[德]谢林:《先验观念论体系》,梁志学等译,商务印书馆 1976 年版,第 49 页、第 77 页。

林指出，这种力量来自“第三种受限制状态”，因此，也就是来源于生命的原始规定，因为，正是在第三种受限制状态中，产生了理性的生物。[19] 具体来说，“正是第三种受到限制的状态必定包含着行动的根据，这种行动使自我本身被设定为直观的。但这第三种受限制状态也正是个性的受限制状态，它恰好预先决定了其他理性生物的存在和对理智的影响，因而预先决定了自由，决定了反映客体、认识自身的禀赋，决定了一整系列自由的、有意识的行动”。[20] 尽管在此问题上费希特和谢林之间看似没有太大区别，因为前者也强调给予自我承认的他者也是一个有理性的存在者，拥有理性的效用性，因此，来自于外在理智的影响不是无意识的，而是有意识的、自由的活动。但两者之间最为本质的区别在于，在谢林那里，其他理智对自我的影响，不能被设想为是片段的活动，不是单个进行的，发生在狭隘的范围内，而应该被设想为是绵延不绝的活动：

> 那种作为意识的条件的影响，完全不应该设想为零星片段的活动，而应设想为绵延不绝的活动，因为无论是仅仅由于客观世界，还是由于另一种理性生物的最初影响，都不会使意识的绵延不绝成为必要的，而是为了在理智世界中不断重新辩定方向，才需要一种绵延不绝的影响。……这种持续的影响就是大家所说的最广义的教育工作，这种工作决无终结，而是作为绵延不绝的意识的条件，会永远继续进行下去的。[21]

---

〔19〕 关于三种受限制状态的讨论出现在有关“创造性直观”的部分，谢林指出，理智的历史上有三种受限制状态，自我的第一种受限制状态是自我一般地变成理智的状态，而自我的第二种受限制状态是自我必须从现在的阶段出发的状态，从这一阶段开始，个体就可以向无限进展。自我的第三个受限制状态的目的主要是针对第二种受限制状态，想要对这种受限制状态再度加以限定，从而使自我可以从这种受限制状态中直观到自身的创造性活动，因此，第三种受限制状态就结合了第一种和第二种受限制状态，在这里既有一般理智的规定，又有理智的连续的环节。第三种受限制状态是生命的基本规定，并且在谢林看来，也是理论哲学和实践哲学的综合点或者转折点。参见[德]谢林：《先验观念论体系》，梁志学等译，商务印书馆1976年版，第167～170页、第175页、第232页。

〔20〕 [德]谢林：《先验观念论体系》，梁志学等译，商务印书馆1976年版，第232页。

〔21〕 [德]谢林：《先验观念论体系》，梁志学等译，商务印书馆1976年版，第231页。

这种绵延不绝的“最广义的教育工作”是借助历史进行的，谢林对历史概念进行了演绎，他的历史概念完全是根据自由的条件来界定的：

于是，我们便看到我们得到了一种新的历史特点，就是说，抱有理想的生物才有历史，这种理想是决不能由个体实现的，而只能由类族加以实现，这就需要每个后继的个体在先行的个体不复存在时恰好能接替实现理想的活动，因为也就需要在绵延不绝的个体之间有连续性，并且，当历史进程中应该实现的东西是某种只能由理性和自由造成的东西时，还需要有传统或者继承。[22]

由此，谢林的自由观不仅拥有了一个相互承认的社会结构，也拥有了历史结构，正是通过历史，自由才具备了直观自身的条件。于是，作为自由条件的相互承认就不仅是一种应然要求，也获得了直观形式。这就极大地不同于康德和费希特的做法。在康德和费希特笔下，相互承认是自我意识的条件，但不是强制性的，是否最终要有相互承认还取决于个体的选择。我们从康德那里看到，相互承认只是自律概念的潜在要求，[23]而当费希特说个体接受他者提出的显示自由效用性的召唤（offderlung）是自我意识（个体对于自由效用性的发挥）成立的前提条件（因此就先验地确立了相互承认的必要性）时，他也强调说：“理性存在者决不像在因果性概念中结果受原因的规定和强迫那样，受这个召唤的规定和强迫去行动，而是仅仅应当按照这个召唤规定自身去行动。”[24]

从根本上讲，导致区别的是如下要求，即“一切作为意识的条件的东西都必须在外部加以直观”。这就意味着，既然自由的存在必须要承认有外在的他者，因而想要承认相互共存的结构的必然性，就必须直观到这种必要性。因此，在谢林有关相互承认的论述中就出现了一个历史结构，这个历史结构不是外在地补充进去的，而是先验地获得的。由于自由概念也依赖于这一历史结构，因此，在谢林看来，实践哲学中谈到的自由尽管形式上是自由的，实质上却不是自由

[22] [德]谢林：《先验观念论体系》，梁志学等译，商务印书馆 1976 年版，第 270 页。

[23] 有关在康德笔下的相互承认的要素的出现，参见黄涛：《论康德权利演绎演绎的基本结构》，载《人大法律评论》2014 年第 1 辑。

[24] [德]费希特：《自然法权基础》，谢地坤等译，商务印书馆 2004 年版，第 37 页。

的，自由应该是必然，必然也应该是自由。[25]

自由概念的历史化正是谢林的实践自由学说不同于康德和费希特的自由学说的十分重要的方面。在谢林看来，实践哲学中谈到的自由是一种意志自己决定自己的自由，可这不过是一种原始的意志活动，这种原始的意志活动当然也是自由的，但这种自由还只是哲学家先验地揭示出来的（例如，采取康德在《道德形而上学基础》一书中采取的那种程序揭示出来的），而“对于那种没有亲身地直观而察知自我决定的人是不可能解释清楚的”。[26] 因此，为了使一般理智能够获得针对这种自由的直观形式，还需要进行深入的考察，这就需要对于第二种意志活动，也就是出现了客观事物概念的特定的意志活动进行考察。在这第二种意志活动之中，一般理智可以认出自身，这个时候才能确立起真正的自由。更明确地讲，在第一种意志活动之中，自我无非是正在变为自己的对象的自我，因此，自我还没有可以同时反映正在产生着的东西的观念活动，而在第二种活动中，自我已经作为存在的东西成为了自身的对象。并且，在第二种活动中，整个第一种意志活动都成为了自我的对象。尽管谢林并未告诉我们，倘若仅仅停留在第一种意志活动之上会带来何种后果，但我们可以推论出，如果意志并未意识到自身的自由，就必定会受到外在于自己的对象的限制，无法从中解脱，尽管在此种状态下，它自认为是自由的，但这只是一种空虚的自由，哪怕沉浸在不自由状态中，也浑然不觉。

在此之前，康德和费希特只着力于描述真正的自由是什么，只从思想上来描述自由这一人类理性的事实，还未充分揭示这种自由在人类现实生活中有何形态。这种真正的自由还只是一种先验事实，只为先验哲学家获得，而对一般理智来说，除非能将自由的现实形态向他们指出，否则他们仍然不知道先验的自由究竟意味着什么。考虑到这一点，当我们在谢林和黑格尔的笔下频频看到哲学家的视角以及理智和精神在演变过程中自身的视角之间的区分时，也就不足为怪了。与这两种视角对应的是“自在”和“自为”之间的区分。“自在的”自由是先验的自由，是先验哲学家揭示出来的事实，而“自为的”自由就是一般理智意识到自在之自由的状态。这些词语表明，谢林和黑格尔不再满足于哲学家

[25] 关于必然性和自由的发挥参见杨祖陶：《德国古典哲学的逻辑进程》，武汉大学出版社 2003 年版，第 179 ~ 180 页。

[26] [德]谢林：《先验观念论体系》，梁志学等译，商务印书馆 1976 年版，第 212 页。

如何发现精神或理智的本质和特征,而要求这些本质和特征也要为精神或者理智自身直观到。实际上,他们体系的不断向前发展正是精神或理智在各个阶段寻求自己真实状态的过程。精神或理智不断寻求自为地实现自身的过程,在谢林那里成了不断提升“级次”的活动,而在黑格尔那里则体现为“精神活动的圆圈”。

二、《先验唯心论体系》中有关法权演绎的学说

法权演绎的问题是德国观念论法哲学的核心问题。法权演绎,一言以蔽之,就是对权利进行先验的证明,在此,“先验”一词意味着不能基于现实经验的法律生活中的种种现象,而是应该在人的先验自由的基础上对于权利的正当性进行说明。在这一证明过程中,不同于一般意义上的权利哲学仅仅着眼论证个体诉求的正当,而是要对个体与个体之间的结合方式做出先验的证明,也就是说,要对共同体的存在方式做一种先验地说明,法权的演绎因此想要回答的是整体的法律秩序是如何可能的问题。〔27〕

在德国观念论法哲学的发达史上,康德首先提出了法权演绎的问题。众所周知,康德的法哲学是从意志自由及其立法形式出发的,一方面承认个体有一种固有的自由,这种自由是天赋的,不可剥夺;另一方面则认为,个体的行动要根据一项普遍的法则与其他个体的行动相协调。最终康德相信,凭借这种信念,具有自由意志的个体最终就会进入目的王国中,在目的王国中,每个人彼此尊重,因此获得完全的自由。但这两者之间究竟如何获得统一与协调,是康德的自律学说必须解决的重要问题之一。毋庸置疑,总体来说,康德的自由观仍然是一种形式结构,绝对命令是无内容的,或者指向个体,或者指向共同体,也就是指向一个超个体的普遍结构。〔28〕

正因此,康德的自由学说遭到了黑格尔的攻击。在黑格尔看来,仅仅基于意志的形式还不能保障法的内容。黑格尔在《法哲学原理》的“道德”部分中指出,这里实际上存在的是抽象的普遍意志,它没有内容,“这一主观性作为抽象

〔27〕 有关权利的先验演绎的定义、性质及其问题意识,参见黄涛:《论权利的先验演绎》,载《人大法律评论》2013 年第 1 辑。

〔28〕 这一观察结论,参见黄涛:《论康德权利演绎的基本结构》,载《人大法律评论》2014 年第 1 辑。

的自我规定和纯粹的自我确信，在自身中把权力、义务和定在等一切规定性都蒸发了”。这样做的后果，是：

当自我意识把其他一切有效的规定都贬低为空虚，而把自己贬低为意志的纯内在性时，它就有可能或者把自在自为的普遍物作为它的原则，或者把任性即自己的特殊性提升到普遍物之上，而把这个作为它的原则，并通过行为来实现它，即有可能为非作歹。[29]

在黑格尔看来，基于意志的形式基础上构建法律秩序的想法是行不通的，尽管它一般性地确立了个体间相互结合的可能性，但它充其量只是反复强调需要这种结合，由于这种结合的内容遭到了忽视，则这种结合时刻遭遇到外部力量的强制。[30]

值得一提的是，青年费希特和青年谢林都一度陷入这种单纯抽象的自我确信和自我规定之中。在《论法国大革命》和“向欧洲各国君主索回思想自由”中，费希特将拥有自由意志的个体视为法权演绎的出发点和目的，在他看来，法权秩序存在的价值是为了保障个体的神圣的意志自由。[31] 与青年费希特一样，早期谢林也接受了康德实践哲学的启示，将实践自我作为自然法权演绎的出发点。在“自然法权新演绎”一文中，他明确将个体视为全部伦理学的至高点：

全部伦理学的最高命令是：要这样行动，使你的意志是绝对意志；要这样行动，使得整个道德世界都期冀你的行动（就它的内容和形式而言）；要这样行动，使得你的行动（就它的内容和形式而言）不至于将任何有理性的存在物建立为单纯的客体，而建立为共同行动的主体。[32]

---

〔29〕［德］黑格尔：《法哲学原理》，范扬等译，商务印书馆1961年版，第142页。

〔30〕参见《论对待自然法的科学方式》中对康德的批判。

〔31〕关于费希特早期法权观念的分析，参见 Gunnar Beck，前揭书，chapter 2。

〔32〕有关“自然法权的新演绎”一文的比较详尽的解读，参见 See Micheal G. Vater, *Schelling's Aphorism on Natural Right*（1796/97）：*A Comarison with Fichte's Grundlage des Naturrechts*, in Tom Rockmore and Daniel Breazeale, *Rights, Bodies and Recognition*：*New Essays on Fichte's Foundations of Natural Right*, Ashgate Publishing Limited, 2006。

康德试图基于历史的法权演绎来弥补单纯基于普遍意志提出的法权演绎的不足，因为这个演绎充其量能揭示出结合的必然性，却不能为这种结合注入具体历史的内容。晚期费希特回避了法权演绎的内容，试图用一种基督教的共同体学说取代法权学说。[33] 只有在谢林那里，才首次明确赋予这一意志的内在形式以具体的历史内容，赋予其自然、有机的内容，从而彻底摆脱了康德和费希特有关意识的内在结构的抽象认识，使意志的内在形式首次获得实证的内容。

实际上，在康德和费希特基于"相互承认"的法权演绎中，可以看到，他们一方面建立起了共同生活的观念或共同生活的形式，另一方面他们却未能赋予共同生活以内容。尽管在康德那里存在针对先验历史观的诉求，想要将历史的视角纳入法权演绎之中，从而使法权关系的建立获得确定性，但在目的论学说的基础上，他充其量只能使人们针对未来的历史给出乐观的预测；此外，尽管费希特也对历史概念进行了演绎，但他的出发点并非历史本身，而是神圣理念，他最终想要用基督教的共同体学说取代法权关系，法权规律的支配被神圣规律的支配所取代。只有在谢林那里，才首次在哲学意义上确立了历史概念。谢林的哲学明确地使我们意识到，唯有在历史中，才能实现自由。只有在谢林笔下，历史才成为自由的体现，抽象的意识才获得具体的内容，实证的历史才取代抽象的历史观点，法权演绎因之也才可能成为历史法学派的基本前提。

谢林当然同意，法律制度是作为持续的意识得以存在的条件演绎出来的，在这个方面，他和费希特没有区别，但他不像费希特那样，只将法权概念视为具有随意性的、单纯技术性的和实践性的概念，[34] 而是将法学视为一门理论科学，而不是一门实践科学，主张法相对于自由，正如力学相对于运动那般是必然的和不可选择的[35]，谢林写道：

---

〔33〕 关于这一观察结论，参见黄涛：《相互承认的法权——费希特的自由概念及其基础上的法权演绎学说》。

〔34〕 在费希特那里，尽管自由存在者的共同体的产生必须基于法权概念，但这并不是说，必须要建立这样的共同体，参见[德]费希特：《自然法权基础》，谢地坤等译，商务印书馆2004年版，第9页。

〔35〕 参见[德]谢林：《先验观念论体系》，梁志学等译，商务印书馆1976年版，第264页。

法治秩序不是一种道德秩序，而是一种纯粹天然的秩序……法律制度看起来就像是一架机器，它在某些情况下是预先安装好的，一俟这些情况出现了，它就会自然而然地，即完全盲目地工作起来，虽然这架机器是由人手工制造和安装的，但是，一俟制造者脱手了，它就必定像可见的自然界一样，按照自己固有的规律，独立不依地继续工作下去，仿佛它的存在是完全靠它自己的。[36]

正如黑格尔注意到的，谢林在《先验唯心论体系》中提出的法权演绎在某种程度上仍然遵循了康德的立场，渗透了永久和平论的精神。他继承康德的论点，认为最终的国家只能是共和政体的国家，此外，这种国家的形成只能在历史发展过程中才能实现。但他却发展了康德的立场，认为这些根据实践理性的基本原则建立起来的，由国家强制措施保障的法律制度，能"以自然的机制发挥作用"。这是一个重大的发展，自然的机制显然不同于道德的机制，也不同于人为的强制，相反，它是一种必然性，有其内在规律。要求法律制度"以自然的机制发挥作用"，毋宁是要求，不能只从形式的角度来看待人类的结合，而要将人类的结合视为一桩事实，我们可以认清这个事实，把握它的规律，如此，人类的结合就不仅是理念，而是具体历史的现实。正是在此意义上，谢林指出，法律制度塑造了第二自然，这是较物理自然更高的一种自然：

这种自然界也受一种自然规律的支配，但这种自然规律完全不同于可见的自然界中的规律，就是说，是一种以自由为目的的自然规律。在感性世界中，原因以铁的必然性产生其结果；在这第二种自然界中，对他人的自由所进行的干预也必定会以同样的铁的必然性，毫不留情地产生出立刻与私欲相对抗的东西。像刚才描绘的这样一种自然规律就是法规，这种法规所支配的第二种自然界则是法律制度，这样，法律制度就作为持续的意识得以存在的条件演绎出来了。[37]

尽管《先验观念论体系》中明确要对法权概念进行先验演绎，但其演绎过程

〔36〕［德］谢林：《先验观念论体系》，梁志学等译，商务印书馆 1976 年版，第 264～265 页。

〔37〕［德］谢林：《先验观念论体系》，梁志学等译，商务印书馆 1976 年版，第 264 页。

却十分晦涩，并且只是简要地提出其结论。那么谢林所设想的那种法律制度究竟是怎样的呢？

谢林的法律制度是在“绝对观念”的基础上建立起来的。谢林相信，费希特的自我设定非我的过程只是对于自我活动的片面描述，自我不仅设定非我，与此同时也被非我所设定，在谢林看来，在自我和非我之间应该有着一种绝对同一的关系：

> 这个绝对同一就其先于人的有限意志和精神而存在，并制约着人的主观性来说，它是无意识的、客观的，就其向人的意识能动地发展并体现为人类有意识的创造活动而言，又是精神性的、主观的；而就其本身来说，则是贯穿在自然界、人类思维和社会历史各个领域中的无限的内在本体，它由于具有能动性，因而本身是一种精神，但由于具有客观性，就不仅仅限于主观精神，而是一种客观的宇宙精神。这就是以同一个原则把理论和实践、自然和历史、人的主体和非人的客体全都贯通起来、统一起来了。[38]

只有在自我与非我的统一中，亦即，只有在“绝对”中，才可能有“意识的持续存在”。同样作为意识持续存在的法律制度，因此就只能作为“绝对”的显现和表达，作为“绝对”的摹写才符合其本质。但问题在于，“绝对”独立于人类意识而存在，人的有限理性思维又如何把握它呢？如前所述，只有在历史中，自由才能实现自身，绝对才能呈现其样态。因此，真正为谢林的法律制度提供支撑的，是其历史化的自由观，而非理念化的历史观。对前者来说，自由是在历史之中显现出来的，而对后者来说，历史只能出现在理念中，这是谢林历史观区别于康德和费希特历史观的根本差异所在。

问题在于究竟如何制定出这种法律。卢梭曾说，制定法律需要神明，他强调风尚、习惯尤其是舆论的力量，只有在这些事物面前，人们才能不加反思地遵守秩序，顺从规则，因而它们是在一切法律中最为重要的法律：

> 这种法律不是铭刻在大理石上，也不是铭刻在铜表上，而是铭刻在公民们的内心里；它形成了国家的真正宪法；它每天都在获得新的力量；当其他的法律

---

〔38〕 杨祖陶：《德国古典哲学的逻辑进程》，武汉大学出版社2003年版，第27页。

衰老或消亡的时候,它可以复活那些法律或代替那些法律,它可以保持一个民族的创制精神,而且可以不知不觉地以习惯的力量取代权威的力量。[39]

只有已成历史风尚的事物才能构成纯粹天然的秩序,使相互关系获得具体内容,获得自我维持的力量。因此,这种历史形态被认为是不能通过理性建构的,而是作为民族历史生活的事实。然而,这种历史化的自由产生了如下问题,它们由谢林明确地提出来:它是如何实现自由和必然性的调和的?既然我们是自由的,并且是完全有意识地行动的,那么我们从来没有注意到的东西,其自由光靠其本身永远也不可能成就的东西,怎么可能无意识地在我们之中产生呢?如果每一客观的东西都是无意识地出现的,那么客观的东西、第二自然、法律秩序由于我的自由行为而出现又是如何可能的?

坎特洛维奇敏锐地注意到,康德的有机论可以解决这个问题,他认为"有目的"并不产生"合目的性",自然就是这样的产物,第二自然、法律秩序也是这样的产物。[40] 我们究竟该如何理解坎特洛维奇的上述评论呢?谢林究竟从康德的有机论中获得了什么?具有"目的"不能产生"合目的性",言下之意不就是说,有一种无目的的"合目的性"?要想彻底理解这一点,还得从康德的有机论说起。

康德的有机论背后是一种审美的目的论。正是在审美活动中,康德发现,在对表象杂多的无意识的背后(这种无意识是通过美与崇高表达的),蕴含着想象力的合目的性,将这种学说运用到人类历史和自然的领域中,就产生了对有机体和法制社会的最终认识。但在康德那里,将审美的目的论运用到人类历史领域中,只是反思性的认识,而非积极的建构。只有在艺术作品中,通过天才的艺术创作,这种积极的建构才成为可能。其实在《先验观念论体系》的末尾,谢林走向艺术哲学已经证明了上述结论。惟有通过天才的艺术创造,才能建构出

---

〔39〕 [法]卢梭:《社会契约论》,何兆武译,商务印书馆1980年版,第70页。

〔40〕 Kantnorwicz, Hermann. U., *Vorksgeist und historische Rechtsschule*, Historische Zeitschrift(1912)108: 295-325. 转引自[德]曼海姆:《保守主义》,李朝晖等译,译林出版社2002年版,第204页。有关坎特洛维奇对于萨维尼的研究,已迻译为中文文献的有[德]赫尔曼·康特罗维茨:《萨维尼与历史法学派》,许章润译,载许章润主编:《萨维尼与历史法学派》,广西师范大学出版社2004年版。

一种“无目的的合目的性”的事物。法律制度因此就成为了天才的艺术作品，唯有能在杂乱无章的人类活动中把握到规律的人，才有资格成为立法者。从而，谢林就为卢梭神明式的立法者之存在的可能性提供了哲学上的证明。[41]

谢林在《先验观念论体系》中提供的十分简明的法权演绎为历史法学派提供了基本的法哲学前提。萨维尼强调法律与民族的存在和性格之间的有机联系，主张“民族的共同意识乃是法律的特定居所”[42]，但将法律的本质同民族的历史生活关联起来的尝试究竟是如何可能的，这个问题长期以来并未获得重视。[43] 马克思在对历史法学派的批判中指出，原因在于历史法学派试图用民族精神来替代康德的物自体，但由于他关注的是胡果的学说，因而不能囊括整个历史法学派，尤其是萨维尼的思想，此外，他也没有从正面来回答历史法学派将法律的本质建立在民族历史之中的哲学上的根据。[44] 在现代研究历史法学派的作家中，坎特洛维奇首次发现了萨维尼思想同谢林思想之间的关联，然而，可惜的是，他对此一关联的解释缺乏哲学视角，他根本不想探究萨维尼同观念论哲学及其法哲学之间的关系，甚至断然地认定萨维尼缺乏哲学才能，而只从社会学角度来解释，认为萨维尼之所以关注民族的历史生活，是因其想要保住自

〔41〕 施特劳斯敏锐地注意到了卢梭笔下的立法者和艺术家之间的潜在联系，他评论说，卢梭所预兆着的、使得公民社会有理由超越自身的那类人，不再是哲学家，而是后世所谓的“艺术家”。参见［美］施特劳斯：《自然权利与历史》，彭刚译，生活·读书·新知三联书店2006年版，第299页。

〔42〕 ［德］萨维尼：《论立法与法学的当代使命》，许章润译，中国法制出版社2001年版，第9页。

〔43〕 历史法学派的法哲学基础长期以来并未受到充分的关注，以至于维亚克尔在二十世纪六十年代撰写其杰出的私法史著作时还做出了如下评论，“萨维尼之受赫尔德影响，直到最近还被确切地强调，而谢林的影响力，世人现在仍然采取较为保留的态度。”参见维亚克尔：《近代私法史——以德意志的发展为观察重点》（下卷），陈爱娥等译，三联书店2006年版，第352页。

〔44〕 参见马克思：《历史法学派的哲学宣言》，值得注意的是，在这篇文章中，马克思针对的是胡果，而非萨维尼的法律思想，它将胡果的法律思想追溯到康德哲学那里，认为历史法学派试图将康德笔下的“物自体”作为实体来加以把握，试图用民族精神来替代“物自体”。参见［德］马克思：《历史法学派的哲学宣言》，载《马克思恩格斯全集》（第1卷），人民出版社1995年版，第229～239页。

己作为贵族的地位和尊严。[45]

在20世纪的作家中，曼海姆最早明确地指出了以萨维尼为代表的历史法学派同谢林哲学之间的关联。[46] 曼海姆认为，萨维尼的"民族精神"起源于谢林，要想将这个概念追溯到谢林之前是不可能的，并且指出，"在谢林和浪漫主义那里开始复活的非理性因素，在萨维尼那里展示了其完整的内在逻辑，达到了一个可确定的终点，并合并到了一个完全不同的法律理论的背景之中"。[47]

在德国观念论的法权演绎中，谢林首次将法权的概念和历史的概念连接起来。法权的根据在历史中，历史生活或民族精神成为了法权的渊源。但务必注意的是，谢林在法律和民族历史之间所建立的这种结合，并非是一种经验的结合，而是出自理性的先验要求。而正是这一法权与历史的先验层面的结合，奠定了历史法学派的哲学基础。正是在此基础上，萨维尼提出了私法体系中的法律关系学说，所谓的法律关系，是指"法律规范所界定的人与人之间的关系"。其本质是在相互关系中个体自由空间的设定。[48] 尽管萨维尼将权利视为法律关系的核心要素，但在他看来，权利只是描述了法律关系的特别的、通过抽象而分离出来的一个方面。因此，权利的根据在于法律关系，法律关系相对于权利就享有更高的一般性。[49] 此外，历史法学派对立法者的关注在理论上继承了谢林对天才艺术家的关注，能适应民族精神的立法定然是出于优秀立法者之手。

---

〔45〕 坎特洛维奇对萨维尼的历史法学的社会学解释的介绍和评论，参见[德]曼海姆，前揭书，第205页。

〔46〕 参见 Alexander Hollerbach 的 *Der Rechtsgedanke Bei Schelling: Quellenstudien zu seiner Rechts-und Staatphilosohphie*（《谢林的法权思想：谢林法哲学与国家哲学探源》），Vittorio Klostermann Frankfurt Am Main，1957。在概述最后一节中，明确地谈到了谢林与历史法学派之间的关系。

〔47〕 [德]卡尔·曼海姆：《保守主义》，李朝晖等译，译林出版社2002年版，第206页。

〔48〕 关于萨维尼法律关系的分析，参见杨代雄：《古典私权一般理论及其对民法体系构造的影响》；朱虎：《法律关系与私法体系：以萨维尼为中心的研究》。朱虎注意到，在费希特的《自然法权基础》中已经提出了日后在民法学说中得到广泛运用的法律关系概念。但上述两本著作都未充分注意到法律关系学说背后的法哲学基础。

〔49〕 参见朱虎：《法律关系与私法体系：以萨维尼为中心的研究》，中国法制出版社2010年版，第81页。

不同于卢梭对立法者的强调，也有别于费希特对能洞察神圣规律的学者共同体或导师阶层的强调，在谢林和历史法学派那里，优秀的立法者是能通过历史洞察民族精神的学者。[50]

三、《先验唯心论体系》中法权演绎的摇摆

然而，当谢林在《先验观念论体系》中试图从历史中寻找相互承认的自由的规定根据的时候，当真正的自由被视为是在历史中的相互承认的结果的时候，真正造就人的自由的是却是一种神秘的力量。因为根据谢林：

> 人类的历史的一贯进步的发展只能这样来理解：个体照例进行着目中无人、突出自己的毫无规律的自由表演，而在最后却产生了合乎理性的、协调一致的东西。决定这个最后结局的，显然不是一切行动中的主观东西（如自觉的目的、意图、动机等），而是隐藏在一切行动之中的客观东西，它不依赖于主观东西或自由而根据自己的固有的规律产生出自己要产生出的东西。[51]

这种神秘力量究竟是如何推动历史成为人类自由表演的舞台的？历史规律与历史中的无规律的东西之间的和谐是如何能够设想的？由于它们都是外在于自由的要素，就难以为自由把握，但却是人们需要在自由的行动中假定的。谢林将其称为“绝对”，称为“天意”。正是这些要素，使谢林的关于相互承认的历史结构的论述变为神秘主义和非理性主义。

实际上，谢林很快就离开了他对于自由的社会历史结构的论述，而转向艺术哲学。正是在对艺术哲学的论述中，自由的历史结构中出现的神秘主义要素才最终得到解决。具体来说，是通过美感直观，即天才创作的艺术作品获得解

---

〔50〕 正是在此意义上，才能理解萨维尼在《论法学与立法的当代使命》中对“真正的立法者”的期望，他不仅主张，真正的法典应由一人来拟定，而不是由一个委员会来拟定，而且主张，立法者应能读懂时代，是同类的代表，他反对帝博的一个重要的理由是，这个时代缺乏这样一个人。参见萨维尼：《论法学与立法的当代使命》，许章润译，中国法制出版社2001年版，第118页。

〔51〕 杨祖陶：《德国古典哲学的逻辑进程》，武汉大学出版社2003年版，第181页。

决的：

艺术是哲学的唯一真实而又永恒的工具和证书，这个证书总是不断重新确证哲学无法从外部表示的东西，即行动和创造中的无意识事物及其与有意识事物的原始同一性。……在这里，在永恒的、原始的统一中，已经在自然和历史里分离的东西和必须永远在生命、行动与思维里躲避的东西仿佛都燃烧成了一道火焰。[52]

自由的社会历史结构最终退场，真正的自由只能在天才的美感直观那里宣告终结。[53]

因此，尽管费希特和谢林揭示了自由的社会结构，并且谢林进一步将这种结构历史化，但他们最终都不得不退回到个人的立场上。谢林最终退回到审美化的个人，即天才那里，天才通过艺术作品实现了无意识的事物和有意识的事物之间的同一，因此，也就摆脱了在历史舞台上自由表演的神秘性，正如康德在自由感的论述中表明的，这种美的东西是可以普遍传达的、是普遍有效的、能够出现在每个人意识中。通过这种美感直观，人们获得了对于自由的直观。不同的是，费希特最终退回到了道德的个人，是否承认他者为人，依赖于个体的道德良心。在他笔下，有关相互承认的论证陷入到了循环论证，他原本想要将相互承认作为自我意识或者自由的前提条件，却又不得不退回到个体的自由身上。然而，只有那些已经获得了自我意识的个体才能是自由的，考虑到只有哲学家才能首先发现这种自由，因此，费希特最终回到了哲学家那里。[54]

---

〔52〕［德］谢林：《先验观念论体系》，梁志学等译，商务印书馆1976年版，第310页。

〔53〕参见［德］谢林：《先验观念论体系》，梁志学等译，商务印书馆1976年版，第313～314页。

〔54〕这一区分也得到了谢林的相关评论的启发。谢林在整个先验观念论体系的末尾，注意到了哲学的理智直观和艺术作品中的美感直观之间的区别，并且评论说，“前一种只管既然纯粹是为哲学家在哲学思考中采取的特殊精神方面所必需，所以根本就不会出现在通常意识里；后一种直观既然无非是普遍有效的或业已变得客观的理智直观，所以至少能够出现在每一意识里。”参见［德］谢林：《先验观念论体系》，梁志学等译，商务印书馆1976年版，第313页。

然而,无论是谢林的创造美感直观的天才个人,还是费希特的能洞察到自身自由的哲学家个体,自由的社会性都还未曾建立起来,还需要具有特殊品质的个体来塑造,只有通过他们,真正的自由才能够建立起来。因此,尽管他们已经确定了自由具有社会性的方面,但相互承认的实现并不取决于每一个参与相互承认的主体,并未渗透到每个个体的意识之中,这样的相互承认于是具有外在的强制性。[55] 因此,严格来说,费希特和谢林只是揭示了潜藏于康德自由观中的相互承认的结构,将其提升为理念,但这些理念还不过是自在的理念,还并非是自为的,这就是导致相互承认的结构不稳定的原因。而想要相互承认的理念成为自在自为的理念,还需要做进一步的工作。

《先验观念论体系》提出的有关自由的社会历史结构的学说,被其末尾处有关天才和艺术的学说削弱,自由的社会历史结构在谢林笔下终究是昙花一现,这是导致研究者们无视《先验观念论体系》中有关相互承认的学说及其基础上的法权演绎的一个重要原因。谢林对于自由概念的态度也决定了在他之后历史法学派一面依赖于民族精神,另一面依赖于洞察民族精神的学者,这两者之间有着一种内在的不和,通常发生的事实毋宁是,那些具有罕见的治国天才的学者,不是去洞察民族精神,而是再造了民族精神。

《先验观念论体系》中自由的社会历史结构最终让位于对于艺术天才的重视,在一定程度上显示了谢林思想的复杂性,这种复杂性在一定程度上也成为他的晚期作品的特点。黑格尔在谈到谢林的晚期作品时说,"在他后来的作品里,每一部著作总是重新开始(从来没有一个贯彻到底的完整的体系),因为我们看到,前此写出的著作不能令他满意,所以他不得不以不同的形式和术语另起炉灶。他总是不断地寻求新的形式"。[56]

黑格尔的评论似乎只是基于对谢林 1800 年左右著作的考察。根据通常分

---

〔55〕 实际上,这也通过黑格尔的理智直观概念同谢林的理智直观概念的差异呈现出来,克朗纳指出,"黑格尔和谢林对先验直观、理智直观或者绝对直观的理解是完全不同的。在谢林那里,直观是与反思分离的、对立的居于反思之上的能力;相反,按照黑格尔,先验知识统一了反思和直观于自身"。参见[德]克朗纳:《从康德到黑格尔》(卷二),第 167 页。转引自朱学平:《古典与现代的冲突与融合》,湖南教育出版社 2010 年版,第 152 页。

〔56〕 [德]黑格尔:《哲学史讲演录》(第 4 卷),贺麟等译,商务印书馆 1978 年版,第 342 页。

期,在这个时期之后,谢林还经历了艺术哲学、神话哲学和启示哲学等时期。[57]尽管1992年的谢林国际学术讨论会强调谢林哲学前后期发展的连续性,但迄今为止有关谢林哲学思想的系统评论仍然是将之划分为若干互不相关或者关联性比较小的阶段。更重要的是,我们还注意到:首先,《先验唯心论体系》之后,谢林很少重新回到他对政治法律现象的讨论,只有在私人讲演中,才偶尔谈及有关法权概念的演绎。其次,即便是在有关法权概念的片段演绎中,谢林的主张和立场也不坚定,以至于哈贝马斯评论说,“令人惊讶的不是作者对这一论题所抱的冷漠,即不是对这一问题的心血来潮的推论,而是这些推论之间的相互矛盾”。[58]

早期谢林迷恋康德的自由共和秩序,但他后期转而质疑这一自由的法律体系。1802年《关于科学研究方法的演讲》中说,“市民社会只要还在追求有害于‘绝对’的经验目标,就只能确立虚假的和受到强制的同一性,而决不能确立真正的、内在的同一性”。又说,“所谓市民的自由,仅仅产生了奴役和自由的大杂烩,却绝没有产生绝对的、正因为如此又是自由的生活”。[59] 1810年的《斯图亚特私人讲演录》中则指出:

> 众所周知,为了解释一个国家如何能够与自由人的生存联合成为一个统一体,人们不知花费了多少精力,尤其自法国革命和康德的理论问世以来。但这样的国家是完全不可能的,因此,要么是剥夺国家政权的所属力量,要么赋予国家政权以这种力量,于是就有了专制主义。[60]

因此,在康德、早期费希特看来完全合理的国家制度构想,谢林却视为“自

---

[57] 参见俞吾金主编:《德国古典哲学》,人民出版社2009年版,第390页。

[58] 参见[德]哈贝马斯:《理论与实践》,郭官义等译,社会科学文献出版社2004年版,第176页。

[59] [德]谢林:《关于科学研究方法的演讲》,载《谢林全集》(第5卷),第235~236页、第336页。转引自[德]谢林:《先验唯心论体系》,梁志学、石泉译,商务印书馆1983年版,译者序言。

[60] [德]谢林:《斯图亚特私人讲演录》,载《谢林全集》(第4卷),第353等页。转引自[德]哈贝马斯:《理论与实践》,郭官义等译,社会科学文献出版社2004年版,第179页。

由与奴役的大杂烩”。尽管谢林将国家视为人在脱离上帝之后回归自然的重要证明，认为“国家就是自然的统一性，就是凌驾于第一自然之上的第二自然，为了获得第一自然，人必须要有自己的统一性，因此，正如人们所说，国家是立足于人类之上的灾难的结果”。〔61〕 但他并不认为人能顺利地通过国家实现回归，他反对将政治视为一个独立的，甚至是最高的人类领域，在这里，基本的人类自由是通过法律规定与解释的。他认为，政治必须被视为超验的形而上学秩序的隶属性要素，仅凭自身并不具有尊严或基本自由。〔62〕 这就与费希特的基于神圣规律支配的共同体观念走到了一起，于是，我们就看到，谢林开始为现代社会中宗教与形而上学的本质的沦丧而哀叹。他试图论证，人类历史就是真实地展现上帝人格的过程，上帝人格的一些要素与上帝的个人意志都清楚地表现在人类历史的不同阶段。〔63〕

谢林在后期著作中不再认为国家的正当性建立在成员意志基础之上，相反，他提出理想的政治秩序是有机统一性或同一性状态。在此种状态中，人们的同一性得到了绝对观念的支持。人们出于文化的与形而上学的最高观念而结合，这就是以伦理形式出现的国家。在谢林看来，只有以伦理形式出现的国家才能成为人的第二自然，但国家自身并不拥有产生伦理的手段：

> 国家当然明白，它如果只用统一的理性，只用肉体手段进行统治，它是什么事情也干不成的，因此它必须使用更高级的和精神的手段。但它却无法拥有这些处于它的力量之外的手段，虽然它标榜自己能够创造一种伦理状况，即标榜自己是一种如同自然的力量……因此，一个国家中形成的任何统一性，永远只能是不确定的和暂时的。〔64〕

政治共同体不能只是建立在国家强制之上，而需要一种“在不能不要国

〔61〕 ［德］谢林：《斯图亚特私人讲演录》，载《谢林全集》（第4卷），第353页。转引自［德］哈贝马斯：《理论与实践》，郭官义等译，社会科学文献出版社2004年版，第179页。

〔62〕 参见［德］桑希尔：《德国政治哲学》，陈江进译，人民出版社2009年版，第247页。

〔63〕 参见［德］桑希尔：《德国政治哲学》，陈江进译，人民出版社2009年版，第245页。

〔64〕 ［德］谢林：《斯图亚特私人讲演录》，载《谢林全集》（第4卷），第353页。转引自［德］哈贝马斯：《理论与实践》，郭官义等译，社会科学文献出版社2004年版，第179页。

家和废除国家时，却能影响国家的能力，从而使它逐步地摆脱盲目地使用暴力……变得明智起来”。[65]

晚期的谢林之所以要从“实践上通过国家的彻底变革，理论上通过教义，从而根本上废除国家”，[66]是因为他不相信或认为国家能为个人提供生存的道德环境。这种废除国家的主张同费希特的主张相呼应。不同之处在于，当费希特还沉浸在神圣规律的支配中的时候，谢林试图从艺术直观中寻找人类共同体的根源，对政治生活的贬低使得他不得不在政治生活之外来寻找人格的安身立命之所。在他看来，真正的统一体和绝对的观念必须在“真正的宗教”中或在“民族的神话、诗歌与艺术中”才能获得。[67]

四、结语：走向黑格尔

康德在1790年之后的论文中透露出这样一种迹象，即人的自由只有在社会、历史和文化的发展过程中才成为可能，权利并非普世主义的绝对标准。严格意义上的权利状态，即共和政体不是一蹴而就的，相反，每个国家都必须经历自身的过程。对晚期费希特来说，类族之所以存在，之所以成为权利的基础和根据，是出于如下原理，“所有确实存在的东西都是绝对必然地存在的，并且是绝对必然地像它存在的那样存在的；它既不可能不存在，也不可能不像它存在的那样存在”。[68] 正是在此一原理的主导下，能洞察现实的类族生活的人，即“民族的导师”，享有统治民族的权利，直到整个民族洞察到神圣的理念，这种统治的权利才归于消失。尽管谢林一度否定国家，但最终他也获得了这样的观点：

---

〔65〕 ［德］谢林：《斯图亚特私人讲演录》，载《谢林全集》（第4卷），第356等页。转引自［德］哈贝马斯：《理论与实践》，郭官义等译，社会科学文献出版社2004年版，第180页。

〔66〕 ［德］谢林：《神秘哲学入门或论纯理论哲学》，载《谢林全集》（第5卷），第729页，转引自哈贝马斯：《理论与实践》，郭官义等译，社会科学文献出版社2004年版，第180页。

〔67〕 参见［德］桑希尔：《德国政治哲学》，陈江进译，人民出版社2009年版，第247页。

〔68〕 ［德］费希特：《现时代的根本特点》，沈真、梁志学译，辽宁教育出版社1998年版，第557页。

国家是与现实的世界相对立的、事实上已经形成的理智系统。因此,国家植根于永恒性中;国家是固定不变的根本不能废除的、今后也不必加以研究的整个人类生活和一切未来发展的基础和先决条件。在现实的政治中,例如在战争中,必须全力以赴地维护这个基础和先决条件,在战争中,国家就是目的。[69]

谢林对君主制国家充满热情,在其君主国中,哲学家与天才式的知识分子在公共生活中发挥着积极作用。在这种国家中,通过历史发展与哲学咨议获得的"国家宪法"形成了"观念场域"的印象,绝对观念在绝对个人——君主那里获得了具体形式。[70]

谢林最终从对国家的否定走向了对国家的肯定,走向了一种伦理的国家观,因而也就走向了黑格尔。直到黑格尔笔下,法权演绎才真正地获得历史内容,更重要的是,使法权演绎最终获得稳定的社会结构,而在谢林那里,法权演绎获得的是天才的理智直观,是神秘的民族精神。黑格尔在谢林的基础上再进一步,在他那里,法权演绎在"国家"中达于完成。谢林的伦理的国家观不同于黑格尔的以抽象法和道德为中介的伦理国家观,而是从理智的世界,或者说神的世界中直接推出来的:

这个外在、以强力武装起来的理性系统是国家;国家实质上是一个明显的事实,并且也只是一个事实上的存在,但被国家中富有生命力的法律神圣化了;而这种法律不是产生于这个世界,也不是产生于人们,而是直接产生于理智的世界。变成了实际力量的法律,是对人由于自己的行动而使自身处于理性之外的行动的答复;法律是历史中的理性。[71]

与之不同的是,黑格尔的伦理的国家观是由历史理性担保的。历史理性是

---

〔69〕 [德]谢林:《神秘哲学入门或论纯理论哲学》,载《谢林全集》(第5卷),第732页。转引自哈贝马斯:《理论与实践》,郭官义等译,社会科学文献出版社2004年版,第181页。

〔70〕 参见[德]桑希尔:《德国政治哲学:法的形而上学》,陈江进译,人民出版社2009年版,第247页。

〔71〕 [德]谢林:《神秘哲学入门或论纯理论哲学》,载《谢林全集》(第5卷),第715页。转引自哈贝马斯:《理论与实践》,郭官义等译,社会科学文献出版社2004年版,第181页。

居于个体和神的理性之间的理性，它表达了个体想要挣脱自身向着神圣领域提升的内在诉求。黑格尔看重的正是这一内在诉求。在其思想生涯的各个时期，他以不同的名称称谓过这一内在的诉求，最终他在逻辑学领域中将其称为辩证法，而在政治法律生活领域中，称之为相互承认。这正是谢林和黑格尔的伦理国家之间的本质差异：前者建立在非理性实体之上，后者则经过自由的不断自我否定和扬弃过程而实现。这一关键差异也为黑格尔对历史法学派的攻击所揭示。在黑格尔看来，历史法学派捍卫的由民族精神支撑的法律秩序是非理性的秩序。[72] 之所以如此，是因为在谢林对历史概念的先验演绎中，历史概念是作为自由的无意识的结构出现的。因此，历史法学派的历史概念显得先天不足，在此基础上形成的人与人之间的结合及其形式——法权，就与自由格格不入。

On History and Recht
—F. W. J. Schelling's Deduction of Recht in the System of Transcendental Idealism

Huang Tao

Abstract: F. W. J. Schelling is a neglected thinker in the development of German classical legal philosophy. He developed the themes of mutual recognition from Fichte in his System of Transcendental idealism, which don't regard the mutual recognition as an individual institution, that is, don't based the mutual recognition on the relation of the I and the other or not-I, but locates the possibility of the mutual recognition in the complete series of the whole history. This conception of freedom introduces the history into the validation of the freedom leading to the radical transformation. From then on, history becomes an elements of freedom. This is the philosophical foundation for the newly deduction of right and also established the philosophical premise for the Historical School of law, which provide the transcendental foundation of right in the history and also make history

〔72〕 参见［德］黑格尔：《法哲学原理》，张企泰、范扬译，商务印书馆1997年版，第221节"附释"。

as the foundation for the legal institution. However, at the end of System of Transcendental Idealism, this conception of freedom is replaced by the different argument of aesthetic freedom, freedom is seen as the creation of the talent artist, so the legal institution also regarded as the product of the individual creation of the talented legislator. Therefore, there is the ambivalence in the transcendental deduction of Recht of Schelling which also leads the ambiguity between his claim of annihilation of state and his emphasis of absolute ethical state.

Key words: Mutuanl recognition Intellectual intuition History Recht State

(责任编辑:李 驰)

费希特的正义思想*

张东辉**

内容摘要:

费希特的正义思想秉持自由的精神,体现出强烈的现实关怀和针砭时弊的意识,具有承前启后的重要理论价值和实践意义。结合费希特知识学的演变过程,可以从法权、伦理和宗教三个维度来概述他的正义思想,并分析这三种正义思想的内在关联和本质内涵。如果说在德国古典哲学中,康德率先在人的内心发起了道德的启蒙,那么费希特则在外在的规范层面引领了法权的启蒙。费希特正义思想的重要启示在于,正义不能仅仅停留于内在的道德层面,而是必须客观化为公民社会的法权秩序。

关键词:

正义　法权　道德　伦理　宗教

在德国古典哲学家中,费希特尤其以社会批判和推崇行动而著称。青年时代的费希特就是凭借将康德批判哲学的基本精神运用于批判当时18世纪德国的社会现状并歌颂法国大革命的进步意义而登入哲学殿堂。在拿破仑的军队入侵德国时,身为耶拿大学教授的费希特志愿投笔从戎,战死沙场,未果,遂置安危于不顾,面向德意志民众举行系列讲座《对德意志民族的演讲》,号召他们奋起反抗侵略,推进民族统一和复兴。因此,费希特的正义思想,相对于德国古典哲学的思辨气质,特别具有现实关怀和针砭时弊的品格,对黑格尔和马克思产生了重要影响,值得学界研究。由此,本文结合费希特知识学的演变过程,尝试从法权、伦理和宗教三个维度来概述他的正义思想,并试图阐明这三种正义

---

* 本文系2017年上海市哲学社会科学一般课题“德国古典时期的经济哲学研究”(2017BZX008)的阶段性成果。

** 上海财经大学人文学院哲学系教授,博士生导师,哲学博士。

思想的内在关联和本质内涵。

一、正义思想的萌芽

费希特的哲学启蒙源自于康德的批判哲学，其青年时代的正义思想直接源自于康德的道德哲学。他在早期忠实地秉持康德道德哲学的自由思想，在《向欧洲各国君主索回他们迄今压制的思想自由》(1793 年)和《纠正公众对于法国革命的评论》(1793～1794 年)中以道德法则为最终依据来评判个体行为和政府行为是否正当或正义。他根据契约论的思想，将人的权利分为不可让渡的权利和可让渡的权利：良心无条件地命令人必须做或不得做的事情属于不可让渡的权利，如自由和人格；而其他不受良心约束，不被道德法则禁止的事情则属于可让渡的权利。[1] 违反可让渡的权利未必是不正义的，但侵犯不可让渡的权利绝对是不正义的。用费希特的话说，“凡是这一法则(道德法则)向我们要求的，一般称作正义、合乎义务；凡是这一法则向我们禁止的，一般称作非正义、违背义务。……凡在这一法则沉默的地方，我们都不服从任何法则，我们怎么做都可以。凡是这一法则不禁止的事情，我们都可以做”。[2] 以此为原则，费希特指出，欧洲的封建君主压制人民的思想自由是不正义的；同时，法国大革命从原则上讲是正义的，因为人民为了实现自由，有权修改宪法，推行民主宪政。

然而，费希特在耶拿时期，即在耶拿大学担任教授期间，随着自己的知识学体系日渐成型，他开始批判地看待康德哲学和自己早期的泛道德化思想。在《自然法权基础》(1796～1797 年)中，费希特一开始就提出将法权与道德分离开来，竭力使法权去道德化，他认为根据知识学原理法权概念全然可以从自我演绎出来，无须从道德法则中加以推演。他郑重地指出：“这个演绎出来的概念(法权概念)与道德法则毫无关系；没有道德法则，它也被演绎出来了。既然法权概念只有一种演绎是可能的，那么在这个概念中已经包含着关于它不可能从

---

〔1〕 参见梁志学主编：《费希特文集》(第 1 卷)，商务印书馆 2014 年版，第 144～145 页。

〔2〕 梁志学主编：《费希特文集》(第 1 卷)，商务印书馆 2014 年版，第 192 页。

道德法则演绎出来的实际证明。"[3]法权与道德的分离具有重要意义,[4]仅就在此的正义议题而言,这使费希特真正开始从法权的意义上探讨正义问题成为可能。

二、法权正义

在费希特的实践哲学中,根据法权与道德彼此分离的指导思想,我们也可以相应地将正义划分为法权正义和伦理正义。在费希特法权哲学里,正义(Gerechtigkeit)的观念源自于法权(Recht)概念,即法律和权利。也就是说,正义观必须从人的权利方面入手进行考察,同时也必须借助国家法律加以实现。仅从词源学的角度直观地看,Gerechtigkeit也内在地包涵Recht。因此,为了理解费希特的正义思想,我们需要首先阐明他的法权概念。

费希特主张,法权概念是一个先天的理性概念,"是完全先天地演绎出来的,就是说,是从理性的纯粹形式、从自我中演绎出来的",[5]是"关于自由存在者彼此的必然关系的概念"。[6] 我们在此无法详述他的具体论证过程,[7]只能简要地给出他的基本结论:

(1)法权概念是规范有限理性存在者彼此之间外在关系的一个概念,他经常用"法权关系"来表示法权概念,以强调法权概念所体现的自我与他者之间相互承认的必然关系。

(2)法权关系是自我意识得以成为可能的条件,也就是说,人只有在法权秩序中,亦即在国家法律加以保障的、彼此稳固的相互承认的外在关系中,才能成

---

[3] 梁志学主编:《费希特文集》(第2卷),商务印书馆2014年版,第310页。

[4] 参见张东辉:《德国古典哲学中的道德与法权》,中国人民大学出版社2017年版,第116~130页。当然,这种区分在费希特的实践哲学中并不是也不可能是绝对的。必须指出,法权在根本上仍归属于康德意义上的道德,费希特只是在具体的语境中做出这种区分的。

[5] 梁志学主编:《费希特文集》(第2卷),商务印书馆2014年版,第309页。

[6] 梁志学主编:《费希特文集》(第2卷),商务印书馆2014年版,第263页。

[7] 参见张东辉:《德国古典哲学中的道德与法权》,中国人民大学出版社2017年版,第61~87页。

为人。因此,每个理性存在者都必须用其他理性存在者的自由来限制自己的自由范围,否则人就不能成其为人。

(3)法权概念是先天的、合乎理性的概念,出于自我,并为了自我,但它同时也是一个必须运用于实践的经验性概念。因此,法权概念既构成一切经验性的成文法和世俗秩序的基础,又必须借助国家的强制力量包括法律、军队和监狱等暴力机器得到保障和维护。

基于这样的法权观念,我们可以自然地推导出费希特的正义观:正义乃是法治。一般而言,正义就是一种先天的、合乎理性和人性的法治秩序,关涉人与人的相互关系,而且是外在的关系。套用康德的话说,正义涉及"合乎义务"的合法性问题,不问动机;而道德涉及"为了义务"的道德性问题,关乎动机。一个个体,不论其内在的动机如何,只要在外在行为方面尊重和维护他者的自由,就是一个在法权意义上正义的人;一个政府在法律制度和国家政策的制定上尊重和维护每个公民的自由权利,也是一个正义的政府。既然正义是根据先天法权呈现的一种法治状态,那么我们便可以按图索骥依循费希特对法权的各种规定推导出他的正义思想。

在《自然法权基础》中,法权概念的系统运用包括原始法权、强制法权和国家法权三个部分,这三个部分是按照逻辑演绎的进路一步步推演出来的,构成了费希特的一套独特而完整的法权体系。首先,原始法权是"人在感性世界中只作为原因(而绝不作为结果)拥有的绝对权利",[8]这意味着人拥有延续躯体的绝对自由而不容侵犯的权利(人身权)和自由地影响感性世界的权利(劳动权)。我们看到,费希特的原始法权从根本上讲仍是来源于康德道德哲学的自由思想和"人是目的"的价值立场。仅就此而言,法权与道德怎能脱得了干系?从理念上讲,原始法权乃是人的绝对自由,正是这种自由确立了人之为人的无上尊严。然而,在有众人存在的群居生活中,这种原始法权必须在内容上受到限制,尽管在形式上应当是绝对的,因为倘若我在现实社会中无限地运用我的绝对自由,就必然损害他者的自由,从而我的自由同样也会受到阻碍。因此,原始法权从概念上、从逻辑上看必须受到约束和限制,这是它内在地对自身所做的必然规定。这种限制就是强制法权,它是从原始法权自身中推演出来的。强制法权所解决的问题是,每个人为了他者的自由,究竟应当在多大程度上限制

[8] 梁志学主编:《费希特文集》(第3卷),商务印书馆2014年版,第371页。

自己自由行动的量。最后，鉴于强制法权的具体执行问题，即如何建立起实施强制法权的强制力，费希特根据古典契约论的思想指出，这种强制力量必须是建立在共同意志基础上的公共权力，即国家共同体。只有作为第三方的国家才能体现缔约者的共同意志，并以公正的手段有效地对违法者进行强制，恢复权利平衡。相应地，费希特的正义思想也是根据原始法权、强制法权和国家法权层层深入，逻辑地得到进一步规定：

（1）正义是合乎人性的，评判正义的终极价值标准在于是否符合人的自由本性。而人的这种自由本性，在根本上仍要追溯到康德的道德学说。人作为个体，其本质应当是自由意志。“人是目的”构成正义的基本价值取向。从这个角度看，罗尔斯将正义的来源归结为康德的自由意志是完全令人信服的。

（2）正义必须具有彰显于外的强制力量，正义就是惩恶扬善，罪罚相当，否则正义就是纸上谈兵，无法在现实社会中得到实现。费希特正义思想在这里所体现的重要意义在于，事关良心发现和道德谴责的道德启蒙固然根本，但一个国家如果不将内在的道德要求转化为外在的法权秩序，不通过国家立法来促进社会的正义，自由的进程是无法得到保障的。这也正是康德最终将道德哲学引向法权学说的原因所在。

（3）正义的人性化最终在国家法权，更确切地说是在民法中得到落实，即正义必须关乎民生之大计。费希特认为，生存构成一切人的一切生活和活动的基本目的，因此，分配正义的最低标准应当是实现人民的基本生存问题。他说：“能够生存是一切人的绝对的、不可转让的财产。我们已经看到，每个人都有权利独占这种运用（自由地运用财产）的一个客体范围。”〔9〕为此，他指出，为了实现生存的目的，所有的个人都必须与所有的个人或者国家签订财产契约。一方面，人们通过这种契约向所有人，向整个国家表明自己的职业身份；另一方面，这种契约也规定每个人必须各司其职，各安其分。同时，他还强调，国家必须监督每个人是否竭尽所能自食其力并且是如何管理自己财产的。一旦某人正当地履行自己的职业却不能靠自己的劳动生活下去，他就失去了完全属于他的东西，因而涉及他的财产契约也就被完全取消了。于是从这时起，他也不再受到法律的约束去承认其他人的财产，由此公民社会就重返自然状态。为了避免这种困境，人们必须从自己的财产中分出一部分给这个人，直到他能够生活下去。

〔9〕梁志学主编：《费希特文集》（第3卷），商务印书馆2014年版，第468页。

因此,在一个正义的国家就应当既没有穷人,也没有懒汉。

归根结底,在费希特的法权哲学中,正义的本质就是法权秩序,就是人与人的相互承认。他还将这种正义思想运用到国际法权中,在康德学说的基础上探讨了国际联盟和世界公民,兹不赘述。

三、伦理正义

如果说康德伦理学更多地倾向于是一门个体主义的道德学(Moral),还没有将"伦理"(Sitten)与"道德"(Moral)明确区分清楚,那么,费希特就真正确立起了以规范人与人之间的关系和追求共同体的善为宗旨的伦理学(Ethik)。在费希特伦理学的语境中,我们可以从"职责"和"善的目的论"两个角度来看待他的正义思想。

伦理正义首要地是指人们在国家共同体中根据各自不同的"职责"(Verpflichtung),各司其职,各得其所。康德的先验哲学以普遍性的、形式化的方式探讨"人是什么"的问题,抽象掉人的一切经验特征、社会角色和职业特点而一般地论述人的"义务"(Pflichtung)。相反,费希特伦理学的重要主张在于,任何人都是肩负社会职责的人。任何人都是具体的人,出身于特定的国家、特定的阶层和特定的家庭,承担特定的角色、特定的身份等,因此也承担着各种相应的职责。费希特指出,我们的良心(他称为职责信念)会准确地告诉我们,在特定的职责领域,我们应当做什么,不应当作什么。他非常具体地给我们描述了作为一般意义上的人具有怎样的职责,而作为特定意义上的人,例如,作为学者、神职人员、文学艺术家、国家官员、低等阶层的人又具有怎样的职责。在《自然法权基础》的续篇《锁闭的商业国》(1800 年)中,费希特根据阶层的职责进一步在国家中划分出三个主要阶层:生产者阶层、手工业者阶层和商人阶层。生产者负责采集和种植自然产物和自然作物,手工业者有义务将生产者提供的产品制作出成品用以消费,商人则在生产者与手工业者之间从事买卖交易。这三个阶层通过彼此缔结的契约将各自的职责确立下来,并接受政府的严格监督和调控。费希特明确主张,国家学说的核心原则在于使人们能够生存下来,并尽可能地生活适意,而这三个阶层在他看来已经能够基本满足这个宗旨。关于"职责"概念在西方历史中的古今演变,麦金太尔有过精辟的分析。他指出,职责最初是与等级社会中各种特定的责任角色联系在一起的,但自 18 世纪以来,职责逐渐与世俗的职业联系起来,从而变得普遍化,继而又与单纯作为"人"的人联系起来。他说:"父亲或者国王的职责也许是被习俗有力地界定了的,正如现在被法规规定的那些职责一样。只有当我们将一个人与他所充当的角色分离开来,却把'职责'的概念留在他身上时,这个概念才必然是变形了的概念。……从前,是侧重于明确规定的简单的角色履行,把人当作农民、国王,或父亲来判断,而现在,对人的评价在词汇和实践两方面,都与角色分离了,我们并不问一个人擅长什么,扮演哪种角色,或有什么技艺。而只是问'好人'应当是什么样;不是作为牧师或领主应当做什么,而是作为'人'应当做什么。作为这个过程的自然后果,出现了人应当遵守的准则这一观念,因此也开拓了许多新的可能性,也带来了许多新的危险。"[10] 这一演变正好可以用来描述从传统的职责概念到康德的义务概念,再到费希特的职责概念的迂回演变过程。通过简要概述费希特的职责概念,我们强烈地感受到他的伦理学不断向古希腊德性伦理学回溯的倾向。

在此基础上,费希特改造了康德的道德目的论,我们不妨沿用古希腊的称呼称为"善的目的论"。他将道德法则客观化为整个国家共同体所共同追求的一种普遍的理性目的和宇宙精神,因而国家变成了卢梭意义上的道德理想国。在这个理想国中,所有公民作为"小我"联合起来组成一个"大我",即伦理共同体(国家或教会)。"纯粹自我的表达是理性存在者组成的整体,是道德高尚的人们组成的共同体"。[11] 在这种伦理共同体中,各个阶层的不同个体通过履行自己分内的职责来共同促进道德目的王国的实现。"各个不同的个人都分担起为了促进终极目的而必须做的各种不同的事情,每个人都在一方面为所有其他的人承担此中的一个特定部分,在另一方面则将自己的事情转交给所有其他的人。……这样一种安排是各个不同的阶层努力的结果"。[12] 于是,正义在这里就体现为每个公民各就各业,各安其分,各得其所。从单个个体的角度看,这样履行自己职责的公民就是正义的人;从整个国家的角度看,拥有这样的公民的国家也是一个正义的国度,是一个实现了理性目的的道德理想国。他说:"每个

〔10〕[苏格兰]麦金太尔:《伦理学简史》,龚群译,商务印书馆2004年版,第137~138页。

〔11〕梁志学主编:《费希特文集》(第3卷),商务印书馆2014年版,第266页。

〔12〕梁志学主编:《费希特文集》(第3卷),商务印书馆2014年版,第269页。

人就他的自我意识来说,都肩负着实现理性的全部目的的委托;理性存在者组成的整个共同体都依赖于他的操劳与他的效用。"[13]

在这里,费希特与柏拉图的正义思想的密切关联是显而易见的。柏拉图《理想国》开篇的第一卷和第二卷就探讨正义问题,有关正义的理解众说纷纭,五花八门,玻勒马霍斯说"正义是欠债还钱",色拉叙马霍斯说"正义是强者的利益"等,但苏格拉底都一一予以驳倒。他最后得出的结论是:"为了把大家的鞋子做好,我们不让鞋匠去当农夫,或织工,或瓦工。同样,我们选拔其他的人,按其天赋安排职业,弃其所短,用其所长,让他们集中毕生精力专搞一门,精益求精,不失时机。"[14]如果每个人在国家里执行一种最适合他天性的职责,每个人就是正义的,整个城邦也就是正义的,同时也体现了最高的善。这种善乃是宇宙的秩序和目的,它在城邦和个人身上得到发展的时候就体现为正义。这与费希特《自然法权基础》的正义思想是高度一致的。黑格尔后来在《法哲学原理》中用"正直"(Rechtschaffenheit)概念描述了市民社会类似的正义秩序。[15]

四、神性正义

费希特晚期的知识学发生了重要转变,这一转变给他的正义思想也带来了根本的变化。因此,我们在此首先简要概括费希特晚期知识学的基本思想,然后根据这一思想探讨其神性正义观。

费希特在1804~1805年柏林时期的讲稿中比较全面地阐述了他的不同于耶拿知识学的知识学体系,提出以"绝对者"(das Absolute)为知识学的最高原理。他主张,任何学说都必须以最本源的根据,即"绝对者"为出发点加以系统推演,这个绝对者也就是上帝。以此为基础,他重新阐述宗教哲学、伦理学、法权哲学和自然哲学等。因此,费希特晚期知识学转变成了一种以客观的先验观念论为标志的基督教哲学。他的神性正义思想正是在这样的背景下形成的。

---

[13] 梁志学主编:《费希特文集》(第3卷),商务印书馆2014年版,第266页。

[14] [希]柏拉图:《理想国》,郭斌和、张竹明译,商务印书馆2002年版,第66页。

[15] 参见[德]黑格尔:《法哲学原理》,范扬、张企泰译,商务印书馆2010年版,第216页。

（一）理性主义正义秩序的失落

如上所述，耶拿时期的费希特从理性主义的角度推演出和建构起了一套法权和伦理正义秩序，他坚信人类理性的力量，认为实然的政治体制只要依循应然的正义秩序一步步进行落实，就一定可以在世俗世界实现这种理想的正义秩序。然而，费希特在晚期却日渐悲观，感到在现实社会实现正义和自由的渺茫无望。他发现，无论哲学家根据理性的概念和原则构造如何完美的政治制度，现实的政治社会在实践过程中仍然难以摆脱人性的自私和贪欲。像奥古斯丁一样，他觉得，任何理性的政治制度都无法杜绝道德的败坏和政治的丑恶，真正的正义在世俗之城是找不到的。他在晚期连他自己曾在《自然法权基础》中精心设计的民选监察院（Ephorat）制度也一并否定了。他在《法权学说》（1813年）中感慨道："人太坏了。"[16]出于这样的考虑，晚期的费希特尤其强调德性的功能，以德性挽救正义；而德性的提高在他看来只有将基督教引入政治和伦理领域来唤醒人类的本善之心，才是可能的。

（二）德性的优先性

在《现时代的根本特点》（1806年）里，费希特根据人类生活的理性和德性的发展程度，将人类历史分成五个时期，并认为他当时所处的时代是第三个阶段，恶贯满盈的状态。他评判个人德性的根本标准在于，他是否为了他者和族类的发展而牺牲自己。他说："合理的生活在于，个人使自己忘怀于族类，把自己的生活献给族类的生活，为后者牺牲自己；……只存在一种德行，即作为个人忘却自己，而且也只存在一种不道德的行为，即只想自己。"[17]他主张，国家应当兴办教育，对所有人进行教化，使他们达到道德自由，最终国家甚至使得自身成为多余。他说："国家的目的在于扬弃自身，因为国家的最终目的是道德，而道德是扬弃国家的。"[18]此外，费希特还进一步提出"好人政治"的主张，即让最好的人进行统治。但如何让最好的人成为统治者呢？这个问题就像柏拉图的"哲学王"一样无解。费希特最终只得诉诸上帝，他说："建立法制制度的课题现在已经被归结为使一个时代和民族中最公正的人成为统治者的课题，这个课题

---

〔16〕 J. *G. Fichte*, Rechtslehre, hrsg. von Richard Schottky, Hamburg, 1980, S. 153.

〔17〕 梁志学主编：《费希特文集》（第4卷），商务印书馆2014年版，第475页。

〔18〕 Fichte, *Rechtslehre*, hrsg. von Richard Schottky, Hamburg: Felix Meiner Verlag, 1980, S. 52.

凭人类的自由是解决不了的。这是一个上帝统治世界的课题。国家中的正义完全取决于这个课题的解决,这也是一个上帝统治世界的课题。"[19]

(三)神性政治学的出场

人性的丑恶使任何理性的政治制度安排都无法真正体现正义,如果说人类社会尚有一线生机的话,费希特主张,惟有皈依基督教才是正途,必须回溯到上帝创世之初的人性的自然之善。也就是说,他认为只有借助基督教信仰,人类才有可能达成稳定的法权关系,提升自己的德性。因为在晚期的费希特看来,法权关系乃是上帝为世俗世界安排的一种理性秩序,在这种秩序中,作为有限理性存在者的各个个体为了共同分有上帝的完整形象而结成共同体。"人类是上帝的统一的外现和流溢;这是一束永恒的光芒,它并不是在本真境界里,而是仅仅在尘世现象里才把自身分解为许多离散的光线。"[20]真正的德性不再是他在前期所推崇的恪守职责,各得其所,毋宁说,只有通过把握神性,信仰上帝,才能真正上升到仁爱并享受极乐。他说:"一个人用爱去把握神性,却没有清晰的概念,他就绝不会上升到真正的德性,上升到真正神圣的、能从虚无中创造世上的真与善的行动。"[21]简言之,上帝即正义。

五、结　　语

如果说费希特在青年时期追随康德道德哲学的基本精神致力于批判当时德国封建专制制度对人的自由的宰制,并以康德的道德法则为准绳来界定正义的本质,那么,《自然法权基础》则代表他对于正义的新的理解,他将道德与法权分离开来,用一种法权正义取代了道德意义上的正义。费希特的这一转变具有重要意义,这种意义体现在,他意识到社会正义的彰显仅凭道德法则的命令和良心的自我发现总是见效甚微的,而必须诉诸外在的法律制度和国家的强制力量加以规范和衡量。伦理正义是费希特从其伦理学原理出发,在更高的层次上对正义所做的规定。因为毕竟人与人的关系决不是单纯凭借彼此外在的法权

---

〔19〕 Fichte, *Rechtslehre*, hrsg. von Richard Schottky, Hamburg: Felix Meiner Verlag, 1980, S. 155.

〔20〕 梁志学主编:《费希特文集》(第4卷),商务印书馆2014年版,第627页。

〔21〕 梁志学主编:《费希特文集》(第4卷),商务印书馆2014年版,第21页。

关系,凭借法权正义就能穷尽的。费希特在法权关系的基础上赋予了国家共同体以伦理的价值,即共同之善,这是伦理正义所体现的内涵。神性正义是费希特从其晚期业已发生重大转变的知识学中阐发出来的,体现了他对理性主义正义秩序的悲观失望,因而试图借助上帝和对上帝的信仰来提升人的德性,促进世俗世界的政治正义。

但归根结底,费希特的这三种正义在本质上都倾向于法权正义,即一种注重外在的法权秩序的正义。伦理正义是围绕人的职责展开的,而费希特所界定的职责的一个显著特征却在于,它不仅仅是一种伦理义务,也是一种法律义务,带有外在的强制性。因为费希特主张,国家应当根据财产契约的精神,确保劳动者凭借自己的职业获得生存的权利,使劳动者得食,不劳者不得食;为此,国家应以法律的形式将所有公民的职业都登记注册,统筹安排;并且,国家享有对公民的一切公共领域和私人领域进行监督和管控的权力,以了解每个公民是否确实尽心尽职地履行了自己的职责,国家甚至有权监视和控制公民支配自己私有财产的自由范围。至于神性正义,虽然费希特在其实践哲学中将目光投向上帝和天国,但他的落脚点始终是世俗的政治生活,他的基督教哲学不是像奥古斯丁那样是为了论证上帝和信仰的优先性,而是希望借助上帝的旨意来更好地安排世俗的政治秩序,可见他最终仍是为了人们能够更好在世俗社会结成更加合乎理性的、而且是外在的法权关系,并最终促进世俗的正义。由此可见,费希特伦理正义和神性正义在很大程度上都可归结为法权正义。当然,费希特并不否认,理性的法权关系只是人与人之间关系的初级阶段,道德目的王国才是终极目的。因此,费希特正义思想的重要启示在于,正义不能仅仅停留于内在的道德层面,而是必须客观化到法权状态。如果说在德国古典哲学中,康德率先在人的内心发起了道德的启蒙,那么费希特则在外在的规范层面引领了法权的启蒙。

此外,费希特正义思想基于阶层分析和生产关系的现实主义考虑,关注现实劳动阶层的生存权利和贫困状况,将民生问题视为社会正义的核心内容,摆脱了抽象的、形式的意义上的"人"的概念。从学术传统的脉络来看,这一方面批判地继承了康德"人是目的"的思想,另一方面对马克思唯物史观的诞生产生了重要启示。德国法学家拉德布鲁赫评价说,费希特在财产问题上是"肯定私有财产所有权的民主主义者",强调"民主主义的平等观"。[22] 相比之下,康德

---

〔22〕 [德]拉德布鲁赫:《法哲学》,王朴译,法律出版社2000年版,第142页。

从法权义务的角度对正义问题所做的抽象论述,总体上更注重追求个体的自由,维护私有财产(外在的"我的"和"你的")。正如马克思所言,康德哲学是"法国革命的德国理论",具有资产阶级革命的意义。罗尔斯可以说遵循康德的这一自由主义路径发展出了自己的正义论。

但我们也的确看到,费希特用外在的、强制的法律形式将职责和德性变得可操作、可监管的意图是十分明显的。这就使他的正义思想的法律化倾向显得有些矫枉过正,多了一份强制,少了一份自由。黑格尔批评费希特的法权哲学是强制学说,压制了自由。他说:"他(费希特)并没有就国家的本质加以理解,而只是把国家理解为法权状态,亦即理解为有限者与有限者的一种外在关系。……个人与个人之间永远是冷冰冰的、消极的。禁锢越来越严,束缚越来越多,而国家并没有被理解为自由的实现。"〔23〕不能不说,黑格尔的批评是很有见地的。

On the Thought of Justice of Fichte

Zhang Donghui

Abstract:Following the spirit of freedom,Fichte's thought of justice embodies strong realistic concerns and critical consciousness of the abuse of the time,and has the important theoretical value and practical significance. According to the evolution of Fichte's doctrine of science,his thought of justice can be summarized from the related three dimensions of right,ethic and religion,and their inner and essential connotations are also discussed. In German idealism,if we say Kant takes the lead in initiating moral enlightenment in the human mind,Fichte leads the Enlightenment of right in the external norms. The important inspiration of Fichte's justice thought is that justice cannot just stay in the internal moral level,but rather must be objectified into the order of civil society.

Key words:Justice　Right　Moral　Ethic　Religion

(责任编辑:李　驰)

〔23〕［德］黑格尔:《哲学史讲演录》(第4卷),贺麟、王太庆译,商务印书馆1996年版,第333页。

康德法哲学:框架、特征及其精神*

吴　彦**

内容摘要:

本文试图通过追溯《法权学说》构思、遗忘和重新提及的历史以及在此书中表达的基本框架和精神来阐述康德法哲学的基本要义。在传统的康德解释中，人们往往把自由看作康德法哲学唯一的核心精神,从而把原子式个体的观念强加给康德。然而,康德在《法权学说》中所强调的法则以及交互影响的观念,从另一个角度说明,这种仅只依凭自由来阐释康德法哲学的努力是有偏差的。我们必须从法则之下的自由或自由的法则,以及从中所体现出来的交互关系的观念来解释康德的法哲学。这种在保持个体独立性的同时又强调对于他者的开放性的观念才是康德法哲学的基本精神。

关键词:

法权　自由　法则　法治状态

一、引　　言

本文探讨的主题是康德的法哲学。大家可能都知道康德的三大批判,这是学习哲学的人必须要仔细研读的。并且我们也知道,康德的哲学通常被看作西方哲学思想发展中的一个蓄水池。在他之前的哲学都汇聚到他这里,而在他之后的哲学,则又多从他这里出来。并且,就文字的风格以及阅读的难易程度上看,康德的哲学也被人们看作西方哲学的一条分水岭。康德之前的哲学作品,其中很多在语言风格上是非常优雅的,如柏拉图的哲学对话录,它不仅是西方

* 本文为教育部人文本文为教育部人文社会科学青年基金项目“康德永久和平论”(项目批准号 17YJC720029)的阶段性研究成果。

** 华东师范大学法学院晨晖学者,法学博士。

哲学的一个伟大成就,也是西方文学的一个伟大成就。它不仅被作为哲学的作品为人们所阅读和研究,也被作为文学作品被阅读和研究。但是到了康德这里,哲学的语言就突然变得极其晦涩起来。如果没有经过一定的哲学训练,我们几乎很难进入康德的论说语境。哲学文本的这种晦涩特性,是从康德开始的,后来的费希特、谢林、黑格尔以至于当代的很多作品几乎都是如此。

所以,如果我们要来谈论康德的法哲学,必然要碰到与之相关的几个问题。我们说康德的批判哲学在西方哲学史上占据着举足轻重的位置,不理解康德几乎就无法理解现代西方哲学。那么,他的法哲学在整个法哲学史中到底占据着什么位置,是否也跟他的批判哲学一样具有同样的重要性和影响力呢？另外,这可能也是我们一个共同的阅读经历,康德的东西非常难读,他的三大批判如此,他的法哲学著作也是如此。而且,我们越是精细地钻进去读,它所呈现给我们的就越复杂和晦涩。所以,我们必然要碰到这样一个问题:他的法哲学就其总体来讲到底想表达什么意思？他的法哲学的基本框架如何？它所表达的基本精神是什么？在这篇文章中,我将尝试以极为简练的方式来澄清这些问题,并以之澄清康德法哲学的基本要义。

我将从三个方面来讨论康德的法哲学。一是康德的法哲学著作,尤其是他晚年出版的这部《法权学说》(*Rechtslehre*)[1]的"历史",或者说,关于《法权学说》的"产生"、"遗忘"又"被重新提及"的历史。这对于我们理解康德法哲学的基本背景理应具有很大的助益。二是康德法哲学的基本框架,这个框架基本上也是立足于《法权学说》这部著作而被勾勒出来的。三是康德法哲学的基本精神,对此,我将主要从《法权学说》这部著作的基本框架中考察其所透露出来的精神。

二、《法权学说》的历史及围绕它的争论

我们先来看第一个方面。康德一生写有很多著作,普鲁士皇家科学院从20

[1] 《法权学说》(*Rechtslehre*)这部著作的全名是《法权学说的形而上学基础》(*MetaphysischeAnfangsgründe der Rechtslehre*),它是《道德形而上学》的第一部分;《道德形而上学》的第二部分是《德性学说的形而上学基础》(*MetaphysischeAnfangsgründe der Tugendlehre*)。这两部分是分别出版的,《法权学说》大概出版于1797年1月,《德性学说》则出版于同年8月。在康德生前,这两部著作从来没有被合在一起出版过。只是到了他死后,才以《道德形而上学》之名合并出版。

世纪初开始整理康德的各类著作,到目前为止已经整理出版29卷,并且还没有全部整理出版。[2] 其中前9卷是康德生前出版的著作,这个我们已经有了中译本。[3] 后面还有20卷,其中包括他的书信、学生的课堂笔记以及他自己的一些札记和笔记,内容涉及也非常广泛,包括形而上学、人类学、道德哲学等。[4] 康德的法哲学著作在这个庞大的著作集中相对来讲是非常少的(当然在这里,我所用的这个"法哲学"一词是在一个比较宽泛的意义上加以使用的,因为在康德那个时代,还没有我们现在这样的一个严格的学科划分,尤其是法哲学和政治哲学之间的划分。在康德那里,这两个词都很少被使用,而且在康德那里,Recht〔法〕这个词明显比politik〔政治〕这个词更加重要)。就康德整个一生来讲,就严格意义上的法哲学和政治哲学著作而言,康德只写过3部,其他就只是一些札记。这些札记后来被整理者编入科学院版的《康德全集》第19卷,编者后来给这些札记取了一个名字叫《法哲学反思录》(*ReflexionenzurRechtsphilosophie*)。这个文本除了专业的研究康德的人之外,很少被其他人所阅读。[5]

除了这些零星的札记之外(当然,这些札记对于理解康德的法哲学是有很

---

〔2〕 *Kant's GesammelteSchriften*, edited by the Royal Prussian Academy of Science, 29vols, Berlin: Georg Reinmer (later Walter de Gruyter), 1900.

〔3〕 这套书系由中国人民大学的李秋零教授主持翻译,应该说是汉语学界最完整的一部康德著作集。《康德著作集》共9卷,李秋零等译,中国人民大学出版社2010年版。

〔4〕 第10卷至第13卷分别收录了从1747年至1803年的书信,第14卷收录了数学、物理学、化学以及地理学的学生笔记,第15卷收录的是人类学的学生笔记,第16卷收录的是逻辑学的学生笔记,第17卷、第18卷收录的是形而上学的学生笔记,第19卷收录的是道德哲学的学生笔记以及康德生前使用的教授自然法课程的教材——阿亨瓦尔的《自然法》(*IusNaturae*)一书。

〔5〕 它的一个英文本也刚刚由Frederick Rauscer和Kenneth R. Westphal两位康德学者翻译出版,收录在他们编译的《康德政治哲学讲稿和笔记》(*Kant: Lectures and Drafts on Political Philosophy*)一书中。这书也是Paul Guyer和Allen Wood联合主编的"剑桥版康德著作集"计划的一部分。该书收录了康德生前未出版的大部分论述政治哲学的作品,包括《法哲学反思录》,《自然法课程笔记》以及《永久和平论》、《道德形而上学》、《理论与实践》以及《科系之争》的手稿,参见*Kant: Lectures and Drafts on Political Philosophy*, translated by Frederick Rauscer and Kenneth R. Westphal, Cambridge University Press, 2016。

大助益的),我们现在对于康德法哲学的理解,主要还是依赖他生前出版的3部作品。一部是1793年出版的《论俗语》(*Über den Gemeinspruch: Das mag in der Theorierichtig sein, taugtabernichtfür die Praxis*),另一部是1795年出版的《永久和平论》(*ZumEwigenFrieden*),还有一部是1797年出版的《法权学说》。前两部作品其实是两篇论文,篇幅都不大,两篇文章合在一起也就七八万字的样子。虽然《永久和平论》在历史上产生了巨大的影响,甚至于我们现在仍然把这部著作看作阅读和理解当代政治哲学中的某些论题和某些著作的参考系。比如,罗尔斯的《万民法》[6]以及哈贝马斯在纪念《永久和平论》发表200周年之际撰写的一篇长篇评论[7],它们在某种意义上都与康德的永久和平思想存在密切的关联。当然,更为重要的是,他们两人都自称是康德的传人,所以,《永久和平论》不仅在历史上,而且在我们当代,都有着广泛的读者,同时也被看作康德除三大批判之外最有影响力的作品。[8] 但是,这部作品一是因为篇幅短小,所以所能容纳的内容相对较少,二是因为它所讨论的问题主要是国家层面上的问题(它涉及战争与和平),所以并没有触及康德法哲学中一些最核心的概念和问题,诸如法权(Recht)、外在自由(external freedom)以及法治状态(rechtlichenZustand)。所以说,《永久和平论》所讨论的问题只触及到康德法哲学的其中一块内容,尽管是非常重要的一块——亦即公法理论。也就是说,《永久和平论》只触及到康德有关国家、国际法、世界公民法的看法。对此,笔者在下文将指出,对于康德的国家哲学以及他的永久和平论的理解,在很大程度上依赖于如何恰切地理解康德在《法权学说》中提到的另一个基本概念——“法治状态”——以及这个概念在其整个体系中所扮演的角色。

所以,要理解康德的法哲学,就必须要研读他最主要也是最系统的法哲学著作——《法权学说》。那么,《法权学说》到底是怎样一部著作呢?

这部著作对于我们中国读者来讲可能并不陌生。就读法学、政治学和哲学

---

[6] John Rawls, *The Law of Peoples*, Harvard University Press, 2001.

[7] Habermas, *Kant's Idea of Perpetual Peace*, in James Bohman and Matthias Luz-Bachmann, eds., *Perpetual Peeace: Essays on Kant's Cosmopolitan Ideal*, The MIT Press, 1997.

[8] See Allen Wood *Kant's Project for Perpetual Peace*, in PhengCheah and Bruce Robbins, eds., *Cosmopolotics: Thinking and Feeling bejond the Nation*, University of Minnesota Press, 1998, p. 62.

的很多人可能都看过这部著作。这部著作最早是由沈叔平先生翻译,商务印书馆出版,纳入“汉译世界学术名著丛书”中。[9] 这套丛书在中国影响很大,其中不乏一些翻译精品,如霍布斯的《利维坦》,陈康先生翻译并作注的柏拉图的《巴曼尼得斯篇》。我想在很长一段时间内,对于这些作品,很难有超越他们的翻译。但是恰恰是这样一套影响深远的丛书,在康德这个经典哲学家的作品上,所翻译的几个文本并不尽如人意。尤其是康德的法哲学作品:一部是沈叔平先生翻译的《法的形而上学原理》,另一部是何兆武先生翻译的《历史理性批判文集》,里面收录有康德的《论俗语》和《永久和平论》这两篇集中论述政治哲学的文章。何先生的《历史理性批判文集》中的《永久和平论》在论述共和国那节的最关键的地方,出现了一个非常致命的错误,如果只依据他的本文来读,我们几乎无法理解在康德思想中占据非常重要位置的共和国观念。[10] 另外,沈叔平的译本就翻译本身而言,并没有太大问题。或者说,问题并不出在他自己,而是出在他所选择的译本。他所依据的是1887年的黑斯蒂(William Hastie)(7 July 1842 - 31 August 1903)的英译本,英文原名是《权利科学》(*The Science of Right*)。这个译本虽然行文非常流畅,但却并不精确,到目前为止,在英语世界这个译本现在基本已经没有人使用了。所以,沈译本也不免有这样的问题,对于康德文本中的一些非常重要的术语,他并没有能力把它们给译出来或给标示出来。因此在阅读这个文本的时候,有时候读起来就有自相矛盾或无法理解的地方。[11] 后面,李秋零先生在翻译《康德著作全集》的时候,对于这3个文本,又做了重新的翻译,《法权学说》收录在《康德著作全集》的第6卷,《永久和平论》以及《论俗语》则是收录在第8卷。李秋零先生的这个译本相对来讲是比较可靠的。不过,其中还是有一些问题,但这些问题可能更多的是我们做研究之

---

〔9〕 [德]康德:《法的形而上学原理》,沈叔平译,商务印书馆1991年版。

〔10〕 参见[德]康德:《历史理性批判文集》何兆武译,商务印书馆2005年版,第111页。

〔11〕 比如,自然法体系的划分那节:“自然权利体系最高一级的分类,不应该划分为自然的权利和社会的权利,而应该划分为自然的权利和文明的权利。”在此,仅就中文来讲,我们很难区分自然权利体系与作为它的子系统的自然的权利的区分。参见[德]康德:《法的形而上学原理》,沈叔平译,商务印书馆1991年版,第51页。

后发现的问题,笔者曾经在一篇论文中对其中的一些译名作出过检讨。[12]

以上是有关康德法哲学著作的中译情况。接着,我们再来看《法权学说》这部著作本身的历史。

康德是一个非常严谨的人,他不会想到什么新奇的东西,就把它撰写成文字拿去出版。他的很多想法都是经过长期的酝酿,经过无数次的反复的考虑,才最终把它们敲定下来的。他的《纯粹理性批判》酝酿了 10 年,从 1770 年到 1881 年,在这个期间,他几乎没有写作任何其他作品。同样地,《法权学说》也是他长期酝酿的结果。不过它的酝酿时间要远远长于《纯粹理性批判》,其中的原因我们无从得知,并且我们也有理由认为,这个酝酿期是一直持续着的,并没有中断,而且是几度易稿。从康德的书信以及他撰写的一些著作中,我们大致可以知道:在他开始酝酿《纯粹理性批判》的 2 年前,就是 1768 年,他就想撰写一本《道德形而上学》的著作,在构思《纯粹理性批判》的这 10 年间,康德一再写信给他的朋友提到他马上要完成这部著作。但是直到出版《纯粹理性批判》3 年后,他才完成了一部"道德形而上学"的奠基著作,这就是我们现在看到的《道德形而上学奠基》(1784 年)。在出版《道德形而上学奠基》1 年后,康德在写给他的朋友许茨的信中又说到,他已经毫不犹豫地转到道德形而上学的研究上去。[13] 但是这一次展现在人们面前的是另一部讨论道德基础的著作:《实践理性批判》(1788 年)。后来又过了近 10 年时间,也就是康德 73 岁的时候,康德才出版了一本真正意义上的《道德形而上学》,它由两个部分构成,第一个部分就是《法权学说的形而上学基础》,我们简称为《法权学说》,第二个部分是《德性学说的形而上学基础》,就是我们所说的《德性学说》。

但是,在《法权学说》出版之后,人们对它的评价并不高,甚至有贬低的味道。人们普遍认为,相较于康德的其他作品,这部作品显然缺乏足够的原创性和革命性,读起来似乎是一些旧的课堂讲稿整理而成的一部匆忙之作,为的是在终老之前完成一直以来的夙愿,亦即出版一部完整阐述其道德哲学的体系性

---

〔12〕 参见吴彦:《〈法权学说的形而上学基础〉中的"Recht"之译名——兼与李秋零先生商榷》,载吴彦:《法、自由与强制力:康德法哲学导论》,商务印书馆 2016 年版,第 287 ~ 309 页。

〔13〕 参见吴彦:《法、自由与强制力:康德法哲学导论》,商务印书馆 2016 年版,第 119 ~ 120 页。

著作。然而,因为年迈和身体的原因,致使文本的构思并未达到深思熟虑的程度,同时,大量的文本错误和未完成的痕迹充斥其间。这与康德之前的严谨风格多有出入,这就不免让人做出这样的推论:这决不是一部成熟的作品,甚至是一部并不值得严肃对待的作品。恰如叔本华所抱怨的那样:“它好像并不是这位伟人的著作,而是一个普通人的著作。”[14]这样的评价并不限于叔本华,而是被康德同时代的好多人所普遍接受,并一直延续到20世纪中叶。阿伦特在其有关康德政治哲学的讲座中,还是表达着同样的观点,并试图在康德的另一部著作《判断力批判》中寻找所谓的“康德的政治哲学”。因此,我们可以说,《法权学说》自其出版以来的200年间,从来没有被严肃和认真地对待过,同时,它更是没有产生像三大批判所产生的那种影响,它的历史就是一部遗忘史,与之相应,在《法权学说》中得到集中体现的那种法哲学和政治哲学,乃至因这部著作和它的姊妹篇《德性学说》所展现出来的一个更完整的康德式道德哲学体系,在这200多年间也一直处于被遗忘的境地。

真正的变化出现在20世纪后半叶,尤其是80年代之后。当然,这种变化的动因一方面可能来自思想本身,尤其是罗尔斯和哈贝马斯式的政治哲学在60年代之后的复兴,因为他们所共同宣称和依赖的资源都是康德,因此重新回到康德,尤其是回到他的政治哲学著作便成为一种内在的驱动力。另一方面这种变化可能也来自现实。两次世界大战以及20世纪后半叶之后技术的空前发展,让人们越来越感受到一个与之前完全不同的世界的出现。我们感觉到世界越来越小,世界各个地方之于其他地方的那种神秘性不断地被驱除,我们越发地意识到我们“共同”地生活在“同一个”地球之上,我们相互之间并不是隔绝的,而是有着持续且密切的联系和影响。正是基于此,康德政治哲学中所展现出来的那种世界主义,尤其是在现代政治哲学谱系中根本无法找到的那种超越“民族国家”和超越“主权”的观念,在康德这里显露无遗。而这正是新的政治哲学所要寻求的。因此,重新回到康德也成为现实政治思考的一个可资依赖的重要资源。所以,80年代之后,涌现出一大批立足于《法权学

〔14〕 Hannah Arendt, *Lectures on Kant's Political Philosophy*, The University of Chicago Press, 1982, p. 8.

说》来研究康德政治哲学的著作,[15]其中也包括重新整理和编订《法权学说》的工作。[16]

三、基本框架

以上我们回顾了《法权学说》酝酿、遗忘以及被重新提及的历史。下面让我们来看康德法哲学的基本框架。这个框架我们必须要从两个方面进行考察。一个是外部框架,另一个是它的内部框架。我这里所讲的外部框架,指的是康德的法哲学跟康德哲学的其他部分之间的关系,而所谓的内部框架,则指的是康德法哲学的内部结构。

首先,我们来看他的外部框架。我们通常都把康德的哲学称为批判哲学。确实,批判是康德哲学的精华。但康德对于他的哲学的整体规划其实并不只有批判。"批判"在他看来只是一个预备,或者说一个入门。目的就是要澄清哲学的基础,为哲学奠定一个坚实的基础。批判的目的就是要建立一个"有效"的"体系",以区别于之前那些没有经过批判、而完全是"独断"的"体系"。而《法权学说》就是整个已通过批判而被奠定坚实基础的"体系"的一部分。这个体系包括两个部分,一个是自然形而上学,这个部分主要在他的《自然科学的形而上学基础》中所有阐释;另一个是道德形而上学,这是《道德形而上学》的基本讨论议题。另外,道德形而上学又被划分为两个部分,一个是法权学说,另一个是德性学说。所以,就法权学说的外部框架而言,需加注意的主要有三点。

第一,批判与学说。所谓的批判与学说之间的区分,在《纯粹理性批判》中就已经非常明了,在完成《判断力批判》之后,康德更是明言,他要进一步着手"学说"的工作,也就是说,着手体系建构的工作。而所谓学说体系的任务就是通过"理性"来建立"先天的法则"。理性立法的对象包括两个,一个是自然,另

---

〔15〕 在此我们根本无法对这些著作一一做出列举,详细的目录可参见我的著作的参考文献部分,参见吴彦:《法、自由与强制力:康德法哲学导论》,商务印书馆2016年版,第352~359页。

〔16〕 这个工作主要是由路德维希教授(Bernd Ludwig)做的,他在他新编订的《法权学说》的文本中,调整了其中一些内容的顺序,并对一些内容作了修订,以期更能体现在他看来的康德真正想要表达的思想,See Immanul Kant,*MetaphysischeAnfangsgründe der Rechtslehre*, Herausgegeben von Bernd Ludwig,Felix Meiner Verlag,2009。

一个是自由。对于自然的立法构成了自然的形而上学,而对于自由的立法则构成了道德的形而上学。法权学说就是道德形而上学的第一部分。因此,我们在谈论康德法哲学的时候,绝不能混淆批判与学说的区分,以及康德分配给它们的各自任务。换言之,我们不能把法权学说看作一种批判,或者以批判的尺度来衡量学说。我们只能把批判哲学以及它所得出的结论作为学说体系的一个前提。也就是说,法权学说体系是一种知识的合法的扩展,它与批判体系共享着同一个领域,那就是对于人类实践能力的检讨。法权学说将以此为基础,但除此之外,它将有它自己的建构原则。这种建构原则将不再是否定性的先验论证,而是通过实践理性批判而被揭示出来的肯定性的"自我立法"。这种自我立法将贯穿整个道德领域,而在人的外在自由领域中的自我立法就是法权学说所谈论的主题。[17]

第二,自然与自由。现代思想观念之区别于古典思想的典型特点体现在以下几项密切勾连在一起的观念:首先是自然的去目的化和机械化,由之而导致的自然与自由的严格区分,以及与之相伴的"是"与"应当"、"规范"与"事实"的严格区分。道德哲学家们也在对待这个问题的立场上被划分为两个阵营,一个坚持道德拥有某种自然的基础,而这个基础往往被认为是欲望(desire),从而认为道德只是一种主观的状态而已。它的主要代表是休谟。另一个阵营坚持道德有其自身的独立性,它并不建立在自然之上,因此道德的判断不是从任何实然状态——诸如此时此地或被一直遵循的对于某个事物的欲望——中得出来的,而是渊源于实践理性自身。它的主要代表就是康德。康德道德哲学最核心的特征也是它首先要做的事情就是区分自然与自由,并试图通过对于实践理性的批判,澄清自由的纯粹性,以免受任何自然要素的支配。康德法哲学便立足于这样一个基本的区分。法,在康德那里,不是任何与自然相关的问题,而是与自由相关的问题,或者说,它的基础不在自然,而在于自由。无论是它对于自由的保护,还是依赖自由而进行的自由的立法。

第三,法权与德性。康德法哲学的第三个基本区分就是法权与德性的区分。前两个区分基本上都是在他的其他著作中被提出来的,法权与德性的区分则是在《法权学说》(具体来讲就是《道德形而上学》的导论部分)中被提出来

---

〔17〕 详细的阐述可参见吴彦:《法、自由与强制力:康德法哲学导论》,商务印书馆2016年,第109~128页。

的。就这个区分，康德有各种不同的表述。诸如外在行动—内在行动，外在自由—内在自由，外在立法—内在立法，外在义务—内在义务。从这些表述中，我们可以看出他区分法权与伦理的一个根本原则，那就是“外在”与“内在”，进一步讲就是一种可通过外在强制来加以实现的东西与一种无法通过强制来加以实现的东西。也就是说，在法权与伦理的区分中，“可强制性”或“强制的可能性”占据着一个核心的位置。在一个人的内在自由领域，强制是不可能也不应该介入的，在其中存在的只能是一种自我的强制，它是一个个人自律的领域。然而在外在自由领域，亦即就生活在一起的人们所共同拥有的那个空间而言，个人自律将被代之以一种共同体的自律，因为就在外在自由领域存在着“强制”这一要素而言，对于单个人来讲，所存在的将不是自律而是他律，然而这种他律却是在一个共同体的自律之基础之上的他律，亦即“放弃野蛮的、无法的自由，以便在一种法律的依附性中，亦即在一个法治状态中一点不少地重新获得自己一般而言的自由”。[18] 在这种“依附性”中所表现出来的他律并不是一种真正的他律，相反，就这种依附性是“产生自他自己的立法意志”[19]而言，这种表面上看起来的他律实际上是一种真正的自律，一种共同体的自律。或者说是一种法的自律。因此，就法权与伦理的区分而言，康德将在《道德形而上学奠基》中所阐发的“道德自律”概念扩展为一种“法的自律”观念，其核心不再是单个人的自我立法，而是一个群体的自我立法，亦即国家的自我立法，人们通过他们自己制定的法律来统治他们自己。据此，我们也可以用如下图示来标示法权学说的基本位置：

- 批判
- 体系
  - 自然
  - 自由
    - 内在自由——德性学说
    - 外在自由——法权学说

其次，就康德法哲学的内部框架而言，主要是有关公法与私法的区分。这一点可以从《法权学说》这部著作的基本安排上看出来。在我看来，康德关于公法与私法的区分以及由这个区分所引申出的“法治状态”这个观念，或许是康德法哲学和政治哲学最核心的东西。也是他的法哲学不同于之前的社会契约论

〔18〕 *Kant's GesammelteSchriften*，6：316.

〔19〕 *Kant's GesammelteSchriften*，6：316.

以及之后德国的法治国理论的根本要点之所在。同时,这也从某种意义上凸显出他的整个法哲学和政治哲学的基本精神。下面我们就来考察下这个框架,以及由这个框架所引申出来的康德法哲学的基本精神。

有关公法与私法的区分,对于法学院的学生来讲绝不陌生。在罗马法中,无论是盖尤斯的《法学阶梯》还是后来优士丁尼的《法学阶梯》,在对法做划分的时候,首先就会碰到两个最基本的区分:一个就是自然法、市民法与万民法,另一个就是公法与私法。那么,在这里,康德的这个区分是否就是罗马法的一个遗存下来的东西。可能并不尽然。事实上,康德在这里所谓的公法与私法的区分以及它们之间的关系尽管保持着罗马法的基本结构,但实际上却是与之前的社会契约论所谓的“自然状态”和“政治社会”的区分是一致的。所谓的私法就是在自然状态中普遍有效的法则,而所谓的公法就是建立政治社会之后所普遍奉行的法。

但是,康德在这里跟之前的社会契约论有两个非常有意思的变化。第一,在社会契约论者那里,如在洛克和霍布斯的理论中,他们基本上都在使用自然状态和政治社会,或者说从自然状态过渡到国家。所以,所谓的社会契约论其实是就“国家的起源”来谈论的,并且整个社会契约论的终点也是“国家”。它是不再往上走了的。比如国家与国家之间的自然状态,就社会契约论的基本意图来讲,并不是他们感兴趣或旨在克服的东西。他们更没有兴趣去推导出一个所谓的“世界国家”,甚至在他们看来,这样一种世界政府的观念是违背他们基本的理论意图的。所以,在康德之前的整个社会契约论传统中,其基本奉行的是这样一个基本结构:从个人的自然状态到各个分离的国家。而这些分立的国家相互之间又处于自然状态。这也是整个威斯特法利亚条约之后整个世界的基本秩序,一直维系到我们现在。但是,在康德这里,他并没有使用从自然状态到国家这样一个模式,而是使用了另外一个词——“法治状态”(也有人把它翻译成“法权状态”)。所谓的法治状态,康德也将其称为“公法状态”,尽管从某种意义上来讲法治状态跟社会契约论者之前说的那个“国家”差不多,也就是说,它们都是对于自然状态的一种克服。但是从另外一个维度看,“法治状态”更为根本,它是对于“所有”存在的自然状态的一种根本性克服。也就是说,它不仅要克服个人与个人之间的自然状态,而且还要克服国家与国家之间的自然状态。所以在康德那里,社会契约论的终点就不能止于国家,而必须要再往上走,要进一步过渡到一种国家间的联盟乃至一种世界公民法。所以公法的秩序就内在地包含着三种形式:一是国家法,二是国际法,三是世界公民法。

第二,康德跟社会契约论之间的第二个根本性差异在于:在洛克或霍布斯看来,人们是基于契约,或者说是基于相互的同意(consent)而形成国家和政府的,换言之,人们同意抛弃他们的自由而进入国家。所以在这里,个人的同意是占据着非常重要的位置的,这也是我们把他们称为社会契约论的根本原因之所在。但是在康德这里,他换了一个说法,这个说法非常重要,这是在他的《法权学说》第40~41节中提出来的,就是私法部分的结尾。他说,从自然状态中走出去进入法治状态,对人来讲是一种"义务"。而且我们甚至有权利将与我们发生实际关系的人强迫他们进入法治状态,即走出自然状态并进入政治社会。所以说,国家和政府的形成,其基础绝不是人们的同意。相反,国家和政府的形成构成了一种施加在人身上的义务,也就是说,人类的理性"要求"或"命令"我们应当这么做。那么这种命令的来源又是什么呢?康德说道,这种命令的来源在于人类理性对于人类基本处境的一种先天的把握:人类被置于一个有限的地球表面,所以人与人之间必然会发生交互的关系,你的一个行为必然会影响到另一个人的行为。只要这种交互的关系存在,就必然会存在一种调整此种交互关系的正当法则。所以也必然需要一个权威对此作出裁决。[20] 因此,国家和政府的必然性内在于理性本身,或内在于人类的基本处境本身。从中我们可以看到,康德法哲学与社会契约论的这个区分清楚地指出了他们所依赖的基本前提的差异:社会契约论必然以预设一个独立的、自主的、作为一个"类主权"性质的个体的存在为前提,而康德则必然需要预设一种人与人之间的先天的交互关系。换言之,他的前提必然是一种超越原子式个人的东西,而这都展现在康德法哲学的精神之中。

四、康德法哲学的精神——自由的法则

在我看来,康德法哲学的精神可以用这样几个概念或观念予以概括:一个是"法则"的概念,一个是"自由"的概念,另一个就是"个体性与集体性的均衡"的观念。

对于自由,人们绝不陌生,在传统的康德解释中,康德哲学被解读成一种自

〔20〕 *Kant's GesammelteSchriften*,6:316.

由的哲学,自由被看作康德哲学的基石。这在康德《道德形而上学》之前的那些著作中都极为明显地体现出来。《实践理性批判》以及《道德形而上学奠基》无不围绕着自由的证成和辩护而展开。同时,在《法权学说》的导论部分,我们亦可看到自由的核心位置。法不是对于任何其他东西的保护,而是对于自由的保护。但是,这种过度强调自由的看法可能会忽视康德对于另外一个与自由具有同等重要地位的概念的强调,那就是"法则"的概念。康德在讨论自由的时候绝不是就自由本身来讨论的,而无不是把它看作一种法则之下的自由。无论是内在的自由还是外在的自由,它都需要法则的约束。自由只有以法则的形式体现出来,才是那种摆脱他律性、摆脱自然之束缚的真正的自由。所以,法则的概念是内在于康德整个道德哲学的。它的主要目的就是摆脱某种偶然性和任意性,从而给予一种具有普遍约束力的东西。所以从另外一个角度来看,法则的概念又蕴含着"交互性"的概念,亦即它不是属于某个单独的个体的,无论这个个体是单个的人还是单个的国家。相反,它是为各个个体所共有的。在此意义上,我们可以看到,那种"原子式的个体"以及与原子式个体存在极相识结构的"主权国家",在康德的整个法哲学和政治哲学中都是被拒斥的。在后期的《法权学说》那里,我们很少看到那个在现代政治哲学尤其是国际法哲学中占据核心位置的"主权"概念。对于康德来讲,这种对内拥有无上权威、在外又不受任何规范约束的主权概念,是一个必须要予以取代的概念。所以,那种仅只依赖自由(或以个体为基础)的哲学是不完整的哲学,它必然需要一种与之具有同等重要性的约束机制,这种约束机制的根源不是其他任何东西,而是自由本身。由此我们可以看到,自由的法则,或由自由内在地衍生出来的法则,是一个我们在考察康德的法哲学乃至他的整个道德哲学时需要给予与自由同等重视的概念。

自由与法则的结合,从另外一个角度看,也可以被看作对于个体性和集体性的一种综合。恰如上面所讲的,康德拒斥那种主权式的个体和主权式的国家。在他那里,个体不是封闭的,而是开放的,他拥有其自身的自主性,他可以通过他自己的行动形塑他自己以及形塑他周遭的世界。但是,他同时也趋向于与他人生活在一起,他对于他自身以及对于其周遭世界的形塑在很大程度上受到他人的影响。他在与他人的共同生活中成为他自己。同样地,就国家层面而言,国家也不是一个绝对的主权体,而是一个相对开放的政治体,它拥有相对的自主性,但同时它也要与其他国家共享一种更高的普遍法则,这个法则就是康德在其《法权学说》的最后部分提出来的世界公民法。

因此，康德对于政治世界的看法在根本意义上建立在他有关人类基本处境的看法的基础之上。在他看来，人必然要生活在国家之中（他所谓的“进入法治状态的义务”），而国家又不可能是单一的全球性国家。而所有这些都根植于人的“非社会的社会性”。这种本性既使人类趋向对于其自身的支配（非社会性）。也就是说，他要把握他自己的命运，他要决定他自己的存在，同时，它也促使人趋向于与同伴一起“进入社会”（社会性）。正是这种既向内又向外的悖论式的倾向，造成了政治秩序中各个层面上的相互均衡的状态：就个体层面而言，它需要一个属于它自己的领域，这构成了所谓的私人领域，同时，他又需要一个与他人共在的存在，而这则驱使人走出去以构成所谓的国家的公共领域。就国家层面而言，每个国家都拥有其自身的独立性和自主性，但同时又要与其他国家共同形成一个国际性的共同体。个体不能被消除而代之以集体或国家，他需要一个自由的私人领域，以便给他一个空间来发展他的自由。同样地，国家也不能被消除而代之以世界政府或世界国家，他需要一个自主的空间来保存属于他自己的那种独特的共同生活形式。个体生活的多样性和集体生活的多样性内在地与这种多层面的均衡秩序勾连在一起。因此我们可以说，康德法哲学的精神就内在于这种以“非社会的社会性”这一基本人类学事实为基础的均衡，这种均衡调和着自由与法则，个体性与集体性之间的内在张力，并保持着这种张力，由此而使人类的历史保持着某种持续的动力。

五、结语：康德法哲学的当代意义

记得几年前在浙江大学的一次法哲学会议上，我碰到日本一位法理学教授金井弘道，在会议间歇，我们不经意间聊了起来。他说他的博士论文研究的就是康德。所以那天我们整个的话题就围绕着康德和他的法哲学。他说日本有很多的康德研究，但是现在也没有看到有比较系统和严肃的讨论康德法哲学的作品。所以，刚开始的时候他感到有些困惑，说为什么要花这么大精力去研究他的法哲学，他的法哲学到底有什么魅力？他的法哲学对于我们现在到底有何意义？我当时谈了两点。在我现在看来，这两点在很大程度上也仍然是我现在关注康德法哲学的基本理由。

首先，康德以异乎寻常的洞见力意识到了一个全球化世界的到来。他认为人类被限定在地球这个表面，会不可避免地发生交互的影响。而这样一种交互的影响要想获得一种普遍的、持续的意义,就必须要受到法的制约,也就是说必须要纳入法权的规范之下。在这个意义上,康德从个人出发,一直到家庭,再到国家(法治状态),再由国家发展到世界的法治秩序,形成了一个整全性的秩序系统。对于这一点,我想,这是近代思想家,诸如洛克、霍布斯、卢梭的思想体系都无法提供的一个全新且切合我们眼下世界之基本局势的视角。所以,不仅是在哲学层面上,甚至包括国际法这样一些具体制度的层面上,康德的这个新的视角都可以为其提供丰富的资源。〔21〕

其次,现代政治学说对于国家的证成很大程度上依赖于"同意"的概念。这一社会契约论传统一直贯穿现代世界对于国家的基本理解——从个人出发,一直到国家。因此,现代政治哲学也一直围绕着个人与国家的二元论展开论述和争辩。但是,康德在这里提出了一个与之不同的非常新颖的视角。在康德看来,走出自然状态进入法治状态不是我们想走出来就可以走出来,不想走出来就可以不走出来的,康德认为"走出自然状态是一种义务",并且人们有权利"强制"他人走出这种状态。这不仅是在个人的层面上,在国际的层面上也可以适用。所以,在康德体系中,像那种"绝对的主权""绝对的个人""绝对的国家"都是被质疑和批判的。他在一个新的视角上试图给出一个多层面的且相互补充和辅助的系统,从而为政治世界提供一种既保持各个层面主体之自主性又保持它与另外主体之间的相互性的均衡体系。〔22〕 从这个意义上讲,这会促发着我们去反思现代政治和社会生活中的一些核心观念:比如,原子式个体、绝对财产权、主权等曾影响着并形塑着现代世界秩序的基本概念。

〔21〕 比如,在 20 世纪 90 年代的时候,Fernando Teson 教授就撰写了一篇"康德式国际法理论"(Kantian Theory of International Law)的长文,后来这篇文章被扩展成一本以康德主义为基础的国际法理论的著作——《一种国际法哲学》,参见 Fernando Teson, *A Philosophy of International Law*, Routledge, 1998。

〔22〕 赫费教授在其《全球化时代的民主》一书中非常敏锐地注意到了康德法哲学中的这一要素,将之以"辅助性原则"予以阐述。参见 OtfriedHoeffe, *Democracy in an Age of Globalisation*, Springer, 2007。

Kant's Philosophy of Law: Structure, Character and Spirit

Wu Yan

Abstract: This paper describes the purpose, the delay and the structure of Rechtslehre and explains the basic arrangement and spirit of it in order to take account of Kant's legal philosophy. In the traditional interpretations of Kant, Kant's scholars often treat the freedom as the sole central spirit of Kant's legal philosophy and the atomic individual as its footstone. But, as soon as we turn our sight into Kant's later work Rechtslehre, we will discover some another principles, the law and the force, that are no less important than the freedom. Then, we will find that the spirit of Kant's legal philosophy is not only the freedom, but also the openness to other people, so they will live together and enjoy their freedom under the general law.

Keywords: Recht　Freedom　Law　State of rule of law

(责任编辑:周晗燕)

论　　文

智能互联网时代网络犯罪治理的伦理构造研究*

王玉薇**

内容摘要：

智能互联网时代网络犯罪伦理治理的问题可被归咎于"自治"功能的不足。就网络伦理子系统对网络犯罪的治理而言，呈现出封闭化、提前化和工具化等新特征。然而随着网络犯罪风险的增多与伦理治理进程的演进，其"自治"功能产生了诸多网络负外部性，其后果直接影响到网络犯罪治理的实效性和合理性，也将从根基上消解伦理自治的合法性基础。鉴于此，从卢曼"系统功能分化"的理论视角看，高效治理网络犯罪的伦理制度路径应是，提升网络伦理的自治能力，加快自我合理性进程的推进；严格拿捏网络伦理自治的内部限度，避免向权力主义寻租；积极探索"准则、市场、代码、法律"各自作用的法治边界，以利于多系统治理格局的形成。

关键词：

网络犯罪　伦理治理　自治　功能　负外部性

一、问题与进路

信息技术的飞速发展与网络社会的崛起把人类带进了崭新的智能互联网

---

* 本文系国家社会科学基金重大项目《涉信息网络违法犯罪行为法律规制研究》(14ZDB147)之子课题二阶段性成果；国家社会科学基金课题《社会治理创新背景下的网络公共领域法治新秩序研究》(15CFX022)阶段性成果；华东政法大学2017年研究生创新能力培养专项资金项目(2017－1－006)阶段性成果。

** 东北林业大学文法学院副教授，法学博士。

时代。相伴而来,传统犯罪突破了现实社会的伦理约束、行政管制与法律规制的强控之网而逃逸到数字化的网络空间并呈现普遍失控的情势,其风险性后果直接威胁到全社会秩序的健康与稳定。这大大增加了网络犯罪治理的复杂性,新问题层出不穷。

从概念界定来看,广为沿用的、早期的网络犯罪采用的是"计算机犯罪"的定义:"利用电子数据处理设备作为作案工具的犯罪行为或是把数据处理设备作为对象的犯罪行为。"[1] 随后,人们又将网络犯罪划分为两大类:一类是将"网络"作为"犯罪对象"的网络犯罪;另一类是将"网络"作为"犯罪工具"的网络犯罪。近年来有学者结合日益发展的大数据技术及"网络"在犯罪中的地位与作用的划分提出网络犯罪的第三种类型:将"网络"作为"犯罪空间"的网络犯罪,如提供犯罪网络平台等。[2] 当下的智能互联网时代,前面所述的三类网络犯罪呈现出三者并存、齐头并进的生态结构,但"空间型"网络犯罪开始增多。而本文所研究的网络伦理治理的对象采用的是广义的内涵,三种类型的网络犯罪均被纳入伦理约束的调整范围。

目前关于网络犯罪治理一个较为普遍的做法是套用线下的传统国家法规则把所有危害后果严重的网络违法行为都当作网络犯罪一律"从严"处罚,如刑法规制、司法制裁等。无疑,此般操作对遏制网络犯罪发展的高压态势起到了立竿见影的效果,但从治理根源看,终究因国家公权力的过度干预而严重侵犯了伦理自治的边界,而使治理行动难以获得体系性支持而陷入了碎片化困境。在理论上,这应该是网络犯罪治理模式如何与时俱进的问题,进一步具体化,网络伦理子系统何以自治、如何演进,相应的制度如何自我进化的问题。基于此,本文以卢曼的"系统功能分化"理论为视角,从"网络伦理"治理的视野对这一问题进行重新审视。

按照卢曼系统功能分化的进路来看,人类社会分化经历了三种模式,即由片段模式到层级模式,再到功能分化模式。依此看来,网络犯罪治理初期采取的是伦理化的片段模式。早期网络社会对应于 Web1.0 技术,互联网只具有"联"的功能,网民同质性较高。这时,网络只具有犯罪"对象"的意义,主要风

[1] 黄泽林:《网络犯罪的刑法适用》,重庆出版社2005年版,第9页。

[2] 参见于志刚:《网络思维的演变与网络犯罪的制裁思路》,载《中外法学》2014年第4期。

险为技术性安全,因而在网络社会中创生出针对“对象型”网络犯罪的伦理约束。到了“网络”作为“犯罪空间”的智能互联网时代,伦理化治理模式在转型升级的过程获得了独立的治理地位并呈现出自治走向,其突出特征便是对网络犯罪进行封闭化、提前化和工具化处理。但随着网络技术的持续更新及网络结构的复杂性演变,网络伦理的“自治”性受到异质性、虚拟性及信息性的巨大冲击,并产生诸多网络负效应,这直接影响到治理的合理性、时效性、规范性。从过程上看,塑造网络伦理秩序的不是法治因素,而是意识形态、互联网商业模式、网络舆论。因此,从未来发展看,应以法治方式推进网络伦理治理结构的转型升级,保障制度构造的自我进化,加快形成多系统治理的新格局。

二、网络犯罪治理的伦理自治走向

目前我国网络犯罪治理的伦理治理进程主要是在网民、互联网组织及网络社区的共同推动下,通过一些共享的伦理原则、道德戒律对网络犯罪行为进行自我约束和预防。为此,主要采取了封闭化、提前化和工具化的网络伦理策略,其目的在于,借助自治功能的实现达到秩序稳定的目标,以利于良好与健康网络生态环境的形成。

(一)封闭化的网络伦理运作

封闭性既是网络伦理系统自我运作的关键要素,也是现代伦理价值实现的必然要求。现阶段网络伦理治理的运行逻辑主要通过道德媒介围绕“善/恶”的二元符码,以“软”自律方式对网络犯罪进行价值引导和规劝。从外部关系看,基于符码的治理沟通产生划界效应,排除“善/恶”以外的第三种价值,因此形成了代码、市场、权力和法律各自作用的边界;从内部关系看,作为两面性都有衔接能力的对称区分,“善/恶”标准可以随社会对网络犯罪认知模式及评价标准的不断变化而相互跨越、相互转换。比如,实施“恶意人肉搜索”的行为可能受到刑法制裁。内外关系的结合共同造就了伦理系统动态的封闭运作。从目前网络伦理治理的价值实践看,基本形成了对良好网络安全秩序的追求、对公正生活的向往及对权利指数的期盼等“善”的伦理预期。相反,散播谣言、恶搞、恶意诽谤等则被视为“恶”的网络不良行为,严重的可能被当作犯罪来进行制裁。如司法实践者普遍认为,“恶意好评”“恶意批量注册”“恶意发帖与删帖”等网络不道德行为完全可以按照破坏生产经营罪裁判,而散播网络谣言的行为则可能构成寻衅滋事。如最高人民法院、最高人民检察院《关于办理利用信息网络实施诽谤等刑事案件适用法律若干问题的解释》第5条第1款规定,“利用信息网络辱骂、恐吓他人……以寻衅滋事罪定罪处罚”。

可以说,在网络空间内“代码”实则成为了网络伦理价值实现的重要保障,体现着设计者的价值导向,也表征着网络犯罪行为规制的基本方向。代码规制认为,代码就是法规,其写手日益成为法规的制定者。他们决定什么是互联网的违约,什么样的隐私应该得到保护,什么程度的匿名应该得到允许,什么程度的信息存取应该得到保证。〔3〕 其突出的特征便是具有自我执行的属性,在这里,“法律创制、法律适用和法律执行三者合一,而且还预设了行为规制、预期解决与冲突解决的分离”。〔4〕 例如,通过云端平台各类常用软件能够在独立的虚拟化环境中被封存起来从而使应用软件不会与系统发生耦合,达到绿色使用软件的目的。除此之外,形形色色的网民自律规范、网络行业规范和网络社区规范均承担了非常重要的治理分工,即便是不成文规则,仍然发挥了较为刚性的软约束效果,奠定了网络伦理自治的合理性基础。它们在“‘硬法’不能即时回应、不能有效规制、不能明辨正当性的条件下,具有构建新制度和新秩序的功能”,因而成为伦理之治的重要基石。〔5〕 从预期看,借助网络伦理的运作能够广泛、有效的约束、监督,警示违法者放弃潜在的网络犯罪行为,进而达到控制网络犯罪整体数量和特定网络安全状态及利益保障的目标。理念上,能用道德、代码、市场等自愿性工具处理的,网络行政和网络法律切勿提前发动。马云旗下的淘宝自身纠纷解决平台2014年解决了710万件纠纷,其中大众评审团机制解决了73万多件。〔6〕

(二)提前化的网络伦理发动

随着云计算、物联网、移动互联网等蓬勃发展,信息网络在现代社会中的作

---

〔3〕 参见[英]詹姆斯·柯兰、娜塔莉·芬顿、德斯·弗里德曼:《互联网的误读》,何道宽译,中国人民大学出版社2014年版,第121页。

〔4〕 陆宇峰:《全球社会的宪法》,载《求是学刊》2014年第3期。

〔5〕 参见马长山:《互联网+时代“软法之治”的问题与对策》,载《现代法学》2016年第5期。

〔6〕 参见胡晓霞:《我国在线纠纷解决机制发展的现实困境与未来出路》,载《法学论坛》2017年第3期。

用日益凸显,顺利实现了由“信息媒介”向“生活平台”的转换,人们的主要网络行为正在从“信息交换”向“内容服务”的转变。[7] 由于技术门槛的降低,在公共空间内滋生了越来越多的网络不良行为,有的甚至还成为了互联网企业内部的潜规则(如制作传播手机恶意扣费程序等)。面对上述网络不良现象,如若不提前设防不仅引发隐私问题、个人信息安全问题,甚至还会影响社会安全和国家安全。如果能及早处理风险,防患于未然,不仅可以使个人信息利益免遭泄露或侵害,还可以避免严重侵害社会安全和国家安全的惨痛代价。上述现象说明社会对不良网络行为的认知模式已经逐渐脱离自体恶的道德评价尺度,不再仅仅评价为是单纯的、个体的不道德行为,而是具有了强烈的社会危害性和法的否定性,从而被调整到刑法禁止恶的类型。《刑法修正案(九)》新增拒不履行信息网络安全管理义务罪、帮助信息网络犯罪活动罪、非法利用信息网络罪。在这三个新增罪名中体现出鲜明的“准备行为实行化(从早打击)、帮助行为正犯化(从重打击)、不作为行为犯罪化(从严打击)”的立法倾向。[8] 刑事立法的新动向把网络犯罪处罚的时点大大提前,其立法的本质目的便是将作为具体网络犯罪上游行为的“帮助”行为、“预备”行为、“不作为”行为提前予以打击,就能够在某些犯罪链的第一个阶段斩断利益链条,消除其经济来源。从网络犯罪的下游看,“控制网民行为能力和终端设备,只要终端设备的创生能力减少,就可能创造出一个安定和谐的网络环境,不良信息会大大减少”。[9] 总体来说,提前化的伦理发动将大大提升对网络犯罪进行防控的效果。

实践中,网络犯罪的伦理策略主要采取了以“风险”为导向的线性预防模式,为了保障信息网络安全的良性运行,并不以实害结果的出现为网络责任承担的必要条件。也就是说,尽管上述网络“帮助”行为、网络“预备”行为、网络“不作为”行为等网络不良行为并不必然会产生危害信息网络秩序稳定的实际后果,但只要对前者造成一定的恐慌或不安,就主张提前发动审查或刑事制裁。一般而言,对网络空间内产生的、可能诱发犯罪的各种信息通常先由互联网服

---

〔7〕 参见郭峰:《三网融合:推动向个人内容服务的演进》,载《中广互联》2010 年第 1 期。

〔8〕 参见刘宪权:《网络时代的刑法应对新理念》,载《政治与法律》2016 年第 9 期。

〔9〕 胡凌:《从“治理软件”到“通过软件的治理”》,载强世功主编:《政治与法律评论》(2012 年第 2 辑),法律出版社 2013 年版,第 228 页。

务平台及网站等网络媒体先行审查。对于管理方而言,为了更好地履行信息网络安全管理的公法义务,一般采取“廉价且粗糙的关键词过滤系统,屏蔽所有包含‘自由’、‘民主’、‘人权’等语词的信息。在接到网民举报侵权信息的情况下,未经核实即直接删除相关信息,这被形象地称作‘先杀死后审问’”。[10] 快播公司最后以传播淫秽物品牟利罪定罪的创新之处在于,“快播公司在明知其软件被大量用户上传淫秽视频并共享的情况下,仍予以放任,导致恶劣影响,因此属于传播”。[11]

(三)工具化的网络伦理功能

在智能互联网时代,随着网络功能的日常化演变,很多的网络犯罪风险都是在各种网络平台的应用中产生的。于是,信息网络安全成为网站治理的重要部分,稳定信息网络秩序也成为网络伦理系统的重要功效。因此,“不仅网络空间内独有的黑客攻击、病毒、恶意软件等成为了信息安全的防范目标,就连一般性的不利于社会稳定的言论与表达也被纳入到信息安全保护体制中。这样,互联网服务者不仅被要求采取严格的安全技术保密措施,而且要实行严格的自我审查制度,以确保信息网络安全”。[12] 就网络伦理系统对信息网络安全风险的预防与控制而言,除了通过前述的网络代码进行直接的日常治理以外,另一普遍的做法是通过“网络管制外包策略”等间接治理方式予以实现的。事实上,以微博、微信等为代表“网络媒介”成为了“被‘强征’的和‘摊派’的网络辅警,在缺乏明示政府补贴的条件下,将审查与删除的成本内化入企业成本,网络媒体必须遵照执行”。[13] 因此,网络伦理的价值导向实则成为了政府网络舆论宣传工作的行政帮手。

详细来讲,从政治分工看,国家将网络安全管理的政治义务通过“外包”的形式转嫁到互联网服务者身上。从政治纲要布局上看,2016年习近平总书记在网络安全和信息化座谈会的讲话指出,“目前我国网络安全形势严峻……做好

---

〔10〕 赵玉林:《构建我国互联网多元治理模式——匡正互联网服务商参与网络治理的“四大乱象”》,载《中国行政管理》2015年第1期。

〔11〕 赵津:《“快播案”的法律适用》,载《人民法治》2017年第2期。

〔12〕 胡凌:《网站治理:制度与模式》,载《北大法律评论》2009年第10卷第2辑。

〔13〕 田飞龙:《网络时代的治理现代化:技术、管制与民主》,载《苏州大学学报》2015年第1期。

网络安全和网络发展协调工作,网站负主体责任”。[14] 具体的内容审查、安全管理、纠纷协商事宜则由微博小秘、淘宝小二等负责执行。如有人违法网站、网络平台或相关法律、法规的义务,可以采取相应的制裁措施,如采取消除等处置措施,也可以驱逐网站、关闭账号等。从本质上看,删帖行为对信息网络言论自由构成了重要限制,是一种配合政府的“间接”治理行为,可谓是一种利益权衡下的工具理性选择。

从互联网服务者的公法义务看,《刑法修正案(九)》第28条(《刑法第286条之一》)新增拒不履行网络安全管理义务罪,将具有现实意义的网络违规行为予以规制,同时明确规定了网络服务者负有信息网络安全管理的主体责任。从积极意义上看,“拒不履行信息网络安全管理义务罪的设立,开创了网络犯罪领域的合作治理,值得点赞”。[15] 我国《刑法》第286条之一规定了互联网服务者需要承担刑事责任的四种情形:“致使违法信息大量传播的”“致使用户信息泄露,造成严重后果的”“致使刑事案件证据灭失、情节严重的”“有其他严重情节的”。其中前两种属于典型的由于不作为而导致信息在网上肆意传播的情形。这就要求网络服务提供者、网络平台直接对自己所提供的服务、所管理的平台中出现的严重危害后果承担刑事责任。譬如,对其用户发布传播的“淫秽”色情信息、“宣扬民族仇恨”信息等应及时删除。

可以说,2017年6月《网络安全法》的正式实施对网络安全管理责任的落实既是监督,也是强化。其中第9条明确规定:“网络运营者开展经营和服务活动,必须遵守法律、行政法规,尊重社会公德,遵守商业道德,诚实信用,履行网络安全保护义务,接受政府和社会的监督,承担社会责任。”整体而言,从网络立法的初衷考虑,即本着没有传播就会减少犯罪风险的想法,试图通过堵死传播路径的方式倒逼网络服务提供者自觉落实安全防护的主体责任,以此来抗拒未来不确定的系统性风险。有关报道显示,腾讯、新浪微博、百度贴吧因违反《网

---

〔14〕 习近平:《在网络安全和信息化工作座谈会上的讲话》,载《人民日报》2016年4月19日,第2版。

〔15〕 李本灿:《拒不履行信息网络安全管理义务罪的两面性解读》,载《法学论坛》2017年第3期。

络安全法》遭属地网信办重罚。[16] 从公民网络权利救济的途径讲,公民个人信息权利保护更有着力点了。

三、自治“失灵”带来的网络伦理负效应

随着智能互联网技术的升级和网络伦理治理进程的推进,网络伦理的自治功能出现了异化现象并产生诸多网络负效应。这不仅影响了网络犯罪治理的实效性及合理性,还制约了法治理念的发展。为此,应该对网络伦理的功能进行正确认识,防止道德权力的滥用,以利于良性伦理秩序的稳定与发展。

(一)封闭运作带来的网络实效性不足

如前所述,我国目前的伦理进程主要是在网民要素、互联网企业要素和网络社区要素的共同驱动下按照道德标准的要求自主完成网络犯罪治理任务的。然而在伦理自治的过程中,由于多项可适用价值的选择也导致了道德扭曲及错位的发生,公共精神被私人利益、商业利益及权力欲望所腐蚀,这大大限制了网络伦理治理的实效性。主要表现在:

其一,网络架构的僵硬化导致网民权利的保障缺位。常理,在智能互联网时代以前,网络社会自律规范的孕育和生成,大多基于网络管理经验、网络行业规律或既有网络商业利益的诉求而制定,因而具有了较强的价值偏好。由于网络架构设计的绝对化,为处于垄断或准垄断地位的互联网企业及互联网服务者提供了获得不当利益的可能和机会。比如,行为人单纯依靠流氓软件很难完成犯罪,很多情况下需要移动服务商的配合或默许。客观上讲,鉴于网络服务商是网络平台的缔造者和管理者的身份优势,“违法违规的SP增值服务已形成一条完整的利益链条,包括恶意代码的编写者、SP增值服务商、SP增值服务推广商和通信运营商,而作为扣费软件编写者的运帷数码集团事先就与通信运营商协定,获得的非法财产三七分成”。[17] 但是,面对此种严重侵害手机用户财产权益的坐地分赃行为,司法实践一般只按普通消费纠纷处理。从纠纷解决的效率局限看,网络纠纷的解决一般通过协商进行处理,通过淘宝争议处理规范进

---

〔16〕 参见任万顺:《腾讯新浪微博等违法〈网络安全法〉被重罚》,载http://tech.ifeng.com/a/20171030/44735017_0.shtml,2017年9月26日访问。

〔17〕 于志刚:《三网融合视野下刑事立法的调整方向》,载《法学论坛》2012年第4期。

行处理的是少数,进入网络司法程序的更是较少。但由于网络平台或商家会利用代码设计者的技术优势垄断话语权及解释权,加上网络伦理本身缺乏像法律条文那样的规范性、稳定性及强制性,因此常常导致消费者或买家对争议的处理结果并不认同。可见,其效力是有限的。

其二,网络组织的商业模式容易助长权力腐败。网络组织借助代码设计者的优势与便利,在履行信息网络安全管理义务时常常以“反政治”安全的名义过度删除、审查或屏蔽关乎自身利益的举报信息和言论信息,其删帖行为所侵害的公民监督权和言论自由权属于公法权利,在诉讼实践和法律文化中往往不受重视,因而严重阻碍了网络公共商谈的进程。更为重要的是,网络服务商日常治理中的私人腐败问题尤为严重。有分析指出,“淘宝小二”花样繁多的腐败形式甚至遍布了整个淘宝系,形成了“反腐败,淘宝亡;不反腐败,阿里亡”的困局。[18]

其三,网络认知观念上的错乱与分化加剧了伦理内部的信仰危机和秩序风险。实践中,互联网企业并不把“外挂代练”“恶意好评行为”“恶意批量注册”等网络不良行为视为不正当竞争;一些小商户也不把恶评、购物拒收等不当攻击行为视为网络非法经营;网民常常借助“突发性事件”不负责地评论、谩骂等。这不仅不会促进有效的网络市场秩序、网络公平竞争及网络公共参与,反而会产生不健康的示范效应,从而形成了一股侵蚀网络伦理道德和价值信念的文化“潜流”,危及全社会的稳定和法治秩序的建立。从伦理逻辑看,没有人会心安理得地从事制造邪恶的事情,可是当期望目标是为了追逐经济利益,或是“为了某种专业性或技术性的身份,以得体的语言来表达,甚至包装得仿佛是为了一桩非常有价值的事业”,[19]这时就“很少有人能够拒绝伟大事业的诱惑,道德错位也就借此而产生”。[20] 更严重的是,普通大众在自以为正确的事业中甚至在伟大的动机驱使下,卷入到违法事件处理当中而不知其所以然。[21] 应当说,这是不正常的、不良的网络价值导向,是网络民主法治进程的最大隐患。

---

〔18〕 参见石雁、杨磊、张淇人:《淘宝腐败黑幕调查》,载《IT时代周刊》2012年第8期。

〔19〕 [美]艾赅博、百里枫:《揭开行政之恶》,白锐译,中央编译出版社2009年版,第21页。

〔20〕 韩志明:《行政之恶的现实经验与治理途径》,载《学习论坛》2013年第3期。

〔21〕 参见白锐:《投射于组织中的人性》,载《公共行政评论》2008年第3期。

(二)提前化带来的网络合法性不足

如前所述,为了应对日益猖獗的平台犯罪、云端犯罪、数据犯罪等新型网络犯罪,网络伦理采取了提前化策略,意图对可能诱发和推动网络犯罪高发的帮助行为、预备行为、不作为行为等网络不良行为提前处理,以期切断上游网络犯罪的产业链。此项伦理决策的价值转向明显跨越了道德调整的自由边界而转向了"公共秩序"及"国家安全"。就伦理子系统对网络公共政策的执行而言,为了保持与国家"政治化"治理策略的一致性,一般会把公共秩序、国家安全、国家利益等价值直接规定在网络协议的具体内容中,并自动设定成底线要求或不准条件。如2014年发布的《即时通信工具公众信息服务发展管理暂行规定》提出了"七条底线"原则。该原则规定即时通信工具服务使用者注册账号时,承诺遵守法律法规、社会主义制度、国家利益、公民合法权益、公共秩序、社会道德风尚和信息真实性"七条底线"。而这里的国家利益、公共秩序、社会道德风尚等要件过于抽象化,容易扩大网络媒介等主体的自由裁量权,会纵容其以政治言论审查的名义压制网络社会的议题结构和公共交往进程。结果,本来应当处于中立地位的网络媒介也挪了位置与国家机关一起站在网络用户的对立面。就本质而言,由于网络社会内部"网络媒体/用户"的严格对立导致了一个规范、自主的网络社会仍未形成。

从网络伦理的内部结构看,互联网企业要素在整个伦理子系统中具有最重要的话语权、立法权、解释权和裁量权。其常常利用平台提供者的身份和商业规则制定的优势地位以及掌握信息资源的便利,通过"强制推送、互粉、取消关注、拉黑、关闭评论等技术设置来确保自身利益最大化"。[22] 尽管普通网民也是网络伦理规范的参与者,但由于信息的不对称和数字鸿沟,在大多数情况下他们只是平台规则和商家游戏规则制定后的认同者、遵守者及规制者,事实上难以形成对平台、商家的规范性制约及有效监督。其实,众多的网民对形形色色的网络巨头"泄密事件"、百度"版权门"事件、谷歌"涉黄门"事件多表无奈。此外,为了提升网络犯罪治理的效率,互联网服务者普遍借助大数据技术,假借"公益"之名设计各种安全软件和APP来为自己的义务履行、责任规避保驾护航。譬如使用低廉的过滤软件、屏蔽软件等无所不容地将可能威胁信息网络安

〔22〕 参见陆宇峰:《中国网络公共领域:功能、异化与规制》,载《现代法学》2014年第4期。

全与秩序稳定的政治言论、自由等一网过滤，尽管表面看信息网络安全治理的效率有可能大大提升，但却因其以牺牲网络言论自由和监督权利为代价，极易诱发网络群体性事件，反向助推网络民粹主义的发展，反而陷入了更加不合理、不公正的深渊。可以说，这些过滤系统、拦截系统就像千千万万个大口袋，无所不包地将危害信息网络安全的信息一网打尽。本质上讲，这样的简单暴力更不可能产生秩序，相反则会成为反向驱动犯罪的理由与借口，成为网络自治秩序稳定的最大潜流。

从网民要素看，网络论坛被同质性的声音所淹没，微信群实际上成为“僵尸群”，普通网民丧失了“公共性”的理性精神，普遍存在“差评”“恶搞”“人肉搜索”“有偿删帖”“谣言”“恐怖”等网络不良行为，一些控制力弱的网民心理极易被扭曲，并患上手机“依赖症”，完全放弃了自己理性反思的能力。归根结底，塑造网络自治秩序的是互联网的技术架构、商业模式、大众传媒，而不是法治因素。

（三）工具化带来的网络合理性不足

网络伦理治理的工具化带来的直接后果便是易使治理目标具有较高的形式性和运动性，使治理行动很容易演变成“业绩工程”。互联网服务商在履行信息网络安全管理义务时，为避免承担监管不力和逃避责任常常过度审查网络内容，并放任结果的扩大化。此种做法极易引发“四大乱象”，即“侵犯公民权利或公共利益参与非法公关，过度审查网络信息以及拒绝遵守业务所在国法规”。〔23〕在“快播”案中，快播平台凭借经济理性的计算与风险评估进行“损失”的衡量与观察，在屏蔽的淫秽信息数量与需要屏蔽的淫秽信息数量上左右摇摆，造成二者间的比例严重失调，其目的在于应付行政机关的检查，达到逃避或推卸关停整顿、退出市场、承担巨额罚单或判刑入狱严重后果罪责的目的。此般工具化操作使网络伦理的自治性精神逐渐走向了自由、民主、法治的反面，反而陷入更加不合理的怪圈。比如“3Q 大战”事件，最后是工信部以行政命令方式责令两公司向网民赔礼道歉。

从表面看，网络伦理的治理沟通似乎因披上了政治权力及合法性的外衣，其正当性和合法性应该更充足了。但客观事实则表明，外部权力干涉已经很难

〔23〕 参见赵玉林：《构建我国互联网多元治理模式——匡正互联网服务商参与网络治理的“四大乱象”》，载《中国行政管理》2015 年第 1 期。

成为网络自治秩序稳定的决定性因素了，政治权力已无力从技术上垄断网络话语权。就网络管制“外包”策略的预期而言，设定网络服务提供者的预先审查和实时监控义务并非全然不妥，但如果导致网络服务提供者的负担过重，必然阻碍网络服务市场的自由发展和创新能力。为此有学者呼吁，“要求企业履行网络警察的义务，这样一个社会分工的错位，最终可能会阻碍甚至窒息整个互联网行业的发展”。[24] 据网贷之家的数据显示，从2016年8月24日到2017年8月16日，有882家平台退出网贷行业，良性退出的停业和转型平台657家，占比超七成，行业自净与良性退出成趋势。[25]

从网络法律的功能层面看，网络立法应为网络伦理的内部分化及不断的再分化提供可资预期的资源和担保，而不是过多的压制或制裁。网络社会的风险是客观存在的，是网络社会生产方式进化的必然结果，并非特定个人或法人行为的结果。要求个人或企业为信息网络社会自身运作所产生的风险承担负责，有“强人所难之嫌”。诚如学者所认为的，如果过分加大网络服务者的安全管理义务，对于维护法的安定性，对于法治秩序的形成可能得不偿失。[26] 从广义上讲，利用信息网络编造或传播虚假信息的行为几乎全部符合扰乱社会秩序的行为特征，这样就难免以“合”法刑事之名行“非法”侵蚀底层网民的正当权益之实，从而陷入了“合法即非法”的现实悖论。例如，全国首例QQ相约自杀案一审判决腾讯公司“不履行监控义务”，就等于要求腾讯公司去主动监控用户的通讯，从而可能造成对公民通信秘密和言论自由的戕害。[27]

四、网络伦理制度的自我进化与功能提升

如上所述，目前网络伦理的“自治”失灵表现出诸多网络负效应，究其根源恰系统的“自私基因”得到了尽情的自我复制，由此不断冲击公民个人信息安全

〔24〕 车浩：《谁应为互联网时代的中立行为买单？》，载《中国法律评论》2015年第5期。

〔25〕 参见陈鹏：《网贷严监管一年：882家平台退出》，载 http://www.bjnews.com.cn/feature/2017/08/24/455430.html，2017年8月24日访问。

〔26〕 参见周光权：《网络服务商的刑事责任范围》，载《中国法律评论》2015年第2期。

〔27〕 法律专家：QQ相约自杀案判决不妥，载《南方周末》官方网站，http://www.infzm.com/content/53315，2018年5月24日访问。

和网络市场秩序,甚至国家公共安全。基于此,高效应对网络犯罪治理的伦理制度应是,提升网络伦理子系统的自治能力,加快自我合理性进程的演进;严格拿捏网络伦理自治的内部限度,避免向权力主义寻租;积极探索"准则、市场、代码、法律"各自作用的法治边界,以利于多系统治理格局的形成。

(一)提升网络伦理的自治能力,促进伦理秩序的自觉演进

其一,加强自律体系和自律能力建设。自律意识不高、私人腐败严重、诚信环境欠缺等是网络伦理自治失灵的重要因素,亟须进行系统化的规则意识培养和自组织能力建设。这就要求做到:在微观层次上,应依法推动和完善网民自律规范体系建设。从保障言论自由和公民监督权的宪法立场出发,主张建立"针对网络媒体及其官方监管者的行为规范与问责机制"。[28] 如推进网络监管依据及监管过程的信息公开,倒逼删帖行为的有因性、规范化、理性化。从中观上看,加强网络自组织能力建设,推动多元化互联网纠纷解决机制的发展。如推进阿里巴巴中国网站交易争议处理规则、支付宝争议处理规则等的规范发展,这是网络伦理主动适应网络社会发展的一项重大制度创新。实践中,淘宝公司设立电子商务纠纷解决机制,组成"大众陪审团"。目前,该公司已建立80万人的"大众陪审员"库,年处理纠纷500万件以上,调解率达97%以上。[29] 从宏观上看,推进网络社区规范体系的建设。以新浪微博为例,出台了三部公约规定:《新浪微博社区公约(试行)》《新浪微博社区管理规定(试行)》《新浪微博社区委员会制度(试行)》。三个文件分别对用户在使用微博可能发生的情况进行详细规定,包括违法违规行为的表现、处罚、救济。如果出现发布不良信息,采取民主投票、案宗公示等方式进行系统化处理。

其二,全面加强对自我规制的规制。提升网络伦理子系统的自我反思能力,这是网络伦理制度自我进化的重要条件。具体要求做到:首先,就国家而言,应该尽到引导义务,允许互联网企业纠正自身的问题。一方面,鉴于"数字执行"的僵硬形式性,政府未来尤其需要审查"互联网企业政策制定的合法性,

〔28〕 田飞龙:《网络时代的治理现代化:技术、管制与民主》,载《苏州大学学报》2015年第1期。

〔29〕 参见余明永、王天喜、刘冬梅等:《"互联网+"语境下商事审判疑难问题研究》,载《法律适用》2017年第1期。

并保障网络用户在线复议的权利”;[30]另一方面,鉴于“网络架构”的绝对性,政府未来应当更加注重“向互联网企业强加架构调整义务,而非继续聚焦于亿万网民的行为控制”。[31] 前项政策审查主要防止互联网企业滥用自我规制权力;后项架构义务优化重点预防互联网企业逃避自我规制的责任,两项工作应该同时展开,从而真正将外部规制的目标理解为促进其自我规制和自我反思的保障,加快伦理制度自我合理性进程的持续。其次,网络组织应强化自我规制能力,充分承认自我规制中的权力并自觉转化为网络管理责任。比如,由运营商自主设置“不良信息曝光专区”和“官方辟谣微博”,其主动抑制虚假信息传播的效率会更高。最后,网民应不断提高自我反思能力,进而拉动政府、法律、互联网企业对网络协议及架构进行自我调整。实践中,京东、高德、淘宝等多家企业对其隐私条款进行自我更新,明确约定了用户查询、更正和删除其个人信息的方式,其治理的可接受更强。

（二）合理厘定网络伦理治理的内部限度,避免向权力寻租

在网络时代下,网络空间的虚拟结合性、犯罪行为的网络异变性、犯罪结果的严重性都极易促使统治者运用传统刑罚触发一切严重网络危害行为的内心冲动,这暗合了我国管制主义的网络犯罪治理模式,对国家公权力的过分倚重,对人的身心完整性和身心健康等网络伦理精神的不断突破。如何确定伦理的内部限度至关重要,这就要求做到:

其一,严格恪守“习惯”适用的法治标准。从未来发展看,法治原则应是伦理化治理模式的主导价值,它全面开启了网络犯罪伦理治理的现代化进程。在此过程中,良俗、习惯等伦理精神逐渐从政治系统中逐渐分离出来并发挥替代性的规范功效。2017年《民法总则》关于“公序良俗原则”内容补充条款的积极目的在于,以“立法”的规范方式明确肯定了“习惯”的独立地位,但这里有一个严格的限制性条件,即不得违背公序良俗。其中,修改后的《民法总则》第10条规定:“处理民事纠纷,应当依照法律规定;法律没有规定的,可以适用习惯,但是不得违背公序良俗。”此处的“但是”,意指“习惯”发生法律效力的标准是双

---

〔30〕 [德]贡塔·托依布纳:《社会宪政:超越国家中心模式宪法理论的选择》,陆宇峰译,载[德]贡塔·托依布纳:《魔阵·剥削异化——托依布纳法律社会学文集》,清华大学出版社2012年版,第154～182页。

〔31〕 陆宇峰:《以社会治理创新迎接法制改革转型》,载《法学》2014年第9期。

重的,既需“符合公共秩序”,也需符合“良俗”精神。这有利于矫正以往的以“公益”之名侵蚀网络基本权利的行为,也利于纠正互联网商业模式形成的违规行为,从本质上促进人权保障的落实。

其二,坚持网络伦理适用的客观化标准。如前所述,为了有效预防网络犯罪风险,信息网络安全成为了网络伦理提前发动的最强理由,诚实信用原则和公认的商业标准成为了司法机关裁判类似案件的主要依据。事实上,无论信息网络安全,还是公认的商业道德在个案判断中均具有较强的主观性,无疑会增加此类案件的认定难度,正确的做法是尽可能促进网络犯罪风险评估标准的客观化,具体而言:第一,对网络公共秩序安全、诚实信用原则的适用不能过度泛化,其认定结果应当解释为一种“物质性”的损害,如生命财产遭受损害等。同时该认定结果不能使一般人感觉到明显突兀,如将网络散播谣言的行为等同于扰乱网络公共秩序,明显超出了一般人的预测可能性,属于明显的突兀。对此有学者建议,“在条件成熟时逐步取消公诉诽谤罪”。[32] 第二,是朝着有利于网民基本权利保障和互联网经济自由的方向评价。就具体的网络行为规制而言,需要判断结果应当属于谁的行为,然后据此判断行为结果产生风险的归因,再按照比例原则在前述归因的指引下,详细分配承担责任的大小,而不能一律把责任都推给网民或网络平台服务的提供者,此种“一刀切”式归责理念应予纠正。例如,全国首例网约车交通案判决平台与乘客各担50%。全国首例QQ相约自杀案判决腾讯公司负有10%的责任。此外,司法裁判者在适用拒不履行安全管理义务罪的过程中应该严格拿捏。一般而言,“预备行为与犯罪参与行为与实行行为相比,在应受谴责程度上具有类型化的差异,除非有特殊的刑事政策需要,不宜将这种原则性的差异做立法上的消除”。[33] 对此应限缩中性业务帮助行为的入罪范围,避免对犯罪预备行为、参与行为作为实行行为的过度规制。

(三)积极探索准则、市场、技术、刑法各自作用的边界

其一,从网络伦理的外部限度看,就是要分别处理好“准则与市场、技术、刑

〔32〕 孙煜华:《网络诽谤罪司法解释的合宪性审视》,载《中国法律评论》2015年第4期。

〔33〕 王志远:《刑法修正案(九)的犯罪控制策略视野评价》,载《当代法学》2016年第1期。

法”各自作用的法治边界。如西谚所云：“上帝的归上帝，恺撒的归恺撒。”其中，刑法以国家权力为保障，准则以社会舆论为保障，市场以利益为杠杆，技术以代码为依托。具体要求做到：第一，准则与刑法的限度。网络社会同时接受准则与国家法律两方面的阳光普照。一方面，从功用上看，一些共享的网络伦理原则、相关的戒律，在无法“可依”“可裁”“可监”的情况下，已经具有了自主建构秩序和民主处理网络纠纷的能力；另一方面，网络空间也绝非法外之地。就外部限度的具体标准而言，属于网络准则自治领域的事务，刑法不应干涉，更不应沦为具体准则的保护工具。如“违反电商平台积分规则的行为、违反网络实名规则的行为、违反网络游戏规则的行为、单纯违反网络诚信原则的行为无须刑法干涉”。[34] 实践中刷单炒信虽然危害也很大，但可以通过民事法律、行政法律等前置性规定即可克制。第二，市场与刑法的限度。一方面，刑法要防范网络金融风险，严厉打击互联网金融犯罪；另一方面，为满足互联网金融市场的合理需要与创新活力，刑法又要保持一定的克制，尤其是网络借贷、非法吸收公众存款等罪的适用范围不应冲动扩张。第三，技术与刑法的限度。通过“代码”能够保护的法益刑法切勿提前处罚。现代的法治理念认为，“法律作为一种社会关系的调节器，应当根据不同社会关系秩序化的难易程度来选择不同刚性程度的法去规范调整，否则会造成法治资源的浪费。对照科学发展与和谐社会的要求，中国的法治化应当重视软法之治，寻求更多协商、运用更少强制、实现更高自由”。[35] 例如，为了遏制“王者荣耀”游戏频发的乱象，腾讯推出健康游戏防沉迷系统可达到预防沉迷游戏的收效。

其二，推进“伦理”与“司法”衔接机制的建立。在智能互联网时代，“国家法律比私人法律数量要少，而且国家法律是用于辅助私人法律的。它的存在是为了更有效便利地创造和实施私人法律及私人选择，其主要目的是阻止潜在违法者侵犯和妨碍人们的日常行为，使人们能够正常地各行其是”。[36] 为此应当允许法院在相关诉讼中审查具体网络协议的合法性与民主性，从而发挥指导个案审判，矫正网络代码合法性缺陷的作用。除此之外，一些重要的网络犯罪案

---

[34] 欧阳本祺：《论网络时代刑法解释的限度》，载《中国法学》2017年第3期。

[35] 罗豪才：《直面软法》，载《人民日报》2009年7月8日，第8版。

[36] 参见[美]罗伯特·S.萨默斯：《美国实用工具主义法学》，柯华庆译，中国法制出版社2010年版，第229~231页。

件的判决思路具有极强的指导意义。大众点评诉百度利用爬虫技术获取用户点评信息案的裁判依据是百度公司大量、全文使用涉案点评信息的行为违反了“公认的商业道德”和“诚实信用原则”，具有不正当性。我国首例大数据引发的不正当竞争案，法院最后判决脉脉经营公司构成不正当竞争，赔偿新浪微博运营商200万元，理由仍然是以违反商业道德之名。各地法院可参考其判决的思路和标准，解决各地已发生类似案件的纠纷问题，以利于网络安全环境的形成和秩序的持续、健康发展。

五、结　论

当下的智能互联网时代，网络犯罪已经成为破坏社会秩序的最重要风险，如何降低网络犯罪风险也成为学界高度关注的热点问题。在现实中，一个较为普遍的做法是套用传统的刑法规则对一切网络危害行为进行严厉制裁，不仅压制了网民的言论自由，还制约了互联网市场的经济活力及创新能力，总体来说，过度加重了伦理自治的负荷。在理论上，这应该是系统理论法学的问题。基于此，本文以卢曼的“系统功能分化理论”为分析框架，基于对我国当下伦理化的网络犯罪治理模式的自治走向及其负外部性的反思，提出智能互联网时代确定伦理治理的内部限度与外部限度的具体标准与原则，并将这些方法运用于一些复杂性的网络案件中。从整体看，经过作者的研究认为，网络犯罪伦理治理的成功经验应是自治功能的提升与自我反思能力的增强，进而可以高效防止因功能负外部性而带来的网络犯罪问题。这需要做到：第一，加强自律体系和自律能力建设；第二，加强“对自我规制的规制”，全面提升网络伦理子系统的自我反思能力。从网络伦理治理的内部限度看，严格恪守“习惯”适用的法治标准，既需“符合公共秩序”，同时也需符合“良俗”精神。在这两条标准的前提下，先根据网络犯罪的类型确定伦理治理主体与责任，然后再根据网络犯罪的客观性物质损失确定具体的责任比例。从网络伦理治理的外部限度看，应立足于法治化的网络犯罪治理模式，积极探索“准则、市场、代码、法律”各自作用的法治边界。总体来看，网络犯罪的伦理治理体系是一个功能分工明确的风险防控架构。理念上，能用道德、代码、市场等自治工具处理的，网络行政和网络刑法不应进行提前监管和制裁。只有前三者处于缺位状态时，刑法才能有选择性地介入。

Research on the Ethical Construction of Cybercrime Control in the Age of Intelligent Internet

Wang Yuwei

Abstract: The problem of cybercrime's governance ethics in the age of intelligent Internet can be attributed to the lack of "autonomous" function. In terms of cybercrime control by network ethics subsystem, the new features such as closure, ahead of schedule and instrumentalization are presented. However, with the increasing of cybercrime risk and the evolution of the governance ethics, the function of "autonomy" produces a variety of network negative externality, which directly effects the pragmaticality and the rationality of cybercrime governance, also fundamentally digest the legitimacy foundation of ethical autonomy. For that reason, from the perspective of Luhmann's "system function differentiation" theory, the ethical system path that effectively controls cybercrime is to improve the capacity of network ethical autonomy, speed up the advancement of the rationality of itself, strictly control the internal limitations of network ethical autonomy and avoid seeking help from power. At the same time, we should actively explore the legal boundary of "norms, markets, codes and laws" to facilitate the formation of multi-system governance.

Key words: Cybercrime Governance ethics Autonomy Function Negative externality

（责任编辑：田时雨）

论认罪认罚自愿性及其保障*

闫召华**

内容摘要：

认罪认罚的自愿性是相对的，具有不同层次、情态和类型。认罪认罚的自愿性既不同于认罪认罚的真实性、明知性、合法性，亦有别于有罪供述的自愿性。认罪认罚的自愿性可以确保程序从简的合法性，增强程序从宽的正当性，强化实体从宽的合理性，并提高有罪供述的真实性。试点地区通过一段时间的探索，已经在自愿性的审查和保障方面取得了一定的成效，但仍然存在自愿性审查形式化、法律帮助效果不佳等问题。从长远来看，选择以权利抗衡与权力保障相结合，而以权利抗衡为主的自愿性审查与保障模式是大势所趋，但受强制性刑事取供机制及刑事诉讼构造的制约，在很长的一段时间内，“权力保障模式”依然会占主导地位。

关键词：

认罪认罚　自愿性　保障模式　深层障碍　完善

在推进认罪认罚从宽制度改革的过程中，认罪认罚自愿性的保障可以说是最为陌生、最为复杂，当然也是最为关键的问题之一。之所以说其陌生，是因为迄今为止《中华人民共和国刑事诉讼法》（以下简称《刑事诉讼法》）中都没有明确出现自愿性的字眼，相关司法解释及《关于在部分地区开展刑事案件认罪认罚从宽制度试点工作的办法》（以下简称《试点办法》）中对自愿性也是语焉不详，对已经习惯了社会本位、义务本位和职权本位刑事诉讼模式的公安司法机关而言，自愿性及以之为基础的制度架构也许意味着一个崭新的话语体系；之

---

* 本文系国家社科基金一般项目“认罪认罚从宽制度实施程序研究”（15BFX072）的阶段性成果。

** 西南政法大学副教授，法学博士，最高人民检察院应用法学研究基地副主任。

所以说其复杂，是因为认罪认罚自愿性概念抽象，影响自愿性的因素又有很多，很难建立客观化的评价标准，即便在美国，虽然已确立认罪答辩自愿性和自白任意性规则近60年，但联邦最高法院对于自愿性的认识依然充满犹疑、摇摆、困惑和反复；而之所以称其最为关键，则是因为，认罪认罚自愿性的引入不仅仅牵涉到从宽从简处理的正当性，还可能意味着对被追诉人意志自由、人格尊严和程序主体性的更多关注，进而助益于现代刑事诉讼理念的建立和我国刑事诉讼方式的转型。

一、何谓认罪认罚的自愿性

认罪认罚的自愿性，从字面意义上理解，就是被追诉人不受任何形式的强迫和干预，在记忆力、理解力等未受伤害的情况下，完全出于自由意志，选择认罪认罚。《布莱克法律词典》就把“自愿的供述”解释为：“在没有任何利益的许诺或者惩罚的威胁，或者任何期望的情况下，自由地给出的口供。”[1]但是，很显然，这是一种理想情态。认罪认罚的自愿性是有限的、相对的。被追诉人做出认罪认罚的选择时受到轻微、适度的心理压迫是难以避免的，不会影响认罪认罚的自愿性。一方面，认罪认罚从宽制度本身就内含着一定的压迫因素，被追诉者认罪认罚就会得到从宽的处理；相反，如果不认罪不认罚，当然就得不到这样的优惠，这在客观上会导致“不配合从严”的“胁迫”效果。另一方面，不管采取何种诉讼构造，在追诉活动中，代表国家的专门机关与作为个体的被追诉人之间不可能完全平等，权力总是占有优势地位，而这必然会压缩权利的自主空间。

认罪认罚的自愿性与认罪认罚的真实性、明知性和合法性紧密联系，唇齿相依，但又各具独特内涵，无法相互替代。首先，保障认罪认罚真实性是认罪认罚自愿性的一个重要价值目标，但自愿的认罪认罚不一定真实，无辜者完全有可能自诬有罪。其次，认罪认罚的明知性是认罪认罚自愿性的前提和基础，没有明知性肯定没有自愿性，但是，有了明知性也不一定确保自愿性，明知性并非实现自愿性的充分条件。此外，尽管认罪认罚的合法性是认罪认罚自愿性问题

---

〔1〕 See Bryan A. Garner, *Black's Law Dictionary*, Ninth Edition, London: Thomson Reuters, 2009, p. 339.

的核心,但二者也有明显区别。采用非法手段或者违反法定程序促成认罪认罚,不一定侵害认罪认罚的自愿性,而依法促成认罪认罚,也未必就有自愿性。

由于自愿性概念比较模糊,我国司法机关在评价认罪认罚的自愿性时,通常青睐一些比较客观化的尺度或标准,比如说,被追诉人是否得到了权利告知,是否得到了有效的法律帮助,等等。这些外在的指标确实能在一定程度上反映出认罪的自觉自主性。但是,认罪认罚自愿与否说到底是一个心理状态问题,虽然探究清楚被追诉人难以捉摸的内心真实想法是不现实的,但撕裂主客观的有机统一,完全忽略被追诉人内在心理因素的考察,无疑也会违背认罪认罚从宽制度的初衷。

被追诉人自愿认罪认罚的动因多种多样。部分被追诉人,完全出于心理排解的需要和心理压力的驱使,主动投案,完全配合,或者被动归案后,完全放弃抵抗心理,主动认罪认罚,从而使自愿性接近于不受外部干预的理想情态。另有部分被追诉人,完全基于"利益算计"而将认罪认罚作为自己与公安司法机关博弈行动中的最优策略,其"自愿性"带有较强的投机性和外部受迫性。当然,更多被追诉人的认罪认罚则处于"自愿性"的中间形态。他们认罪认罚的动机,既有利益得失的考量,又有排解心理压力的需要,既有外部环境的压迫,又有内部因素的促成。不同心理动因的自愿性反映着被追诉人在人身危险性和特殊预防必要性上的差异,进而影响着认罪认罚程序从简和实体从宽的合理性、正当性。公安司法机关在理解和判定认罪认罚自愿性时,充分考虑心理因素,以主客观相统一的标准,才可能更加适当、准确。

需要强调的是,认罪认罚的自愿性不同于供述的自愿性。从《试点办法》《刑事诉讼法》及有关司法解释的相关规定看,认罪认罚的自愿性较供述的自愿性有着更为丰富的内涵,至少包含四个层次:一是自愿如实供述自己的罪行,认罪认罚自愿性包含了供述的自愿性;二是自愿认可"指控的犯罪事实","对指控的犯罪事实没有异议"不能简单等同于"如实供述罪行",它是指对指控意见的认可,追求的是控辩双方对于犯罪认定的无争议状态;三是自愿接受量刑建议,签署具结书,这是认罚的自愿性;四是自愿同意程序简化,被追诉人自愿认罪认罚包含了对诉讼程序简化、诉讼权利适度缩减的认可。

二、为何保障认罪认罚的自愿性

(一)自愿性确保程序从简的合法性

刑事诉讼是国家权力与公民权利关系最为紧张的领域之一。在现代法治社会,对于被追诉人而言,在被控告、限制甚至剥夺人身自由之前,最基本也是最重要的权利就是获得正当法律程序的保护。因此,虽然各国在诉讼目的、诉讼构造上有一定差异,但是,从无罪推定、控辩平衡到不得强迫自证己罪、辩护原则,从对抗制下的交叉询问到审问制下法庭审理的结构原则,这些基本的诉讼原则和程序设置却反映出它们共同的着眼点,即“加强嫌疑人、被告人的防御权,使其尽量获得与国家追诉机关进行理性对抗的机会”,〔2〕进而为解决控辩双方争议的刑事责任问题提供一套正当程序。近年来,我国在《中华人民共和国宪法》和《刑事诉讼法》中写入尊重和保障人权,完善律师辩护和法律援助制度,规定“反对强迫任何人证实自己有罪”条款,建立日趋严格的非法证据排除规则,强调捕后羁押必要性的持续审查,探索人民陪审员制度改革,推行讯问全程同步录音录像制度等,也正是为了强化人权的司法保障,通过程序正义实现实体公正。然而,事实上,上述程序或权利的设定通常是以控辩双方“对抗”的程序模式为前提的。但刑事诉讼的程序模式有很多种,对抗模式也“并不是每一种情形下的最佳程序模式”。〔3〕在自愿认罪认罚的案件中,自愿认罪认罚的事实必然会对着眼于“攻防”的刑事诉讼进程与形式产生直接影响,程序模式势必发生转化。因为,被追诉人一旦选择自愿认罪认罚,接受控方的指控,双方的争议即消除或仅成为有限存在,那些在“争斗模式”中被刻意强调的无罪推定、平等武装、证据排除或使用禁止等就会在某种程度上失去意义,诉讼模式则从“争斗”转变为“协商”或“合作”,刑事诉讼会以“非诉讼”的特殊方式运行。诉讼程序的简化意味着被追诉人程序权利的减让,被追诉人将无法得到那些在对抗模式下防御规则的有效保护,这必须以被追诉人自愿放弃为前提。正如西塞

---

〔2〕陈瑞华:《义务本位主义的刑事诉讼模式——论“坦白从宽、抗拒从严”政策的程序效应》,载《清华法学》2008 年第 1 期。

〔3〕[美]迈克尔·D. 贝勒斯:《程序正义——向个人的分配》,邓海平译,高等教育出版社 2005 年版,序言第 2 页。

罗所言，“本质上正当的行为之所以是公正的，仅在于它是自愿的”。[4] “权利的自愿行使足以确立某个行为或交往的道德可容许性。”[5]但必须指出，自愿性并不能充分保证程序从简的正当性与合法性，因为，“对一个程序的自愿同意并不是程序的正义性的根本基础”，[6]合作模式下的认罪认罚从宽程序要想真正获得合法性，还必须符合最低限度的道德标准。

(二)自愿性增强程序从宽的正当性

对于自愿认罪认罚的被追诉人，一般而言，在程序措施上也可以更加宽缓，尽量采用非羁押化的强制措施，甚至不采用强制措施。这既是刑事强制措施谦抑性和比例原则的要求，也是自愿认罪的逻辑结果。因此，《试点办法》第6条要求：“人民法院、人民检察院、公安机关应当将犯罪嫌疑人、被告人认罪认罚作为其是否具有社会危害性的重要考虑因素，对于没有危险性的犯罪嫌疑人、被告人，应当取保候审、监视居住。”就未决羁押的实质条件而言，自愿认罪认罚可能会直接降低羁押的必要性。除了作为未决羁押前提条件的“犯罪行为的重大嫌疑”外，各国决定羁押时的考量因素会有不同侧重，但通常不外乎两个要件：一是被指控犯罪的性质和严重程度。如果未决羁押与案件的性质和预期判处的刑罚不成比例，不得命令羁押，而当被追诉人具有某些特定重罪的重大嫌疑时，则可以直接命令羁押。二是被追诉人的社会危险性，包括逃跑或隐匿的危险，妨碍查证、掩盖真相的危险，以及威胁社会、再犯新罪的危险等。当然，这两个要件很难分开，在许多国家，涉嫌罪行的性质与情节本身就是确定其逃跑、掩盖真相、再犯危险需要考虑的因素之一。虽然被追诉人未来潜在危险的确定“本质上是一个猜测性的问题”，[7]但是，与被追诉人的性格、前科、过往表现、

---

[4] Cicero, *the Loeb Classical Library*, Volume XXL, *On Duties*, 1.9, Cambridge: Harvard University Press, 1997, p. 29. 转引自王晓朝：《行善与作恶是自愿的吗——柏拉图、西塞罗、奥古斯丁的解答》，载《道德与文明》2010年第4期。

[5] [美]迈克尔·D.贝勒斯：《程序正义——向个人的分配》，邓海平译，高等教育出版社2005年版，序言第6页。

[6] [美]迈克尔·D.贝勒斯：《程序正义——向个人的分配》，邓海平译，高等教育出版社2005年版，序言第7页。

[7] [英]约翰·斯普莱克：《英国刑事诉讼程序》，徐美君、杨立涛译，中国人民大学出版社2006年版，第121页。

家庭及社交情况等因素一样,被追诉人自愿认罪与否与其社会危险性密切相关。自愿认罪不仅有利于控方固定有罪证据,减弱被追诉人妨碍作证、掩盖事实真相的动机,也在一定程度上减少了其逃跑及重新犯罪的可能性。考虑到社会危险性决定因素的复杂性及对裁判理性的尊重,各国刑事诉讼法典中一般并非直接建立自愿认罪与社会危险性的法律联系,但这并不妨碍实践中羁押官员重视自愿认罪情况。事实表明,不管该国有没有确立沉默权,在羁押官员面前选择沉默、否认或者避重就轻并不明智,因为当羁押官员使用模糊标准预测社会危险性时,实质上就是在判断被追诉人是否值得信赖,而不认罪或者不全部认罪将有损于被告人的可信度。特别是在社群主义社会中,国家鼓励被追诉人在自愿认罪的时候要表现出"真诚的悔意",所以自愿认罪总是与认罚、悔罪联系在一起,自愿认罪也被认为是"被告人的道德觉醒",反映了"寻求受害人和社群的谅解"、接受矫正改造并回归社会的期望。〔8〕而出于悔罪的自愿认罪必然大幅降低逃跑、再犯、妨碍诉讼的危险。所以,不难理解为什么最高人民检察院颁布的几个与未决羁押相关的司法解释中,均将自愿认罪、悔罪表现列为评价逮捕必要性特别是其中的被追诉人社会危险性的重要因素之一。此外,自愿认罪还可以通过减少预期惩罚,改变逃跑、妨碍查证、再犯的机会成本,影响采取非羁押措施后的行动策略,进一步弱化被追诉人的社会危险性。〔9〕

(三)自愿性增益实体从宽的合理性

对于自愿认罪认罚的被追诉人在实体上予以从宽处理是认罪认罚从宽制度的内核。它的合理性体现在:(1)自愿认罪认罚降低了追诉成本,节约了司法资源,而从宽处罚则是国家对被追诉人的实体激励。从刑事诉讼中专门机关与被追诉人的互动关系看,对于自愿的认罪认罚予以从宽处理符合社会交换理论,体现司法宽容精神,并能够在整体上提高诉讼经济。社会交换理论认为,"在彼此的交往中,人类往往受到对获得各种类型的社会报酬之渴望的支配,由

〔8〕 陆红、马磊:《中国刑事案件中的认罪与裁决》,载《光华法学》编委会编:《光华法学》(第7辑),法律出版社2013年版,第5页。

〔9〕 参见闫召华:《"从速兼从宽":认罪案件非羁押化研究》,载《上海政法学院学报》(法治论丛)2017年第3期。

此发生的利益交换塑造着社会关系的结构”。[10] 人们追求交往的报酬,并且为了得到报酬而愿意付出报酬,从而使社会交往表现为一个交换过程。而在刑事诉讼中,无论是国家,还是被追诉人,他们的诉讼目标只有通过与对方的互动才能达到,并且需要采取有助于实现这些目的的手段,于是交换就成为专门机关与被追诉人对抗与合作的基础。对于国家而言,虽然不能仅因被追诉人不认罪就加重处罚,但被追诉人自愿认罪认罚毕竟大大节约了国家的追诉成本,作为一种交换,理应通过从宽处理作出奖励性回应。辩诉交易制度的存在,已经使得控辩双方的交换在许多国家日益具有市场形式。国家可以用于交换自愿认罪认罚的“报酬”包括程序利益和实体利益。交换认罪的程序利益,可以是程序的简化,也可以是程序的轻缓化。而在实体利益方面,“有罪答辩会获得比无罪答辩后定罪更轻的判决,是一条根基稳固的普通法原则”,[11] 而大陆法系国家也会对认罪的被追诉人区分情况给予刑罚上的“折扣”或减免。值得强调的是,自愿认罪认罚从宽处理绝非一方利益依赖于另一方损失的零和博弈。被告人以自愿认罪认罚获取量刑折扣,而国家则以轻缓的量刑交换自愿认罪认罚,尽管他们付出的成本和获取的好处不可能完全相同,但双方都能从交换中获益。换言之,自愿认罪认罚案件实体从宽,不仅仅是被告人自愿认罪认罚的报酬,也会给国家带来刑事司法边际成本的降低和法律资源配置的优化。[12] (2)自愿认罪认罚的被追诉人较之于不认罪者,更有可能反映出悔罪心理,表明其特殊预防必要性的降低,“说明被告人很有可能早日回归社会”。[13] 因此,从宽处理自愿认罪认罚者能够实现刑罚法律效果与社会效果的统一。有人担心,如果悔罪就可从轻发落,势必放纵犯罪分子,因为即便言不由衷,但几乎所有自愿认罪的被追诉人都会说“悔罪”。其实,如上所述,这属于自愿认罪的真诚度问题。

---

[10] [美]彼得·M. 布劳:《社会生活中的交换与权力》,李国武译,商务印书馆 2012 年版,第 57 页。

[11] [英]约翰·斯普莱克:《英国刑事诉讼程序》,徐美君、杨立涛译,中国人民大学出版社 2006 年版,第 507 页。

[12] 参见闫召华:《“从速兼从宽”:认罪案件非羁押化研究》,载《上海政法学院学报》(法治论丛)2017 年第 3 期。

[13] [德]托马斯·魏根特:《德国刑事诉讼程序》,岳礼玲、温小洁译,中国政法大学出版社 2003 年版,第 82 页。

认罪认罚的自愿性也是有不同层次的,需要法官在实践中结合全案情况,掌握是否从宽及从宽的具体幅度。

(四)自愿性提高有罪供述的真实性

一般而言,在自主自愿的情况下,无辜者不会自诬罪行。尽管根据英国学者伯特和麦考林等的实证研究,"一些被告可能为了某些附带利益(如判处较轻刑罚)而承认他们没有犯的罪。……18%的被告涉嫌供认他们从未犯下的罪行"。[14] 但是,出现这些特例主要是因为警方的过大压力和不当劝说,或者是不太常见的动机,并不符合"趋利避害"的人类天性。依照美国的传闻证据规则,被告人审判外的自愿有罪供述既可以以"反对方当事人的自认"成为传闻的豁免从而具有可采性,又可以在符合条件时以"不利于己的陈述"成为传闻的例外而获得可采性。虽然两种情形下审判外的自愿有罪供述获得可采性的理论基础不完全一致,但相同点是"一个具有理性之人在明知自己的陈述会使自己遭受不利后果的情况下仍然做出了这一陈述,显然是因为他相信其所述内容的真实性"。[15] 事实上,即便是那些真正的犯罪分子,出于畏罪、侥幸、逆反及一些反常心理的作用和对某些现实问题的担心,"一般都不会供认自己的罪行,除非那些在实施犯罪时被当场抓获的人"。[16] 因此,供述动机必须达到一定的强度,才能克服被追诉者供述的心理障碍,该过程也是一种天然的保障供述真实性、防冤避错的机制。这也足以解释为什么侦查机关总是轻易相信自愿的有罪供述而不去认真审查它的真实性。相反,如果利用酷刑或者其他强迫手段,追诉机关可以得到任何想要的有罪供述。强迫得来的供述也可能是真实的,但由于被讯问者丧失了意志自由,供述真实与否很难判断。可以说,在导致冤假错案的虚假供述中,主要都是强迫获取的有罪供述。当然,上已述及,自愿性与真实性毕竟是两个不同的问题,在审查自愿有罪供述的真实性时,还必须根据个案情况,适度注意其他证据的补强和印证。

---

[14] [英]古德琼森:《审讯和供述心理学手册》,乐国安等译,中国轻工业出版社2008年版,第364页。

[15] 易延友:《传闻法则:历史、规则、原理与发展趋势——兼对我国"传闻法则移植论"之探讨》,载《清华法学》2008年第4期。

[16] [英]弗雷德·E.英博等:《审讯与供述》,何家弘译,群众出版社1992年版,第5页。

三、改革试点中认罪认罚自愿性保障的现状:进步与不足

(一)保障规则

《试点办法》中的很多规定都涉及认罪认罚自愿性的保障问题,各试点地区出台的"实施细则"中又对上述规定进行了一定的补充与完善。概而言之,这些规范性文件中的认罪认罚自愿性保障机制主要由以下几个方面构成:

1. 明确"自愿性"原则,同时将"自愿认罪认罚"规定为认罪认罚从宽制度适用的条件。《试点办法》第 1 条开宗明义,强调只有被追诉人"自愿如实供述自己的罪行,对指控的犯罪事实没有异议,同意量刑建议,签署具结书的",才可以适用认罪认罚从宽制度。同时,其第 5 条强调,公安司法机关在办理认罪认罚案件中,必须坚持自愿原则,确保被追诉人自愿认罪认罚。有关中央司法机关在对《试点办法》的说明中也指出,引导被追诉人自愿认罪认罚,是防范非法取供,确保严格公正司法的需要,也体现出对于被追诉人诉讼主体地位和程序选择权的尊重。随后,绝大多数试点地区颁布的"实施细则"对《试点办法》第 1 条进行了大同小异的解释或重述,并多以专条的形式明确了"自愿原则",比如规定:"不得强迫犯罪嫌疑人、被告人认罪认罚,防止发生无辜者被迫认罪。"同时,在确定禁止适用认罪认罚从宽制度的案件时,也将对自愿性的影响作为一个重要的考量因素。比如,第一种情形即被追诉人"是尚未完全丧失辨认或者控制自己行为能力的精神病人的",及第二种情形未成年被追诉人的"法定代理人、辩护人对未成年人认罪认罚有异议的",实质上都是被追诉人的自主自觉、意思自治的能力上有欠缺,不适宜或必须谨慎适用认罪认罚从宽制度。第三种情形犯罪嫌疑人、被告人行为不构成犯罪的,表面上似乎与自愿性无关,是认罪认罚的真实性问题,但正是由于被追诉人缺乏必要的知识或智力支撑,才对不构成犯罪的行为自愿认罪认罚,属于欠缺明智性的自愿性,当然也不能适用认罪认罚从宽制度。

2. 贯穿各诉讼阶段的权利告知制度。首先,在权利告知的内容上,既包括被追诉人享有的多种诉讼权利,也包括认罪认罚的性质、法律后果,特别是可能的从宽幅度,以及认罪认罚后适用的诉讼程序。其次,在权利告知的时间上,根据《试点办法》的要求,侦查、审查起诉和审判过程中,均应当对自愿认罪认罚的被追诉人及时进行权利告知。试点地区不少"实施细则"还对权利告知的时间

进行了细化,如要求“侦查机关在第一次讯问或者采取强制措施时,应当告知犯罪嫌疑人享有的各项诉讼权利义务,向其送达认罪认罚从宽告知书”;“在侦查过程中,犯罪嫌疑人自愿认罪认罚的,应当告知其认罪认罚可能导致的法律后果”;而人民检察院案件移送审查起诉后,就应当履行告知义务,“告知权利应当在收到审查起诉材料三日以内进行;告知认罪认罚可能导致的法律后果可以在经审查案件有初步意见后进行,对适用刑事速裁程序的轻微刑事案件,也可以在告知权利时一并告知”;审判阶段的告知,应当在“送达起诉书副本时”进行。为了确保权利告知的及时性,《试点办法》还要求,如果被追诉人向看守所工作人员等表示认罪认罚的,有关人员应当及时转告办案单位。再次,在权利告知的方式上,《试点办法》没有明确,口头与书面形式均可。不少“实施细则”中则要求以书面形式进行。最后,在权利告知的主体上,公安机关、人民检察院、人民法院在各自主导的诉讼阶段中均负有权利告知的义务。有的“实施细则”还要求“辩护律师”和“值班律师”也应当主动告知被追诉人的诉讼权利和认罪认罚所导致的法律后果。

3. 法律援助和值班律师制度。为了保障自愿认罪认罚的被追诉人获得有效的法律帮助,《试点办法》第5条从两个方面作出规定:一是如果被追诉人没有辩护人,公安司法机关应通知值班律师,在法律咨询、程序选择、程序见证、程序选择等方面为被追诉人提供法律帮助。法律援助机构既可以在人民法院、看守所设立值班律师工作站,也可以根据司法机关需要及时安排值班律师,形式灵活。值班律师有会见被追诉人的权利。以之为基础,大多数“实施细则”还健全了值班律师提供法律帮助的工作机制,如要求在检察院也设立法律援助工作站,并明确了通知、指派、帮助的流程和时限;充实了法律帮助的内容,如要求向被追诉人说明“量刑规范化相关规定及可能获得的从宽幅度”,“程序简化等诉讼权利克减”及“帮助进行量刑协商”等。有的“实施细则”还拓展了值班律师的权利,如规定值班律师有阅卷权或获得检察院展示证据的权利。而有的“实施细则”直接把“犯罪嫌疑人或者被告人虽然认罪认罚,但是没有辩护人且拒绝法律帮助的”列入禁止适用认罪认罚从宽制度的情形之一。二是要求公安司法机关对应当提供法律援助辩护的,及时通知法律援助机构指派辩护律师,对于不符合应当提供法律援助条件的,告知被追诉人可申请法律援助辩护。为了强化对自愿认罪认罚的被追诉人辩护权的保障,个别“实施细则”将应当通知法律援助辩护的范围扩展到被追诉人可能判处3年以上有期徒刑刑罚的案件。

4. 听取意见机制和具结书的签署。根据《试点办法》第 8 条、第 10 条的规定，侦查机关、审查起诉机关在权利告知之后，应当就事实认定、指控的罪名及法律根据、量刑建议、认罪认罚后的程序简化等问题听取被追诉人及其辩护人或者值班律师的意见，如果被追诉人自愿认罪认罚的，相关意见应当记录并附卷。如果被追诉人自愿认罪，同意量刑建议并同意程序适用的，应当在辩护人或者值班律师在场的情况下签署具结书。同时，大多数"实施细则"要求，人民检察院建议适用认罪认罚从宽制度的案件，必须随案移送"听取值班律师或者辩护人意见的材料"，以及"证明犯罪嫌疑人签署具结书时值班律师或者辩护人在场的材料"。这些材料也是法院审查认罪认罚自愿性的重要依据。除了对这些材料的书面审查，法院在送达起诉书副本和开庭审判时，还有一个不能省略的环节，即讯问被告人"是否自愿认罪认罚，是否明确知悉相关法律后果"，以及"被告人对指控的犯罪事实和证据是否有异议，是否同意检察机关的量刑建议"。个别"实施细则"在听取意见机制的基础上创设了"认罪认罚协商机制"，在犯罪嫌疑人不认罪的某些特定情形下，通过协商，促成自愿认罪认罚，签署具结书。

5. 非自愿认罪认罚的程序转化和自愿认罪认罚的撤销。在审判阶段，经过审查，发现被追诉人违背意愿认罪认罚，或者否认指控的犯罪事实，根据《试点办法》第 19 条、第 20 条的规定，人民法院应当终止认罪认罚从宽制度的适用，转为普通程序审理，并可以不采纳人民检察院指控的罪名和量刑建议，依法作出判决。如果被追诉人对检察机关的量刑建议提出异议的，根据《试点办法》第 21 条的要求，人民法院可以建议人民检察院对量刑建议进行调整，如果人民检察院不调整或者被追诉人及其辩护人对调整后的量刑建议仍有异议的，不再适用认罪认罚从宽制度，人民法院应当依法作出判决。虽然不适用认罪认罚从宽制度，如果被追诉人符合自首、坦白、当庭自愿认罪等条件的，可以适用其他的从宽规定。为了充分彰显认罪认罚的自愿性，有的"实施细则"创立了"认罪认罚撤销机制"，即自愿认罪认罚的被追诉人可以在一审裁判作出前反悔，撤回认罪供述和具结书。对此，司法机关应告知其撤销的法律后果，坚持撤销的，不再适用认罪认罚从宽制度。

6. 强迫认罪认罚的防范机制。《试点办法》及各"实施细则"又主要通过三种途径强化对于强迫认罪认罚的防范。其一，对公安司法机关在办理认罪认罚案件中，有刑讯逼供等强迫取供行为的，规定了相应的法律责任，即构成犯罪的，依法追究刑事责任，未构成犯罪的，给予纪律处分或行政处罚。其二，对于自愿认罪认罚的过程，要求采用记入笔录或录音录像等方式进行证据固定。为确保被追诉人认罪认罚的自愿性，有"实施细则"要求，在侦查过程中，对于犯罪嫌疑人的全部供述（包括首次认罪供述），均应当有全程录音录像等证据材料。其三，强化对认罪认罚从宽的监督制约，认罪认罚案件依然被"置于公检法互相制约的制度框架下"，〔17〕审判机关对认罪认罚的自愿性负有最终的审核责任，而人民检察院对认罪认罚案件诉讼活动负有整体上的监督职责。

（二）实践状况

笔者通过在重庆、广东等试点地区的调研发现，虽然认罪认罚从宽改革试点才刚刚起步，相关规定还比较粗疏，诸多现实问题都没有现成的答案，但是各试点地区在制定《试点办法》"实施细则"的基础上，结合实践，认真研判，边行边试，通过一段时间的探索，已经在自愿性的保障与审查工作方面取得了一定的成效。

1. 在每个认罪认罚案件中基本能够做到全流程的权利告知与听取意见。在侦查阶段，侦查机关通常会在第一次讯问时就向犯罪嫌疑人出示"犯罪嫌疑人权利义务告知书"和"认罪认罚从宽制度告知书"，书面进行权利告知，并由其签署后附卷。在移送起诉前，预审部门一般会再次提审讯问，进行权利告知，确认自愿认罪情况，听取犯罪嫌疑人的意见，并记录在卷。犯罪嫌疑人自愿认罪的情况会在起诉意见书中注明。为了提高适用率，促进自愿认罪认罚，部分侦查机关还在羁押场所针对未决羁押人员进行认罪认罚从宽政策的宣传。此外，侦查机关普遍反映，由于认罚涉及量刑问题，主要由检察机关主导，基本上不会在侦查阶段开展"认罚"的相关工作。

在审查起诉阶段，人民检察院对于可以启动或者公安机关已经启动认罪认罚从宽程序的案件，也会告知犯罪嫌疑人诉讼权利和相关的法律后果，听取犯罪嫌疑人、辩护人或值班律师的意见，并将相关意见附卷。对于自愿认罪认罚情况，起诉书中一般有两种体现方式。一种在表述上较为严谨，首先在案由和案件来源部分写明：本院受理后，已告知被告人有权委托辩护人和认罪认罚可能导致的法律后果，依法讯问了被告人，听取了被告人及其值班律师（或辩护

〔17〕 帅恒：《认罪认罚从宽：一场喜忧参半的司改试验》，载《公民导刊》2016年第10期。

人)的意见,审查了全部案卷材料;被告人同意本案适用速裁程序(或简易程序)审理。同时,在指控的根据与理由部分写明:鉴于被告人自愿如实供述自己的罪行,已签署认罪认罚具结书,可以从轻处罚,建议判处……另一种则表述的非常简单,仅在指控的根据与理由部分注明:鉴于被告人自愿认罪认罚,建议对其判处……检察机关通常将"认罪认罚具结书""值班律师(辩护人)法律意见书"等反映认罪认罚自愿性、真实性的材料附卷移送。

人民法院在受理案件后,通常会在送达起诉书副本等材料时,同时送达权利义务告知书,告知认罪认罚的法律后果。在开庭时,也会讯问确认自愿认罪认罚的情况。通过三个阶段的权利告知,基本能够保证被追诉人自愿认罪认罚建立在明知之上。

但是,在对"听取意见"的理解上,不同试点地区的公安司法机关态度不一。比如,就量刑建议的形成问题,有的检察人员认为,检察机关代表国家拟定了量刑建议,一旦拟定就不能根据被追诉人或辩护人意见任意调整,被追诉人或者同意,或者不同意,同意的则认罪认罚,不同意的,则是认罪不认罚,不适用认罪认罚从宽程序。但也有司法人员认为,推行认罪认罚协商特别是量刑协商有利于充分保障认罪认罚的自愿性,激励那些本来不认罪或者不全部认罪的被追诉人自愿认罪。个别法院甚至正在探索"先定罪、后量刑"的"后置式协商"模式。

2. 以"是否"或"有无异议"式问答作为自愿性检测的主要标准,以讯问与阅卷相结合作为自愿性审查的主要方式。实践中,司法机关在审查认罪认罚的自愿性时通常采用两种途径:一是讯问。法官或检察官在对被追诉人进行权利告知之后,讯问被追诉人是否自愿签署认罪认罚具结书,是否同意适用认罪认罚从宽制度,对指控的犯罪事实有无异议,是否同意适用速裁程序(简易程序或普通程序简化审理),是否得到了有效的法律帮助,对选择认罪认罚及其法律后果是否明知等。统计发现,2017 年 3 月至今,在中国裁判文书网发布的 10,728 份速裁案件判决书中,提及被告人自愿认罪或自愿认罪认罚的有 3191 份,约占 29.74%。而其他判决书中往往以"同意"或"没有异议"表达认罪认罚从宽的自愿性。当然,表达方式的不同与对自愿性的内涵理解有关,但与对自愿性的重视程度没有直接联系,不能说采用"同意"或"没有异议"这种表达方式比明确提到"自愿认罪"就降低了对自愿性审查的标准。因此,有人根据上述表述方式差异进而归纳出某些法院在速裁程序和简易程序中刻意采用了不同的自愿性审查标准是缺乏说服力的。[18] 二是阅卷，审查相关书面材料。司法机关一方面要审查认罪认罚具结书的内容和制作程序是否合乎规定，签署具结书时辩护人或值班律师是否在场并在具结书上签名，确认被告人认罪认罚是在获得律师帮助的情况下作出的自主选择。另一方面，通过阅卷，审查有无强迫取供行为。司法机关通常重点审查被追诉人进入看守所羁押后制作的讯问笔录，结合出入看守所的体检笔录，确定有无刑讯逼供、威胁、引诱等违法行为，办案机关是否履行了告知义务。由于自愿性主观标准的复杂性，以讯问排除“异议情形”，以阅卷排除强迫取供行为，即从反面的一些相对较为客观的尺度评价自愿性，“问题就会简单很多”，[19] 具有一定的现实合理性。

3. 初步建立了值班律师法律帮助机制，辩护律师的参与率也在稳步提升。在我们国家，“很多案件的犯罪嫌疑人都是初中以下的文化水平，这些人对证据法律、司法程序等等的理解很困难”，要加倍小心他们“不被强迫被诱惑认罪”。[20] 对这些人提供适当的法律帮助非常必要。目前，试点地区已普遍建立起值班律师库和公、检、法、司快速联动的法律帮助机制，并在看守所、法院设立驻所律师和驻院律师的情况下，在检察院增设了值班律师工作站，以方便不在押被追诉人现场接受值班律师的帮助，从而实现了认罪认罚案件法律帮助从侦查阶段、审查起诉阶段至审判阶段的全覆盖。实践中，值班律师提供的法律帮助主要包括：提供免费法律咨询和诉讼指导意见；对办案单位提出建议特别是书面的法律意见；依法参与认罪认罚从宽协商；告知被追诉人权利和认罪认罚法律后果；为被追诉人分析犯罪事实、指控罪名和可能的刑罚等。由于适用认罪认罚从宽制度的基本都属于案情简单、事实争议不大的案件，加之被追诉人又认罪，所以，辩护律师的参与率总体上不是太高。据 S 市 B 区统计，认罪认罚案件中，有辩护律师的案件比例约为 20%。但有的试点地区扩大了强制法律援助辩护的范围，参与率就相对高一些。如在 G 市 Y 区，案件进入审查起诉阶段后，若认罪认罚的被追诉人未委托辩护人，如可能判处 3 年以上有期徒刑的，检

---

〔18〕 参见卢君、谭中平：《论审判环节被告人认罪认罚“自愿性”审查机制的构建》，载《法律适用》2017 年第 5 期。

〔19〕 孔冠颖：《认罪认罚自愿性判断标准及其保障》，载《国家检察官学院学报》2017 年第 1 期。

〔20〕 张伟杰：《从宽如何防范“花钱买刑”》，载《工人日报》2016 年 9 月 3 日，第 5 版。

察机关将通知法律援助机构为其指定法律援助律师。为此,该区财政还拨付了100多万元的专项经费,实现了此类案件法律援助律师100%的出庭率。

(三)存在的不足

1. 自愿性的审查形式化。如上所述,阅卷和讯问是自愿性审查的两种主要方式。但事实表明,阅卷中很少也很难发现自愿性问题,而庭审中的自愿性审查也往往流于形式。目前,绝大多数认罪认罚案件都适用了速裁程序或简易程序,如在S市B区,试点以来1180件适用认罪认罚从宽制度办理的案件中,885件适用速裁程序审理,193件适用简易程序审理,速裁审和简易审案件占到了91.35%。实践中,无论是速裁审,还是简易审,均已简化到无可再简的程度。在速裁审或简易审中,经常看到的场景是:公诉人寥寥数语,甚至一言不发,审判人员念稿式发问,被告人及其辩护人答之以“同意”或“没有意见”,反应迅速,惜字如金。特别是速裁程序,庭审时间一般在10分钟以内,甚至可以短至两三分钟。不难理解为何不少法官、检察官也认为这种庭审没有实际价值,应代之以书面审理。而在速裁案件这几分钟的庭审时间里,又有多长时间真正用于认罪认罚自愿性的审查呢?以一个真实案件速裁审的自愿性审查为例。

法官:你对本庭在庭前告知并向你送达权利义务告知书是否清楚?

被告人:清楚。

法官:被告人你对起诉书指控你犯贩卖毒品罪的事实、罪名以及公诉机关提出的量刑建议有没有意见?

被告人:没有。

法官:你是否理解认罪认罚的法律后果?

被告人:理解。

法官:是否自愿认罪认罚?

被告人:认。

法官:你在公诉机关签署认罪认罚具结书是否真实、自愿?

被告人:真实自愿。

本案庭审中,涉及认罪认罚自愿性审查的5组问答从内容上不可谓不全面。但问题是,权利义务告知书和认罪认罚从宽制度告知书的内容是否详尽合理?被告人的选择是否是在获得了有效的法律帮助的情况下作出的?被告人真的理解认罪与认可指控的犯罪事实、自愿与强迫、认罪和认罚的区别吗？被告人在认罪认罚时是否知悉必要的证据信息？被告人理解认罪认罚的法律后果吗？这种机械发问有没有可能发现被告人虽口头认罪认罚但实质上不明知、不理智、受迫的可能性？退而言之，即使法官经过庭上讯问，发现被告人虽然口头认罪认罚但其实不自愿，是否可能、是否愿意拒绝被告人的认罪认罚？如果这些问题的答案有一个是否定的，即便法庭上被告人对法官的讯问都作出完全肯定的回答，这样的自愿性审查也没有触及实质上的自愿性。所以，把认罪认罚的自愿性确立为审理对象只是第一步，[21] 关键还在于如何正确理解自愿性，如何确定适合国情的自愿性审查方式。

2. 法律帮助实际效果不佳。法律帮助是被追诉人认罪认罚自愿性保障的重要环节，但该制度在实践中并未达到预期目的。第一，值班律师定位不明，值班律师是定位为被追诉人的法律帮助者，还是辩护律师？其在提供法律帮助后能否接受委托成为被追诉人的辩护律师？值班律师到底应该享有哪些诉讼权利？其与办案单位是何种关系？对这些问题，公安司法机关包括值班律师自己都不清楚，导致值班律师履职时经常感到无所适从。第二，“值班律师深度参与不足”。[22] 实践中，即便在赋予值班律师阅卷权的地方，值班律师也基本不会进行阅卷等工作，主要是提供一般性法律知识的告知，或者根据被追诉人的主观陈述解答法律咨询。个别值班律师都不清楚自己的工作性质，不理解认罪认罚从宽制度的内涵，也不了解规范化的量刑标准，在被追诉人询问量刑问题时，只是以检察机关的量刑建议笼统回复。根据要求，被追诉人签署具结书时，辩护人或值班律师必须在场，但是值班律师通常不熟悉案情，对被追诉人的个人情况也是知之不多，其在被追诉人签署具结书时，所能发挥的仅仅是见证作用。有值班律师反映：(1) 如果值班律师仅发挥见证作用，社工或者其他公民都可以替代，安排值班律师是不是在浪费司法资源？(2) 值班律师作为一个见证者在场，但并没有也很难发挥实质性的作用，在这种情况下，如果被追诉人签署的具结书存在问题，值班律师是否应承担责任？该承担何种责任？第三，还有值班律师提出，即使想尽职尽责，也有力使不出。因为短时间内很难与被追诉人建

〔21〕 参见陈瑞华：《认罪认罚从宽制度的若干争议问题》，载《中国法学》2017 年第 1 期。

〔22〕 李立家：《我国法律援助值班律师制度的设想与实践——以从刑事案件速裁程序到认罪认罚从宽制度的变化为视角》，载《中国司法》2017 年第 6 期。

立信任关系,再加之部分地区值班律师会见在押被追诉人存在障碍,也接触不到案件卷宗材料,难以提出有价值的法律意见。而被追诉人普遍文化水平低,不清楚程序性质和流程,不在乎诉讼权利,只关心最终量刑问题。第四,值班律师工作动力不足。由于认罪认罚案件数量众多,值班律师的工作量很大,尤其是随着制度的完善,值班律师的工作也开始逐步超出“法律咨询”的范畴。然而,目前值班律师的工作经费是按照“法律咨询”类支出,不到法律援助经费标准的一半,每案次的报酬只有几十元,很难激励值班律师工作的积极性。第五,侦查阶段往往是自愿认罪的起始,审判阶段负责自愿性的最终把关,但目前,《试点办法》并未明确值班律师介入的时间点,值班律师主要在审查起诉阶段介入,侦查阶段和审判阶段参与率非常低。第六,辩护律师发挥的实际作用也不大。由于目前的认罪认罚案件主要适用的都是原来的速裁和简易程序案件,被追诉人对犯罪事实、指控罪名等没有异议,辩护律师提出的辩护意见主要是一些法定或酌定的从宽处罚情节,如首犯、从犯等,但这些情节公诉机关在指控时一般已经予以认定,再提的意义不大。

3. 上诉问题的困扰。提高效率,缓解案件快速增长与司法资源供应不足的矛盾,是认罚认罚从宽制度改革的关键诉求之一。如果被告人选择了上诉,在某种意义上就宣告了程序的失败。从逻辑上分析,被追诉人对检察机关指控的犯罪事实、罪名没有异议,接受量刑建议,自愿认罪认罚,那就几乎不可能再有上诉问题。然而,有些被告人虽然签署了具结书,仍然在法院宣判之后,选择上诉。该问题普遍困扰着试点地区的司法机关,尽管程度不一。有些地方如S市B区,认罪认罚案件的上诉率还在迅速攀升,以往速裁和简易程序案件上诉率平均仅为1%～4%,但认罪认罚案件目前的上诉率竟然达到8%。有些试点法院上诉现象甚至更为突出。调查表明,认罪认罚案件的被告人上诉的原因一般不外乎三种可能:第一,有些案件,一审宣判后,折抵完羁押期限,所剩刑期已经不多,被告人想通过上诉拖延时间,以便在看守所服完剩余刑期,不用再到监狱正式服刑。第二,对于一些一般不适用逮捕的犯罪,如危险驾驶罪,被告人上诉是为了延缓判决生效,变更强制措施。[23] 第三,被告人怀有博取更轻判决的侥

〔23〕 参见解帅、张小旭:《刑事案件速裁程序审级制度建构——以“上诉利益”为理论基点》,载《深化司法改革与行政审判实践研究(上)——全国法院第28届学术讨论会获奖论文集》,人民法院出版社2017年版,第735～736页。

幸心理，利用上诉不加刑的规定，希望在二审中改判更轻的刑罚。第一种和第二种可能性即技术性上诉并没有否定认罪认罚的自愿性。而第三种可能性即博取轻判的上诉，至少在一定程度上反映了认罚自愿性和签署具结书真诚性上的瑕疵，被追诉人内心对量刑建议抱着一种“这样判也可以但轻了更好”的复杂心态。这种类型的上诉现象已经反过来影响到了认罪认罚案件中法院对从宽尺度的把握：对于检察机关提出的幅度型量刑建议，法院由于担心被告人上诉，通常都会按照量刑建议的下限判处刑罚，力求被告人满意。

四、认罪认罚自愿性保障的制度基础与深层障碍

（一）制度基础

就大的制度环境而言，当前，认罪认罚自愿性的保障有很多有利的支撑因素：

其一，我国已确立中国式的“不强迫证实己罪”原则。20世纪80年代，我国签署并批准了《联合国反酷刑公约》，根据该公约第2条的规定，应采取包括立法、司法等在内的一切必要措施，防止出现施行酷刑的行为。1979年《刑事诉讼法》第32条、1996年《刑事诉讼法》第43条均明确要求，公安司法机关应依法收集各种证据，“严禁刑讯逼供和以威胁、引诱、欺骗以及其他非法的方法收集证据”。两法又分别在第10条第3款和第14条第3款赋予了诉讼参与人对公安司法人员侵权行为的控告权。为了进一步遏制刑讯等非法取供行为，2012年《刑事诉讼法》结合我国国情，吸收域外经验，在原来的取证禁止性规定的基础上规定，“反对强迫任何人证实自己有罪”。虽然该法通篇并未写入“自愿供述”一词，但事实上，法治发达国家从废刑讯、反强迫到正式确立供述自愿性规则也不是同步完成的，中间经历了曲折过程，能够规定“不强迫证实己罪”已经标志着我国向确立供述自愿性规则迈出了坚实一步。其实，就刑事司法政策调整的层面而言，从“坦白从宽，抗拒从严”到“宽严相济”和“认罪认罚从宽”，供述自愿性的要求已呼之欲出。

其二，我国已初步建立以排除刑讯逼取的供述为重点的非法证据排除规则。《联合国反酷刑公约》第15条要求，确保酷刑获得的陈述不被援用。因此，从理论上而言，该公约第15条是我国排除非自愿供述的最早的法律根据之一。1996年《刑事诉讼法》修订后，最高人民法院和最高人民检察院在各自的司法

解释中原则性地规定，确认为非法言词证据的，不能作为指控犯罪或定罪的根据。2010年5月，“两高三部”联合发布了《关于办理刑事案件排除非法证据若干问题的规定》，对非法证据的排除从实体到程序方面作了较为详细的规定。2012年刑事诉讼法大修时，以上述规定为基础，用5个条文专门规定了非法证据的排除问题，重点排除刑讯获取的供述。针对非法证据排除规则在实施中暴露出的突出问题，特别是启动难、证明难、排除难问题，党的十八届三中全会和十八届四中全会分别提出严格实行非法证据排除规则以及健全落实非法证据排除规则的制度。为了贯彻中央精神，2017年6月，“两高三部”颁布了《关于办理刑事案件严格排除非法证据若干问题的规定》（以下简称《严格排除非法证据规定》），进一步细化非法证据的范围和认定标准，明确了排除的程序和公安司法机关在排除程序中的职责分工，增强了程序的可操作性。特别是在排除范围上，将违法使用戒具规定为暴力方法，将采用严重威胁或非法拘禁等非法限制人身自由的方法收集的证据，纳入排除范围，并且规定了重复供述的排除问题。更为难能可贵的是，在界定刑讯、威胁时，于“剧烈痛苦”标准之后，该规定同时使用了“违背意愿作出的供述”这样的表述，直接体现出对供述自愿性标准的引入。

其三，我国的刑事辩护及法律援助值班律师制度也在逐步健全。辩护人的有效参与是认罪认罚自愿性保障的关键，特别是在我国，被追诉人法律意识、文化水平普遍较低，而公安司法机关在刑事诉讼中又特别强势。经过数十年的发展，我国的刑事辩护制度日趋完善。2012年《刑事诉讼法》吸收2008年《律师法》中一些进步的理念，凸显了辩护权在被追诉人诉讼权利体系中的核心地位和公安司法机关对辩护权的保障义务，明确了侦查阶段律师介入的辩护人地位，增加和充实了辩护人的各项权利，扩大了法律援助辩护的阶段和范围。该法实施后，辩护人参与刑事诉讼情况尤其是在阅卷、会见等方面已得到显著改善。针对实践中辩护人参与率不高的问题，司法部早在2006年就着手与商务部、联合国开发计划署合作，在河南修武县开展法律援助值班律师制度试点，目前，河南省从“最先试点”到“全面覆盖”，已经形成了一套健全的工作体系，并在向精细化发展。[24] 2010年后，上海浦东区也开始做相关探索。2014年8月，

---

〔24〕 参见王林园：《河南：值班律师制度形成健全体系》，载 http://www.ha.xinhuanet.com/news/20170211/3651089_c.html，2017年8月6日访问。

“两高两部”在印发的《关于在部分地区开展刑事案件速裁程序试点工作的办法》中首次明确提出建立法律援助值班律师制度。2016 年 7 月，“两高三部”《关于推进以审判为中心的刑事诉讼制度改革的意见》再次强调，通过在看守所和法院派驻值班律师，为被追诉人提供法律帮助。据统计，截至 2016 年年底，司法行政机关已在 2000 多个看守所设立了值班律师工作站。[25] 随后，作为保障被追诉人权利的重要举措，值班律师制度被引入认罪认罚从宽制度改革试点。

其四，讯问全程同步录音录像制度日渐成熟。自 20 世纪 90 年代中期，检察机关就开始尝试在职务犯罪侦查讯问中探索全程同步录音录像制度。1998 年《公安机关办理刑事案件程序规定》已经提到，讯问时“可以根据需要录音录像”。1999 年《人民检察院刑事诉讼规则》也提出类似要求，即讯问被追诉人时，可同时采用录音、录像的记录方式。2004 年，公安部首次提出，“要对命案、黑社会性质等重大案件的讯问进行全程录音录像”。[26] 2005 年，最高人民检察院开始着力在职务犯罪侦讯中全面推行全程同步录音录像，并出台了专门的规范性文件。2007 年，“两院两部”在《关于进一步严格依法办案确保死刑案件质量的意见》中规定，讯问可能判处死刑的犯罪嫌疑人，在文字记录的基础上，可以根据需要录音录像。在立足实际、总结经验的基础上，2012 年《刑事诉讼法》根据案件严重程度提出了不同要求，即一般案件，可以录音或者录像，重大犯罪案件，应当录音或者录像。此后，各地开始大力推进相关工作。调研显示，目前，地方各级检察机关和大部分公安机关均已建成了具有同步录音录像功能审讯室的办案工作区，至少在法律要求和硬件配备方面，我国已处于世界领先水平。全程同步录音录像不仅可以规范讯问行为，防范强迫取供，还可为非法供述的排除固定证据，从而为自愿认罪认罚提供有力支撑。

（二）深层障碍

虽然我国刑事诉讼法规定了“反对强迫任何人证实自己有罪”，强化了对于被追诉人辩护权等诉讼权利的保障和主体地位的尊重，强调对于刑讯、严重威

---

〔25〕 参见 2017 年 1 月 14 日全国司法厅（局）长会议记录。转引自程衍：《论值班律师制度的价值与完善》，载《法学杂志》2017 年第 4 期。

〔26〕 周斌：《全程录音录像可让刑讯逼供“见光死”》，载《法制日报》2011 年 9 月 7 日，第 5 版。

胁等非法手段获取的证据的排除,但整体上看,我国的刑事取供机制乃至刑事诉讼方式依然带有明显的强制性,构成了认罪认罚自愿性保障的内在阻碍。具体表现在:

其一,我国刑事诉讼法虽然规定了“反对强迫任何人证实自己有罪”,但在内涵上并非国际上通行的反对强迫自证己罪原则,也未明确要求供述的自愿性或任意性,未确立供述自愿性规则。我国的“反对强迫任何人证实自己有罪”与国际司法准则意义上的反对强迫自证己罪原则有很大不同。立法者只是将该条款规定于证据一章取证的要求和限制规则中,只是作为非法证据排除规则的配套措施。[27] “不得强迫任何人证实自己有罪”的主语是“审判人员、检察人员、侦查人员”。该条款只是对公安司法人员取证行为的规制,只“是对司法机关收集口供的原则性要求”,只是“从原则和理念上进一步强化对于刑讯逼供的严格禁止”,[28] 主要着眼于职权行为的规范性。要求公安司法人员“不得强迫”并不必然意味着被追诉者有权“不被强迫”,因为“强迫”并不止于取证手段的强迫。换言之,在我国,被追诉人目前并不享有完整意义上的“不被强迫”或者“不自我控告”的权利。[29]

其二,未规定沉默权,相反,却规定了犯罪嫌疑人如实回答侦查人员提问的义务。“反对强迫任何人证实自己有罪”入法后,部分学者一度认为我国已在法律上确立了沉默权,至少是“默示的沉默权制度”,[30] 或“中国式的沉默权

---

〔27〕 参见王尚新、李寿伟:《〈关于修改刑事诉讼法的决定〉释解与适用》,人民法院出版社2012年版,第45页。《关于〈中华人民共和国刑事诉讼法修正案(草案)〉的说明》中,立法机关将增加该条款仅仅视为完善非法证据排除制度的措施之一:“为从制度上进一步遏制刑讯逼供和其他非法收集证据的行为,维护司法公正和刑事诉讼参与人的合法权利,有必要在法律中对非法证据的排除作出明确规定。据此,修正案草案在刑事诉讼法规定严禁刑讯逼供的基础上,增加不得强迫任何人证实自己有罪的规定。……”

〔28〕 全国人大常委会法制工作委员会刑法室编:《关于修改中华人民共和国刑事诉讼法的决定——条文说明、立法理由及相关规定》,北京大学出版社2012年版,第45页。

〔29〕 参见赵占坤、梁岩:《“论对不强迫自证有罪”条款的几种误读》,载孙长永主编:《刑事司法论丛》(第2卷),中国检察出版社2014年版,第151页。

〔30〕 何家弘:《中国已确立沉默权制度》,载《人民法院报》2012年8月1日,第6版。

制度”,[31]但这种理解显然有些一厢情愿。就立法背景和目的而言,《刑事诉讼法》第50条之所以采取“犹抱琵琶半遮面”的表达方式以及《刑事诉讼法》第118条之所以保留“如实回答”义务,就是考虑到我国确立沉默权的条件尚不成熟,就是对当前“国情”“民心”的反映。刑诉法再修改的研讨中,学界要求废除“如实回答”义务、确立沉默权的呼声很高,然而,该建议遭遇了来自实务部门的强大阻力。公安司法机关依然习惯于口供中心主义的诉讼方式,作为沉默权主观羁绊的深层逻辑仍然根深蒂固,在这种情况下,即使规定沉默权,也有可能徒具形骸。更何况,保障人权的水平需要与打击犯罪的能力相适应,民众也不能接受不稳定的程序公正。这是立法者在沉默权问题不敢急突冒进的原因所在。“反对强迫任何人证实自己有罪”条款并没有给予被追诉者拒绝回答或保持沉默的权利。相反,“如实回答”义务实质上构成了对拒绝回答或保持沉默权的明确否定。在面对侦查人员的讯问时,除了自证有罪或无罪辩解,至少在法律层面上没有提供能保护被追诉人自由意志的其他选择。因此,“反对强迫任何人证实自己有罪”条款与“如实回答”义务并不矛盾。前者是为了进一步防止和遏制刑讯逼供而对司法机关提出的“一个刚性的、严格的要求”,可以说是“我国刑事诉讼法一贯坚持的精神”。[32] 其针对的主要是强迫取供手段,并没有免除被追诉人接受讯问和如实供述的义务。而后者则要求在回答侦查人员提问时,应根据客观情况,有问必答,不能沉默,也不能说谎。当然,要求被追诉人履行该义务不能借助于“刑讯”等强迫手段。[33] 二者不仅不冲突,反而在“督促主动供述”的立法精神上达成了统一。

其三,我国的非法言词证据排除规则并未将自愿性作为排除的主要标准。非法证据排除规则仅将非法言词证据限于采用刑讯等非法手段逼取的口供和采用暴力、威胁等非法手段取得的证人证言、被害人陈述。即便如此,实施效果也并不乐观。特别是,采取疲劳讯问等变相刑讯或威胁、引诱、欺骗等获取的言

---

〔31〕 万毅:《“论不强迫自证其罪”条款的解释与适用——〈刑事诉讼法〉解释的策略与技术》,载《法学论坛》2012年第3期。

〔32〕 郎胜:《中华人民共和国刑事诉讼法修改与适用》,新华出版社2012年版,第117页。

〔33〕 参见赵占坤、梁岩:《论对“不强迫自证有罪”条款的几种误读》,载孙长永主编:《刑事司法论丛》(第2卷),中国检察出版社2014年版,第155~156页。

词证据很难排除。《严格排除非法证据规定》虽然在排除的非法言词证据的范围上有所细化和扩展，但还是存在不少问题：(1)在细化排除范围的同时，未提及引诱、欺骗所获言词证据的排除问题，可能加剧实践中的诱供、骗供现象。(2)并未将疲劳讯问所获供述等明确列入排除范围。(3)"剧烈痛苦"规则依然是主导的排除标准，自愿性虽有提及但没有独立地位。(4)虽将非法拘禁等非法限制人身自由的方法纳入排除范围，但并未吸收其他司法解释和文件中已经出现的一些严重侵犯被追诉人诉讼权利而应排除证据的情形。(5)重复供述的排除仅限于刑讯逼供引发的。(6)将排除范围内的威胁方法限定于以暴力或者严重损害本人及其近亲属合法权益等严重情形。这意味着，大量非自愿的供述仍然可能成为定案的根据。

刑诉法之所以规定"不强迫任何人证实自己有罪"而非不被强迫自证其罪原则，之所以没有废除"如实回答"义务，之所以将提审犯罪嫌疑人作为审查起诉的基本方式，将讯问被告人作为法庭审理的基础和主线，之所以将非法供述的排除标准要求得如此宽松。正如它既反对有罪推定，也不明确无罪推定，原因之一就是，按照我们的诉讼目的论和价值观，刑事诉讼要"追求客观真实"，而被追诉人则是发现客观真实的重要的证据方法和证据来源。此外，刑诉法之所以通过"如实回答"强调犯罪嫌疑人的配合义务，之所以将"不强迫自证有罪"仅规定为"取证手段禁止"，也是为了让刑罚权实现地更加顺畅和圆满。[34] 一言以蔽之，我国的刑事诉讼依然带有"行政性治罪程序"的色彩，采取的是一种"职权信赖"式的诉讼模式。

当前，认罪认罚自愿性的保障机制，就是在上述"强制型"诉讼机制之下展开的，属于我国"职权信赖"式刑事诉讼模式的一部分。在这种彰显"职权信赖"的刑罚权实现程序中，被追诉人个体权利不仅无法形成对追诉权的反制，其存在和实现都还依赖于追诉权，恰如一个未成年人对于监护人的依赖。被追诉人的人身自由权等实体及诉讼权利虽然也会被关注，但其主体性被忽略，人格尊严权等精神层面的权利被蔑视，即被追诉人很难被真正视为一个具有独立自我意识和人格的诉讼主体。认罪认罚能否换取从宽处理，以及能够换取多大程度的从宽，在当前诉讼模式下，这是一个只有司法机关"综合权衡"后才能回答

〔34〕 参见赵占坤、梁岩：《论对"不强迫自证有罪"条款的几种误读》，载孙长永主编：《刑事司法论丛》(第2卷)，中国检察出版社2014年版，第161页。

的问题。只要不改变诉讼模式，认罪认罚与从宽处理之间就很难建立起自主自愿的交换或者协商关系，因为，总是处于“来源”“方法”“对象”地位的被追诉人缺少协商或交换的资本，[35]而强势的公安司法机关，特别是公安机关和人民检察院，通过未达到“剧烈痛苦”程度的强迫或内在的程序强制就可以维持较高的认罪率，就会缺少在合意程序中获取自愿认罪认罚的动力。由此，“剧烈痛苦”不仅是非法供述排除的标准，也会成为衡量供述乃至认罪认罚自愿性的标准。

五、如何构建认罪认罚自愿性的保障机制

就认罪认罚自愿性的保障模式而言，世界上大多数国家采用的是以权利抗衡与权力保障相结合，而以权利抗衡为主的模式，即赋予被追诉人沉默权、获得权利告知权、要求律师在场权等足以和追诉方抗衡的防御性权利，使追诉方只有两种选择，或者谨守界限，放弃供述，或者以合法的利益，交换被追诉人放弃权利，获取自愿供述。而如上所述，我国无论是对一般案件中供述的自愿性，还是对认罪认罚案件中认罪认罚的自愿性，保障时主要采取的还是权力关照模式，即一方面加强“对审讯权力的控制，在制度层面弱化了审讯过程的强迫性”，[36]另一方面发挥审讯权力的道德自觉，不采用控制被追诉人意志自由的取供手段，保证自愿供述。从长远来看，选择前一种模式应该是大势所趋。但从我国刑事司法的现实条件看，在很长的一段时间内，“权力保障模式”在认罪认罚自愿性的保障上依然会占主导地位。因此，以下关于完善认罪认罚自愿性保障机制的建议也将从两个层面分析。

（一）远期目标：权利制衡为主的自愿性保障

1. 非自愿认罪认罚的防范机制

（1）确立真正意义上的“反对强迫自证己罪”原则，规定沉默权，废除“如实回答”义务。将“反对强迫任何人自证己罪”规定在《刑事诉讼法》总则第一章基本原则部分，甚至可以考虑规定在宪法中。明确任何人没有义务证明自己有罪或无罪，在接受讯问时，被追诉人除了说出自己的身份信息，不需要违背自己

[35] 参见闫召华：《“从速兼从宽”：认罪案件非羁押化研究》，载《上海政法学院学报》（法治论丛）2017年第3期。

[36] 马静华：《供述自愿性的权力保障模式》，载《法学研究》2013年第3期。

的意愿陈述任何事项，除法律规定的少数例外情形，被追诉人无须担心自己的沉默会招致不利的推论。公安司法人员须在每个阶段的首次讯问前告知被追诉人这一权利，否则，获取的供述不能作为定案的根据。只有确立了被追诉人的沉默权，即拒绝回答讯问的权利，才能使被追诉人在说与不说、认罪与不认罪、合作与对抗问题上有选择的自由，才能真正形成“坦白从宽、抗拒无罪、沉默是权”的司法理念。[37] 在法律意义上，认罪的自愿性必须以被追诉人享有认罪与否的权利为前提，而“如实回答”义务恰恰否定了这种权利，所以在“如实回答”义务之下，尽管存在事实上的“自愿认罪”，法律意义上的“自愿认罪”根本就不存在。(2)为在程序上充分保障被追诉人决定陈述与否时的意志自由，在保留现有的强制法律援助辩护规定的基础上，保障每一个未委托辩护人的被追诉人有权申请获得法律援助辩护。并且规定，讯问时被追诉人有权要求自己的辩护律师在场，或者退一步规定，在讯问前或者讯问的间歇，被追诉人有权同自己的律师交谈。(3)确立供述自愿性规则。通过取供手段自愿性的要求及非自愿供述的排除，为被追诉人提供免受强制陈述的特殊保护。将自愿性规定为供述的核心要求和基本属性，改造《刑事诉讼法》第 50 条的禁止性规定，要求不得采用侵犯被追诉人意志自由的措施获取供述。同时，将非自愿性作为供述排除的独立根据，以实现取供禁止与供述排除范围的大致统一。非自愿的供述即便真实，也不能采信，自愿的供述即便不合法，也可以在综合权衡后，采纳为定案根据。

2. 自愿认罪认罚的激励机制

被追诉人一旦选择认罪认罚，就意味着放弃了沉默权等一系列防御性权利，从而也减少了公安司法机关的指控障碍和定罪障碍。不能否认部分被追诉人认罪认罚的动机完全出于心灵救赎等内在心理因素的促动，属于较高层次的自愿性。但是，大部分被追诉人还是理性人，作出这种不利于己的选择完全是出于利益方面的考虑或者利益与心理两方面的综合作用。换言之，公安司法机关必须给予一定的合法利益的激励。各国最常见的自愿认罪的激励措施就是量刑减让。如在英国，为了鼓励被追诉人合作，只要其在罪状认否程序中答辩有罪，法官在量刑时就会从轻考虑。美国《联邦量刑指南》中，也将是否“承认责

〔37〕 参见梁成意：《沉默权入法之证成与自愿供述制度之构建》，载《四川师范大学学报》（社会科学版）2012 年第 2 期。

任”作为一种重要的“调整因素”。[38] 大陆法系国家更是如此。如果说法官的量刑裁量尚难以给被追诉者确定的减刑预期的话，英、美等国的辩诉交易则被认为是激励有罪答辩的最佳设计。控辩双方“协商议价”，被追诉人可通过答辩有罪获得较少、较低的指控或者较轻的刑罚，从而使被追诉人在认罪认罚的选择上更加自由、更加主动。近年来，大陆法系国家借鉴英美经验，也开始创建具有本国特色的“辩诉交易”制度，如德国的“认罪协商”、法国的庭前认罪答辩程序等。反观我国，无论是坦白从宽政策还是认罪认罚从宽制度，以实体从宽激励自愿认罪认罚均是其基本思路。然而，长期以来，是否从宽、如何从宽带有极大的不确定性，缺少一个从宽承诺的兑现机制，被追诉人对公安司法机关从宽承诺不信任，而在强制型取供机制之下，被追诉人在认罪与否问题上又没有多少选择的余地，认罪认罚的自愿性必然成为空中楼阁。调研中发现，公安机关和检察院认为认罪认罚从宽制度反而增加了单位时间内的工作量，因而对适用该制度的态度并不积极。我们认为，导致这种现象的一个非常重要的原因，就是在现有的刑事诉讼方式和取供机制之下，获取有罪供述不存在太大困难，追诉机关当然也就缺少采用协商——这种在他们看来降低身价同时也更加麻烦的取供替代措施的动力。但一旦确立了沉默权，“协商议价”可能就会成为追诉机关主动获取认罪认罚的唯一途径，因此，建立认罪认罚协商制度也将不可避免。

（二）近期改革建议：权力关照模式下的自愿性保障

1. 确保认罪认罚的明知性

自愿性是以明知性为前提的，明知性也是自愿性的应有之义。根据调研情况，对明知性的保障，当前急需做三个方面的工作：一是细化和充实权利告知的内容。很多地方的“权利告知书”和“认罪认罚从宽告知书”对于被追诉人的权利和认罪认罚导致的法律后果的表述都相当粗陋，在权利方面很少涉及关于与认罪认罚自愿性有关的诉讼权利，在法律后果上多简单告知以认罪认罚后从宽处理。这对自愿性的保障而言显然是远远不够的。权利告知书中应强调被追诉人享有“不受强迫证实自己有罪”的权利，“不受刑讯等非法手段”对待的权利，或要求排除自己在刑讯、非法限制人身自由、严重威胁等非法取供手段下作

---

[38] [美]约书亚·德雷斯勒：《美国刑事诉讼法精解》（第2卷），魏晓娜译，北京大学出版社2009年版，第337页。

出的有罪供述及重复性供述的权利。在法律后果上,应在告知从宽处理的同时,侧重告知认罪认罚导致的不利法律后果,包括可能被判处的罪名、可能的处罚、程序的简化及由此带来的诉讼权利的限制等。司法机关还可以告知认罪认罚和不认罪认罚在量刑上的差别即从宽的大致幅度,更有利于促进被追诉人自愿认罪。二是在权利告知的主体上,除了公安司法机关之外,还应该包括辩护律师或值班律师。公安司法机关对于认罪认罚从宽制度的适用,在态度上很难客观,考虑到程序简化,法院一般都会积极促成,而对拒绝认罪认罚的被追诉人,表现出反感、厌恶,而追诉机关要么不适用认罪认罚从宽程序,但一旦选择启动,也都是积极促成的心态。因此,在权利和法律后果的告知上,都"不由自主"地倾向于选择性的告知。而辩护律师或值班律师则可能更多地从被追诉人利益方面考虑问题,在权利告知上也会重视一些防御性权利和认罪认罚后的不利后果,从而弥补公安司法机关权利告知上的偏差。三是尽量保证被追诉人对证据情况的知悉权。被追诉人只有充分了解案件证据情况,才能使认罪认罚与否的选择更加明智。保证被追诉人证据知悉权可以考虑通过检察院的证据展示,或者辩护人或值班律师阅卷后的情况告知两种途径实现。条件成熟后,也可以考虑直接赋予被追诉人阅卷权。

2. 重视法官对自愿性的综合审查

较之与追诉机关,法官对于认罪认罚自愿性的司法审查具有天然优势和法理基础,但目前通过法庭上的简单询问这种形式化的审查很难满足自愿性保障的要求。要想做到对自愿性的综合实质审查,至少应当考虑:(1)增强自愿性审查的程序独立性。开庭后,法官对于认罪认罚自愿性的审查应当在一般性的身份查明、合议庭组成、权利告知后单独进行,应当把自愿性审查作为认罪认罚案件庭审的独立环节,特别是在适用速裁程序和简易程序的案件中,应把认罪认罚自愿性的审查作为庭审的核心任务。而且,如上所述,认罪认罚的自愿性与供述的自愿性尽管联系密切,但却不是同一个问题,认罪认罚的自愿性内涵更加丰富,不能以供述的自愿性审查替代认罪认罚的自愿性审查。(2)在审查标准上,应当适度关注内在的自愿性。在自愿性的评测标准上,既有一些外在的、相对客观的标准,也有一些内在的尺度。尽管采用外在的标准,如公安司法机关是否采用了强迫取供手段,是否尽到了权利告知义务等,更加简便可行。但外在标准不足以反映出自愿性的不同情态、不同层次,甚至都不一定反映出是否自愿。因此,完全忽略内在的、主观性的评价标准是不可行的。法院在审查时必须结合阅卷、讯问、询问和释明，综合考虑被追诉人案后表现、前科情况、被害人意见、本人性格等因素，评估其人身危险性和特殊预防必要性，进而衡量其认罪认罚的动机，以主客观相统一的标准，审查自愿性。(3)在审查方法上，以自愿性辅助判断真实性，以真实性印证自愿性。虽然自愿的供述不一定真实，真实的供述也不一定是自愿作出的。但是，毕竟自愿的供述大多数情况下更加可信，而《试点办法》对于认罪认罚从宽制度适用条件的要求之一又是“自愿如实供述自己的罪行”，即如实供述是认定自愿性的基础，因此，与真实性审查相结合，可以使法官更加全面、更加准确地把握自愿性。

3. 增强协商因素，减少程序的内在强迫性

刑事诉讼程序带有一定的强制性是难免的。但是，我国的刑事诉讼模式和取供机制的强制性更为明显。在认罪认罚从宽制度的适用中，公安司法机关占据主导和优势地位，而被追诉人只能被动适应权力机关的程序安排。比如主流的观点依然认为，是否认罪认罚由被追诉人自愿选择，但是否从宽决定于司法权力的裁量权力；部分检察官提出，虽然在形成量刑建议时可能听取被追诉人及其辩护人、值班律师的意见，但后者的意见仅供检察机关参考，并不能左右量刑建议。公安司法人员的这种“盛气凌人”本质上是由我国的刑事诉讼模式决定的，这种内在的强迫性很容易压垮被追诉人在认罪认罚问题上的自由意志，所以可以考虑在认罪认罚从宽制度中有条件地引入协商程序。主要是对于部分不认罪的案件，通过协商，给予被追诉人一定的量刑折扣，督促其自愿认罪认罚。对于这些本来需要主要借助程序强制才能获取供述的案件转而采取协商方式解决，认罪的自愿性必然有所提高。但是，需要注意的是：(1)在取供机制未转型之前，并不是所有案件都需要协商，协商可主要适用于传统取供机制不能奏效的案件中。(2)协商也必须建立在事实基础之上，协商只是降低了取证成本和证明案件事实的难度，并未降低认罪认罚案件的证明标准。公正依然是我国刑事诉讼基础性的和首要的价值目标，必须在保障公正的基础上追求效率。(3)在被追诉人已经认罪(未通过协商)的情况下，单独进行量刑协商以促成认罚的必要性需要进一步研究。认罪协商中是以认罪认罚、程序简化交换实体从宽。而单纯的量刑协商，其实就是以程序简化交换实体从宽。但是，认罪本来就可以依法从宽处理，符合条件的，也可以直接适用快速处理程序，协商有何意义，再为此在量刑上另打折扣是否合理，这些问题尚需思考。(4)个别地方探索的庭审阶段的“后置式协商”模式弊端明显：一方面，法官强烈的程序倾向

很容易压迫认罪的自愿性；另一方面，在合议庭确认犯罪事实成立且被告人自愿认罪的基础上，再由控辩双方就量刑部分进行协商，被告人当庭签具结书，检察院提量刑建议，法院审查后再在协商范围内裁决，这无疑是“自作多情”，舍近求远，自找麻烦。减少上诉率这一条理由显然不足以论证其正当性。

4. 完善被追诉人的诉讼权利，强化认罪认罚自愿性的程序保障

具体而言：首先，确保被追诉人获得实质性的法律帮助。目前，全面推行强制辩护不太现实，但考虑到协商机制的要求，可探索适当拓展法律援助辩护的范围，提高辩护律师在认罪认罚案件中的参与率。值班律师仍应定位为被追诉人的法律帮助者，不同于辩护律师。但是，应当进一步充实值班律师的权利，赋予其阅卷权、程序建议权、参与认罪协商权，明确值班律师的义务，特别是诉讼权利和认罪认罚法律后果的告知义务。通过培训帮助值班律师了解常见案由的规范化量刑标准，建立健全值班律师的工作机制和服务流程。提高值班律师的薪酬标准，调动值班律师工作的积极性。在条件成熟时，可以尝试推行值班律师见证讯问制度。其次，全面推开认罪认罚案件的全程录音录像制度。尽管实践中存在选择性录制、选择性提交等问题，但不可否认，全程录音录像仍是限制讯问权，防范强迫取供，保障自愿认罪认罚的有效举措之一。通过记录讯问过程，特别是被追诉人陈述的内容及陈述时的动作、神态等，不仅可为追诉方证明认罪认罚的自愿性提供证据，也能为司法人员审查认罪认罚的自愿性提供材料支撑。考虑到讯录分离、客观录制的要求，侦查及审查起诉阶段的权利告知、认罪认罚协商、具结书签署等关键环节应尽量在看守所讯问室进行，看守所负责同步录制整个过程。再次，强化对非自愿供述的排除。近年来，采用“刑讯”等“硬强迫”取供手段的越来越少，但侦讯实践中疲劳讯问、骗供诱供等“软强迫”取供手段还比较常见。这些手段在某些情况下足以压垮被追诉人陈述时的自由意志。非法证据排除规则虽然没有明确规定通过这些“软强迫”手段获取供述的排除，但也并不是一概不排除。需要法官在个案中，区分情况，灵活判断。法官在判断时，除了考虑“痛苦”程度外，还应该更加重视“自愿性”标准，对通过“软强迫”获取的供述，以是否自愿作为排除与否的决定性因素。最后，合理规制认罪认罚后的反悔。被追诉人有权反悔也是认罪认罚自愿性的要求之一。但是，考虑到秩序、效率等诉讼价值的要求，必须对反悔权设置一定的限制。原则上，在法庭对认罪认罚自愿性的审查程序结束前，被追诉人可以撤销认罪认罚，无须说明理由；而在法庭的自愿性审查程序结束后，再申请撤销认罪

认罚的,必须说明理由,理由正当的,才准许撤销。撤销认罪认罚后,检察机关可以重新提出量刑建议,被追诉人在认罪认罚程序中的供述及相关材料不应当作为定案根据。一审判决作出后,被追诉人有权提出上诉。但是,考虑到权利义务相一致及契约原则,被追诉人上诉视为撤销认罪认罚,二审法院审理案件时不受原检察机关提出的量刑建议的限制,可能加重对被追诉人的处罚。此种情形可规定为上诉不加刑原则的例外。

On the Voluntariness of Pleading Guilty and Accepting Penalty and Its Guarantee

Yan Zhaohua

Abstract: The voluntariness of Pleading Guilty and Accepting Penalty is relative and can be divided into different levels and types. It is clearly different from the authenticity, knowingness or legality of Pleading Guilty and Accepting Penalty, and is other than the voluntariness of confession. The voluntariness of Pleading Guilty and Accepting Penalty can make sure of the legality of simplifying procedure, increase the righteousness of procedural leniency, strengthen the rationality of substantive leniency and enhance the authenticity of confession. In the pilot regions of Giving Leniency for Pleading Guilty and Accepting Penalty, the guarantee system of the voluntariness of Pleading Guilty and Accepting Penalty has not been fully developed while it has been taking into practice to some extent. It has been an irresistible trend to construct a voluntariness review and guarantee mode which mainly based on right check and balance mechanism in the long run. However, in China, owing to the restriction of the mandatory interrogation mechanism and the criminal procedure Structure, Power Care Model will occupy a leading position for a long time to come.

Key words: Pleading guilty and accepting penalty　Voluntariness　The mode of guarantee　Deep obstacle　Perfection

（责任编辑：胡宗金）

经济法作为社会法的属性讨论

张世明*

内容摘要:

经济法与劳动法的关系、经济法在法律分类中所处的位置等,均是经济法在最初发展阶段被广泛思考的问题,对于推进对经济法的认知大有启益,迄今反思这一问题仍然是经济法学理论研究不容忽视的关键所在。民国时期学者就继受德日学说,将经济法作为社会法的组成部分,由此廓清民法、行政法与经济法之间的关系,证成经济法作为部门法存在的合法性。社会法所谓的"社会",自始就有"部分社会说"和"全体社会说"两种认知取向。目前,经济法学界关于经济法属性的争论,仍然与这种社会观有关。在实现社会实质公平方面,经济法的积极平等观与社会法的消极平等观相互协调。所谓社会本位的法律,不过是权利本位法律的调整。其基础还是权利,仅是有目的地予以限制而已。其法律的目的虽转向增进社会大众的生活,但着手处仍是在保护个人权利。

关键词:

经济法　社会法　社会本位　权利本位

在资本主义发展初期,法律偏重于个人主义。个人本位推其极端而陷于唯我主义,社会几为一种以弱肉强食为天则的霸道秩序。19 世纪,资本主义国家贫富悬隔,怨愤抑塞之气遍于社会,劳动者以资本家为仇敌,资本家以劳动者为奴隶,二者之间的冲突有滔滔不可抑遏之势,社会主义运动狂飙突进。西方列国亟求调和改革的手段方法,一方面改良资本主义的法律,使之适合于垄断金融资本主义的新形态,若导川之浚泄,使不至于决堤溃防;另一方面又以社会政

* 中国人民大学法学院教授,博士生导师。

策的理论,构成新学说和新立法,以示惠于普罗大众。在法律方面,个人主义、自由主义的法律失去绝对性之后,社会本位的法律渐次抬头,法律社会化的口号不胫而走,风靡一时。这种变迁乃启端于“一战”结束之际,使资本主义社会的法律和法律学展开了一个新局面,强调国家的法律不应是为保护某一阶级的利益而压迫和剥削其他阶级,应当谋全体社会的福利,改良法律,使之合于社会化,同时根据当前的社会情况,创造合于社会化的新法。〔1〕 因人类是应共同社会生活的,只有彼此互助,才能维持各人的生活,所以必须承认每个人有最低限度的“生存权”。先前以保护个人利益为本旨的法律得以相当地修正,关照全体社会的利益。〔2〕 自由资本主义所推崇的“个人至上”的信念不断遭到修正,其原有的势力范围也逐渐被垄断资本主义所信仰的“社会本位”思想所取代。社会本位的法律化分别通过两种方式对法律体系进行改造:一是在既有的部门法之内进行微调,在不违背原有理念的基础上设定例外条款;二是在传统体系之外另起炉灶,建立新的法律门类。毋庸讳言,民法城堡以市民社会为基础,刻意绕开了国家权力,巧妙地为私法自治开辟了“世外桃源”,但现代民法已经很难维持以往的纯正私法品质。“私法社会化”这一表达属于私法内生性的变革,意在矫正19世纪立法过分强调个人、权利而忽视社会利益的偏颇。不过,在现代民法中,社会公共利益原则在民法上的确立只是对传统民法原则的修正而不是背弃,并未超出私法的边界而发生质变。传统的民商法虽然进行了旁敲侧击式的社会化法制调整,但没能把社会整体利益作为自己的法益目标,其以个人利益为本位的立法指导思想一仍旧贯;“在民法慈母般的眼睛里,每个个人都是国家”,〔3〕是民法的基本理念。社会既非利益主体,更不是权利主体,所有民事权利仍被个人和法人等瓜分殆尽,所谓的社会公共利益在民法中乃空洞之物。当然,要使私法放弃自己的原则,将社会作为一个独立的法律实体看待,这既非私法力所能及,亦不是其分内之事。社会权利和社会公共利益只能在传统部门法之外寻觅自己的栖息地。

〔1〕 参见倪克宽:《二十世纪法学思潮之动向》,载《东方杂志》1936年第33卷第22期。

〔2〕 参见倪克宽:《二十世纪法学思潮之动向》,载《东方杂志》1936年第33卷第22期。

〔3〕 [法]孟德斯鸠:《论法的精神》,张雁深译,商务印书馆1981年版,第190页。

随着资本主义经济的迅猛发展,为了维持自由资本主义经济原有的市场经济的自律性,同时也是为了维护社会的稳定、保护一定的社会公共利益,以及调和各种社会利益矛盾和冲突,西方资产阶级国家开始积极介入社会的经济生活,由此出现了各种表现为国家积极而又全面干预经济的现象。由于国家的基本职能发生了根本性的变化,以及国家介入和干预市场经济生活的深度和广度的不断加大,公法对市民社会的渗透和干预成为普遍的现象。即使在传统私人经济生活的自治关系中,也出现了由国家或社会予以调整的法律规范,即社会立法和经济统治立法现象。鉴于这些新的立法在运用行政手段对本属私人间的社会关系予以“公”的介入,既有别于传统的私法精神,亦不同于传统意义上的公法结构,形成了介于公法和私法之间的“混合体”,在既有的市民法体系的框架内已不能对其作出恰如其分的说明,学者们遂称为独立于私法和公法两大法律体系的“第三法域”,名曰“社会法”。经济法与公、私法的关系,经济法与劳动法的关系,经济法在法律分类中所处的位置等,这些均是经济法在最初发展阶段被广泛思考的问题,综而言之,即关注经济法内涵与外延的界定问题,这是任何一门学科在“开疆拓土”“生根发芽”时所必须首先解决的基本问题。其中经济法与社会法之间的关系问题是当时研究中不可回避的重要问题,对于推进对经济法的认知大有启益,迄今反思这一问题仍然是经济法学理论研究不容忽视的关键所在。本文不揣浅陋,略陈管见,尚祈方家教正。

一、民国学者对经济法与社会法关系的探讨

社会本位作为与个人本位相对称的概念在清末就见诸时人论著。[4] 民国时期的学者受到当时盛行的狄骥社会连带主义、庞德社会利益法学的影响,普遍认为社会已经是限制权利的时代,只有社会利益才是法律架构的中心,视社会本位为当代的主流。在法国公法学家、政治理论家莱翁·狄骥的“社会连带主义”思想正逐步为世人所接受之际,史尚宽正在法国留学,耳濡目染了狄骥的思想学说,“国家利益”优先、“社会利益”至上理念潜移默化地在其脑海中继受,后来演变为民国民法典中的“社会本位”思想。国民政府时期,社会本位已然成为政府立法的目标。“吾国以前私法,多为前清草案,直接继受外国个人主

〔4〕 例如,佚名:《平等自由之界说》,载《东方杂志》1905 年第 2 卷第 11 期。

义之法律,不足以适应现代之潮流。立法院除编纂《新民法》外,并同时遵照国民党政纲起草《土地法》《劳工法》。……凡此劳工立法、土地立法之趋势,不独吾国为然,而在施行社会主义或社会政策之国家,尤为显著。"[5]胡汉民在致力于南京国民政府初期的法制建设工作的同时,积极对立法和司法实践中所存在的重大法学理论问题进行探讨,留下了三民主义立法理论方面丰富而有价值的文字资料。胡汉民所极力阐述的三民主义立法思想,胥不外乎社会本位的立法思想。胡汉民剀切明了地指出:三民主义是"一切建国工作的最高原则","离开三民主义不能立法"。"三民主义之立法,以整个社会为单位,认定社会之生存关系为连带关系","对于一切经济问题则以调和方式解决,不应人为地扩大阶级之间的矛盾",以求整个民族、民权及民生问题之总解决。从社会"协动关系"的角度出发,胡汉民力倡对个人主义的私法原则进行改造,认为个人利益为本位的法是"霸道",而以社会利益为本位的法则是"王道"。一方面,历代制礼立法,完全立于家族制度基础之上,公法与私法常易相混,私法每纳于公法之中。而三民主义立法,则以保障民族精神、发挥民权思想与企求民生幸福为中心,不独严于公法、私法之辨,且将法的基础置于全民族之上。另一方面,三民主义之立法又与欧美之法律思想各殊。近代欧美各国立法之基础,俱以个人为本位,根本上以个人为法律对象,认定个人拥有天赋的权利、不可违反的自由。虽至20世纪之初,立法趋向转变,法律对象由个人移至社会,然多数仍因袭昔日以个人为本位的旧观念,只注重个人与个人间权利和自由的界限,却殊不思个人以外还有其他社会的利益。[6] 社会的存在绝不是专为许多个人,社会的公益必须尽力提高,三民主义立法是要创造能够实现公共幸福的法律。按照其解释,之所以采用社会本位,是社会进化法则的要求,与社会发展相适应。准此而言,社会本位法律就不仅仅是好的,而且是不得不采取的一种立法主张,并且在一定程度上就等同于正当或好。这种论述本身,即在于证明国民党政府立法的先进性和正当性。

国民政府法律界的另一位重要人物居正从1932年到1948年担任国民政府司法院院长达十六年半,和胡汉民一样是社会本位立法思想的坚定服膺者,

---

[5] 谢振民编:《中华民国立法史》(上),中国政法大学出版社2000年版,第21页。

[6] 参见胡汉民:《社会生活之进化与三民主义的立法》,载中国国民党中央委员会编:《胡汉民先生文集》(第4册),台北,"中央"文物供应社1978年版,第798页。

声称：我们如果以“社会本位”为指全世界而言，那么，我们现在又还没有进入世界大同的境地，即如关于经济的立法，我们是一个产业落后的国家，便须酌量采取保护政策，而不能侈言自由贸易。因此，以所谓“社会本位”为扩充到全世界，衡之事理，也无所当。[7] 一切法律应以促进民族公共利益、发展民族生活为依归，彻底解决民生问题。国民政府采用社会本位、民族本位和国家本位相结合的立法原则，就是坚持孙中山的三民主义立法思想。譬诸奏乐，各种乐器的声响翕然并作，高下抑扬，动中音律，相和而不相犯，相协而不相乱。个人在社会上的活动也是如此，只要在法律范畴之内，每一个都能够发展其最善的自我，而无碍于社会的和谐协调。不特如此，而且正因为无数小我各别的最善发展，乃能完成理想的至善的大我。同时，法律的制定则以民族公共自由和民族全体利益为其准则。必须做到这样，法律才算尽到了它应尽的职能。[8] 不可否认，迨至“九一八事变”之后，日本侵略者占据东三省，亡华之心昭然可见，民族主义空前高涨，而西方对个人本位思想修正的国际思潮对于中国个人本位思想的传播势头无异于釜底抽薪，对中华法系的研究、国家至上的公法观、社会至上的私法观遂相生相引，一唱百和。胡汉民、居正等对个人本位的法律充满着某种鄙视，个人自由被等同于“一盘散沙”和“放荡不羁”。在他们看来，人之所以为人，在于其是社会的一分子。个人需纳入团体之中，而求公共的福利，才能使个人与团体互相生存的意义得到发扬。个人的生存意义在于为社会之公共福利，舍社会的公共福利，个人没有存在的意义。法律维持社会秩序，旨在解决人类的生存，个人权利只是维持人类生存的工具，而不是人类生存的目标。三民主义在谋求整个社会问题的解决，而不是为维护个人的权利，之所以要保护一些个人权利，完全因为有利于社会整体。在这种意义上，胡汉民、居正等所言的社会本位实际上趋向于国家本位，以国家和社会利益为最高原则，国家、社会被视为高于个人之上的统一体，个人就已接近于工具，几乎丧失了个人自身的目的。

近代市民法基于以抽象的自由、平等的权利主体为人性观，以个人的自由商业竞争为指导原理，但随着资本主义的发展，自由竞争引发富人与穷人之间的不平等和差距扩大，形成阶级对抗，引起各种现实社会问题，建立在“个人利益至上”和“私有财产权神圣不可侵犯”等原则基础之上的自由资本主义经济面

〔7〕 参见居正：《为什么要重建中华法系》，大东书局1946年版，第81页。

〔8〕 参见居正：《为什么要重建中华法系》，大东书局1946年版，第85页。

临重大危机。因此具有修正近代市民法意味的以社会的、公共利益为取向的社会法肇端。李景禧在《社会法的基础观念》一文中首先指出“法律的型态及内容,实被一定的社会经济组织所决定”。进而分析认为“资本主义内在的矛盾和近代私法本身的不合理,造成社会法成立的主因”,〔9〕作者认为社会法与公法、私法一起鼎足而三。他进一步分析认为,“自由主义极端发达的结果,社会上的财富集中到少数人手里,使19世纪的历史投进到独占与无产、奢侈与贫穷、饱食与饥饿的恐慌对立之中。立法者有见于此,遂依据修正自由竞争的统制经济来制定法律,统制经济反映出的法律,就是社会法(劳动法、经济法)。社会法在这种意义上,可说是‘统制的法’”。〔10〕作者最后总结认为,社会法从本质方面来看,它是“资本主义社会的法”“无革命性的法”,在机能方面来看,它是“统制的法”“矛盾缓和的法”。张蔚然节译日本学者美浓部达吉所著的《公法与私法》,其中在《区别公法私法之基本标准》一文中指出,在公法与私法之外尚有社会法,社会法是“关于国民经济生活之法”,包括有劳动法,公法与私法的结合常常体现在社会法中。黄右昌《现代法律的分类之我见》一文在论述社会法时指出社会法包括了经济法与劳动法,他综合德国对经济法的研究给出了他对经济法的定义:“经济法者,谓规定关于国家经济、社会经济、个人经济的法规之总称也。”〔11〕他主张经济法包括国家、社会、个人三者。“经济问题一日不解决,则所有法律,都是一种具文”;“社会法中之劳动法,许容工会组织,许容劳动协约(此协约有拘束劳资双方之效力)确定最低工资,继续工作之八小时制,解决劳资争议,社会保险,罢工不受刑法或违警法之拘束等,皆为表现社会法之最重大的精神”,〔12〕因此,黄氏认为经济法为社会法之一种。

民国学者陆季藩在当时作出的相关研究值得重视。他的《社会法之现代性》一文指出“社会法乃以现代社会为背景而形成之实定法”,民法之原理为个人主义及自由主义,而社会法之原理为团体主义与统制主义。“民法与社会法相对立,前者为有产阶级法,后者为无产阶级法。民法大部为财产法规,以保护

〔9〕 李景禧:《社会法的基础观念》,载《法学杂志》1937年第9卷第6期。

〔10〕 参见李景禧:《社会法的基础观念》,载《法学杂志》1937年第9卷第6期。

〔11〕 黄右昌:《现代法律的分类之我见》,载《中华法学杂志》1931年第2卷第8期。

〔12〕 黄右昌:《现代法律的分类之我见》,载《中华法学杂志》1931年第2卷第8期。

有产者为主要目的。而社会法则否,以保护劳动阶级或社会弱者为目标。"[13]陆季藩在《社会法之发生及其演变》一文中指出社会法萌芽于19世纪初叶,其主要部分是劳动法。由于经济情形发生极大转变,原来以"自由""平等"为基础的民法需要加以改造,社会法即为调节此缺陷而发生,作者认为"社会法乃解决社会问题所制定之法规全体也,换言之,即以经济支配阶级与其隶属阶级间之冲突为基础,所制定之社会法规之总体也"。[14] 社会法是民法原理转变的产物,在形态上与民法相对立,在效用上与民法互为表里,以达维持现代经济组织之目的。他在《社会法意义之商榷》一文中,述评诸家对社会法意义的研究主张时,指出"社会法包含两部:一为劳动法,一为经济法",他赞同卡斯凯尔(Walter Kaskel)的看法,认为"经济法乃规定企业者法律地位之特别法规,以统制全国资本为目的,在某程度下,有抑制资本家自由发展之意味"。最后给出自己对社会法的定义,即"即调节阶级冲突所制定之国家法规及社会法规之统一名称也"。[15] 陆季藩的《社会法在现代法制体系中之地位——公私法之区别与社会法之地位》一文不赞同社会法与公法、私法鼎立而三的看法,该看法的理由是社会法以调协社会中阶级斗争为目的,然而作者看来,社会法并不反对现代经济组织,以巩固现代经济组织为其最后目的。因而作者主张社会法位于公法私法之间,融公法私法于一炉,为两大法域之混合产物。[16] 同时期,吴传颐亦持有相近观点,他在《社会法与社会法学》一文中指出"社会法领域中,不再有公法和私法的对立,只有这两种法域的渗透"。[17]

李景禧留日期间接触到菊池等人的社会法学研究,所以回国后数月内即发表《社会法的基础观念》一文,其中这样写道:

近世私法制度的中核不是注重"人",反而注重"资本"。换言之,不为"劳动",而为"所有权"。故各国民法关于所有权之得丧变更,规定得无微不尽,而劳动的规定却只有一节。譬如,民法债编中关于给付不能的规定、多数当事人

---

〔13〕 陆季藩:《社会法之现代性》,载《法律评论》1936年第13卷第31期。

〔14〕 陆季藩:《社会法之发生及其演变》,载《法律评论》1936年第13卷第15期。

〔15〕 陆季藩:《社会法意义之商榷》,载《法律评论》1936年第13卷第36期、第38期。

〔16〕 陆季蕃:《社会法在现代法制体系中之地位——公私法之区别与社会法之地位》,载《法律评论》1936年第13卷第19期。

〔17〕 吴传颐:《社会法与社会法学》,载《中华法学杂志》1948年第7卷第1期。

之债权债务的规定、危险负担的规定以及总则编物权编的各规定，无一不是着重经济交换和所有权的得丧变更，劳动的规定只有债编中雇佣契约的一节。由任何方面观之，都可见得现代私法对于现社会中大多数被雇佣者的不利益。契约自由的原则徒有其美名，甚且变成压迫榨取的工具；所有权的规定，于赤手空拳的劳动者，丝毫无益；民法的保护，造成偏枯于一方，其适用上的不合理，正如“家长法”之对“封建法”“封建法”之对“都市法”。近代私法走到这个阶段，大有日暮途穷之势，由是随风而起的“法律的社会化”“民法的公法化”，由“个人自觉至社会自觉”，由“个人本位至社会本位”的呼声，遍满了欧美法学界。这正像替社会法撞着诞生的钟，告诉我们它已呱呱坠地了。〔18〕

署名张蔚然的《区别公法私法之基本标准》文章其实也是节译美浓部达吉所著《公法与私法》，同样依据《法律学辞典》中菊池勇夫教授撰写的“社会法”辞条介绍说：最近于公法私法之二大领域外，复承认有所谓第三领域之社会法。在社会法区域中否定公私法区别者，惟兹之所谓社会法，乃关于国民经济生活之法，为保护经济弱者阶级而发生者也。例如，劳动法即是其典型。此种立法，事实上屡有公私两法之结合。〔19〕 但美浓部达吉否认第三法域的理论，指出：“盖资本家与劳动者原系个人相互间之关系，因其经济势力之各异，仅以间接之裁判保护，不足以充分保护经济弱者之利益，国家乃进而负直接保护之责，不使其任于个人相互间之交涉也。故该法乃将事业主应扶助劳动者或其遗族之义务，及事业主对于国家所负之依法律所定而为扶助之义务并为一条也。是以此种规定，乃公私两法结合于同一规定之中，非于公私两法之外，另有第三分野也。”〔20〕

在德国经济法的发轫时期，努斯鲍姆等人本身是研究劳动法出身，遂将劳动法和经济法一并视为社会法的子部门。恰如中国经济法学界从日文中译述说，“奴氏以战时战后所发生之经济法规全体，统名为经济法。故其所谓之经济法，乃法典外各种法规之集团，而非具有特质之特别法。盖当欧战及德国革命时，经济法规发生至夥。一般民商法学者，多漠然置之。而大学讲义著述中，亦多无系统之讨论。故奴氏将此种新发生之经济法规编为一系，名为‘新经济法’

〔18〕 参见李景禧：《社会法的基础观念》，载《法学杂志》1937年第9卷第6期。

〔19〕 参见张蔚然：《区别公法私法之基本标准》，载《法律评论》1936年第14卷第1期。

〔20〕 张蔚然：《区别公法私法之基本标准》，载《法律评论》1936年第14卷第1期。

(das neue Wirtschaftsrecht),与柯丝凯尔将战后发生之劳动法规,统称为'新劳动法'(das neue Arbeitsrecht)相同。至奴氏所谓经济法之内容:计有(一)货币及资本之流通(Geld und Kapitalverkeher);(二)货物交易及供给契约(Warenhandel und Lieferungsverträge);(三)公共经济之扩张(Ausdehung der öffentlicher Wirtschaft);(四)不动产法(Grundstücksrecht);(五)劳动法(Arbeitsrecht);(六)债务者保护及权利保护(Schuldnerschutz und Rechtschutz)等等。故劳动法亦不外乎经济法规之一种也"。[21] 德语国家法学界目前仍然在不严格意义上将经济法与社会法联系在一起,如瑞士著名的法学杂志《经济和法:包括社会法和劳动法在内的经济政策和经济法的杂志》(*Wirtschaft und Recht, Zeitschrift for Wirtschaftspolitik und Wirtschaftsrecht mit Einschluß des Sozial-und Arbeitsrechts, WiuR*)创刊于1948年,迄今仍然在学术界举足轻重。

在日本,许多民法学者正是从这种意义上来理解社会法及经济法的。四宫和夫(しのみやかずお)认为:"社会法、经济法都是以资本主义社会为前提,内容也与雇佣、买卖等私法所规范的生活关系有关,因此这些法律属于与市民法相对应的特别法。但这些法律的上位概念已不是自由、平等这类私法原理,而是由国家进行强制作为之公法原理了。这些法律可以说是在私法公法化方面具有特殊意义,也促成了民法社会化。"[22] 峰村光郎认为,私法的公法化,公权力对私人事物的干涉,公法与私法的混合、公法与私法的相互渗透产生的法领域为社会法(劳动法、经济法)。[23] 无论是桥本理论还是菊池理论,社会法作为经济法与劳动法的上位概念这一点均无异词,成为日本学术界这一领域的主导学说。菊池勇夫根据20世纪30年代日本的实然社会法对社会法的特征作出了以下三点归纳:第一,与个体意思相比处于公共统治的优势地位。第二,不是私法与公法的并存,而是两者相结合的综合形态。第三,承认私权与社会义务之间的相互渗透。菊池的这一归纳可以概括为国家积极干预、公私法混合和受限制的私权自治。而战后,沼田稻次郎赓续向前推进,此说更加邃密。董保华指出:"很多国家的社会法都是以狭义法典与广义法群这样的结构形式存在,区

---

〔21〕 张蔚然:《劳动法与经济法之关系》,载《法律评论》1936年第13卷第43期。

〔22〕 [日]四宫和夫:《日本民法总则》,唐晖、钱孟珊译,五南图书出版股份有限公司1995年版,第5~6页。

〔23〕 参見[日]峯村光郎「ドイツにおける社会法の発展」『法律時報』第30巻第4号。

别只在于将前者或后者哪一个命名为‘社会法’,如德国更愿意将社会保障法这一部门法称为‘社会法’;而日本学者则更愿意将包括社会保障法、劳动法、经济法等部门法的法群称为‘社会法’。两者本不是矛盾的,更不是对立的,而是相互补充的。”[24] 在一些日本学者看来,所谓“社会法”,是指包括以社会福利国家的理想为基础,积极地使国民经济正常经营为目的的经济法(禁止垄断法、证券交易法、工业所有权法、土地法等),为以实现个人的实际平等为目的的保护经济贫弱者的社会立法(社会保障法、生活保护法等),以保护屏障为目的的劳动法等法的体系。[25] 日本税法学权威金子晃就认为,属于社会法的主要有劳动法、社会保障法以及经济法。

吴传颐在1948年发表的《社会法与社会法学》一文中对新兴的社会法学进行了较为深入的研究,指出:“通常认为社会法不过是保护经济弱者福祉的法,并不够理解社会法发达的真相。毋宁说社会法是基于社会结构的变迁和法律思想的推移,所构成新的人间概念之法。换句话说,社会法观念之特征,正是近代社会和法律思想的反动。”社会法思想有四种意味:第一,剥去平等化、抽象化的人格者概念的表皮,从每个人社会地位之差别性——权势者或者无力者——而予以适当估量。第二,基于个别社会权势者和无力者地位的不同,进一步考虑怎样保护后者抑制前者。第三,社会法的思维,设想每个人为社会成员之一,好像螺丝钉之为机械的构成分子一样。所以纵然是私的关系,也得作为社会关系之一来把握。这样,私的关系,在私人之外,不能不由社会的大存在者出来监视和干涉了。第四,社会法的形式和现实,不能如现存制定法的形式和现实,发生南辕北辙的现象,必须在新的平面或立体上开始调和适应的工作了。[26] 吴传颐除了对社会法的概念和特征做了深刻的阐述之外,还对社会法的本质进行了入木三分的缕析,他认为:社会法还在形成中,其本质的特征,一时还难详述。目前在形式的构造上,可得而言者约有四种:第一,社会法在法域的广漠上,几乎颠倒了公法、私法的顺位。第二,在社会法领域中,不再有公法、私法的对立,

---

〔24〕 董保华:《“广义社会法”与“中义社会法”——兼与郑尚元、谢增毅先生商榷》,载《东方法学》2013年第3期。

〔25〕 参见上海社会科学院法学研究所编译:《法学总论》,知识出版社1982年版,第11页。

〔26〕 参见吴传颐:《社会法与社会法学》,载《中华法学杂志》1948年第7卷第1期。

只有两种法域的渗透。第三，社会法在概念上已步入清算以前私法繁琐的技术和抽象公式的阶段，坚实地立足于社会现实或经济政策之上。目前所谓社会立法已呈示了这种端倪。第四，社会法在内容上开始对私权附以社会的义务。这点意义上，社会法和中世纪的封建法颇相近似，都以义务为权利实质的基础，权利的授予只是使权利人负终局义务的手段。

曾任北京大学法律系主任、时任国民政府立法院立法委员的黄右昌早年留学日本，在 1931 年著文指出："旧分类中，最不宜存在者，即公法、私法之区别也。……社会法包括经济法与劳动法……此项分类，乃为动摇公法、私法的界限的一大关键。"[27] 黄氏所谓的社会法系指称所有基于社会政策的立法，不仅包括劳动法，而且将经济法、民法也纳入其中。按照黄氏的分析，社会法之所以含摄经济法和社会法的原因是：其一，经济问题一日不解决，则所有法律都是一种具文。其二，社会立法，逐渐进展，所有保护资本家的法律，如禁止劳动者团结、禁止劳动者罢工等，皆有不能存在之势，故社会法中的劳动法允许工会组织、劳动协约确定最低工资等，皆为表现社会法最重要的精神。其三，马克思、恩格斯以唯物史观揭橥以来，以经济基础决定法律、政治、宗教等上层建筑。故经济组织一旦变迁，则法律制度亦因之而改革。18 世纪以来，"国家法律制度，均以极端个人主义为中心……于是社会上发生'贫者愈贫，富者愈富'之极端现象……故自俄国大革命之后，欧美诸国以及日本各法律家，改变态度，将倾向于国家主义者，而倾向于社会主义，依据社会政策以立法，以冀调和劳资阶级之斗争……于是法律上，对于无论何人，皆有保障其生活之义务，故以经济法与劳动法，为社会法之内包"。[28] 陆季藩《社会法意义之商榷》在批评奥地利法学家安东·门格主张的社会法"阶级法说"的理论时强调，社会法包含劳动法、经济法两部分。"纵依明氏之说，视前者为保护劳动阶级法，而后者无论如何诡辩，亦不能谓为保护劳动阶级法。何则？经济法乃规定企业者法律地位之特别法规，以统制全国资本为目的，在某程度上，有抑制资本家自由发展之意味。是以，将社会法视为保护劳动阶级之法律，仍有未当也。"[29] 由此可见，民国时期的学者将社会法囊括劳动法和经济法的观念极为强势。社会法非论理概念，乃近代法

---

〔27〕 黄右昌：《现代法律的分类之我见》，载《中华法学杂志》1931 年第 2 卷第 8 期。

〔28〕 黄右昌：《现代法律的分类之我见》，载《中华法学杂志》1931 年第 2 卷第 8 期。

〔29〕 陆季藩：《社会法意义之商榷》，载《法律评论》1936 年第 13 卷第 36 期、第 38 期。

制转变中一历史概念,故谓为近代市民法之变形,亦未为不可,良以社会法乃因近代市民法发生破绽,不能规律现代社会秩序而发生,故而其内容多由民法演变而来。所谓所有权行使带有义务性、契约自由的限制、法律行为意思的尊重及无过失损害赔偿责任,即其特征也。此种特征对市民法诸原则,只加以限制,并不否认。自辩证法言之,封建法为正(These),市民法为反(Antithese),社会法为合(Synthese),故社会法诸原理均由既往法律演绎而来,其所代表之社会为现代资本主义社会,与以近代资本主义社会为背景之市民法,适立于对照地位。[30] 按照这种观点,由尊重个人本位的法律至尊重社会本位法律的法律社会化现象,乃是20世纪崛起的法律主流,所有法律直接或间接受其影响。此种社会化的精神无远而弗届,或则渗透于公法私法之中,使昔日公法与私法已因法律社会化现象而一新其面目,或则将公法与私法冶于一炉,以公法与私法之结合姿态出现,所谓社会法者,不外乎法律社会化最主要的表现而已。这种观点其实将社会法等同于社会立法。"凡是有关公共秩序或利益、劳动关系以及经济安全保障的法律,并且不属于传统公法学所界定的研究范围的,都可以称为社会法"。[31]

从张蔚然在《劳动法与经济法之关系》的介绍中就可看出,德国经济法学界很快就认识到了经济法与劳动法之间的差异性。张氏对戈德斯密特(Goldschmidt)的经济法学说介绍说:高氏以"经济组织"特有法规之一团为经济法。其言曰:"国民经济形态之原理有二:其一,为变通经济或私经济(Verkehrs oder privatwirtschaftlichen);其二,为共同经济(Gemeinwirtschaftlichen)。由交通经济原理而言,个人彼此间,系立于财物与劳动力之交换关系中。此种个别经济之交通,无论如何须加以规制,因之而有规制之交通经济。反之,共同经济——则系因管理经济特如财物之共同生产及构成分配之统一体(Eihheit),所成之共同态(Gemeinschaft),故与交通经济有别:倘由以上之经济原理而言,现时之发展,乃交通经济,渐次入于广泛规制之下,共同经济日趋于扩大之途。惟共同经济之扩大,非排斥交通经济所致,而系交通经济之缩小。所谓经济法适与规制之

[30] 参见陆季藩:《社会法意义之商榷》,载《法律评论》1936年第13卷第36期、第38期。

[31] 郝凤鸣:《法国社会安全法之概念、体系与范畴》,载《政大法律评论》1997年第58期。

交通经济、共同经济互相对应。换言之,即在历来法律分科中,非全无经济法之适当地位,乃本质上经济法以新法为限之故。更换言之,经济法系新法律分科之一,且其所以如斯者,乃因其随社会经济新现象所发生之故也。是以规制之交通经济,其得为经济法之对象者,仅以法所规制者为限。至道德与宗教所规制者,则不在其内。又交通经济之规制,亦生于抑止经济上之强者,而保护弱者之中。但此种方策,属于社会政策,而不属于经济法。易言之,此种规制之本质,宁使其属于广义劳动法或社会法(Sozialrecht)为宜也。故一方劳动法与社会政策相对峙,他方经济法与经济政策相对立。即经济政策及经济法之所设之变通经济之规制。且兹之所谓生产,含有商业(Hande)与交通(Verkhr)二者,与财之分配(Güterverteilung)适相对立。交通经济中关于财产分配之规制,与共同经济不同。盖此非经济政策之对象,而系社会政策之对象也。换言之,即经济政策及经济法之对象,乃狭义生产与财之流通(Güterumlauf)是也。要之,经济法乃为改良生产所规制之交通经济与共同经济之特有法。换言之,亦即组织经济之特有法(das der organisierten Wirtschaft eigentümliche Recht)也。"〔32〕

张氏最终的结论是:由斯以言,所谓经济法及劳动法者,均不外在社会立法名称之下,为维持资本主义之支配势力且使其强化政策之具体表现于法者也,因其系独占资本主义之产物,故与前期之法理,截然不同,自成一独立之法域。惟前者重在企业之统制管理,后者重在劳动者之怀柔运用。一系直接,一系间接,二者有所不同耳。〔33〕需要说明的是"社会立法"与"社会法"并非一个概念。《新时代产物之"经济法"》也持论相同,依据卡斯凯尔等观点,认为劳动法与经济法之间关系虽至为密切,然各自独立。任何一方,非为他方之构成分子。故努斯鲍姆于其近著《德国新经济法》中所论及于劳动法,究难谓为合于体制。〔34〕

二、社会本位:权利本位抑或义务本位?

"我们考虑任何一个法律部门,它在确定自己的调整对象的时候,都应当有一个基本出发点,或者说本位思想,正是这种本位思想构成了一个法律部门区

〔32〕 张蔚然:《劳动法与经济法之关系》,载《法律评论》1936 年第 13 卷第 43 期。

〔33〕 参见张蔚然:《劳动法与经济法之关系》,载《法律评论》1936 年第 13 卷第 43 期。

〔34〕 参见《新时代产物之"经济法"》,载《法律评论》1923 年第 26 期、第 27 期。

别另一个法律部门的主要标志。"[35]对法本位的认识其实有两条路径：一是从法规范形式的视角，即法律是以什么样的规范形式为基点或重心而构造的，察究在法这一规范化、制度化权利义务体系中，权利和义务何者为起点、轴心、重点的问题。二是从法价值取向的视角，即法选择以何种利益为其保护的重心，以蕴含于法的基本出发点、基本目的和基本功能中的精神或理念为法的本位。一方面，法律作为一种行为规则，是以权利和义务为中介对人们的行为予以调整。针对法律应该以权利还是义务为起点、轴心或重心的问题，法学理论中有权利本位和义务本位的对立。另一方面，法律作为一种利益控制工具，始终要面对个人利益和社会利益的冲突。针对法律应该以个人利益还是社会利益为起点、轴心或重心的问题，法学理论中有个人本位和社会本位的对立。以对主体价值选择的不同标准判断，法律调整的本位分为国家本位、个人本位和社会本位三种。其中，国家本位以国家利益为主导，衡量一切行为的标准是否符合国家利益。一般来讲，行政法属于国家本位，因为行政法的内容更多地表现为一种权力从属关系，即政府机关上下级之间、政府与社会组织之间以及政府与公民之间的权力从属关系。个人本位假定社会是由彼此独立和处境平等的个人所组成的共同体，因而强调法应当以维护个人的利益为基点，主张个人至上，个人利益神圣不可侵犯。这是以当事人利益为指向的民商法所要解决的问题。社会本位就是指社会在与个人、国家以及其他组织的关系中居于根本性、基础性和主导性地位，个人、国家和其他任何组织的活动必须以社会为中心和重心。它要求承认社会和社会公共利益的独立地位，并将法律的重心向社会公共利益倾斜，从而维持个人与社会之间的和谐关系。社会本位假定人并非互相孤立，而是作为社会成员彼此联系，且以社会的存在为前提，因而强调法应当以维护社会利益为基点，追求社会整体利益最大化，注重社会整体发展均衡，保障社会整体效率提升。因为事物只有具有特殊的本质才会成为不同学科研究的对象，经济法学研究的必要性就在于经济法区别于民法、行政法等部门法的特殊性。经济法生成基础研究属于价值形成的逆源性研究。由于在私法与公法二元划分体系下经济法的生存空间很难存在，所以改革开放后经济法学界从金泽良雄等人的著作中找到"第三法域"理论这一就近的上手工具，开始热衷法律部门划分的三元化，主张经济法是社会法之一种的观点，由此廓清民法、行政法与经济

[35] 李昌麒主编：《经济法学》（修订版），中国政法大学出版社1999年版，第82页。

法之间的关系,证成经济法作为部门法存在的合法性。推而论之,经济法的性质既不属于传统公法,也不属于传统私法的范畴,而是带有两种法律的混合形态特征的法。私法奉行个人本位,公法奉行国家本位,社会法所奉行的则是社会本位。社会本位原则甚至被一些学者视为经济法的终极原则。

社会法既包括经济法又包括劳动法和社会保障法"三分"说认为,一个国家内的利益体系,由既彼此冲突又相互依存的个人利益、集团利益、国家利益和社会公共利益所构成。其中,个人利益、集团利益寓于社会公共利益之中,社会公共利益最大化应是大多数个人利益的最大化和不同集团利益的协调化;国家利益与社会公共利益则既可能吻合也可能不一致。正如托克维尔所说,"一个国家就像一个陪审团,受委托代表普遍社会,推行作为这个社会的法的正义,代表社会的陪审团应当比他将该法所推行于其中的社会具有更大的权力吗"?[36]经济法把该利益体系中的各种利益形式都纳入经济法的法益结构,而社会公共利益则被置于其中的最高地位。从 17 世纪中叶开始,个人主义在古典自然法整个理论体系中占有核心地位,并在制度建构中起着决定性的指导作用。个人主义在个人与社会的关系上强调个人的崇高地位,认为只有个人才是唯一的实体,社会仅仅是由个人组成的简单集合体。20 世纪前的欧美立法完全贯彻了自然法的这一思想,从宪法、行政法到民法,再到程序法,无不以个人和个人权利为目标。个人本位的法律制度设计有效地保障了私人财产权利和商品交换,强烈地刺激了人们有效利用资源、不断扩大再生产的动机,有利于释放个人潜能,但倘若作为会计算、有创造性、追求自身利益(或者说利润)最大化的个人,除了其自身的经济利益之外,既不考虑社会利益,也不考虑其自身的非经济利益,个人的逐利行为能自动增进社会利益的迷梦终成一枕黄粱。个人本位以个人为出发点,忽视社会的客观存在,个体的重要被推崇得太过而不合理地超越了总体,导致了一系列严重的社会问题,使整个社会处于失衡、失序甚至崩溃状态。社会本位则作为与个人本位相对应的一种社会思想和范畴,通过对传统法律观念的扬弃和矫正,体现了新时期的正义观和利益观。其并不否定个人的基础地位,但反对将个人当作法律的唯一目的、社会只是满足个人利益手段的极端个人本位主义断见,对个人与社会的关系予以重新建构,不仅将社会视为独立于

---

〔36〕 [美]托克维尔:《论美国的民主》(上卷),董果良译,商务印书馆 1988 年版,第 288 页。

个人的实体和真实的集体，而且主张社会的独立性和目的性，要求法律既要保护个人自由，也要维护社会秩序和公共利益，以期个人与社会之间的关系趋向和谐。社会本位论并不绝对排斥“个人”，个人本位论也并非绝对排斥“社会”，但前者以社会为本个人为末，后者以个人为本社会为末。前者的出发点和归宿都是为了社会，社会利益成为第一性，社会正义成为首要考虑，多数成为判断正义和利益的最终判决；后者的出发点和归宿都是为了个人。前者的最高、最终目的是社会，后者的最高、最终目的是个人。

论者或谓，与民法的个人权利本位和行政法的政府权力本位皆有不同，经济法以社会责任为本位，以积极履行法定义务为本位，即义务本位。这种观点其来有自。社会本位的概念在清末就开始传入中国，公益之名词时见于一般人之口吻。从日本留学后参与清末修律而与礼教派针锋相对的法理派代表人物崔云松在1910年12月12日《申报》上发表《檄新法官》，指出：“十九世纪以来，一切制度法律皆舍个人本位而趋重于社会。个人权利发展时，必于社会无害内保护之。社会公益发展时，必限制个人权利强行之。……所谓社会本位，制为今日世界所流行。”[37]作者认为中国处于过渡时代，立法和司法固不必偏重于个人，亦不必偏重于社会，沟通二者以归于平，自属适时之良药。张知本与王宠惠、董康、江庸一道被时人推为中国近现代四大法学家，在《社会法律学》一书中即据狄骥的学说将社会本位理解为义务本位，认为“现代所谓义务本位者，其义务乃系于履行社会职责之义务，故又可称之为社会本位”。[38] 与此同时，陈任生在《从个人法到社会法：法律哲学的新动向》一文中也认为，狄骥的学说在公法方面将主权论的权利观念代替义务，在私法方面又力说传统的权利本位法学的矛盾而提倡义务本位的法学。其权利否认论实际是对准着传统的公法和私法双方而发的。[39] 事实上，前述观点存在对于狄骥思想的误读和对于目前学术界认知的误导，正如后现代主义的反理性并非非理性，意味着“反”理性仍是由理性这一被反者所结构，狄骥的社会本位仍然是启蒙时代以来权利本位的产物，依然是在关于个人权利设置已经成为事实之后而对权利功用的考虑，个人

---

〔37〕 崔云松：《檄新法官》，载《申报》1910年12月12日，第2版。

〔38〕 张知本：《社会法律学》，法学编译社1931年版，第63页。

〔39〕 参见陈任生：《从个人法到社会法：法律哲学的新动向》，载《东方杂志》1933年第30卷第5期。

仍旧是法律上、政治上、经济上、社会上的独立单位。权利本位法和社会本位法的区别体现为对个人权利限制的程度有所不同,而不在于是否允许个人权利的存在,其并不意味着仅保护社会的利益而罔顾个人权利,并不意味着个人权利泯泯不复存在。法律的目的虽转向增进社会大众的生活,但其着手处仍是在保护个人权利。

列宁在阅读《逻辑学》时有感而发曰,“概念是成对出现的”,其说允矣!大凡除日常用语之外,一概念往往符合对偶原则,具有与之相对应的另一概念的存在。从概念加以寻绎,社会本位属于主体范畴,与个人本位、国家本位相对应;权利本位属于法律内容范畴,与义务本位和权力本位相对应。相对于义务本位,权利本位体现为:首先,义务来源于权利。根据权利本位所蕴含的价值准则,义务的合理性来源于权利,权利和义务在逻辑上存在因果关系和源流关系。其次,义务服务于权利。义务是为适应权利的需要而被设立出来的,为了而且仅仅为了保障和实现人们平等享有的普遍权利,普遍的义务约束乃成为必要。最后,义务从属于权利。但凡法律没有禁止的行为都应该被推定为权利,即权利优先原则。所谓社会本位不过是权利本位的调整,而非义务本位的复活。社会本位的实质是权利本位,是以所有社会成员的权利和利益为本位,并未违背近代以来权利本位这一基本主题,只不过超越了个人权利范畴,以所有社会成员(包括当代和后代的)权利和利益为本位,可谓权利本位在20世纪的新发展,不应与义务本位浑而为一。义务本位的法律与社会本位的法律,可说同是集体主义(collectivism)的产物,其不同之点惟在后者有个人的独立地位,前者无个人的独立地位而已。[40] 所谓社会本位的法律,不过是权利本位法律的调整。其基础还是权利,仅是有目的地予以限制而已。法律的目的虽转向增进社会大众的生活,但其着手处仍是在保护个人权利。个人仍旧是法律上、政治上、经济上、社会上的独立单位。[41] 进而言之,虽然某些个人权利受到一定限制,但我们更应该看到这同时呈现出“权利爆炸”或“法律爆炸”的趋势。“20世纪下半叶,新的利益几乎前所未有地逼迫着法律,要求以法律权利的形式得到确认。相应的法律也越来越多地确认其存在,将空前大量的权利提高到受法律

---

〔40〕 参见王伯琦:《王伯琦法学论著集》,三民书局1999年版,第127页。

〔41〕 参见王伯琦:《王伯琦法学论著集》,三民书局1999年版,第117页。

保护的地位。"[42]权利话语往往被赋予至高的合法性和正当性,成为人们要求改善自身境况的利器。这种权利的扩充是文明发展的产物,既体现在财产权利方面,也体现在人身权利方面,甚至生殖权利(reproductive rights)等私人事务方面也被津津乐道。[43] 在美国,正是通过对权利范围的重新界定,法院要对马利·安·格伦顿(Mary Ann Glendon)所言及的"美国人的过多权利"的产生和永存负较大的责任。法院创制了数以千计的"新"权利,并明确鼓励公民以权利的形式构建其政治主张。[44] 如果说原先的财产权利体系只是在有体物的基础上架床叠屋的结果,而在以智力成果为客体的知识产权出现后,随着科技的发展,越来越多的危险活动已经成为社会生活不可或缺的一部分,损害赔偿社会化,不以过错为要件的危险责任开始出现,侵权责任法的保护范围得以扩张。此外,福利国家出现后,基于社会性身份而产生的权利大量涌现。潘维和指出,社会本位法制的产生,"其基本出发点,未能摆脱个人及权利观念也……法律一日为人类社会之规范,个人观念、权利观念必将(与之)并存";"近代法律思潮固从权利本位迈向社会本位,然吾人试就大清民律草案以来之历次民法草案,以至于现行民法,若认为无权利本位之成分,则尚非事实,若谓无社会本位之倾向,则亦不能涵盖其精义"。[45] 与传统个人权利本位不同,社会本位是将所有社会成员作为一个整体看待,其权利观就是社会权利或集体权利。因为任何权利的实现必须有相对应的义务,否则,权利只能沦为空洞的口号。社会本位的本质既然是权利本位,也就必须以义务为实现的手段。这就决定了与社会相对的个人乃至国家(政府),都承担着相应的义务。相对于具体的个人而言,虽然社会本位意味着义务,但其目的是满足社会集体权利和社会公益。以劳动法为例,社会本位更直接地体现为劳动者的权利本位即劳权本位。虽然法律应当高度重视对公民个人自由和权利的保护,但个人总是生活在一定的社会之中,为

---

〔42〕 [美]伯纳德·施瓦茨:《美国法律史》,王军等译,中国政法大学出版社1990年版,第273页。

〔43〕 See John V. Orth, *Due Process of Law: A Brief History*, Lawrence, Kan: University Press of Kansas, 2003, p. 13.

〔44〕 Richard J. Pierce, "The Due Process Counterrevolution of the 1990s?", *Columbia Law Review*, Vol. 96, Iss. 7, 1999.

〔45〕 潘维和:《中国近代民法史》,汉林出版社1982年版,第106页、第128页。

了社会公平起见,必须对公民个人的自由和权利的行使加诸社会的义务,使之与社会利益相吻合。因为所谓社会利益归根结底不过是一种社会化的个人利益,即以社会为中介,最终为社会成员个人所享受的利益,“社会”本身并非人格者,因而无从享受利益。从经济法的法益目标看,经济法将社会公共利益作为自己法益结构中的首要利益,通过保护社会公共利益实现从总体上保护自然人、法人利益的需要。经济法对权利义务的配置主要不是着眼于交易双方利益的衡平,而是使个人的行为符合社会整体利益的要求。这一原则实际上是对经济法干预经济生活范围的定位,或者说,经济法对社会经济生活的干预是有限制的。欧阳奚谷指出:“权利本位,即由义务本位进化而来。从理想上推测之,法律之重心,当不必以权利为唯一之本位。以权利之拥护,系原于义务之强行,即因义务之强行而拥护权利,尚非法律终局之目的。其终局之目的,在于促进社会生活之共同利益,以谋人类之安全,是法律之重心,将移于社会,而必以社会为本位,可断言也。故当个人不自觉时代,法律之观念,以义务为本位,及个人自觉时代,法律之观念,以权利为本位。今渐入社会自觉时代,而法律之观念,遂不能不注重社会之公益而以社会为本位云。”〔46〕史尚宽也认为,“法律既不得为权利本位,亦无须为义务本位,当以社会本位为理想。及于个人自觉时代,而法律进于权利本位,人于社会自觉时代,则法律今后应变为社会本位,亦无可疑”。〔47〕张知本指出:“封建时代义务本位之法律,其所谓义务者,是多数人尽忠于少数人之义务,而与现代所谓义务本位之意义各有不同耳。现代所谓义务本位者,其义务乃系履行社会职责之义务,故又可称之为社会本位,而权利本位,即称之为个人本位。由义务本位进于权利本位,再由权利本位复返于义务本位,乃是循着社会进化之阶段而向前发展,唯其是向前发展,故今日之义务本位,虽形式上是复返于昔日之义务本位,而内容上则今昔悬殊也。”〔48〕从价值重心转移的视角看,法本位的转化经历了团体本位——个人本位——社会本位三阶段的转化。

社会本位以社会两字冠首,是基于一种对社会的推崇和信任。但对社会本位最为严峻的质疑即:将抽象的“社会”作为社会法的“本座”——主体,以抽象

〔46〕 欧阳奚谷:《法学通论》,法学编译社1947年版,第242页。

〔47〕 史尚宽:《民法总论》,正大印书馆1980年版,第15页。

〔48〕 张知本:《社会法律学》,法学编译社1931年版,第63页。

的“社会公共利益”作为社会法的“本位”——价值,不能为社会法证成的“阿基米德之点”,也不会对现实的法律及社会生活产生实质性的影响。易言之,社会本身即是一个模糊物,社会本位更难找到合适的利益承载主体,决定其难作为一种立法标准和价值取向,其说理缺乏通透性,仅仅是一种没有明确质的规定性的感觉而已,宛转虚妄,无可凭据,欲以此奠固基础,殆非其选,充其量只是反映一种调整角度。由以往迄今,学界在讨论社会本位概念时所着重者,并不在于对于本位概念的讨论,而是无不环绕“社会”这一概念,努力释明个中扑朔迷离的问题所在。在某一个特定学术领域中建构类型和思维模式时,时常会与其他相关学科中的区分标准相互连结或重叠。法学领域无法拒斥哲学等其他学科的分歧的影响。我们也能在法学家中看到柏拉图主义者与亚里士多德主义者的差异,或是找到本体论者、唯心论者、唯实论者、唯名论者以及逻辑论与直观论等不同思想立场的分歧。[49] 前述对社会本位质疑的根源在于对“社会”概念的理解。毋庸讳言,“社会”概念的复杂性超乎我们的想象,也许“我们只有走到路的尽头时,才能真正知道什么是社会,也就是说,这也许是我们永远也无法真正地知道的东西”。[50] 西方学者对社会有多种多样的解释,大致可以划分为“唯名论”和“唯实论”两大派别。唯名论坚持共相第一,殊相第二,共相作为抽象实体而独立存在。唯实论持与其相反的立场,认为共相不是实体,且后于个别事物。一些学者认为,按照唯实论,殊相第一,共相第二。所谓的“共相”或“一般”仅是词语或名称而已,仅存在于表示许多相似物的“符号”之中,没有实在性可言。当把这种观点运用于社会之中的时候就形成了我们现在所说的社会唯实论,即认为社会将最终归结为一个统一体,而不是归结为单个体。社会虽然是由单个人组成,但是自从人与人组成一个集体后,社会所产生的现象都是由于集体的行为和活动所产生的,而不能再还原为个体的生理或心理现象。但米瑟斯认为,现代的集体主义同以往的观念唯实论毫无关系,是从政治而非哲学的需要中产生的,因此在科学之外占有一个以认识论为基础的批评无力撼

〔49〕 参见[德]卡尔·施密特:《论法学思维的三种模式》,苏慧婕译,中国法制出版社2012年版,第46页。

〔50〕 [法]艾德加·莫兰:《社会学思考》,阎素伟译,上海人民出版社2001年版,第20页。

动的特殊地位。[51] 实证社会学派的孔德、斯宾塞、马克思、涂尔干等均将社会视为一个抽象于具体个人而存在的更高的独立层次。这种社会实在论把社会实在最终归结为作为统一体的社会,而不是许多分散的、单独的个人,认为社会固然是由个人组成的,但当他们组成为社会后便产生了一种超越个体总和的性质。社会往往先于个体而存在,比个体的生命更持久,并影响和塑造个体。一切社会事实,诸如语言、道德、宗教、习俗、风尚、思维范畴,都不是纯粹的个体活动所能产生的,而是集体活动的产物。迪尔凯姆继承了孔德和斯宾塞的社会有机体思想,指出社会有其自己的或者是其自己所称的真实——自成一体性。社会由社会事实组成,它们具有自然发生的特征。社会事实来自于一定数量的人们相互结合的行动。[52] 马克思虽然认为只有未来的共产主义社会才是"真实的集体"、所有人的联合体,而资本主义社会是与个体相对立的"虚幻的共同体",仅仅是资本家的联合体,但毋庸置疑的是,马克思承认社会独立性,主张社会实在论。迪尔凯姆对这种社会实体论进行了系统的阐述,经常援引化学现象中的例子来说明自己关于社会的整体观念。按照迪尔凯姆的观点,化学物质是各个元素所组成的综合,但其特征仅仅存在于元素互相结合的整体之中,无法在各个组成元素中找到。与此相类似,尽管有生命的物质最终是由各种分子和原子组成,但作为不可分割整体的生命物质特有特征并不单独存在于这些成分之中。只有当这些分子、原子按照某种特有方式相互结合形成更高层次的整体时,生命特征才显现出来。每一个器官都有其自身的特点和自主性,有机体的统一于其组分的个体化同样伟大。社会就其实质来说也是这样的一种整体:其个体的相互结合和相互作用的性质不能简单地由个体特征加以解释。如果社会个体之间毫无联系,缺少将他们结合起来的力量和结构,则社会将不复存在。人文主义社会学派的腾尼斯、韦伯等则认为社会只不过是一种假象,是由于具体的人的相互联系而组成。社会唯名论将社会视为不具备实质意志的人造机械体,"社会"不存在自身不可还原的存在,所有的社会规律仅具工具性价值,最终都可以还原为个人行为的规律。而社会唯实论则相信社会是真正的存在,是一个受自身规律支配的有机整体,具有独立于其构成要素的实质意志,并不等

---

[51] 参见[奥]路德维希·冯·米瑟斯:《社会主义:经济与社会学的分析》,王建民、冯克利、崔树义译,中国社会科学出版社2012年版,第30页。

[52] See Nigel Dodd, *Social Theory and Modernity*, London: Polity Press, 1999, p. 12.

同于个人的总和,不能还原为个体,外在于人且强制于人。

恰如康德的学生海德尔(Johann Gottfried Herder)所言,“社会不是按机械原则构成的,而是一个不断成长的有机体,他由各个不同的部分构成,每一个部分都有其个体特性,但彼此又相互依赖不可或缺。社会由个体组成,但不可仅仅归结为个体;个人也不能仅仅被视为社会的一个被动的部件,因为个人有其独立的、不可还原的、不可取代的价值”。齐美尔为了阐述其不同于单纯的唯名论和唯实论的社会观,在《社会学问题》(*The Problem of Sociology*)一文中专门对“社会”这一概念作了严格的审视。在齐美尔看来,“‘社会’这一概念有两层含义,科学的论述必须对此作出严格的区分。第一层含义,社会是社会化的个人的复合体,以及由历史事实的总体所规定的社会地形成的人类质料。第二层含义,社会是作为个体联系形式的总和而被转换成第一层含义上的概念……当就第一层含义来使用‘社会’概念时,社会的科学论述的主题包括发生在社会中的一切事物。然而,当就第二层含义使用‘社会’概念时,社会的科学论述的主题是力、关系,以及使人类存在的社会化形式”。[53] 个人既为社会而存在,同时又为了自己而存在。用齐美尔自己的话来说,社会的人“不是一半是社会的,另一半是个体的;相反,他的存在是由一个基本的统一体所塑造的,这个统一体除了解释成是一种由两个在逻辑上互为矛盾的决定因素组成的综合体外别无他法:如此,个人既是社会的环节,又是他自己本身;既是社会的产物,又是自主生活的产物”。[54] 在齐美尔看来,无论社会还是个人,都既是现实的又不是现实的:社会是现实的,但这种现实性脱离不了个人间的互动;个人也是现实的,但现实的个人又总是经过社会化的。个人是社会的产物,社会化了的个人和社会总是保持着一种双重关系:他既生活在社会中又和社会相对立,既是社会里的人又是社会外的人,既决定自己又为社会所决定。简而言之,社会与个人及他们的现实性,就存在于两者间的相互依赖和互动之中。费孝通指出:“社会的确是一个实体。但个人是这个实体的载体,可以发生主要作用的实体和个人是相

---

〔53〕 Kurt H. Wolff (ed.), *Georg Simmel*, 1858 – 1918: *A Collection of Essays*, Columbus: Ohio State University Press, 1959, pp. 318 – 320.

〔54〕 [美]刘易斯·A. 科瑟:《社会学思想名家》,石人译,中国社会科学出版社 1990 年版,第 203 页。

互配合的永远不能分离的实体。"[55]在此,"每一个'自我'都不能免于被摄进一个'我们',这一点也最终说明了,为什么当一个个自'我们'的行动、计划和目的相互掺杂在一起时,总是不断地衍生出某种东西来,这种东西,就如它是其所是和成其所成为的那样,绝不是哪个个人所计划、所企图或者所创造的……单个人被束缚在社会的织体中……他们组成了它,却无法支配它"。[56] 如果称个人为小我,则社会为大我。个人之个性与超个人之大我之个性二者初不相悖,因为个性之训不限于个人,有小我之个性,有大我之个性,虽相因循,然其发展同属一途,实为互相补充,无小我之自我实现,则大我不能完成;无大我之自我实现,而小我不能确立。纯粹的主体性只强调一个主体,极目所见乃是一个唯我论的世界,而主体间性则是一个关系范畴,是人作为主体在对象化实践活动中与他者的相关性和关联性,意味着主体之间存在共同性,关涉人的社会统一性问题。主体间性超越了传统的"主——客"二分关系模式,开始考虑"小我"之外的"大我"和"他我",强调"自我"与"他我"之间的平等互动、和谐共生,强调主体之间的相互尊重、相互认同,走出周围的他物和他人并视作客体,视为为"我"服务的工具和手段的"唯我论"的根本困境。在这样的"主体——主体"的关系结构中,主体间不再将"非我"之外的一切当作实现"自我"利益的手段,而是将"他"看作"我"的目的,从个体本位以"占有"为核心的发展范式转换为社会本位以"共生"为核心的发展范式。在共同主体中,个体主体不仅具有个体主体性,而且超越个体本身具有交互主体性,同样共同主体也超越了传统的超越个体主体性限制的"群体主体性",是实现了"大我"与"小我"相统一的共同主体性,个体主体性不是被消解于其中,而是综合于共同主体性之中。诚然,共同主体性的实现依赖于个体主体性的发挥,但不是个体主体的简单相加,而是个体主体在共同主体的综合整合过程中完成的。每一个"自我"不可能完全孑孓独行,更无法扯着头发超脱自己离开地球,只有不可避免被统摄进一个多元共生的"我们"安身立命,"自我"组成"我们"但无法单独操纵"我们"的社会事实。社会存在是主体与主体之间相互互动的结果,人作为主体本身也是被建构的。

---

〔55〕 费孝通:《个人·群体·社会》,载费孝通:《学术自述与反思:费孝通学术文集》,生活·读书·新知三联书店1996年版,第221页。

〔56〕 [德]诺贝特·埃利亚斯:《个体的社会》,翟三江、陆兴华译,译林出版社2003年版,第73~74页。

荣格就认为，个体的自我塑造不仅受到意识和个人无意识的影响，而且也会受到人类历史积淀下来的集体无意识的影响，千百年来的社会意识化作海平面下的冰山，支撑和控制着主体意识的活动。可以说，我们既产生社会，社会也产生我们；我们既是社会的一部分，社会也是我们的一部分。我们既处在社会的一个特殊的位置上，社会作为一个特殊的整体也位于我们的心中。社会本位能否成为经济法的价值取向，并不取决于主体概念的先验通透性。对于这种通透性主体概念的热望其实被福柯所非常怀疑甚至充满敌意，斥之为"主宰性的、奠基性的主体观念"。如果说以"我思"(I think)为前提就可以认识自然，那么，对于社会生活来说，本身就是我们思(We think)。社会之所以是可能的本体基础，实基于你我(I and Thou)关系。唯名论者认为，社会是由个人组成的，除此没有任何超个人的实体。社会、文化、结构、制度等都是不具有实体性的抽象名词，必须由个人的动机和行为来说明和解释，不能由自身的整体性质来解释。唯名论对社会的理解无疑脱离了社会现实，是只见树木不见森林的个体主义。真实的社会是一个独立于个人的实体，以人为主体，以物质生产活动为基础，以社会关系为内容，以一定的文化为主要模式(纽带)组织起来并在各种社会规则控制之下的共同体。正是这样，个人本位从唯名论出发认为，个人之所存，全体之所以存，唯有个人才能成为权利主体，社会利益亦即私人利益之和，社会在法律上不可能具有任何地位，更不可能存在独立的权利或利益。这种分配方式无视社会和社会公共利益的客观存在，忽略了个人应当向社会承担的责任，必然导致社会危机。是故，德国法学家卡尔·施密特认为，彻底的唯名论有害于、甚至会摧毁法学，至多能在民事交易法中占有一席之地，而真正的法学思维(至少在公法领域中)在概念上必须是唯实论的。[57] 我国一些学者在学术争论中趋向于社会实体论的强版本，认为社会在当下已经成为一个有独立人格的共同体，是一个独立的有机体，完全具备了法律人格的所有条件，应当在法律上获得一席之地。作为拟制主体的"社会"是法律关系的新型主体。如果否认社会的人格，则法律永远只能停留在只见个人不见社会的个人本位时代，社会将成为一个被个人尽情索取的工具，无法得到应有的保护和尊重。[58]

---

〔57〕 参见[德]卡尔·施密特：《论法学思维的三种模式》，苏慧婕译，中国法制出版社 2012 年版，第 47 页。

〔58〕 参见薛克鹏：《经济法基本范畴研究》，北京大学出版社 2013 年版，第 186 页。

对社会本位另一种质疑是社会利益难以界定。边沁就认为,个人利益是唯一现实的利益,社会利益不过是个人利益的总和,其如不能通兑为个人利益,则是虚幻的。与功利主义法学否认社会利益的现实存在或者将公共利益视为个人利益的简单叠加相对应,新古典经济学试图通过效用函数对社会利益进行数学描述,产生结果就是1951年阿罗不可能定理:在非独裁的情况下,任何一个体系,不可能存在一种能够把个人对N种备选方案的偏好次序转换成社会偏好次序,并且准确表达社会全体成员各种各样的个人偏好的社会选择机制。这种"毁灭性发现"表明,无法通过一个简单的方法来确认某项立法是否真正以追求社会利益为目的。在价值多元化的现实生活中,差异巨大甚至是直接冲突的利益无法整合成为能够令社会生活中的每一个人认同的社会利益,所谓社会利益只是虚幻的概念,不具有客观实在性,无法在现实生活中实现。恰如米尔恩(Alan Milne)在《公共利益、政治悖论及其判断》一文中所说,社会利益根本就是一个政治悖论。[59] 与之相类似,斯堪的纳维亚法律现实主义代表人物阿尔夫·罗斯(Alf Ross)在其《走向现实的法理学》一书中否认人类社会存在其本身的需要和利益,将社会福利观斥为"幻想"。[60] 法学界部分学者则认为社会利益是政府为了调和不同的利益而生造出的一个概念,"不过是政府调和竞争的利益之后所获得佣金"。[61] E. 博登海默就指出,"社会作为一个主体。它虽与具体的人密不可分,但绝不是简单的个人的总和,它是一个极为抽象的实体。社会利益具有不确定性也决定其不能作为一种立法标准"。[62] 按照这种观点,社会本位仍然无法安顿经济法的价值理念。利益无疑存在一定的隶属主体,这也是利益安身立命之所。如果将社会利益界定为全体社会成员的利益,那么,它需要无私的代表,而在生活中很难有这种上帝般的代表主体,在人间绝对寻

---

〔59〕 See A. J. M. Milne, "The Public Interest, Political Controversy, and the Judges", in: R. Brownsword, ed., *Law and the Public Interest: Proceedings of the* 1992 *ALSP Conference*, Franz Steiner Verlag, Stuttgart, 1993, p. 39.

〔60〕 See Alf Ross, *Towards a Realistic Jurisprudence: A Criticism of the Dualism in Law*. Copenhagen: Einar Munksgaard, 1946, pp. 295 – 296.

〔61〕 刘连泰:《"公共利益"的解释困境及其突围》,载《文史哲》2006年第2期。

〔62〕 [美]E. 博登海默:《法理学——法律哲学与法律方法》,邓正来译,中国政法大学出版社1999年版,第147页。

找不到来自天国的力量；如果将社会利益界定为不是全体社会成员的利益，那么，它就可以分解为具体个人或团体的利益，这时社会利益就不具有实体价值，只有认知意义。因此，社会利益无论怎样理解都难逃处于悬空状态的困境。[63]固然，社会利益是概念抽象，但这实际上是价值问题，并非只可被描述而无法对其定义，这一概念的罗生门特征仅为表象而非实象，可以借助思考、讨论、批判及诉诸宪法理念及法理从而在不同情况取得某些程度的具体结论。[64] 何况阿马蒂亚·森也解决了阿罗不可能定理的难题。正如德沃金所说，“个人权利是个人手中的护身符”。[65] 经济法必须保护包括个人利益在内的各种利益，而不能仅仅保护社会公共利益，否则就会失去其正当性。但是，在经济发展中，各方利益应兼全并顾，不仅我们自己要有生存空间，别人也应该有生存空间，自己生存，也让别人生存，在生存中分优劣；自己发展，也让别人发展，在发展中比高下，己立立人，己达达人。唯有和气才能生财，各各安立。社会利益是对各种利益平衡协调后所表现出的一种利益类型，经济法所维护的社会利益是对各种利益的综合保护，维护社会利益就是对各种利益的平衡或是对各种利益的综合，保护社会利益并不排斥对其他种类利益的保护，相反，它保护了所有类型的利益。激进的功利主义主张，除了可以由私人利益相加得出利益之和外，不存在任何超然于个人利益之上而独立存在的利益形态。但事实上，一个社会的利益总括所有的个人利益和社会公共利益之和。如同城市的物业小区中建筑物的专有部分属于个人利益范畴，而专有部分以外的共有部分以及共有设施和设备则属于业主的公共利益。对个人而言，其可以享受的利益是由专属于其个人的利益和可以享用的社会公共利益加总之和。社会公共利益是一种整体性的利益，而非个人利益的简单加权。个人利益相加的结果仍然是个人利益，只有社会中那些相互联系、不可分割的利益才是公共利益。唯此之故，有的学者将社会公共利益称为社会整体利益。[66]

---

〔63〕 参见陈丹：《民法社会本位：一个否定性的质疑》，载《光华法学》编委会编：《光华法学》（第 3 辑），西南财经大学出版社 2009 年版，第 179 页。

〔64〕 参见陈新民：《德国公法学基础理论》，法律出版社 2010 年版，第 260 页。

〔65〕 [美]罗纳德·德沃金：《认真对待权利》，信春鹰、吴玉章译，中国大百科全书出版社 1998 年版，第 6 页。

〔66〕 参见薛克鹏：《经济法基本范畴研究》，北京大学出版社 2013 年版，第 205 页。

学术中的许多论争都源于语义上的歧解和概念界定上的混乱。所谓“社会”的概念，在民族国家建构的时代每每与国家浑然不分，在许多学术著作中事实上指谓依民族国家的政治边界而定义或多或少抽象的现象，隐喻着每个社会乃存在于特定的政治边界之内。换言之，“社会”这一范畴在知识分子的话语中往往并不是一个独立于国家支配权威之外的“市民社会”(civil society)，而是一个与国家、民族紧密整合为一有机体的“民族社会”(national society)。[67] 本来，在谈论社会本位时，所对应的应是国家本位与个人本位，所标举的社会应是相对于政治国家而言的“市民社会”而不是“民族社会”，但由于民族、民主与民生三者密切相关，对于民族国家外部而言争取国家独立自由，即民族主义话语中的“民族社会”，与政治国家内部而言争取经济民主、民生改善，即民生主义话语中“市民社会”，在各种文本的话语建构中往往被交织在一起，所以国家本位与社会本位是两个极易被混淆的概念，甚至有人将二者等同，进而否认社会本位的正当性。群的思想很容易造成一元论。在传统文化中，克己、利人、奉公的原则即已被推崇为一种起码的做人之德，形成如磐夜气的重压。故而1903年《浙江潮》第1期刊载未署作者名的论说《公私篇》有言：“厉乎哉！公私之界说之祸吾中国也。出一言焉，行一事焉，托于公则群称道之，邻于私则群非笑之，且不独非笑之，抑必排之斥之僇辱之。腐儒浅夫之守此学说，数千年于兹矣。”[68] 密尔在《论自由》一书中即对社会作为集体而凌驾于构成它的各别个人这种社会暴虐栗栗危惧，指出人们以往更多地警惕来自国家的侵犯，但这是不完全的，“社会能够并且确在执行它自己的诏令。而假如它所颁的诏令是错的而不是对的，或者其内容是它所不应干预的事，那么它就是实行一种社会暴虐；而这种社会暴虐比许多种类的政治压迫还可怕，因为它虽不常以极端性的刑罚为后盾，却使人们有更少的逃避办法，这是由于它透入生活细节更深得多，由于它奴役到灵魂本身”。[69] 社会群体总被看作产生一切价值的最终实体和衡量一切价值的最终依据。社会群体的价值具有形而上的绝对意义，相反，一切个体皆没有独立的、自足的价值，个体的存在与价值完全派生于社会群体。一切

---

〔67〕 参见张世明：《法律、资源与时空建构：1644～1945年的中国》(第2卷)，广东省出版集团、广东人民出版社2012年版，第148～150页。

〔68〕 《公私论》，载《浙江潮》1903年第1期。

〔69〕 [英]约翰·密尔：《论自由》，许宝骙译，商务印书馆1959年版，第5页。

个体只有在满足社会群体的要求、实现社会群体的利益时，方能获得自己的价值。黑格尔法哲学的一个核心观点就是，国家高于市民社会，作为特殊利益争夺的场所，市民社会并不具有最终的合理性，只是伦理发展中的一个抽象的、中介的环节，需要被扬弃到更高阶段，而能够克服市民社会、使市民社会摆脱外在必然性限制的就是国家。因为市民社会中的人们只是利益联合体，人与人之间的关系是相互满足需要，实现自身利益的工具关系，他人只是"我"的工具或手段，个人欲望和意志无限扩张不加以限制和引导，就必然导致社会秩序的混乱、人的精神的物化、人的本质的异化，成为"一切人反对一切人的战场"。应该看到，在黑格尔理论中，国家对市民社会的克服，不代表它不承认个人的特殊利益和私人需要，而是将之整合到更高层次上，实现普遍性和特殊性的统一。"国家的力量在于它的普遍的最终目的和个人的特殊利益的统一"。[70] 国家的目的在于"谋公民的幸福……如果一切对他们说来不妙，他们的主观目的得不到满足，又如果他们看不到国家本身是这种满足的中介，那么国家就会站不住脚的"。然而，与洛克式"市民社会先于、外于并高于国家"架构所蕴含的对政治权力的怀疑与限制不同，黑格尔"国家高于市民社会"架构实际上隐含了国家权力可以无所不及和市民社会被国家所异化的逻辑；而这种观点及其隐含的逻辑往往趋于被用作极权或集权的统治的张目。"对国家加以理想化，以及对市民社会给予道德上的低评价，这两者结合在一起都不可避免地要导致政治上的独裁主义"。[71] 故而，罗素如此警醒世人："这样一个学说，如果承认了，那么凡是想象得到的一切国内暴政和一切对外侵略都有了借口。"[72] 在极权或集权的统治下，由国家代表的权力机制将私人权利全面侵占，市民社会被统合于国家之中，成为国家的工具和附庸。具有天然扩张性的国家成为随时准备吞噬市民社会的"利维坦"，社会几无容身之地。严复虽能将现代英国政体的精髓以"自由为体、民主为用"一语道破，但寻富求强的目标使其最终走向了用国家立场衡量自由价值的功利道路，将国家自由置于优先的地位，在群己并重时舍己为群，云："自由之者，团结之自由，非个人之自由也……小己自由，非今日之所急，而以合力图强、杜远敌人觊觎侵暴，为生存之至计……故所急者，国群自由，非小己自

---

〔70〕［德］黑格尔：《法哲学原理》，张企泰、范扬译，商务印书馆2009年版，第261页。

〔71〕［美］萨拜因：《政治学说史》，盛葵阳、崔妙因译，商务印书馆1987年版，第729页。

〔72〕［英］罗素：《西方哲学史》（下卷），丁三东等译，商务印书馆1976年版，第289页。

由也。"[73]胡汉民也认为,现在"为多数人的自由来取缔少数人的自由,是法律最大的要求"。[74] 民国政府立法过程中表示,"我国人民,本以自由过度,散漫不堪,尤须及早防范,藉障狂澜……本党既以谋全民幸福为目的,对于社会公益,自应特加注重,力图社会之安全"。[75] 按照武树臣的分析,我国古往今来的法律实践活动大体上可以划分为以下几个主要发展阶段:(1)"神本位·任意法"时代(商);(2)"家族本位·判例法"时代(西周、春秋);(3)"国家本位·成文法"时代(战国、秦);(4)"国家家族本位·大混合法"时代(汉至清末);(5)"国家社会本位·混合法"时代(中华民国1912~1949年)。中国的"法统"是与西方"个人本位"相对应的"集体本位",而"法体"则是某种形式的"混合法",民国时期的国家社会本位立法原则对于个人权利的轻忽、贬抑和虚化教训深刻,没有原则的权变乃为时代所扼,一视缓急以为衡,无可如何。由于社会的神化,一场以社会为图腾的宗教崇拜因此蔓延开来,社会走向异化,国家与社会实为一系不可判分。"当权利和自由丧失其传统的理论基础和内容而服从社会的更高阶段时,它就成为了社会的一个组成部分,并与这个社会共命运。"[76]王伯琦反思民国立法史,认为西方法律在社会化趋势下与民众意识产生的距离是个人权利到社会利益间的距离,而中国采取社会本位立法与民众意识的距离是从无我到有我再到总体,即义务本位到个人本位再到社会本位的距离,"无我与总体,个人义务与总体利益,其间的距离虽更长,但是很不显明,在概念上往往可以弄到不分,因此亦可不自觉其有距离"。[77] 正因为民众不觉得社会本位法制与自己的习惯和观念有距离,"国父的民生主义可为大众接受,大量的社会立法,可以行之无阻,其故在此"。[78] 虽说因名可以责实,但面子上的话语表达并不能信以为真,因为"名"一旦只是一种借用的名义时,"实"即大相异趣。在历史

---

[73] 严复:《严复集》(第5册),中华书局1987年版,第985页。

[74] 胡汉民:《法律与自由》,载中国国民党中央委员会党史委员会编:《胡汉民先生文集》(第4册),台北,"中央"文物供应社1978年版,第809页。

[75] 谢振民:《中华民国立法史》,中国政法大学出版社2000年版,第756页。

[76] [美]赫伯特·马尔库塞:《单向度的人——发达工业社会的意识形态研究》,刘继译,上海译文出版社1989年版,第3页。

[77] 王伯琦:《近代法律思潮与中国固有文化》,清华大学出版社2005年版,第75页。

[78] 王伯琦:《近代法律思潮与中国固有文化》,清华大学出版社2005年版,第57页。

上，统治者正是假借着“社会利益”“社会公正”之名大行剥夺个人自由与利益之实，将个人权利的内涵一掏而空。名不副实的冒牌根基是虚弱的表现，如其所是地直面事实乃为要务。由于国家被视为社会公共利益的当然代表，特别是国家一词经常被从人格化社会的角度使用，从而使社会本位与国家联系密切，“社会利益”被人利用为压制个人利益的手段。如同宇宙中巨质恒星最终演变成至实至密、吸引力超常黑洞，在其引力场范围内高速运动的光也难逃被吞灭的命运，国家的强力同化他异的功能产生“黑洞效应”。批评者呼吁对国家权力在社会公益名义下滋长横行的猖獗给予警惕和限制。现代社会构成极权体系，整个社会被编织成为一张无所不包的大网，冷酷地控制了每一个人，使个人被规训和监控的程度上升到了一个更高的水平，福柯即对此言之甚明。国家最大限度地规范与管理各个生活领域，存在公共价值侵蚀私人领域的可能性，社会力量则被最小化，驯至国家与社会之间的界线逐渐模糊甚至消失。[79] 政府是公认的国家的代表，政府所代表的社会利益与其代表的国家利益殊难界分，社会本位容易不知不觉越度陷溺于国家本位，如同一层薄纸被轻而易举捅破，很难获得力量上的平衡以遏制权力滥用所带来的祸害。批评者认为，社会本位是一种理论设定，而且是具有某种神圣性的理论设定。然而，在政府与社会的关系问题上，无论理论上的这一设定得到了何种程度的广泛认同，而实际上在政府开展行动时，给我们展示出来的都一直是政府本位。“你可以申明政府是人民的政府，你也可以要求政府中的所有官员都是人民的公仆，而在事实上，你无法改变政府本位的现实。特别是在政府作用于社会的过程中，政府就是这个社会中不可移易的中心，其他一切社会存在都是围绕着政府这个中心展开的。而且，政府本位主义已经渗透到了人的思维方式之中，而参与治理所证明的恰恰是这种思维方式，那就是以政府为本。公众以及所有的社会力量都只是参与者。”[80] 个体主义和国家本位主义虽然主张不同，但二者均将国家和社会等同，将个人与社会的关系化约为个人和国家的关系。所以，行政法学者认为：“经济法学界在经济法基本理论的研究方面之所以如此尴尬，原因就在于国家干预经济的本质主要是行政权（经济行政权）的作用，而基于行政权的作用所形成的社

---

〔79〕 参见［德］汉斯·察赫：《福利社会的欧洲设计：察赫社会法文集》，刘冬梅、杨一帆译，北京大学出版社2014年版，第9页。

〔80〕 张康之：《公共行政的行动主义》，江苏人民出版社2014年版，第213页。

会关系本质上都属于行政关系，这种行政关系与行政权作用于其他领域的行政关系并没有本质的区别，因此它同样属于行政法调整的范畴。经济行政法没有不同于行政法的法律责任体系和相应的纠纷解决机制。因此，经济行政法作为一个与行政法相并列的、独立的法律部门既没有理论基础，也没有法律依据，这是无论怎样人为论证都无法改变的客观事实。”[81]

不过，“倾向”与“本位”二者义虽相涉，然必不可混而一之也。埃米尔·韦斯特霍夫(Emil Westhoff)和邓尼斯特央斯基一样将经济法视为社会中的共同经济之法，与私法、公法中分别以个人的利益、国家的安宁秩序保全为目的一样，经济法以个人与国家之间的社会自体的经济秩序为其目的。私法是个人的王国，公法是国家的王国，经济法是社会的王国。论者或谓这是经济法学者的一面之词，终不浃洽，具有相当的主观性，但从类型学角度而言，作为理想类型是有价值的分析。正是由于这是一种理想类型，从个人、国家和社会三元模式出发对号入座，所以被一些学者批评为臆想。这些学者的理由在于，没有任何公法学者会说“公法以国家为本位，公法的最终目标是追求国家利益最大化”。无论行政法以“管理论”、“控权论”抑或“平衡论”贯穿于行政法的中心主题，都无法推导出其价值目标为单纯追求国家利益的实现，为了公益而无条件、无限制地限制私益同样与行政法的价值追求相违背，公法的国家本位观基本是凌空架言。平衡论的理论前提在于行政主体与相对人一方之间由于公权力的强势存在不平衡的状态，而欲求平衡尚须控权，用法律驾驭、控制政府权力“可能脱缰的野马”，与控权论在终极目标上并无二致。个人权利自由系行政法精神之所寄，行政法不以特别保障行政权的特殊地位为目的，其重心毋宁谓乃在尊重个人自由，保护人民权利。但行政法承认行政权具有优先性，行政决定具有单方面性和公定力、确定力、拘束力、执行力，行政主体与行政相对方直接构成“命令——服从”关系的高权行政法关系范围相当广泛，传统行政法学的管理论即从权力作用为中心的法规构造出发，以讨论行政权应如何维护为目标，在实质上是以国家为本位，以规定行政机关作为管理主体的权利和相对一方作为管理受体的义务为重心。德国行政法学之发展，辄离不开以源自罗马法上“imperium”这种行政权的支配性或国家意思优越性观念为中心。目前虽因法

---

〔81〕 王克稳：《经济行政法基本论》，北京大学出版社2004年版，第16页。

治国及给付行政观念迭被强调，所谓“基于协商的行政行为”的概念亦被广为论及，[82]但一时仍难摆脱传统见解及制度的窠臼。行政权当然具有命令权及形成权，基于行政权所为处分应具有公定力、自主确认力、自力执行力，不因争讼而停止执行原则、适法性推定等，均可为行政权优越地位传统作最佳之佐证。[83]事实上，正如席勒所言，“一切事物都可以为了国家的利益被牺牲掉，只有一样东西不能，那就是国家自己作为工具来为之服务的事物；国家自身从来都不是目的，只有作为条件时它才重要，在这个条件下，人性的目的才可能得以实现，而且这个人性的目的是且只是人类一切力量的提高”。[84] 自18世纪以来，利益分析的研究途径逐渐征服整个社会科学，对于社会科学的发展起到了极大的推动作用，似乎任何一个社会科学问题的解决离开利益分析的支点，便抓不住根本，只能扑朔迷离，科学性遂难言矣，以至于利益分析滥情于整个社会科学研究，如同万应灵丹。基于此，有学者提出，政府的公共性问题不是近代社会科学的利益分析及其解释框架能够解决的问题，根据这种解释框架提出政府的自利性问题是一种“为了科学而科学”的做法，只能证明利益分析的教条，而在实践上则不具有积极的现实意义。[85] 不言而喻，马克思不认为存在可以解决一切问题的总键，但马克思也曾明确指出：“‘思想’一旦离开‘利益’，就一定会使自己出丑。”[86]虽然传统政治学理论认为政府是至善的化身，国家主义哲学声称国家的目的不是为了社会生活而是为了善的行为，但政府一旦形成，其内部的官僚集团也有自身的利益，与“经济人”基于利益最大化的行为准则将机会主义策略纳入其行为选择的范围一样，难以完全拒绝机会主义策略的诱惑。缪勒说：“同样的人怎么可能仅仅因为从经济市场转入政治市场之后就由求利的自利者

---

[82] See Vgl. Hartmut Maurer, *Allgeneines Verwaltungsrecht*, 10. Aufl., München: Verlag C. H. Beck, 1995, S. 358.

[83] 城仲模：《行政法之基础理论》，三民书局1999年版，第905页。

[84] Friedrich Schiller, *Die Gesetzgebung des Lykurgus und Solon*, 1790. 转引自[德]古斯塔夫·拉德布鲁赫：《法哲学》，王朴译，法律出版社2005年版，第54~55页。

[85] 参见张康之、王喜明：《公共性、公共物品和自利性的概念辨析》，载《行政论坛》2003年第4期。

[86] [德]马克思、恩格斯：《马克思恩格斯全集》（第2卷），中共中央马克思、恩格斯、列宁、斯大林著作编译局编译，人民出版社1972年版，第103页。

转变为'大公无私'的利他者呢？这是绝不可能的事！"[87]布坎南等将经济学上的"经济人"假设引入对政府行为的分析，认为没有理由把政府看作超凡脱俗的超级机器，也没有理由认为政府总是集体利益的代表和反映。政治家或官员在进行政治活动时乃是以个人的成本——收益计算为基础。由于受选举周期或任期的影响，因而他们的时间贴现率要高于社会实践贴现率。为了显示政绩，谋求晋升，他们实际上并不是根据公共利益进行选择的过程，而是利益缔约的过程，会迎合选民的短见，制定一些长期弊大于利的政策。其结果是政治家或官员的短期行为和社会公众长远利益之间产生明显的脱节，形成明显的政治经济周期。[88]与规制的公共利益理论相对立，施蒂格勒（George J. Stigler）的"规制俘获理论"更进而指出，公共政策的制定往往会受到某些利益集团的影响，事实上，政府规制是为适应利益集团实现收益最大化的产物，促使政府进行管制的正是管制对象本身，或是其他有可能从中获益的利益团体，即政府管制者通常会被受管制企业所俘虏，使其公共政策、公共投资、公共资源分配明显有利于这些利益集团，而以牺牲全社会利益和整体福利为代价。虽然"国家的建立对社会来说是必要的，但是它也代表着一种威胁"，[89]因此，"政府所有的一切权力，既然只是为社会谋幸福，因而不应是专断的和凭一时高兴的，而是应该根据既定的和公布的法律来行使；这样，一方面使人民可以知道他们的责任并在法律的范围内得到安全和保障，另一方面也使统治者被限制在适当的范围内，不致为他们所拥有的权力诱惑，利用他们本来不熟悉或不愿承认的手段来行使权力，以达到上述目的"。[90]断言国家利益和个人利益、社会公共利益完全一致才是对法的历史和现实视而不见的臆想，大量的寻租和腐败现象已然打破了"政府无私"和"自动公益"的神话。

权利固然是利益的表现形式，但不等同于利益本身。如果说利益因人而异，具有主观性，那么权利相较而言更具有客观性。权利的主张在性质上是道

---

〔87〕［美］缪勒：《公共选择理论》，杨春学等译，中国社会科学出版社1999年版，第59页。

〔88〕参见杨俊一等：《制度哲学导论》，上海大学出版社2006年版，第135页。

〔89〕［美］埃尔斯特、［挪］斯莱格斯塔德编：《宪政与民主》，潘勤、谢鹏程译，生活·读书·新知三联书店1997年版，第152页。

〔90〕［英］洛克：《政府论》，叶启芳、瞿菊农译，商务印书馆1964年版，第86页。

义论(deontology)的,而利益是结果主义(consequentialism)或是功利主义(utilitarianism)的。易言之,正当性构成权利概念的基本内涵,权利本身即是目的,具有不容忽视的道义性,不以功利或社会效果为基础,而以其正当性的演化和与利益无关的道德原则为基础。[91] 权利在英文中为rights,而不是weighing-interests,其本质是保护个人,对抗他人,包括对抗多数人的利益。因而,权利作为对抗多数派的手段、王牌,将特定的问题移出立法的范围和多数人意志控制的范围,对他人利益、社会利益和多数人的意志施加限制。任何人都不能简单地将多数人的利益转变为优于个人权利的集体的或团体的权利,否则权利彻底的湮灭就会如同正负物质相撞一般不留痕迹。在对社会本位质疑者看来,西赛罗的名言"公益优先于私益"(Salus populi suprema lex esto)在18世纪得以发扬光大,公益被视为最高的法、公益和私益相对立的观念影响迄今仍然十分明显,公益的维护往往成为堂而皇之限制人民基本权利的大词。社会本位所立足的是"社会利益",而个人本位所依据的是"个人权利",权利和利益之间的差异是社会本位之所以会滑向国家本位的原因所在。罗尔斯认为,"每个人都享有建立于正义基础之上的不受侵犯的权利,即使是为了整个社会的利益也不能将其践踏"。[92] 德沃金也强调,"权利是这样一种资格,政府否认个人的这种资格就是错误的,即使是为了公众利益"。[93] 德沃金使用了这样一个例子批判波斯纳的法律经济学的结果主义理念:如果A将他的一本书估价为1美元,而B则想要这本书,而且对该书估价高至3美元,在此情形下,A以2美元的价格将该书卖于B,则社会财富总量和幸福感都将达最大值;如果A不愿意卖书,如果秉持社会利益第一性的理念,社会的财富总量最大化,就会顺理成章产生社会强迫A以2美元的价格将书卖于B具有正当性的结果。[94] 但显而易见,社会利益

---

[91] 参见[美]皮文睿:《论权利与利益及中国权利之旨趣》,张明杰译,载夏勇主编:《公法》(第1卷),法律出版社1999年版,第105页。

[92] John Rawls, *A Theory of Justice*, Massachusetts, Camhridge: Harvard University Press, 1971, p. 3.

[93] Ronald Dworkin, *Taking Rights Seriously*, Massachusetts, Cambridge: Harvard University Press, 1977, p. 269.

[94] See Lord Templeman, *Jurisprudence: The Philosophy of Law*, London: Old Bailey Press, 1997.

在利益纲目中的优先性将会造成个人权利荡然无存，使个人利益不足挂齿，使人们居于社会之中感到的不是安全感，而是越来越深的恐惧，最终不但个人不敢使用其私人所有权，而且社会进步也会因消费的停滞而不前，社会本身亦将处于淘汰的边缘！不过，这种指责并不适用于经济法，相反，还恰恰佐证了经济法的价值正确，因为波斯纳恰恰是坚持以个人为本位的自由主义，其《反托拉斯法》实际上是弘扬反托拉斯法，即在并购效率的名义下否定中小企业的生存权。波斯纳甚至认为法学正义的概念可以置诸不论，效率的概念足以去包摄正义这一概念。吴越充分认识到当前经济法学在其价值定位和研究路径上存在严重的缺陷，即忽视宪法对个体经济自由的确认，忽视个体的经济权利在经济法学研究中的应有价值，并将整个经济法学简化为“国家干预法学”，其价值取向基本上是向国家干预靠拢并且为国家干预服务的“社会本位”论，而非基于个人本位与权利本位的“社会本位”论。经济法学倘若要实现符合经济现实和历史逻辑的超越和突破，就必须回归法律自身的方法论，关注个体经济权利在整个经济法中的基础性地位，以个体经济权利作为出发点和归宿。[95] 程信和则基于经济法必须建立起具有自身特色的范畴和原理的认知，指出为经济管理主体、市场活动主体确立基本的权利，是将经济法向前推进的内在要求，是经济法学中的“山重水复疑无路”处境的一个突破口，关系到经济法能否真正站稳脚跟，能否充分发挥价值，因而能否获得世人的普遍认同。[96] 经济法应该以权利为自己的基石。个人的基本经济权就是一种社会权。正如弗里德曼所说：“权利要求外表特别道德，甚至保守。利益要求是要求新的价值……权利的要求采用老式的词语。”[97] 社会权是人类社会进入 20 世纪发展起来的一种权利，是相对自由权的一个概念。自由权是“对政府的自由”(freedom from state)，意味着排除来自政府权力的不当或违法干预的权利。社会权是通过政府(freedom through state)或由政府(freedom by state)保障的权利，是通过公权力的积极介入干预来保障的权利。例如，生存权、受教育权、劳动权等，都是这里所说的社会权。民

[95] 参见吴越：《经济宪法学导论》，法律出版社 2007 年版，前言第 3 页。

[96] 参见程信和：《经济法基本权利范畴论纲》，载《甘肃社会科学》2006 年第 1 期。

[97] [美]劳伦斯·M. 弗里德曼：《法律制度——从社会科学角度观察》，李琼英、林欣译，中国政法大学出版社 2004 年版，第 271 页。

事权利属于自由权;经济法规定的权利属于社会权。[98] 按意大利哲学家克罗齐的说法,这种社会权是一种"自由的扩展"过程,甚至这种自由的扩展已然使"法"有点招架不住。正如"存疑时唯自由是先"的法谚所要表达的那样,它甚至是优先的。例如,税法即被经济法学理解为纳税人对抗征税权力的"权利立法",而不是所谓的"征税之法",与行政法学立场判然各异。社会法的功能是强化社会共同体的正当利益,所要保护的是"我们的利益"以及蕴含于"我们的利益"之中的"我的利益"。

"社会"一词能代表介于国家与个人之间广阔的空间并独立于公私之间的利益群体的含义。社会由普通民众组成,但已经不是普通民众的简单相加,而是具有独立于个人的利益存在,它不代表每一个大众的利益,但又代表着大众的利益。庞德阐述了作为相对确定整体的"国家"与具有更大模糊性整体的"社会"的区别,将利益分为个人利益(包括人格利益、家庭关系利益、物质利益)、公共利益(包括国家作为法人的利益、国家作为社会利益捍卫者的利益)和社会利益(包括一般安全利益、社会组织安全的利益、一般道德的利益、保护社会资源的利益、一般进步的利益、个人生活方面的利益),揭示了社会作为系统应有的整体性、和谐性(有机联系性)、发展性(动态性)。这种国家与社会分离的模式,并不将国家所确认的抽象的公共利益等同于社会全体成员现实的共同利益,采取社会本位主义的观念,主张以维护社会全体成员自生自发的现实的共同利益,而非由国家所确认的抽象的公共利益为目的,也即主张国家统治并非目的,社会发展才是目的,并由此得出这样的结论:国家权力的行使应当以保障社会的发展为悬鹄,而不应当逾越此目的对社会自治进行不必要的干涉。在当代经济法中,对国家和私人的利益关系,社会具有矫正和调节的力量,这种力量警惕着国家权力的滥用和私人权利的膨胀。社会本位实际上面临个人主义泛滥和国家主义僭越的腹背夹击。黄右昌认为,社会法包括经济法和劳动法,一方面,社会法乃"摇动公法私法的界限之一大关键";另一方面,社会法(或社会化法)对待之名词,似为国家法,以法律的社会化眼光视之,即不主张公私法之区别,与纯粹的公法迥不相类。[99] 正如英国学者约翰·凯利(John Keane)所形

---

[98] 参见杨建顺:《宪政与法治行政的课题》,载《人大法律评论》2001年卷第1辑。

[99] 参见黄右昌:《现代法律的分类之我见》,载《中华法学杂志》1931年第2卷第8期。

象总结的那样，托克维尔所说的社会，具有一只独立的眼，监督着国家，使之不沦为专制。[100] 在社会主义国家，国家是人民利益的代表，但人民利益的实现方式具有多样性，国家也不能替代人民而独立存在。国家利益只有落实到个体生活，也就是每个人身上，才能在根本上维护好、实现好人民利益。在国家、社会、公民个人三者关系上，应当形成相互平衡、协调、相互衔接的结构关系，而不是附庸于某个主体之上，否则共同体是缺乏宽容的，也是缺乏稳固性的。在我国 1954 年宪法制定前后，国家与人民利益就没有得到很好的认识和处理，特别是在国家、社会、公民个人三者间关系上，呈现出一元化倾向，使得社会生活极度僵化，国家具有强大的吸纳能力，公民和社会都只能依附于国家而存在。[101] 在改革开放后，惩于计划经济的流弊，经济法理论中的社会本位乃针对国家本位和个人本位而提出，旨在抑制国家本位的权力膨胀，充当一道屏风来掩盖背后的国家强制性公权力，维系国家与市民社会双向的适度制衡关系。国家本位是一种国家至上、国家中心、国家意志决定一切、国家统筹一切的观念，不惟抹杀个人的独立性，而且将社会视为国家的附属之物。学术界对于民国政府社会本位经济立法价值取向的检视存在本能贬损的取向。社会与国家实有差异，社会法概念可以由两方面加以观察，一方面由个人法与社会法的对照说明之，另一方面由国家法与社会法的比较说明之。[102] 恰如耶林所言，与国家相比，社会处于更高的地位，国家所进行的活动仅仅是为了维护秩序，而秩序是由社会目的所决定。国家只是社会组织的一种，从属于社会，随着社会的产生、存在而产生和存在，必须为社会的利益服务。[103] 经济法将社会本位作为自己的基本原则，应该说是遵循托马斯·潘恩“市民社会对抗国家”、托克维尔“以社会制约权力”的理路，恰恰凸显了对于黑格尔“国家高于市民社会”架构的拒斥，一方面，表明政府在对产业调节、固定资产投资、货币发行、价格水平、垄断和不正当竞争行为、产品质量控制以及消费者权益保护等关系进行经济法方式的调节时，

---

〔100〕 See John Keane, *Democracy and Civil Society*, London: Verso, 1998, p. 51.

〔101〕 参见韩大元：《1954 年宪法制定过程》，法律出版社 2014 年版，第 474 页。

〔102〕 参见陆季藩：《社会法意义之商榷》，载《法律评论》1936 年第 13 卷第 36 期、第 38 期。

〔103〕 参见吕世伦主编：《现代西方法学流派》（上卷），中国大百科全书出版社 2000 年版，第 296 页。

必须以社会利益为本位,通过限制、引导、参与市场个体的经营行为维护自由竞争秩序。另一方面,任何市场主体在进行市场行为时,不能一味地追求自身利益的最大化而忽视对社会公共利益的关注,否则,也是对自己应当承担的社会责任的背离。以社会为本位首先就是对于政治国家的抗衡,是历史上民族国家建构过程中暴力集装器造成失衡后发出的抗议,抵御国家对于社会营地的吞噬;其次才是社会内部垄断资本对中小企业控制的制衡。概念的内涵从语义学上可以固定,但从语用学上而言均滑动不居,不能将被工具化的概念的应用流弊作为证据否定以此概念反抗国家无限制干预的理论立场。在黑格尔理论中的市民社会是一种原子化的、寻求自我个体的领域。但经济法中的社会本位理念已非复当年黑格尔的国家本位,两者不能等同视之。后者理论中的国家具有神性,而前者则对国家的干预保持起码的警惕。一个论证得出的结论如果不是前提所启发的,就会陷入结论不相干的谬误。正因为这个领域导致贫富的两极分化,威胁着要摧毁这一领域,与此同时,国家权力对私人经济空间的渗透日益深刻,所以保卫社会成为经济法苦心孤诣的志业。当代中国经济法学诉诸社会本位的出发点和目标与民国时期占主导地位的经济统制法学不可同日而语,对其被以国家干预论曲解而抱屈不已。

"在现代主义西方哲学中,'他者'基本上是一个认识论问题,包括诸如'他人的心灵的问题'或'主体间性的问题'。"[104] 近代以后,人的自我意识成熟,产生了"理性的自我",但近代社会在发现"我"的同时遗忘了"他",即便有"他",也是作为一个控制对象或一个可资利用的工具而"在",是服务于"我"之"他"。后现代将他者(the other)或他在性(otherness)作为一个认识论问题而提出来,并得到广泛的接受。所以,人与"他者"社会的和历史的现实性也被抽象空如,或者说,人们之间的伦理关系的内容丧失了。法默尔(David John Farmer)要求在实践的意义上重建"他在性"。无论是在认识论还是实践论的意义上,都有一个主客体的关系问题。也正是在认识以及实践的路径中存在主客体关系的问题,才有了"以自我为中心"还是"以他人为中心"的问题。在政府是唯一的认识主体和实践主体时,走向以政府自我为中心的方向、出现政府本位主义乃至官僚主义等问题均无足为怪。一旦政府垄断社会管理的局面被打破之后,政府

---

〔104〕 [美]戴维·约翰·法默尔:《公共行政的语言——官僚制、现代性和后现代性》,吴琼译,中国人民大学出版社2005年版,第309页。

本位主义遂成为值得怀疑的问题，势必需要从根本上加以反省和变革。按照后现代主义反中心的解读，“他在性”是在主客体关系中派生出来的一个问题，意味着主体的离心化，从政府本位主义转向“他在性”，在某种意义上是一种消解任何一种本位主义思路的发展方向。尽管市场失灵被解释为政府干预合理性的依据，但政府失灵同样表明政府干预的局限性，现代社会是复杂社会。从经济法角度来看，这种“他在性”的实践旨在使得政府能够自我禁抑，由单纯的政府一元化行为转变为政府和公众、社会组织共同参与的合作模式，通过经济民主的方式达到经济民主的目标。人总是生存于与他人的关系之中。这种与他人相关联的共在处境使得作为本色的自我对于自己的邻人具有一定的职责。因为与现代汉语的表达习惯不同，德语忌讳动辄以“我”作为主语置于句首，这被视为妄自尊大、唯我独尊的个人主义的表现，西奥多·阿多尔诺对现代理性个人主义的挖苦之语“许多人已经无礼到竟然说出‘我’来”，可谓带有德国风情的至理名言。“个人要作为社会全体的一部分才有意义，就是个人的目的也应该是融合于社会的目的的。”[105]任何本位主义可能都存在一定的暴力，这也许就是彼此之间对峙的主义之争如同冰炭不同器而无法达成和解的原因所在，均缺乏他在性的理论情怀。但标榜无本位则不免自欺欺人。迄今为止，没有一个终极性恒定支点的事物是不可理解的，即便相对论也需要建立在光速的绝对性之上，如果光速不具有绝对性的话，那么相对论也就没有立足点了。[106] 经济基本权似乎被遗忘，仿佛自由主义的民商法契约自由、意思自治就完全可以应付裕如，恰恰表明缺乏“他在性”意识，缺乏向他者开放的襟怀，殊不知契约自由、意思自治也已经被社会化而受到限制，而果真按照民商法个人本位的范式，自由竞争秩序、社会经济有序平衡的发展难以维系。延续权利不得滥用原则的理路，诸多法益的保护与日俱增，这些法益保护主要是义务形式课以当事人。经济法以社会本位而与民法和行政法构成一定的区隔，是一种相对主义，又具有企图使得经济法定于一尊的本质主义色彩。经济法是现代性的产物，但这种取向其实与后现代主义对于理性主义的批评是契合的，后者只是更为激烈而言。

---

〔105〕 竺安石：《现代社会的个人主义》，载《申报》1933 年 11 月 5 日，第 21 版。

〔106〕 参见张康之：《公共行政的行动主义》，江苏人民出版社 2014 年版，第 124 页。

三、当代语境中的再思

经济法是否包含在社会法之内，争论的一个重要原因在于对于“社会”的理解。韦伯正确地指出，“社会”（the social）和“社会”（society）混用，可以加以如此广泛的解释，以致被用来包括全部的现实，掩盖了文化、经济和政治活动的复杂性。[107] 社会法所谓的“社会”，自始就有“部分社会说”和“全体社会说”两种认知取向。在“部分社会说”者看来，社会法既然以弱势的社会集团为重心，则在原理上否定社会法、并从之变化出来的经济法自然不与其列。正是这样，刘得宽将经济法与社会法加以明确区分，认为社会法包括劳工法、社会保障法、土地法上有关土地房屋的规定、利率管理条例以及消费者保护法等社会立法。[108] 与此相反，在“全体社会说”看来，社会法领域只有在统合受到社会正义激励的劳动法、社会保障法乃至经济法时方得成立。[109] 目前，经济法学界关于经济法属性的争论，仍然与这种社会观有关。有学者就指出：经济法和社会法的社会观，二者相似之处在于经济法和社会法都从各自的追求出发，注重整体的社会观，所以他们都关注社会整体利益。但不同之处是社会法同时还把部分社会作为其社会观，因此某些组织、群体、社团的利益也被视为社会利益，而经济法却不会从“部分社会”这一视角出发考虑社会利益，经济法是调整需要由国家干预的经济关系的法律规范的总称，而需要由国家干预的经济关系范围则具有全局性和社会公共性的特征，这就表明经济法考量的是整体社会。虽然经济法也考虑“部分社会”，如在分配法领域，但经济法的着眼点仍然是因为分配不公影响了社会整体经济发展才进行干预，而社会法干预的着眼点则是给分配关系中的弱势团体一种补助，两者出发点不同，因此部分社会观显然与经济法的品质不

---

[107] See Max Weber, *Objectivity in Social Science and Social Policy*, in: Max Weber, *The Methodology of Social Sciences*, translated and edited by Edward Shils and Henry Finch. Glencoe, Illillois: Free Press, 1949, p. 68.

[108] 参见刘得宽：《法学入门》，五南图书出版股份有限公司1986年版，第26页。

[109] 参見［日］渡辺洋三『現代法の構造』，岩波書店1975年版，第177頁。

符,在这一点上经济法与社会法有根本的差异。[110] 经济法的社会观只能是一种全体的社会观,或称为整体的社会观,因为经济法是由于市场和政府失灵而由国家在干预经济的过程中产生的法律,市场失灵很容易导致整体社会经济功能的紊乱,国家对经济干预的目的不是某个群体的利益而只能是社会的整体利益。在经济法律关系中,国家参与此种社会关系的目的不是盈利或者帮助某类弱势群体,而是促进整个国民经济持续、健康、快速地发展。经济法立足于国家经济生活而以整体为本位,即以社会整体为法律的始点,奉社会共同价值目标为上,其深远意义在于实现社会整体控制与协调发展。所以从经济法的视角看"在严格意义上,社会团体代表的只是一种团体利益,团体利益具有相当的狭隘性,它不能与社会利益画上等号"。[111] 对于广义社会法的现实影响,谢增毅认为:"社会法只能沦为一种法律性质或者法律理念","最终将危害社会法的存在价值"。[112] 我国有学者将社会法的调整范围归纳为:社会保障关系、弱势权益保护关系、公益事业举办社会关系和教育权利保障社会关系,并明确指出这种新质社会关系不能由经济法来调整。经济法并非不考虑弱者的利益,只是经济法并非因扶弱而抑强,而是为了更强而扶弱。换言之,经济法认为只有经济发展了,增量利益增加了,弱势群体才可能得到更多的利益。而社会法的公平观主要关注的是对已形成的弱势群体的保护和扶助,因此它是一种弱者保护机制,是一种利益分配的平均正义立场。[113] 日本学者星野英一认为,以维持这种社会经济弱者阶层的生存及其福利的增进为目的的诸法律在学术上按体系分类,称为"社会法"。陈国均认为,社会法是根据国家既定的社会政策,通过立法的方式制定法律,以保护某些特别需要扶助的人群的经济生活安全,或是用以普遍促进社会大众的福利。将所有这些法规集合在一起,便被广泛地称为社会

---

[110] 参见李昌麒、单飞跃、甘强:《经济法与社会法关系考辨——兼与董保华先生商榷》,载《现代法学》2003 年第 5 期。

[111] 李昌麒、单飞跃、甘强:《经济法与社会法关系考辨——兼与董保华先生商榷》,载《现代法学》2003 年第 5 期。

[112] 谢增毅:《社会法的概念、本质和定位:域外经验与本土资源》,载《学习与探索》2006 年第 5 期。

[113] 参见李昌麒、单飞跃、甘强:《经济法与社会法关系考辨——兼与董保华先生商榷》,载《现代法学》2003 年第 5 期。

法或者社会立法。[114] 经济法的原则包括了资源优化配置原则和经济效益原则,对资源的优化配置原则具有分配正义的理念。个体权利本位的民法无法保证社会分配的公正。经济法的出现就是为了纠正这种偏差,通过宏观调控法、市场规制法等一系列法律来调节市场主体的行为,对社会资源和利益进行再分配。以劳动法和社会保障法为核心的社会法虽然也体现了国家对资源的分配,但其表现方式存在差异。劳动法和社会保障法中包含了大量的社会保险、社会福利和社会救助方面的内容。劳动法中对劳动者的定义也不宽泛,侧重于对社会弱势群体的保护。所以,社会法中对社会资源的分配强调第二次分配,这是与经济法不同的。同时,经济法应当本着经济效益原则,一方面维护社会公平,另一方面要促进经济的发展。所以,经济法的社会利益内容包括经济秩序、经济安全、经济发展等。但社会法中的社会利益内涵显然与此不同。社会法的基本原则是倾斜保护原则,关注的是弱势群体利益。这种利益主要集中于生存权、发展权,可以说是社会中最基本的利益。如果进行了修改,对于现在社会法的社会本位的说法,也就应该进行相应的调整,以作为劳动法和社会保障法的本位。对于具体的用词,还需仔细地斟酌,似乎可以根据该部门的性质考虑"弱势本位"或"社会弱势利益本位"等用词。经济法实质正义强调社会经济领域实行"有差别的公平",注重对弱势群体的特殊保护,以达到结果、实质的正义。尽管有学者特别强调经济法的社会观只能是整体社会观,而社会法的社会观以部分社会观为主仅兼有整体社会观的特点,经济法的社会利益强调经济秩序的健康、安全、可持续发展,而社会法的社会利益则着眼于社会稳定以及弱势群体利益的维护,但是,这种比较不仅不能使二者相区分,而且有不当限制经济法制度范围的危险。同时,从"社会法"这一角度看,人们难以认识和理解其仅仅反映部分社会观并仅仅调整社会部分利益的功能。因应着福利国家的建构,社会保险、社会保障、社会救助等新型的法律制度如雨后春笋不断产生。与此前的慈善性的福利制度不同,现代社会不仅仅是社会保障,体现对社会弱者的关切,而且延伸至社会福利、社会促进,业已从单纯的弱者保护扩大到针对整体社会的全体民众,以使所有社会成员都能过上体面的生活,保障人的尊严的实现。与此相对,经济法的社会法性质的另一方面体现为维护竞争秩序、保护消费者权益。经营者不是在垄断中而是在自由竞争环境中展开提供物优价廉商品的竞

〔114〕 参见陈国钧:《社会政策及社会立法》,三民书局1984年版,第112页。

争(促进技术革新和改善经营),使消费者可以行使选择物美价廉商品的权利。这是对垄断压制不得不购买恶质高价商品的抵制,从这种意义上考虑,经济法是保护弱者、保护消费者的实质性法律。哈特和乔尔格斯(Hart/Joerges)在详细论述保护消费者问题后,将私法和经济法中的市场法纳入"市场范式的统治(Herrschaft des Marktparadigms)"下,认为通过完善侵权行为法等改善市场法保护消费者的努力表现出有效保护消费者所不可预测的障碍,强调导入消费者的对抗力(Verhrauchergegenmacht)。[115] 这种主张合理但未必正确,纵然从消费者利益保护而言,可以称为弱势群体保护,但从生产与消费的经济循环角度出发,所有的个体都是消费者,生产毕竟必然通过消费实现自身价值,所以消费者也不能简单以部分社会的概念加以概括,而且消费者在法律上的形象在德国等国家竞争法中也改变了无知无识、既愚且弱的图式。

但是,经济法与社会法并非没有关系。经济法与社会法具有相同的法律本位观。"经济法立足于国家经济生活而以整体为本位,即以社会整体为法律的始点,奉社会共同价值目标为上,其深远意义在于实现社会整体控制与协调发展"[116]。社会公共利益作为经济法的价值目标成为各类经济法规范的要旨;而社会法自诞生之日就关注社会的实质公平、正义和秩序。主张经济法与社会法相互独立的学者认为,经济法的发展轨迹始终与经济领域相联,所以具有显著的经济性特征,而社会法的发展轨迹始终与社会领域相关,所以具有突出的社会性特征。经济法调整的社会关系具有经济性,更多地关注经济利益,而社会法调整的社会关系具有非经济性,是一种社会利益。两者关系紧密甚至可说是同根生,但两者的地位应当是并行的,是不同的法律部门。而反对者则认为,经济利益和社会利益、经济性和社会性并非可以完全对立。人类社会在本质上就是一个经济利益共同体,社会利益不可避免地包含着经济的元素,常常表现为经济利益并以经济利益为载体。没有经济利益内容的社会利益则只能成为柏拉图式的精神享受,满足不了人们实际生活的需求。社会利益和经济利益并不尽然截然可以分开来。以社会关系或社会利益的经济性和社会性来界分经济法和社会法,使本来模糊的关系更加模糊。以民国时期的农业立法而论,当时

---

[115] See Winfried Tilmann, *Wirtschaftsrecht*: *Studienausgabe*, Berlin: Springer-Verlag, 2013, S. 45.

[116] 何文龙:《经济法理念简论》,载《法商研究》1998 年第 3 期。

地主和佃农关系问题至关重要，武汉政府在1927年颁布的《佃农保护法》固得谓社会法，但也属于经济法题中应有之义。社会法的内容因时而变。在战时，粮食供给不仅仅是经济法的问题，更是生存照顾问题。而在温饱问题解决后，医疗保险等社会保障的重要性就如同当年粮食供给保障一样，是当年粮食供给保障的升级版。与此相对，社会法中社会给付（社会扶助、社会保障）、经济补贴均具有广义上对所得进行再分配的功能，所以在魏玛时期被用于危机管理和危机防范的补贴，乃是为了阻止错误的社会发展，但最终成为经济转型和经济政策上的方法，成为经济法意义上的经济辅助。在市场竞争中，强者弱者的地位变化无常，大量弱者的存在是一种常态。社会本位价值观要求关心和帮助弱者，使市场经济能与友爱互助精神共存。从这一价值观出发，社会立法把帮助弱者变为强者的义务，使获得社会保障和社会福利变为弱者的权利。国家通过国民收入的再分配来保障这类权利。因为法律部门的划分并非绝对，不同法部门可以对同一社会关系从不同的角度进行调整，有学者就指出社会转移支付法从宏观调控的角度可以划入经济法中的财政法，而从社会保障角度则又可划入社会法中的社会保障法。对以民法、商法和行政法等个别法领域的法解释论自我设限的法学研究者而言，社会保障法是与经济全不相干的法领域，充其量只是因为社会保障法是具备社会法性质的法学分科而已，但在将经济法作为市场中的竞争法考虑时，社会保障法与经济法的互补关系便彰彰明甚。[117] 在日本的法律体系中，由劳动法、经济法和社会保障法等构成的“社会法”最重要的机能之一就是“灭私奉公”和提倡国家对经济社会生活的干预。日本的公益诉讼之所以如此发达，其渊源就在于集团主义和公益优先的意识习惯。民法是市场经济社会的基石，经济法以民法为基底。比之在早期资本主义时期，简单的经济关系通过民商法的调整即可应付裕如，现代社会经济的复杂性需要经济法从社会整体利益角度协调发展，确保竞争经济秩序而惠泽消费者，也需要劳动法等社会立法为市场竞争体制进一步提供安全保障，构筑社会福利计划的“安全网”。民法是国家市民在其一般生活领域的规制法。商法在这个意义上作为特别法优先于其他所有交易法律关系中广泛适用的民法。与此相对应，劳动法是雇员、雇主和他们各自组织的特别法，原则上以民法为准绳，然而劳动法的特别

---

〔117〕 参见［日］丹宗昭信、伊从宽：《经济法总论》，吉田庆子译，中国法制出版社2010年版，第226页。

规定优先于民法。同样,经济法也可以相应地称为国家市民作为企业家、企业的股份持有者、顾客或供应商、消费者或竞争者等经济生活参加者身份的特别法,只要在经济法上存在特殊规定,就适用于特殊法优先于普通法的原则,否则适用于一般私法、特别是民法或者刑法和公法。[118] 经济效率是最大福利的必要条件,合理分配是最大福利的充分条件,社会的发展与社会的稳定相辅相成,所以经济法、劳动法和社会保障法均纳入社会法范畴是有历史合理性的。社会保障制度是使市场经济的脱落者回归市场经济的社会保障制度,必须通过确立更加完善的社会保障制度,纠正市场经济所导致的必然性倾斜。[119] 经济作为国家与社会之间的介体,丰富了各种战略与技术的总体,从而使"更多平等"、安全和最低生存保障等福利社会的价值观得以实现。投入、天赋、才能、运气可令经济上的不平等在私有经济关系中较之通过国家再分配更有效地得到平衡。在当明日所得总是超过昨日所有之时,经济增长可导致平等的错觉,但这并非全然错觉,而是令今天的不平等已然变得更容易忍受,并触发让明天变得确实"更平等"的能量。经济以其整体的多样性,也在补充着组织"更多平等"、建立社会安全和提供基本生存保障的各种可能性的总体。[120] 从这层意义上考虑,两者具有同样性质,并且两法都包含社会法的基本原理。在实现社会实质公平方面,经济法的积极平等观与社会法的消极平等观相互协调。社会法解决后顾之忧,经济法保障经济发展的强劲动力和正确轨道。

不可否认,劳动法与竞争法、消费者保护法以及财税法等经济法制度之间存在差异,但是,劳动者和劳动者问题产生的原因归根结底仍然是经济活动,因此亦为经济法问题,只有通过规制企业的经济活动,才能保护劳动者。劳动者不仅是单纯的自然人,亦是稀缺的资源和资本,是基本的生产要素。作为人力资本或资源,劳动者是一个国家和地区经济发展的根本保障,而且处于决定经济增长的诸要素之首。在这一意义上,保护劳动者也就是保护和合理使用有限

---

[118] 参见[德]费肯杰:《经济法》(第1卷),张世明、袁剑、梁君译,中国民主法制出版社2009年版,第36~37页。

[119] 参见[日]丹宗昭信、伊从宽:《经济法总论》,吉田庆子译,中国法制出版社2010年版,第228页。

[120] 参见[德]汉斯·察赫:《福利社会的欧洲设计:察赫社会法文集》,刘冬梅、杨一帆译,北京大学出版社2014年版,第230页。

的劳动力资源，为经济和社会的持续发展提供充足和持续的动力，与经济法的宗旨完全一致。潘楚基、张国干在《法制》一书中如是言："因为劳动关系是经济关系的一个方面，从广义上来说，也可以列入经济法的范畴，和经济法不是并列的关系，而是从属的关系。"[121]在不同的国家中，在不同的历史阶段，由于政治、经济、社会制度的不同，国家干预经济活动的程度也不同，劳动法的本质、内容、适用范围和所起的作用，也就有所不同。一般来讲，劳动法从社会规范到经济规范，有一个发展变化过程，即最初有社会规范的性质，其次有社会规范和经济规范的性质，最后完全具有经济规范的性质。这种发展变化过程，是国家干预经济活动的范围和程度不断扩大和深入的产物。近世自工业革命以后，社会组织日益复杂，经济状况呈现出剧烈的变动。在社会差异的基础上所形成的社会分化与失衡现象在资本化与工业化的双重作用下，已经形成带有普遍性并具有社会危机性的社会问题。"劳动创造了宫殿，但是给工人创造了贫民窟。劳动创造了美，工人变成畸形。劳动用机器代替了手工劳动，但是使一部分工人回到野蛮劳动，并使另一部分工人变成机器。劳动生产了智慧，但是给工人生产了愚钝和痴呆。"[122]"从前的财产上的个人主义和契约上的自由主义在这种新生活的社会中至少也失却他们的庄严地位，而不能不拿采取干涉主义的社会立法来做救济的工具。"[123]这种法律是适应社会生活的需要尤其是解决社会问题的中心，已经渐积由附庸蔚为大观，其凸显的地位不容忽视。自19世纪以来，无论政治方面、法律方面以及其他各方面都倾向着社会主义而非难个人主义，潮流所摧，未知其届。从前劳动商品化和绝对所有权观念，因这一思潮震荡而发生变动，绝非民事法典所能范围，"社会法典"遂呈异军突起的状态而成为培养这种新思潮的园地。[124] 这些立法之基础理论是与社会主义对立的所谓劳资协调。"这种态度是站在超阶级的利益的立场，即所谓从人道主义的立场来讲的。这种社会政策的劳动立法，虽然是由劳工运动而获得的，但不能超出一定的范围之外。这界限固然在限制资本家非人道的压榨，但却给资本家在所谓合

---

[121] 潘楚基、张国干：《法制》（第2版），上海：黎明书局1932年版，第267页。

[122] [德]马克思、恩格斯：《马克思恩格斯全集》（第42卷），中共中央马克思、恩格斯、列宁、斯大林著作编译局编译，人民出版社1979年版，第90～93页。

[123] 潘楚基、张国干：《法制》（第2版），上海：黎明书局1932年版，第267页。

[124] 潘楚基、张国干：《法制》（第2版），上海：黎明书局1932年版，第267～268页。

法的范围内,得以充分的发展。”[125]劳动法和经济法是在资本主义经济高度发展过程中,为解决经济体制本身的内在矛盾而出现的法律。在此意义上,两者具有共性。劳动法与经济法有时在功能上存在一定联系。在国家统制强化时期,通过经济法对工资进行统制不鲜见稀闻。[126] 金泽良雄就曾揭橥斯义云:经济法并不排除一切有关劳动的现象和素材。例如,工资作为劳资之间劳动条件之一环时,在通过劳动合同的履行过程中虽属于劳动法的课题,但从通货膨胀的价格政策来统制工资的《工资统制令》(『賃金統制令』,昭和 14 年勅令第 128 号)角度看,则属于经济法的领域。又如,在战时经济中从经济政策立场出发配备劳动力的《劳务调整令》(『労務調整令』,昭和 16 年勅令第 1063 号),则仍将工资作为经济法问题加以研究。而在经济法的规制上,对其雇佣关系往往也是深加考虑的内容,例如《稳定特定不景气产业临时措施法》(『特定不況産業安定臨時措置法』,昭和 53 年法律第 44 号)《特定不景气地域中小企业对策临时措施法》(『特定不況地域中小企業対策臨時措置法』,昭和 61 年法律第 97 号)等。[127] 在当代韩国法律体系中,企业劳资问题一向是劳动法的固有领域,一般与经济法无关,但劳资问题中应自主解决的加薪问题,从物价政策角度受国家控制时,便不再局限于劳动法界域,而同时包括于经济法领域。又如,清算解雇问题本属于劳动法领域,但关乎产业结构调整时,亦由经济法调整。[128] 《谢尔曼法》产生及其适用也能说明经济法与劳动法的复杂关系。《谢尔曼法》是应小企业的请求而制定的,由于更有效率的一体化大企业的形成而受到损害的独立企业和小企业组成的各种协会,长期以来一直对立法机关有效地施加影响。谢尔曼参议员本人的所作所为,可能就是出于俄亥俄州的独立石油生产商们的请求,这些生产商希望受到保护来对抗标准石油公司和铁路系统。当时各种劳工

[125] [日]津曲藏之丞:《德国劳动立法之新趋势》,酉均译,载《东方杂志》1933 年第 30 卷第 13 期。

[126] 参见[日]田中信行:《关于日本的经济法》,载司法部外事司交流处编:《外国经济法论文选编》(第 1 集)(日本),法律出版社 1987 年版,第 46 页。

[127] 参见[日]金泽良雄:《经济法概论》,满达人译,中国法制出版社 2005 年版,第 43 页。

[128] 参见权五乘:《韩国经济法》,北京大学出版社 2009 年版,第 16 页。

组织也对国会进行游说,但它们的主要担心是,新技术会减少工作岗位。[129] 然而,《谢尔曼法》早期被用作工具来对付劳工联盟的组织工作,在1890~1897年最早的13个被认定为违反《谢尔曼法》的案件中,有12个即针对劳工联盟。这使作为《谢尔曼法》早期支持者的各种劳工组织甚感恐惧,国会对劳工们的殷忧做出回应,先是采用《克莱顿法》第6条,然后是在《诺里斯-拉瓜迪亚法》(Norris-LaGuardia Act)中,将劳工的组织活动大多豁免于《谢尔曼法》的适用范围之外。[130]

社会主义运动席卷全球,经济合理化是社会主义运动的重要组成部分。这是社会法囊括经济法、劳动法的历史背景,社会主义的精神其实在经过长期的冲突后深刻地浸透、有机地融入战后德国和日本经济法学之中。国家在19世纪末20世纪初的自由法治国主义思想笼罩时代一般不介入人民的自主生活,但在社会法治国与自由法治国思想并行之后,其功能从狭窄的防御内在和外来危险的范围转到民众所需的广阔领域,福祉国家(Wohlfahrtsstaat)、服务国家(Leistungsstaat)应时而生。在第一次世界大战后,德国"在关于煤、加里、电气、铁、硫酸经济的立法,及外国贸易统制、住宅、佃农、家产的立法中,充分表示出社会化的精神"。[131] 赵韵逸《德国新宪法之一考察》就对当时德国一般产业的社会化的原则在法律中的反映这样揭示说:"德国当新宪法制定以前,于一九一九年三月二十三日曾有社会化法(Sozializierungsgesetz)[132]的颁布,据此法律,早经实行过产业的社会化了。那些社会化的事业,就是煤经济、电气经济等,且有几多特别法的公布。其余如发掘地中埋藏物的事业、交通运输事业、保险业、某种银行业、食粮品生产业等类,一俟时机已熟,亦都要实行社会化的。"[133] 赵韵逸所说的德国社会化经济一方面旨在制约私人资本的权力,另一方面,与此

---

[129] 参见[美]赫伯特·霍温坎普:《联邦反托拉斯政策:竞争法律及其实践》,许光耀、江山、王晨译,法律出版社2009年版,第54页。

[130] 参见[美]赫伯特·霍温坎普:《联邦反托拉斯政策:竞争法律及其实践》,许光耀、江山、王晨译,法律出版社2009年版,第54页、第60页。

[131] [日]津曲藏之丞:《德国劳动立法之新趋势》,酉均译,载《东方杂志》1933年第30卷第13期。

[132] See Sozialisierungsgesetz vom 23. März 1919 (RGBl. S. 341).

[133] 赵韵逸:《德国新宪法之一考察》,载《东方杂志》1927年第24卷第24期。

相关,在经济活动中意味着政治权力的扩充。当时,德国新宪法贯注了由个人经济移于社会经济的一种国家社会本位的经济观。无论从哪一方面去考察,德国的新宪法都呈现出新颖性,将以前的法律思想,开一新纪元,且把两千年来罗马法传统的法理加以根本的订正,实乃新时代的新宪法,足以豪视世界。革命后的德国法律学,对于向来的罗马法给予根本的变革,已经树立了新法学的基调。[134] 所以,德国学术界大概于1918年以后逐渐盛行将劳动法与社会保险法合称"社会法"。[135] "大战期内,德国实行所谓国家的总动员,对于其国内之经济组织及私人之财产权利,由国家加以权利上之干涉,几无所不用其极。既而战事告竣,德人蒙莫大之损失。为处理战后政治上、经济上之纷乱困难,又不得不颁布无数之法令,以资应付,于是自成一系统之所谓经济法者,始以形成,与劳动法之在大战期间,开一新纪元,而从此为异常之发达者,其关系差相近耳。"[136] 陆季藩在《社会法之发生及其演变》中指出:"社会法之概念不能以形式定义决之,自今日观之,不外为经济组织发达过程中一个历史概念耳。"[137] 这完全是峰村光郎的观点。而峰村光郎的观点又来自德国法学家哥尔德斯密特等人的社会化经济法。哥尔德斯密特认为,经济法具有组织经济的特点,而所谓组织化的经济是国家为了改善生产而由国家规制的交易经济和共同经济。他将国民经济分为交易经济(私经济)和共同经济(公经济),着眼于这两种经济的共性即组织化现象,将组织化经济所特有的法律称为"经济法"。[138] 巴勒斯达特(Kurt Ballerstedt)也引入"经济共同体"的概念,将经济法定义为维持经济共同体的法律,认为将法律按规范对象分为公法、私法的传统法律体系理论已无法系统说明现今的法律现象,应以支配法律规范、法律制度的价值观为标准揭示经济法的概念。此种见解引起学界关注。瓦尔特·胡果(Walther Hug)等认为经济法是企业的法律,即商法发展后的法律领域,认为通过商法向经济法的进化,股份公司或合作社的法律也可以延伸到经济组织法中,商

---

〔134〕 参见赵韵逸:《德国新宪法之一考察》,载《东方杂志》1927年第24卷第24期。

〔135〕 参見ハンス・F. ツァハー『ドイツ社会法の構造と展開—理論、方法、実践』新井誠監訳,日本評論社2005年版,第4頁。

〔136〕 佚名:《新时代产物之"经济法"》,载《法律评论》1923年第26期、第27期。

〔137〕 陆季藩:《社会法之发生及其演变》,载《法学杂志》1936年第13卷第15期。

〔138〕 参见[韩]权五乘:《韩国经济法》,崔吉子译,北京大学出版社2009年版,第6页。

行为法也可以延伸到经济交易法中,物权法将成为经济物权法,劳动法也可以划入企业法。[139] 潘楚基、张国干在合著的《法制》一书中指出:社会生活的法律之关于个人者叫作私法,其关于社会生产交换制度和关于生产交换制度中掌握生产力的阶级者应叫作社会法。在社会法里面关于社会生产交换制度的法律叫作经济法,关于社会生产交换制度中掌握生产力的某一阶级的法律称作劳动法。经济法的范围包括土地法、渔业法、森林法等,劳动法的范围包括劳动的契约法和劳动保险法等。社会法的范围既然是这样,所以和社会立法一语的意义有些不同。因为社会立法不过把经济法、劳动法算作重要部分,其余如救灾法、少年犯罪法、检查电影法等都包括在内。社会法的内容大部分是出于以前的行政法。经济法是以前的经济行政法。劳工法是以前的工业行政法。[140] 社会立法是国家在落实社会法律制度以及相关法律制度构建过程中的一项活动,其范围明显要宽泛于社会法。"18世纪的社会生活,以自然相标榜,一切事物都冠以'自然'二字,自然哲学、自然宗教、自然法,是其适例。20世纪的社会生活,重视'社会'二字,由是社会哲学、社会道德、社会教育、社会运动、社会经济、社会政策、社会局、社会法等名称也就应运而生了。"[141] 当时的学者主要是从经济社会化的时代精神出发,将社会立法等同于社会法,这绝非一时心血来潮,灵机触发,凭空想象出来的,当其时空,并无不妥。如黑特曼(Hedemann)所说,"社会法是19世纪20世纪新发生的,并且是'社会精神'所浸透的历史法域的总体"。[142] 即如现代学者仍然将拉德布鲁赫所论述的作为私法和公法混合产物的"社会的法"(soziales Recht)误译、误读为"社会法"(Sozialrecht),囊括劳动法和经济法的社会立法均被纳入社会法的范畴之中,其实也无怪其然。拉德布鲁赫所言是社会的法,泛指与社会改善活动相关,是第三法域,这是与国家法和个人法相对而言,强调法律的新变动。社会法属性是与民法、行政法相对照而从反面界定的一个剩余范畴。因此,桥本文

---

[139] See W. Hug, *Die Problematik des Wirtschaftsrechts*, in: Veröffentlichungen der Handels-Hochschule St. Gallen, Heft 15, St. Gallen: Fehr, 1939, SS. 20-33.

[140] 参见潘楚基、张国干:《法制》(第2版),上海:黎明书局1932年版,第266页。

[141] 李景禧:《社会法的基础观念》,载《法学杂志》1937年第9卷第6期。

[142] 李景禧:《社会法的基础观念》,载《法学杂志》1937年第9卷第6期。

雄著作中无论 soziales Recht、Sozialrecht、social legislation 均被译为“社会法”。[143] 对于经济法、劳动法、社会保障法被视为融贯整体的大社会法的概念应该予以具有历史温情的理解,即按照桥本文雄的论述,社会法是市民法法理的发展形态,在第一次世界大战后根据《魏玛宪法》第 165 条以及经营委员会法(Betriebsrätegesetz vom 4. 2. 1920)确立的共同决定权制度,表明社会法超越劳动法的范畴而向社会化企业法甚至一般经济法的发展。[144] 经济法随着诸如劳动法、“社会法”、“社会权利”(生存权、劳动基本权等)和“社会国家”等指导理念、法理念的形成,与法的社会化(Sozialisierung)或者说社会政策立法(sozialpolitische Gesetzgebung)运动的精神相契合,被嵌入广义的社会法范畴可谓顺理成章。社会法(经济法、劳动法和社会保障法)从公法和私法“相互渗透”中诞生,被视为公法和私法的“中间法领域”。当时,劳动法与经济法都包括在社会法之内的概括不一而足。[145] 以“劳动者”为中心所展开的劳动法的目的在于将由于“社会力”悬殊所形成的劳动者处于从属关系中的“不利益”予以排除,以达成经济交换关系中的实质平等。正惟如此,民国时期,晋庸《德意志新经济法中之劳动法》、张蔚然《劳动法与经济法之关系》均致力于探讨早期德国经济法学将劳动法作为自身体系组成部分的理论问题,而中国经济法学界在改革开放后许多著作中的“市场经济保障法”部分,也被作为市场经济发展的基本要素之一,但自我国确立社会法律部门后,似乎与社会法和社会法学有交叉之处,统而合称“经济法”似欠妥善,所以许多学者不再论及这部分内容,或者在修订旧著时言而不详。[146]

有论者曾提出,英国人贡献了自由,法国人贡献了民主,德国人贡献了社会市场经济,其实这个评价并不过分。联邦德国之所以将市场经济冠之以“社会”一词,是因为联邦德国的经济学家、社会学家和政治家们认为,仅仅依靠自由、依靠竞争,并不能防止、减轻和消除贫富悬殊及由此加剧的社会矛盾等社会弊病,经济效率并非一切,在经济目标之上还有更高的层次、更为重要的社会目

---

[143] 参見[日]橋本文雄之『社会法と市民法』,岩波書店 1934 年版,第 166 頁。

[144] 参見[日]橋本文雄之『社会法と市民法』,岩波書店 1934 年版,第 166 頁、第 197 頁。

[145] 参見[日]舟田正之「経済法序説(1)」『立教法学』第 90 号,2014 年。

[146] 参见刘隆亨主编:《经济法学》,中国长安出版社 2003 年版,第 107 页。

标,必须把经济增长发展与社会平衡进步相结合。但在德国,社会国(Sozialstaat)的根本目的在于赋予个人实现个人自由的实质机会,尊重个人自由,而非为了整体或团体。[147] 德国第二次世界大战前的卡特尔法给世人的普遍印象是维护垄断资本家利益的工具。然而,卡特尔法当时事实上被期待、被视为具有消费者保护法的机能。该法是否实质上有如此消费者保护机能,从今人的眼光来看固然大可怀疑。可是,在第一次世界大战前,从对关于卡特尔立法要达到何种目的这一问题模糊不清的状况来看,该法的引入可谓仍然与德国流行的社会思潮相吻合。消费者或劳动者由于有力的大企业的“机械化(国民作为企业的齿轮)”而应得到保护的法意取向,堪称对消费者利益声援的政治性运动高涨、国民团结、共同组织化表达思想的强化。在魏玛政府时期,培育面向保护消费者视角的法精神尽管并不充分,但已经开始振荡氤氲。[148] 反不正当竞争法在源初意义上旨在为竞争者提供侵权法保护。对于其保护利益,学术界主要有两种观点:第一,“企业人格权说”,即保护竞争中作为竞争者的企业的人格;第二,“企业经营说”,即保护竞争中作为竞争者的企业的各种经营。在1909年德国《反不正当竞争法》设立一般条款,尤其是1930年帝国法院开始强调保护公众利益之后,必须以竞争者的绝对权利作为保护客体的理论受到质疑。取而代之的是反不正当竞争法的社会法思想,即保护包括竞争者、消费者和公众在内的多种主体的利益,而且不需要这些利益的权利化。与其社会法功能相适应,其规制方式也发生了改变,重点不在于不正当行为损害了某类主体的权利或法益,而在于其违反了为竞争者、消费者和公众利益而设立的行为规范。[149] 德国反不正当竞争法2004年修订前的司法和文献业已承认保护竞争者、消费者和其他市场参与者的三重保护目的(Schutzzwecktrias),而新反不正当竞争法进一步加强了对消费者的保护,堪称一部消费者友好型的反不正当竞争法。如此观之,不正当竞争行为所损害的除了竞争对手的合法民事权益外,还包括民法本身难以有效调整的具有社会整体利益性质的竞争秩序与市场秩序。为此,

---

〔147〕 参见谢荣堂:《社会法治国基础问题与权利救济》,元照出版有限公司2008年版,第72~73页。

〔148〕 参见[日]田中裕明之「ヨーロッパ競争法の歩みとドイツ法の役割」『神戸学院法学』第34卷第4号,2005年。

〔149〕 参见范长军:《德国反不正当竞争法研究》,法律出版社2010年版,第60页。

作为社会整体利益代表的政府，有必要对各种不正当竞争行为进行介入，动用国家权力对此类行为加以制裁，以维护竞争秩序。反不正当竞争法不仅要保护作为竞争对手的经营者的合法权益，更要保护市场机制有效运行、市场经济健康发展所依赖的正当竞争秩序与市场秩序，其法益已经从纯粹的个体利益走向包含个体利益与社会利益在内的综合性利益，必然也需要引入经济法的视野加以分析与考察。[150] 反不正当竞争法从社会本位出发，保护的既不是单纯的国家利益，也不是完全的市场个体利益，而是同这两者既有密切联系又有明显区别的社会公共利益。反不正当竞争法的国家干预性和社会公共利益性的体现，是通过对公平的市场竞争秩序的维护，对限制竞争行为的规范，对不正当竞争行为的制止，以及对消费者权益的特别保护来实现的。尽管当代自由主义经济思潮当道，所谓"新自由主义的政策宣言"华盛顿共识具有思想宰制力，但学者思考问题应该放远眼光，不仅仅以眼前当机对象为限，社会法作为经济法的上位阶概念而被倚重仍然具有生命力。

伯尔曼在《法律与革命》一书中就指出："在整个西方，不仅传统所谓的公法和私法而且在可以称为社会法的领域，都已经发生了根本性变化。"[151] 随着劳动法、经济法、租税法等研究成果的积累，也论及其各自独立性的问题，社会法概念呈现出窄义化的趋向日益加甚。德国社会保险制度建立伊始，社会保险法被视为企业与雇员之间劳动关系法的一部分。但随着社会保障立法内容的不断丰富、立法技术的不断完善以及理论体系的日臻成熟，因为劳动法属于交换正义的范畴，而社会法属于分配正义的范畴，所以在德国和法国又出现了将劳动法与社会保障法相区别，并把社会保障法看作"社会法"的狭义理解的观点。而此处的作为"社会法"的社会保障法，实际上已形成了由社会保险法、社会救济法、社会福利法和社会抚恤法等组合在一起的相互关联、适用统一基本原理的法律系统，即开始从现代立法的法典意义上界定"社会法"的概念了。西均1933年所翻译的津曲藏之丞《德国劳动立法之新趋势》一文指出："基于这劳动立法之推移，关于劳动理论亦舍去向来法外的要素——社会化（社会政策与

---

[150] 参见李友根：《论经济法视野中的经营者——基于不正当竞争案判例的整理与研究》，载《南京大学学报》2007年第3期。

[151] See Harold J. Berman, *Law and Revolution: The Formation of the Western Legal Tradition*, Cambridge, Massachusetts: Harvard University Press, 1983, p. 41.

经济政策分离的态度),现在在法自体内产出劳动法理论。这是基于逊巴尔等的主张将社会政策概念融和经济政策的法理论。即将从来站在社会的伦理的立场上的劳动法理论转为基于经济的原理的社会立法。换言之,在法之全体系之中产出构成社会立法的要求。这样的劳动法理论是由社会化转向产业合理化,更转向国家统制经济政策的方向的一法理论。这又是以欧洲大战后资本主义之强度的发展,即金融资本之寡头支配达顶点的大集中形态的独占资本主义作基础。这是一面以民族主义、关税障壁,本国产业保护主义的顽强的国家主义;他方以劳动强化的立法化为战后的恐慌救济策。因此劳动立法已除去从来根据法外的要求的理论,而在法自身体系内建立根本概念。"[152] 我妻荣等编辑的《新法律学辞典》(我妻榮『新法律学辞典』有斐閣、1983年)云:广泛称为社会法者,修正以契约自由的原则等为基本原理的所谓市民法,但无定说。在劳动法和经济法作为独立的领域发展起来的今天,关于社会福利的法(称为社会福利法或厚生法)被认为是社会法的核心。在实定法上,以《宪法》第25条的具体化为目的便属于此。[153] 因为经济法与劳动法都是作为民法秩序的修正而出现的新兴法律部门,所以有的学说把两者一概纳入公法和私法混合的社会法。但经济法与劳动法两者所追求的目的并不相同,前者主要与经济政策相适应,后者主要与社会政策相适应,因此,经济法对待劳动者(如劳动统制)是将其作为生产力要素之一的人的资源来看待,而劳动法终究是以作为一个普通人的劳动者为对象。[154] 金泽良雄如是言:"劳动法是有关工人生活秩序之法,或者是作为劳资关系之法独自发展起来的,而与经济法是各另存在的。"[155] 日本著名劳动法学家外尾健一(ほかおけんいち)也认为:"如果把考虑资本制经济机构中产生的经济弱者的利益、并以某些形式对市民法的修正为目的的法称作社会法的话,劳动法当然包括在社会法之中,并且可以说是形成社会法的核心。但是,随着社会立法的进展,今天已在各个领域内形成了具有独自理念和技术

---

[152] [日]津曲藏之丞:《德国劳动立法之新趋势》,酉均译,载《东方杂志》1933年第30卷第13期。

[153] 参见[日]我妻荣等编辑:《新法律学辞典》,董璠舆等译校,中国政法大学出版社1991年版,第439页。

[154] 参见[日]丰崎光卫:《经济法》,姚梅镇译,载《法学评论》1980年第3期。

[155] [日]金泽良雄:《经济法概论》,满达人译,甘肃人民出版1985年版,第43页。

性的特别的法领域,今后这一倾向将越来越强化。”[156] 在民国时期,学术界就有人针对经济立法的范围而区分国家经济与社会经济,认为经济有国家经济与社会经济之别,然其中亦有可分者与不可分者,如币制金融属于国家经济,信用合作消费属于社会经济,此可分者也。然若就农产品而论,发展农业生产,可属于国家经济,而农产品的消费,亦属于社会经济,此不可分者。[157] 在当代中国经济法学界,经济法与社会法虽然同属于第三法域下的两个并行的法部门,但广为流传的一种观点是,经济法与社会法存在经济性与社会性的区别,存在积极公平观与消极公平观的区别。[158] 如果说劳动法以所谓生存权的观念为基础,是一种保护穷人的社会政策的立法,那么,经济法与其说是从保护穷人的观点出发,还不如说是从协调国民经济发展的角度出发的有关经济政策的立法,是促进经济多快好省协调发展之法。经济法和社会法的歧趋在于:前者以经济增长和持续发展为宗旨;而后者以社会稳定和社会公平的实现为宗旨。此外,较之社会法,经济法的调整方式究为有间,更为复杂和多样化,主要通过指令性调整方式、指导性调整方式和以私法主体身份介入经济关系进行干预等。社会法则主要通过倾斜待遇、团体契约、强制性最低标准等方式进行调整,例如对贫困人员提供廉租房等。在《劳动合同法》《社会保障法》等法律中,社会法的这种公平观表现得更为明显。经济法承担着发展性社会整合功能,社会法承担着保障性社会整合功能。按照经济法的理念,只有经济发展了,增量利益增加了,弱势群体才会得到更多的利益。这样的立法本位观与以卡尔多——希克斯效率模式构建的利益制衡机制的精神相一致,在注重社会福利提高的同时,还强调受益者对受损者的利益补偿,极力实现个人利益与社会利益的平衡、功利和福利的统合。帕累托改进要求得利的人要补偿受损的人,使其境况不会比原来的差,因而不会反对改变,这无疑是一种皆大欢喜的局面。但这就决定了我们不可能在追求自身福利的时候,不去损害任何其他人的福利。所谓的卡尔多——希克斯效率标准实为潜在的帕累托改善,主张只要赢家的收益(以货币衡量)大于输家的损失,利益受损者实际得到补偿,社会总体福利依然获得了增加,那么一项

---

〔156〕 [日]外尾健一『労働法入門』有斐閣、2000 年、第 12 頁。

〔157〕 参见《立法院通过立法原则》,载《梧州经济策进会月刊》1929 年第 1 卷第 3 期。

〔158〕 参见李昌麒等:《经济法与社会法关系考辨——兼与董保华先生商榷》,载《现代法学》2003 年第 5 期。

法律或政策的改变就是可以的。德沃金指出,卡尔多——希克斯有效性标准仅仅关注收益与损失的加总,因而模糊了一个重要的事实,即输家的状况可能变得非常糟。这将个人视为实现集体福利的工具而不是目的。而倾斜保护与救助弱势、矫正失衡利益是社会法基本功能,社会法的公平观主要关注的是对已形成的弱势群体的保护和扶助,是一种弱者保护机制,是一种利益分配的平均正义立场。以劳动法为例,劳动法是规范雇佣者与劳动者之间以及劳动者相互之间关系的法律规范的总称,目的在于提高处于弱势地位的劳动者的经济地位、社会地位,相比之下,经济法是关于国民经济乃至商品市场的秩序的经济政策领域的法,在目的和调整对象上均有明显的不同。〔159〕 “经济规制”(economic regulation)和“社会规制”(social regulation)的区别源自美国,在日本20世纪80年代经常被使用。按照日本学术界的观点,在市场上进行自由竞争不能保证商品和服务的适当供给、希望的价格水平,基于纠正市场的原则,为开展“企图良性发展和消费者的利益”的规制,属于经济规制。而“确保消费者和劳动者的安全卫生、保护环境、预防灾害”属于社会规制。〔160〕 对自然垄断的缘故、以非常高的价格所提供的服务可能性的行业(电力、煤气、自来水、电话等)的规制,是事业法的经济规制的例证。对改善健康和卫生的目的的药事法的规制是社会规制的例证。〔161〕 易言之,前者是指从当时经济政策出发为了某些经济目的,仅仅对一个特定的对象、领域或特定情况(如经济衰退)进行规制,后者通常指的是为了应对污染、环境问题基于社会安全和维持秩序的目的进行规制,〔162〕以排除对国民的生命、健康、财产等基本权利的侵害为目的设计的对经营活动的规制。〔163〕 市场经济体制基本采取经济规则原则上取消、社会规制最小限度的价值

〔159〕 参见[日]田中信行:《关于日本的经济法》,载司法部外事司交流处编:《外国经济法论文选编》(第1集),法律出版社1987年版,第46页。

〔160〕 参見[日]古城誠之「公的規制と法」『岩波講座 現代の法8』,岩波書店1997年版,第104~105頁。

〔161〕 参見[日]江川絵理之「独禁法と事業法の緊張関係のもとでの判断事例に関する考察:銀行合併へのインプリケーション」『金融研究』第34卷第1号,2015年。

〔162〕 参見[日]舟田正之「経済法序説(1)」『立教法学』第90号,2014年。

〔163〕 参見[日]正田彬之「規制緩和と経済法の視点」『学術の動向』第3卷第9号,1998年。

取向。[164] 但是,从法制度来看,经济目的和社会目的之间的区别并不严密。[165] 例如,消费者受到不公平合同条款侵害,具有损害经济利益的意义,也意味着侵犯通过他们的选择、判断以保持消费者的生命、健康和生活的消费者权利。消费者权利与个人的尊重、“生活的自由”(食品等健康、生命和安全)的价值或理念相联系,具有超越经济利益的法律评价意图。属于经济利益还是社会利益值得商榷。此外,无论是经济规制还是社会规制,有时是单一规制的混合。例如,许多对农业和渔业等方面的规制将作为经济规制的功能,与此同时具有自然保护、区域发展的目的和本质。交通关系的各种企业法包括旅客安全的社会规制和运输交易的恰当确保等经济规制两方面。从这一点来说,在这种情况下使用经济规制法的概念是大体而言,即便社会规制,只要涉及经济方面或与市场经济相关,就必须要考虑纳入经济法的范围。[166] 同时从事劳动法和经济法研究将给这样的法学家带来一种持久性的对立体验:经济法致力于阻止企业集中,劳动法则要促使企业担当保证雇员免受某些类型风险的角色。为了实现保险精算上的可计算性的缘故,对这一规模的雇员风险保障的追求几乎已成为事关企业存亡的重大问题。经济法为消除进入市场壁垒而努力促进建立大量新的企业,而劳动法则对已建立起来的企业提出各种规范要求,而且这些要求是以企业的最大可承受程度为基准的;此外,雇员和地位相近的独立经营者之间的机会与风险的平衡点在不断地朝着不利于后者的方向移动,结果是独立经营的企业数量在萎缩,而不是从雇员阵营中产生新的、更有效率的独立经营者以获得新鲜的血液。相反,劳动法上的中心考虑在经济法面前难以立足。借助法律和集体劳资协议提高工资成本和限制人事政策的灵活性促使雇主采取经济法指导下的应对措施,这种应对措施表现为放弃变得不再划算和风险过高的经济活动以及以减少雇佣人数为目的的合秩序自由主义理化投资行为。于是,上述种种良好的社会意愿最终以恶性的社会后果告终。[167] 社会经济基本权与生存权

---

〔164〕 参見[日]波光巌之「独占禁止法の目的と制定」『神奈川法学』第39卷第2·3号,2007年。

〔165〕 参見[日]舟田正之「経済法序説(1)」『立教法学』第90号,2014年。

〔166〕 参見[日]舟田正之「経済法序説(1)」『立教法学』第90号,2014年。

〔167〕 参见[德]何梦笔主编:《秩序自由主义:德国秩序政策论集》,董靖等译,中国社会科学出版社2002年版,第289~290页。

中社会保障法基本原理的差异不容忽视。按照日本宪法学者小林直树(こばやしなおき)的观点,“社会经济的基本权”由“经济自由权”和“生存权的基本权”构成,经济自由在公共福利的名义之下或者说通过对生存权价值的确认,受到大幅度的限制。[168] 以经济法为基础的社会经济基本权所保障的经济活动的自由,不仅在对抗垄断经营者中保护经济活动的自由,而且保护一般消费者的权益。同时,社会经济基本权是通过维持市场秩序,有效实现社会保障中的社会保险,有效处理劳动市场中劳动者的生存权和适合人格自由发展的有效原理,较之生存权具有更广泛的意义。在市场经济制度中,对劳动保护与社会参与的过分强调,可能会损害劳动关系的给付交换特征,进而导致劳动力市场的困境。[169] 史际春《应对国际金融危机的法治思考》即对不合时宜的劳动合同法造成营商环境恶化提出了尖锐的批评。劳动合同法的制订直接受到情绪驱动,即正好在全国人大常委会讨论法案时,山西出现黑砖窑事件。黑砖窑事件是一起地道的刑事案件,根本不属于劳动法、劳动合同法的调整范围。而委员们一怒之下,慈心惹祸,在劳动合同法中加进了很多不合时宜的条款,搞出不少节外生枝的事。其中,书面合同、无固定期限合同、劳动者的离职补偿金完全都是书呆子立法。“工头有一个活,便到市场上选中、带走几个人,这些人姓甚名谁都不用搞清楚,你们把这堆土给我装到卡车上,装完每人给五十块钱,你就走人。这样挺好啊,你非得让他签书面合同,怎么签呐?”由于劳动关系充分市场化了,法律无端的干预,给市场经济添乱,给企业经营造成不必要的损害,也给国家和全社会千方百计增加农民收入的努力造成拖累。[170] 乌尔里希·米肯贝格尔(Ulrich Mückenberger)就极力将经济法与社会法相区分,认为社会法致力于人类个体再生产,即利用其各种典型的可能性,通过个人的劳动力供给形成经济生活的基础。他将社会法的范围限定于狭义的表述,不同于社会法的现行狭隘的概念,其将涉及社会的和社会中介的、而不与个人的再生产所包括的规制纳

---

[168] 参見[日]小林直樹之『憲法講義(上)』,東京大学出版会1980年版,第273頁。

[169] 参见[德]汉斯·察赫:《福利社会的欧洲设计:察赫社会法文集》,刘冬梅、杨一帆译,北京大学出版社2014年版,第8页。

[170] 参见史际春:《应对国际金融危机的法治思考》,载 http://www.legaldaily.com.cn/0801/2009-11/16/content_1182022.htm,2016年3月16日访问。

入其中。[171]

福利国(Wohlfahrtsstaat,亦被译为"福祉国家")与社会国(Sozialstaat)的共同意义虽然都是意指一个社会针对其成员的基本需求与福祉,尝试透过制度化与集体化的方式担负起合法、正式以及明确的责任,以对抗在工业化过程中所出现的各种风险。但福利国在德语法律文献中一般意指国家为满足人民需要而实行"从摇篮到坟墓"的所有照顾措施,如北欧国家那种父权依赖、破坏个人自由与创造力的制度。由于各种福利服务的提供大部分是由国家直接给付,这种型态也被称为是"照养国家"(Versorgungsstaat,也被译为"供应国家"),以示与德国的"社会市场经济"相区隔。"Versorgungsstaat"一词在语源学上与战后德国国家公务员制度密切相关,往往在语用学上带有否定和贬斥的意味,系德国自从俾斯麦社会立法以来所希望避免的走向。"福利国"形成了"动力真空",导致经济上的低效率,沦为"欧洲病夫"。哈贝马斯并不赞同福利国家制度,认为民主福利国家阶段的自由充满矛盾,法律以一种系统的方式来干预人们的日常生活,生活世界遂通过以法律媒介的方式而被内在殖民化。由于市场社会化或者说福利社会导向的市场忽视市场的自由竞争性及其带来的创造性,很可能因为过分关注社会福利而违背市场机制生存的内在规律,导致市场活力的降低。布莱尔(Tony Blair)和施罗德(Gerhard Schröder)声明,社会党人支持的"是市场经济,而非市场社会"。[172] 而在德国的政治及法律用语一般所使用的"社会国"国制论的、宪法论的概念,却被认为是指国家承诺提供收入与就业安全的保障,而同时强调私人组织与团体、家庭、个人的自我支持的政府形式。其在制度安排上并非通过国家直接介入服务提供、财源筹措等,而主要是将上述任务交付给具有公法人资格的非营利组织。质言之,要符合福利部门的要求,不见得非要透过国家部门的扩充,其他部门(如家庭、企业与协会等)也能作为一个"功能对等项",执行类似的功能。社会国具有新的"向度",克服了福利国的法律、政策父爱主义,强调国家补充性原则(或曰辅助性原则)、社会福利实

---

[171] See Ulrich Mückenberger, *Thesen zur Funktion und Entwicklung des Sozialrechts*, Kritische Justiz, 1976, S. 345.

[172] [英]托尼·布莱尔、[德]施罗德:《欧洲:第三条道路、新中间派——布莱尔和施罗德的共同声明》。转引自陈林、林德山主编:《第三条道路:世纪之交的西方政治变革》,当代世界出版社 2000 年版,第 41 页。

践的非国家化和多元化。在察赫看来,物品生产的一般性制度如果完全以福利社会目的为导向,就会窒息这种制度中存在的许多能量,而这些能量的存在对自由权的实现是必要的。[173] 如果由公共的"福利社会"责任所产生的负担被加诸到一般性生活过程的参与者身上,那么这种把平衡劣势的责任分摊到生活过程共同关系的其他参与者身上的做法,就会妨碍到生活过程的功能。典型例子就是价格控制:想通过提供较便宜的物品而为穷人减轻负担的做法,后果是反而导致供应短缺。这种异化了的"社会干预"有可能会伤害到物品生产、提供与分配的一般性生活过程的正确功能。[174] 税法调节个人与国家之间不同形式的经济转移。由于按照个人资源的税负分化强烈,税收规制的分配有时会被社会法所追求,但大多是负面的,因为社会政策考虑到经济弱势者从属的特性;在税收制度中,国家设施具有足够的财政资源显然是首当其务的目的。在社会日常生活中,善门难开,善门难闭。一次是人情,两次是例,后来习以为常,如果手笔太廓,则将来寅吃卯粮,难乎为继。社会保障亦然,一旦超越经济发展,尽管看上去很美,但在现实中却无处安放,甚至造成经济发展的负担,制造出福利危机。而经济发展受到影响,社会保障则势必成为无源之水,民生改善很可能异化为"福利泡沫"。社会保障应刚柔相济,适时适度,在保证底线公平的同时,非底线部分放开让市场机制、社会组织发挥作用,让家庭和个人自主选择,给多元化主体、多样化方式留有充分的余地,承认适度的差别,进行必要的调节。

或谓,"各种解决社会问题的立法和经济统制的立法合称为经济法"。在这种界定中,"各种解决社会问题的立法"的意义并不明确,诸如社会保障法(社会事业立法、社会保险立法)、劳工法以及有关土地改革法规,甚而"经济统制法"本身,以及有关的教育法令,皆可归属之。社会安全规定的实现,在根本上乃由一国经济力量所决定,在此种意义之下,经济法的运用,即与社会保障法、劳工法相牵连。经济法既然从全体国民经济利益出发进行规制、干涉,则势必与消费者保护、一般国民保护发生联系,因此将解决社会问题的立法并入经济法范围固不无理由,但此种解决社会问题的立法,系属于社会政策,亦即其立法主旨

---

[173] 参见[德]汉斯·察赫:《福利社会的欧洲设计:察赫社会法文集》,刘冬梅、杨一帆译,北京大学出版社2014年版,第8页。

[174] 参见[德]汉斯·察赫:《福利社会的欧洲设计:察赫社会法文集》,刘冬梅、杨一帆译,北京大学出版社2014年版,第33页。

系对于分配过程中所产生的弊害,以国家权力予以清除;其与针对经济政策、以经济活动为对象的经济立法,二者在法律目的及根本精神上有其差别;二者虽然可以同归于广义社会法之法域,但合称“经济法”似欠妥善。[175] 经济法、社会法、环境法等这些福利国家阶段的法律,不仅仅是“现代社会中的法”(law of modem society),更是“以现代社会为目的的法”(law for modem society)。[176] 1890年通过的《谢尔曼法》并没有明确指出美国反托拉斯法的目的,一个比较合理的观点是《谢尔曼法》试图同时追求政治、经济、道德等多重的目标。诺厄·韦伯斯特(Noah Webster)当时曾经写道:“产权平等、必要的转手、持续不断地营运以消除强大家族的联合,是一个共和国的灵魂所在。”[177] 当时最高法院大法官阿贝·福塔斯(Abe Fortas)更是形容反托拉斯法为美国的“社会宗教”。[178] 依据效率主义的观点,反垄断法只需要考虑总的经济福利是否受到损害,而不应该关注福利本身在不同群体之间的分配。换句话说,财富分配尽管在法律上可能是一个十分重要的问题,但其与反垄断法无关,不应该由反垄断法来调整。例如,通过财税法的收入调节功能和政府的转移支付等手段,可更加公平地抚平不公平的财富分配。反垄断法的执法者对于福利转移的效用到底对谁更有利殊难判断,很容易导致执法错误。但罗伯特·H.兰德(Robert H. Lande)认为,“反托拉斯法的最终目标不是经济效率,而是实现分配正义,即防止福利从消费者的口袋里不公平地转移至生产者的口袋里。概言之,反托拉斯法就是要阻止经营者通过实施限制竞争行为损害消费者福利”。[179] 这意味着即便垄断本身创造的效率价值要超过其给消费者造成的损失,垄断也应该受到

---

[175] 参见林咏荣:《商事法新诠》(上),五南图书出版股份有限公司1986年版,第35页。

[176] Mauro Zamboni, “The ‘Social’ in Social Law: An Analysis of a Concept in Disguise”, *Journal of Law in Society*, Vol. 9, No. 2, 2008.

[177] J. G. A. Pocock, *The Machiavellian Moment: Florentine Political Thought and the Atlantic RepublicanTradition*, Princeton, New Jersey: Princeton University Press, 1975, p. 534.

[178] See Wyatt Wells, *Antitrust and the Formation of the Postwar World*, New York: Columbia University Press, 2002, p. 1.

[179] Robert H. Lande, “Wealth Transfers as the Original and Primary Concern of Antitrust: The Efficiency Interpretation Challenged”, *Hastings Law Journal*, Vol. 34, No. 1. PH, 1982.

谴责。虽然根据《克莱顿法》第7条进行的混合并购评估主要是经济方面的评估,但是由于其造成的其他明显的社会和政治影响,混合并购被谴责促进经济权力聚集,造成广泛的经济集中可能会导致非经济影响。[180] 批评者担心经济集中会导致相应的政治权力集中到更少但更强大的混合企业手中,由少数不对大众承担直接责任的个人或企业掌握主要政治和经济决定权,所以在20世纪70年代积极推动立法提案,要求公司更完整地公布财务运作,修改税法消除并购动机,禁止超过某一资金级限的公司以及密集型产业中的主导公司参与并购。在竞争政策和其他政策之间,欧共体委员会并不总是一味通常毫无保留进行衡量。如果非竞争性的价值观区分为积极评估市场结构调整、企业加强国际竞争力的产业政策考虑因素和能源政策、就业政策、环境政策等社会政策考虑因素,适用除外有决定性意义的是前者。

四、结　　语

2001年3月9日,时任全国人民代表大会常务委员会委员长李鹏在《全国人民代表大会常务委员会工作报告》中指出:“构成有中国特色社会主义法律体系的基本标志是:第一,涵盖各个方面的法律部门(或法律门类)应当齐全。关于法律部门,法学界有不同的划分方法,常委会根据立法工作的实际需要,初步将有中国特色社会主义法律体系划分为七个法律部门,即宪法及宪法相关法、民法商法、行政法、经济法、社会法、刑法、诉讼与非诉讼程序法。……”第九届全国人大将社会法界定为“调整劳动关系、社会保障和社会福利关系的法律。我国已经在这方面制定了劳动法和一批保障社会特殊群体权益的法律”。这是我国官方文件中第一次出现“社会法”的概念,并将其作为法律体系中一个重要的法律部门(法律门类)。十届全国人大也沿用了类似的提法。其中社会法类的立法共五部,包括:《工会法》(2001年10月修改)、《公益事业捐赠法》(1999年6月)、《预防未成年人犯罪法》(1999年6月)、《职业病防治法》(2001年10月)、《安全生产法》(2002年6月)。其中《工会法》《职业病防治法》和《安全生产法》均属于劳动和社会保障领域的立法,而《公益事业捐赠法》和《预防未成

[180] See Robert Pitofsky, “The Political Content of Antitrust”, *University of Pennsylvania Law Review*, Vol. 127 (1978 – 1979), Iss. 4, 1979.

年人犯罪法》已经超出了劳动和社会保障法的领域，分属于社会保障相关法律领域和特殊群体立法领域。2003 年 4 月 26 日，时任全国人民代表大会常务委员会委员长吴邦国在第十届全国人大常委会第二次会议中指出："中国特色社会主义法律体系，是由七个法律部门、三个不同层次的法律规范构成的。从横向上看，根据法律规范的调整对象和调整方法划分，中国特色社会主义法律体系主要由宪法和宪法相关法、民法商法、行政法、经济法、社会法、刑法、诉讼与非诉讼程序法等七个法律部门组成。从纵向上看，有宪法和全国人大及其常委会制定的法律，国务院制定的行政法规，地方人大及其常委会制定的地方性法规、自治条例和单行条例三个层次。在与专门委员会的同志座谈中，大家认为，这七个法律部门、三个不同层次的法律规范的划分，既是从全国人大及其常委会立法工作的实际需要出发的，也比较符合法律自身的特点和内在规律。"根据十届全国人大常委会法制工作委员会主任委员杨景宇的解释，这个法律体系中的"社会法"，"它是规范劳动关系、社会保障、社会福利和特殊群体权益保障方面的法律关系的总和。社会法是在国家干预社会生活过程中逐渐发展起来的一个法律门类，所调整的是政府与社会之间、社会不同部分之间的法律关系"。由此可见，我国政府部门将经济法与社会法并列作为不同法律部门，并将社会法界定为调整劳动关系、社会保障和社会福利关系的法律，似乎权威表明社会法是关注社会弱势群体的法律制度。当然，这种官方结论并不能必然成为一门学科界定的盖棺定论的依据。大体而言，我国学术界目前在以下四种意义上使用社会法的概念：其一，"社会保障法"（social security law）特指与劳动法相对称的，包括社会保险和社会福利的立法。其二，"社会法"（social law）特指劳动和社会保障法。其实质是劳动法与社会保障法的总和，并且对社会保障关系的理解包含了社会福利关系，有关对社会弱势群体权益特殊保护（倾斜保护）的社会关系也属于社会福利关系的范畴。其三，"社会法域"（social law area）特指与公法法域、私法法域相对称的第三法域。其四，"社会中的法"（living law）特指相对于自然法、制定法而言的法。[181] 我国学界由此认为，我国官方表述了一种以法律部门为形式的"中义社会法"的概念。除劳动法和社会保障法外，社会法还应当包括教科文卫体等法律制度，全国人大常委会将其纳入行政法是不适当

---

〔181〕 参见竺效：《法学体系中存在中义的"社会法"吗？——"社会法"语词使用之确定化设想》，载《法律科学》2005 年第 2 期。

的。这是在我国应然的中义社会法。在温饱解决之后,社会法着重个人发展和社会公平,可谓民生高级阶段的法制。社会法以社会利益为本位,以社会公平为价值追求,并注重对社会弱势群体的关怀和照顾。广义的社会法除狭义和中义之外,还包括义务教育法、环境保护法、消费者权益保护法、反不正当竞争法等,所以经济法在一定意义上也被纳入广义社会法的范畴。

Discussion on the Nature of Economic Law as Social Law

Zhang Shiming

Abstract: The relationship between economic law and labor law, the position of economic law in the legal system, and so on are widely considered in the initial stages of development of economic law, and have greatly benefited the advancement of the understanding of economic law. Rethinking this issue is still crucially important to the study of economic law theory. During the period of the Republic of China, scholars followed the theory from Germany and Japan and regarded economic law as an integral part of the social laws, thereby clarifying the relationship between civil law, administrative law, and economic law and verifying the legitimacy of economic law as an independent law branches. In terms of the so-called "society" of social laws, there are two cognitive orientations of "partial social theory" and "whole society theory." At present, the debate on the nature of economic law being preoccupied the academic world is still related to this two cognitive orientations. In terms of realizing substantial social equity, the positive view of equality in economic law and the negative view of equality in social law are coordinated. In fact, the social-based laws are only the adjustment of the right-based laws. Its foundation is still the right, and it is limited only purposefully. While the purpose of the social-based laws is to improve the lives of the general public, its main focus is still on protecting individual rights.

Key words: Economic law　Social law　The social-based laws　The right-based laws

(责任编辑:张牧君)

不动产登记资料查询制度的规范化思考*

于明明**

内容摘要：

现行法律对不动产登记资料查询制度的规定较为模糊，实践操作的问题较多，在不动产登记资料的性质、查询主体、查询方式和查询范围、查询与共享的区别四个方面均存在疑难问题亟待解决。不动产登记资料不属于政府信息，应当遵循分类查询和有限公开的原则；基于不动产登记资料的性质，应当对登记资料的查询主体进行必要限缩，包括权利人、利害关系人和有关国家机关，而且权利人仅指不动产登记簿上记载的不动产登记物权人，不含隐性共有人；至于利害关系人范围的界定则应该利用目的解释的方法，界定申请人与所查询不动产登记资料的关系；不动产登记资料的查询制度应在维护交易安全和保护权利人隐私之间寻求平衡，严格限制"以人查房"。此外，国家部门间的共享和登记资料的查询也有必要予以廓清，二者的内涵外延不同，在主体、性质、方式和作用等方面均有显著差异。

关键词：

不动产登记资料　政府信息　利害关系人　查询　共享

《不动产登记暂行条例》（以下简称《条例》）和《不动产登记暂行条例实施细则》（以下简称《实施细则》）对不动产登记资料的查询主体、查询内容、查询条件等作出了明确规定，在一定程度上能够对不动产登记资料查询行为起到规范作用，但是，个别问题尚未明确和细化，比如利害关系人的范围、查询的方式

---

* 本文系原国土资源部不动产登记中心委托项目"不动产统一登记制度实施中的重大疑难问题研究"的阶段性研究成果。

** 北京城市学院众城智库中国不动产（自然资源）登记研究院助理研究员，原国土资源部不动产登记中心学术委员会青年分会委员。

和范围等,在实践中产生了较大争议,从法律上进一步规范和细化不动产登记资料查询制度已迫在眉睫。2018 年 3 月 2 日,原国土资源部发布《不动产登记资料查询暂行办法》(以下简称《查询办法》),随着不动产统一登记工作进入全面实施阶段,不动产登记资料查询制度将得到进一步完善和细化。在本文中,笔者梳理了不动产登记资料的性质、查询主体、查询方式和查询范围、查询与共享的区别这几个争议较大的重点问题,不揣简陋,妄提拙见,以期对厘清相关关系有所助益。

一、不动产登记资料的性质

什么是不动产登记资料?不动产登记资料包括哪些内容?根据《实施细则》第 94 条第 1 款的规定,不动产登记资料包括:"(一)不动产登记簿等不动产登记结果;(二)不动产登记原始资料,包括不动产登记申请书、申请人身份材料、不动产权属来源、登记原因、不动产权籍调查成果等材料以及不动产登记机构审核材料。"《条例》实施后,越来越多的不动产登记机构收到政府信息公开申请,要求其公开不动产登记簿记载的信息。这不仅使不动产登记机构产生了很大疑问,也给他们的工作带来了极大压力。一方面,《政府信息公开条例》第 6 条规定:"行政机关应当及时、准确地公开政府信息。行政机关发现影响或可能影响社会稳定、扰乱社会管理秩序的虚假或者不完整信息的,应当在其职责范围内发布准确的政府信息予以澄清。"另一方面,《条例》第 26 条明文规定了不动产登记机构的保密义务,即"不动产登记机构、不动产登记信息共享单位及其工作人员应当对不动产登记信息保密"。从法律位阶来看,上述两个条例都是国务院行政法规,位阶相同,但是规定的内容却迥然相异,由此产生的诉讼案件很多,增加了不动产登记机构的工作负担。

为解决这个问题,国务院办公厅政府信息与政务公开办公室于 2016 年 9 月 18 日在答复国土资源部《关于不动产登记资料依申请公开问题的函》(国土资厅函〔2016〕363 号)时明确表示:"不动产登记资料查询,以及户籍信息查询、工商登记资料查询等,属于特定行政管理领域的业务查询事项,其法律依据、办理程序、法律后果等,与《政府信息公开条例》所调整的政府信息公开行为存在根本性差别。当事人依据《政府信息公开条例》申请这类业务查询的,告知其依据相应的法律法规规定办理。"

这个答复为不动产登记机构处理相关申请提供了依据，指明了方向，即不动产登记资料不属于政府信息。实际上，在这个指导意见出台之前，不动产登记资料是否属于政府信息在学界是有争议的，一方持肯定结论，认为不动产登记资料属于政府信息，原因是不动产登记资料既符合政府信息的构成要件，也符合政府信息依申请公开的范围；[1]而另一方持否定观点，认为不动产登记资料虽然形式上符合政府信息的构成要件，但是，《物权法》第18条对其查询主体作出了限定，即只有权利人、利害关系人有权申请、查询登记资料。因此，登记资料的公开不适用《政府信息公开条例》的规定。[2]

不动产登记资料的定性问题，不仅影响到不动产登记整体制度设计，也关系到不动产登记资料公开的具体规则，包括查询主体、查询范围、查询条件等方方面面，厘清这个问题不仅有助于明确不动产登记机构的权责划分，更关系到百姓的切身利益。笔者通过分析政府信息和个人信息的范围和本质属性，认为不动产登记资料在性质上属于特定自然人的财务或者社会信息，属于个人信息的范畴，不属于政府信息。

根据《政府信息公开条例》第2条的规定，政府信息是指行政机关在履行职责过程中制作或者获取的，以一定形式记录、保存的信息。这一概念过于简单，不利于实务部门全面理解掌握政府信息的概念和外延。我们不妨利用体系解释的方法，结合《政府信息公开条例》相关条款和地方性法规来准确理解和界定政府信息。《政府信息公开条例》第9条规定，政府公开的信息必须要符合以下基本要求，即涉及公民、法人或者组织切身利益的，需要社会公众广泛知晓或者参与的，反映本行政机关机构设置、职能、办事程序，以及法律、法规和国家有关规定应当公开的。根据以上规定，笔者认为，具有行政性和公众性的政府信息才有公开的必要，政府公开的信息，无论是主动公开还是依申请公开，面向的都是一般意义上的社会公众而非特定主体。此外，在国务院出台《政府信息公开条例》之前，已有地方出台地方性法规来规范当地政府信息公开行为，典型的是《深圳市政府信息公开规定》，其第2条第2款规定："本规定所称政府信息公开是指公开责任单位依照规定程序和方式公开其规范性文件、行政措施、行政决

---

〔1〕 参见高圣平：《政府信息公开视角下的不动产登记查询规则》，载《法学》2015年第1期。

〔2〕 参见程啸：《不动产登记法研究》，法律出版社2011年版，第241页。

定及其在履行行政管理职责或提供公共服务过程中制作、获得或掌握的依本规定应公开发布的文件、数据、图表等信息的活动。”该条详细列举了政府信息的范围,包括规范性文件、行政措施、行政决定以及履行职责提供公共服务时制作、获得、掌握的信息。

综上所述,政府信息主要包括以下几类:(1)规范性文件;(2)行政机关机构信息;(3)行政措施、行政决定;(4)履行职责过程中制作、获得、掌握的信息;(5)涉及社会公共利益的政府信息。当然,政府信息还应将下列几类排除在外:(1)行政机关的内部信息;(2)涉及商业秘密、个人隐私,当事人不同意公开的;(3)公开可能危及国家安全、公共安全、经济安全和社会稳定。[3]

而关于个人信息,我国尚没有个人信息的专门立法,[4]但是其他国家,包括我国台湾地区都有个人信息的专门立法,这些法律中关于个人信息的规定,有利于我们更好地界定个人信息的范畴。美国《儿童在线隐私保护规则》详细列举了网上主要的个人信息,包括姓名和物理地址(家庭或其他所在地址,包括所处的城镇和街道等)等。“台湾资料法”第3条第1款规定:“个人资料是指自然人之姓名、出生年月日、身份证统一编号、特征、指纹、家庭、教育、职业、健康、病历、财务情况、社会活动等足以识别该个人的资料。”

可见,不动产登记资料在性质上属于特定自然人的财务或者社会信息,其无关政府信息职能发挥,更与社会公共利益毫无牵连,其申请主体、程序和公开的法律后果都面向特定人而非社会公众,因而与政府信息存在根本差别。当然,二者在以下情形中也可能存在重叠:(1)登记簿记载的不动产是国家大型建设项目或是社会公益设施;(2)申请查询的不动产归属于国家机关、具有公共管理职能的事业单位;(3)登记簿记载的全部登记信息所表现出来的数据价值;(4)具有其他公共特征的不动产登记资料。

---

〔3〕 国务院办公厅《关于做好政府信息依申请公开工作的意见》对于“危及国家安全、公共安全、经济安全和社会稳定”的政府信息公开,是这样表述的:“对申请人申请的政府信息,如公开可能危及国家安全、公共安全、经济安全和社会稳定,按规定不予提供,可告知申请人不属于政府信息公开的范围。”因此政府保存的信息不都是政府信息,至少不都是《政府信息公开条例》中所称的政府信息。

〔4〕 近几年来,中国社会科学院法学研究所孙宪忠研究员不断呼吁要建立《个人信息保护法》,全国人大法工委亦表示将推进这项个人信息等方面的立法工作。

二、不动产登记资料的查询主体

如上所述，不动产登记资料不属于政府信息，只有法律规定的权利主体可以依法申请查询。《物权法》第18条、《条例》第27条[5]的规定明确了不动产登记资料查询的三类主体，即权利人、利害关系人和有关国家机关。《实施细则》第97条第3款、第4款、第5款对不同查询主体可以查询的信息进行了类型化规定："权利人可以查询、复制其不动产登记资料。因不动产交易、继承、诉讼等涉及的利害关系人可以查询、复制不动产自然状况、权利人及其不动产查封、抵押、预告登记、异议登记等状况。人民法院、人民检察院、国家安全机关、监察机关等可以依法查询、复制与调查和处理事项有关的不动产登记资料。"第98条规定了不同的查询条件，利害关系人查询的，还需额外提交证实存在利害关系的材料。而《查询办法》则在第三章"权利人查询"、第四章"利害关系人查询"以专章规定的形式更加详细地规定了不同查询主体的查询条件、查询方式、查询范围、证明材料等，对具体的查询规定进行了细化。与《实施细则》的规定稍有变化的是，《查询办法》第17条和第18条规定了可以参照权利人查询的几类主体：一是继承人和受遗赠人在补充提交被继承人或者遗赠人死亡证明、遗嘱或者遗赠抚养协议等可以证明继承或者遗赠行为发生的材料以后，可以使用不动产权利人查询的规定。二是清算组、破产管理人、财产代管人、监护人等依法有权管理和处分不动产权利的主体，可以查询相关不动产权利人的不动产登记资料。可见，不动产继承人从"利害关系人查询"上升为"参照权利人查询"，其查询的权利和范围得到了进一步提升。

从上述规定可以看出，我国立法上对查询制度采用的是有限公开、分类查询的原则，不同的查询主体适用不同的查询程序和查询规则。对此，有的学者持批判态度，认为违反了国际上的立法潮流。他们从借鉴域外立法经验的角度，认为任何人对于登记簿的任何内容均可自由阅读、复制、摘录，或者向登记

[5] 《物权法》第18条规定："权利人、利害关系人可以申请查询、复制不动产登记资料，登记机构应当提供。"《条例》第27条规定："权利人、利害关系人可以依法查询、复制不动产资料，不动产登记机构应当提供。有关国家机关可以依照法律、行政法规的规定查询、复制与调查处理事项有关的不动产登记资料。"

机关提出查阅请求。原因是,登记簿上记载的主要事实是不动产归属和利用的基本情况,涉及个人隐私(如自然人姓名、出生日期、身份证号码、联络方式等)较少;且目前各国(地区)在登记簿的设置上主流做法是采取"物的编成",以不动产为核心,而"以房查人"基本不会对个人隐私带来困扰。[6] 即使登记簿记载之信息上确有涉及以上隐私信息,现有电脑技术手段也完全可以将其隐去,我国台湾地区的做法即是例证。[7]

笔者认为上述观点有待商榷。首先,从个人信息立法保护角度来讲,很多国家,包括我国台湾地区都有专门的个人信息保护立法,且对个人信息的保护力度日渐加强,而我国大陆地区尚未有专门的个人信息保护立法,个人信息所处的大的法律环境不一样,不可简单地进行对比。其次,所谓的"以房查人"不会对个人隐私带来困扰是以查询的数量少为前提的,如果查询的数量很多,而法律对此又不加以限制,"以房查人"与"以人查房"就没有太大的区别了,而我们知道,"以人查房"是一种极易侵害个人隐私的查询方式,应该被严格限制。笔者认为,不动产登记资料查询的根本目的是提供公共服务,维护交易安全,这样的目的不应以侵害个人隐私为代价,不动产登记资料查询的申请主体和查询条件、范围都应以解决具体问题为必要。因此,目前法律上将查询主体严格限定为权利人、利害关系人和有关国家机关是合理且必要的。

首先是"权利人"。关于权利人的理解主要有两种观点:一种观点认为是指与登记的财产有关的权利人;[8]另一种观点认为专指物权人,包括不动产的所有人、用益物权人和担保物权人。[9] 这两种观点普遍存在的问题都是范围过于

---

〔6〕 美国明尼苏达州和夏威夷州、英国、爱尔兰、韩国、俄罗斯、奥地利、新加坡、我国香港地区等,任何人都可以查询不动产登记簿上的任何内容;俄罗斯联邦《不动产权利及相关法律行为登记法》第7条;韩国《不动产登记法》第21条;奥地利《普通不动产登记法》第7条;新加坡《土地所有权法》第161条;英国《土地登记法》第66条。

〔7〕 参见金曼:《不动产登记资料的查询主体研究》,载《河南财经政法大学学报》2016年第4期。

〔8〕 参见王利明:《物权法研究》(修订版)(上卷),中国人民大学出版社2007年版,第339页。

〔9〕 参见朱岩、高圣平、陈鑫:《中国物权法评注》,北京大学出版社2007年版,第129页。

宽泛,与现有法律中规定的利害关系人的范围存在重叠。在这个问题的理解上,笔者赞成程啸教授的观点,即权利人仅指不动产登记簿上记载的不动产登记物权人,包括房屋的所有权人、房屋的抵押权人、地役权人、建设用地使用权人等,[10]其范围不包括隐性共有人,理由是:不同的查询主体可以查询的不动产登记资料范围不同。权利人的查询权限最为全面,可以查询全部不动产登记资料,其他查询主体的查询范围都要受到相应的限制。这样的规定就是为了在维护交易安全和保护个人信息隐私两方面寻求一个平衡点。所以,对权利人的理解应该进行缩小解释,而非扩大解释。比如夫妻关系,我国《婚姻法》保护夫妻关系存续期间的夫妻共有财产,但是实践中并非所有的共有财产都由夫妻双方共同登记,而夫妻关系也是极其复杂的,牵一发而动全身,如果双方未在共有财产上共同登记为权利人,那么,从保护权利人合法权利及维护家庭稳定等角度来说,未登记的一方不可仅凭借夫妻关系查询对方名下的所有不动产信息,登记机构在接受权利人的查询申请时,只能依据登记簿的记载。其他的隐性共有人,可以提供具有利害关系证明资料,以利害关系人的身份申请查询与其处理事项相关的不动产登记资料。

但是这种缩小解释也有例外,比如不动产登记簿上记载的不动产物权人失踪或者为限制民事行为能力人、无民事行为能力人时,为维护权利人合法权益,应当由其法律上确定的财产代管人、监护人代表权利人行使相关查询权利。对此,《查询办法》第 18 条的相关规定已经予以明确。

其次是"有关国家机关"。"有关国家机关"在《实施细则》中的表述是与不动产登记工作相关的人民法院、人民检察院、国家安全机关、监察机关等,其落脚点是"国家机关"。所谓"国家机关"指的是从事国家管理和行使国家权力的机关,包括行政机关、审判机关、检察机关和军事机关,不含事业单位和国企。有地方登记机构的工作人员提出疑问:地方不动产登记机构(不动产登记局或者不动产登记中心)是什么性质?如果其性质是事业单位,是否意味着其没有查询权限呢?这里需要澄清一个问题:申请查询权和查询权限是两个完全不同的概念,申请查询权是一项民事权利,由权利人、利害关系人和有关国家机关三大主体享有;而查询权限是行政机关及其授权单位所具有的行政管理职能,二者不可混淆。

---

[10] 参见程啸:《不动产登记法研究》,法律出版社 2011 年版,第 242 页。

最后是“利害关系人”。“权利人”和“有关国家机关”的含义和范围相对来说比较明确,但“利害关系人”的情况比较复杂,其含义和范围也没有从法律上予以明确,争议较大,这在实践中经常让登记机构处于进退维谷的境地:不确定查询主体是否适格的情况下,提供查询服务可能侵犯公民隐私,不提供查询服务则可能面临“不作为”的诉讼压力。因而,在现行法律框架下,如何正确理解“利害关系人”的范围成为不动产登记理论和实务界普遍关注的焦点问题。

利害关系人是一个法律术语,在不同的法律中可能有不同的解释。比如,民法上的利害关系人通常指的是近亲属和债权债务人,行政法上的利害关系人通常是指受到具体行政行为直接影响的当事人,而对《物权法》来说,全文共有三处提及利害关系人,分别是第18条、第19条和第33条。[11] 从第19条和第33条的规定来看,利害关系人均与不动产物权具有直接的利益关系。《物权法》出台之后,学者们一直试图从解释论的角度界定“利害关系人”的范围,由此形成以下几种观点:第一种观点认为,“利害关系人”应当是指与所登记的不动产具有法律上的利害关系之人,包括交易当事人和与登记权利人发生其他法律纠纷的人,至于潜在的交易当事人或具有交易意愿的人,不属于利害关系人;[12] 第二种观点认为,“利害关系人”应当是指与所登记的不动产有一定现实利益关系,并有可能因登记结果而影响其利益存在或实现的人;[13] 第三种观点认为,“利害关系人”原则上是指交易当事人或潜在交易当事人,潜在交易当事人之所以要了解登记资料,主要是为了避免欺诈。[14] 还有一些学者试图通过列举的方式将利害关系人类型化,其种类繁多又无章法可循,实不利于登记实践的发展。

综观以上三种观点,第一种观点可以归纳为与不动产登记资料有法律上的

---

[11] 《物权法》第18条规定:“权利人、利害关系人可以申请查询、复制不动产登记资料,登记机构应当提供。”第19条第1款规定:“权利人、利害关系人认为不动产登记记载的事项错误的,可以申请更正登记。不动产登记簿记载的权利人书面同意、更正或者有证据证明登记确有错误的,登记机构应当予以更正。”第33条规定:“因物权的归属、内容发生争议的,利害关系人可以请求确认权利。”

[12] 参见程啸:《不动产登记法研究》,法律出版社2011年版,第242页。

[13] 参见黄松有主编:《〈中华人民共和国物权法〉条文理解与适用》,人民法院出版社2007年版,第97页。

[14] 参见王利明:《物权法研究》(上卷),中国人民大学出版社2013年版,第335页。

利害关系的人,第二种观点可以归纳为与不动产登记资料有事实上的利害关系的人,而第三种观点则是二者的结合。也就是说,如果能对法律上的利害关系和事实上的利害关系作出恰当的定义和区分,就能相对明确利害关系人的范围。

不动产交易、继承、诉讼等涉及的利害关系人在《实施细则》第97条中已经予以明确,可以视为有法律上的利害关系的人。实践中容易出现问题的是对事实上的利害关系的界定。如何判断申请查询主体与不动产登记资料是否具有事实上的利害关系?笔者认为可以采用目的解释的方法,不动产登记的本质是财产公示,而财产公示的核心目的是维护交易安全,依此解释方法,具有事实上的利害关系应当是指不动产登记资料可能影响申请人合法权益的关系。这种关系应当满足两个条件:一是申请人能够提供证明材料证实利害关系的存在,二是申请查询不动产登记资料是为了保护申请人的合法权益。

值得讨论的是,《物权法》第18条、《条例》第27条中的"利害关系人"是否包括不动产登记权利人的近亲属,如配偶、子女、父母等?尤其是,针对夫妻一方能否查询配偶个人名下的不动产登记资料这个问题产生了很大的争论,有的观点认为利害关系人不应包括登记权利人的近亲属,否则将构成对登记权利人隐私权的妨害。[15] 有的观点认为近亲属因与不动产权利人存在婚姻、继承等法律关系而成为利害关系人。笔者认为,近亲属问题,尤其是配偶问题,在实践中情况非常复杂,不动产登记机构受职能限制,很难了解申请人的民事法律事实(如婚姻状况、财产约定状况等),故不能"一刀切"地把近亲属归于利害关系人之内或者排除在利害关系人之外。对其是否符合申请主体的判断,仍然要遵循利害关系人的认定规则,具体问题具体分析。

三、不动产登记资料的查询方式和查询范围

不动产统一登记制度实施以来,一个非常敏感的话题就是不动产登记资料的查询方式和查询范围,是"以房查人"还是"以人查房",这一方面涉及公民私人财产信息的保护,另一方面,又涉及不动产登记查询附带的反腐监督等社会情绪。近年来,"以人查房"方式引发的诉讼和社会公共事件层出不穷,其中,有

---

〔15〕 参见程啸:《不动产登记法研究》,法律出版社2011年版,第244页。

合法合规查询的案例,如2015年首例利害关系人以姓名查房案的胜诉,原告刘磊作为享有继承权的利害关系人,通过查询其父亲姓名的方式查询其名下的不动产信息,以保障其合法继承权的行使。但也有不合法的案例,比如不断被曝光的"房姐""房叔"等公共事件,往往是赋予夫妻一方无限制的查询权,允许其"以人查房"导致的,其中,相关的查询人员已经受到处理。

总体来说,从保护公民私有财产隐私的角度,我国法律对于"以人查房"的方式是严格限制的,《房地产登记技术规程》第6.1.4条规定:"登记资料不得仅以权利人姓名或名称为条件进行查询。"而且,不动产统一登记制度实施的最终目的,就是向社会提供公共服务,而不是所谓的反腐、征税。但是2015年首例利害关系人以姓名查房案的胜诉也为这一限制打开了缺口。那么不动产登记资料的查询范围到底该如何界定?"以人查房"这个度又该如何把握呢?

对于这个问题应该具体问题具体分析。根据我国现有法律规定和立法初衷,一般不允许以姓名为条件查询他人名下的全部不动产登记资料,因为不动产登记资料作为特定自然人的财务或者社会信息,不属于政府信息,理应受到法律保护。但是,权利人、利害关系人、有关国家机关在法律规定的范围内查询某些特定事项时可以不受此限,但要有严格的条件限制。比如,权利人作为不动产登记簿上记载的不动产物权人,查询自己名下所有的不动产信息应当是正当且必要的;利害关系人,在能够提供合法合理的查询目的(如为了保护合法的继承权或者诉讼保全)和证明材料的情况下,可以查询他人名下的不动产登记资料;人民法院、人民检察院、国家安全机关、监察机关等国家机关在调查处理特定问题时也可以以姓名查询相关不动产资料,但是需要从查询目的上做出严格的限制,否则可能导致国家机关滥用行政权力侵害公民的隐私权。结合相关理论和法律工作经验,笔者认为,国家机关"以人查房"从查询目的上要具有正当性和必要性,应为处理特定事项所必需,比如人民检察院在有证据证明国家机关的工作人员有贪污受贿之事实,为查明全部真相,确有必要了解涉案当事人名下所有不动产信息。但如果仅查询当事人的特定不动产登记资料即可解决相关问题,比如解决当事人对特定不动产的诉讼请求,就不应任意扩大查询范围,而应将查询范围严格限定于特定不动产。

在这里还有一个值得探讨的问题,就是夫妻一方可以查询另一方名下的所有不动产信息吗?对此,《广州市妇女权益保障规定》给予了肯定,其第23条第

1 款规定："夫妻一方持身份证、户口本和结婚证等证明夫妻关系的有效证件，可以向工商行政管理部门、房地产行政管理部门、车辆管理部门等机构申请查询另一方的财产状况，有关行政管理部门或者单位应当受理，并且为其出具相应的书面材料。"针对这个问题，理论界的争论很大，持赞成意见的观点认为，根据《婚姻法》的规定，在没有特别约定的情况下，婚后所得的不动产为夫妻共有，夫妻一方作为共有不动产的所有人当然可以查询相关登记信息。对于夫妻一方取得的个人不动产，通常配偶查询时都涉及财产分割等利害关系，虽然对方没有所有权，但基于婚姻的属性及夫妻间的特殊身份关系，另一方也应当享有知情权。〔16〕 持反对意见的观点认为，从《物权法》第 18 条的立法本意来看，"登记资料只要能够满足合同双方当事人以外或者物权权利人以外的人中可能和这个物权发生联系的这部分人的要求，就达到了登记的目的和物权公式的目的"。〔17〕 因此，夫妻一方不能仅依据夫妻关系查询另一方名下的所有不动产信息，否则将构成对登记权利人隐私权的妨害。〔18〕

笔者赞成第二种观点，夫妻一方查询另一方名下的不动产登记资料时应当严格遵循法律规定的查询主体规定进行区分，不能仅凭借夫妻关系不加限制地查询，否则有违个人隐私权的保护。这种区分主要基于以下三个身份：(1)夫妻一方以权利人的身份查询夫妻共有的不动产登记资料。这种情况需要满足的条件是：夫妻双方同时记载在不动产登记簿上。原因如前文所述，《物权法》和《条例》中规定的权利人仅指不动产登记簿上记载的不动产登记物权人，不包括隐性共有人。夫妻一方要以权利人的身份查询不动产登记资料就必须满足权利人的条件，即记载在不动产登记簿上。(2)夫妻一方以利害关系人的身份查询另一方名下的不动产登记资料。这通常包括夫妻一方在婚前取得的个人财产，或者婚姻存续期间双方明确约定属于单方所有的不动产这两种情况。这两种情况需要满足的条件是：能够提供证明材料证实确实与所查询的不动产登记资料存在利害关系，比如涉及偿还共同债务等。(3)夫妻一方以被委托人的身份查询另一方名下的不动产登记资料。这种情况是基于《实施细则》第 98 条第

〔16〕 参见张颖：《夫妻能否查询配偶名下的不动产登记资料》，载《中国土地》2015 年第 9 期。

〔17〕 胡康生主编：《中华人民共和国物权法释义》，法律出版社 2007 年版，第 58 页。

〔18〕 参见程啸：《不动产登记法研究》，法律出版社 2011 年版，第 244 页。

2 款的规定："权利人、利害关系人委托他人代为查询的，还应当提交代理人的身份证明材料、授权委托书。权利人查询其不动产登记资料无需提供查询目的的说明。"条文规定明确，在此不做赘述。

在登记实践中，不动产登记机构受职能限制，很难了解申请人的民事法律事实，如具体的婚姻状况、财产约定状况等，故笔者认为，"一刀切"地处理夫妻之间的不动产登记查询问题极不妥当且容易出问题。相反地，从身份上对夫妻一方的申请权限加以区别，严格按照法律规定的流程和条件走程序，对登记机构来说是有充分的法律依据且可操作的。

四、查询与共享的区别

查询与共享，因其在主体、内容等方面存在重合而易被混淆。从主体上看，不动产登记资料查询的主体包括权利人、利害关系人和有关国家机关；而根据《不动产登记资料管理基础平台建设总体方案》中对"共享"的规定，不动产登记资料的共享，一种是在不动产登记职能部门、系统之间的共享，另一种则是在不动产登记职能部门与非职能部门之间的共享，例如民政、公安、财税、银行、工商系统等。[19] 由上可以看出，二者在主体上有一定的交叉性，比如某些与不动产登记工作相关的国家机关，既可以成为查询的主体，也是共享的主体。据了解，浙江省宁波市不动产登记资料的共享，其中一类就是为法院、民政、金融等部门提供不动产登记资料的查询验证服务。[20] 在这种情况下，有关国家机关申请查询其实就是一种共享，是一种按需共享。从内容上看，查询和共享的内容概括来讲都是不动产登记资料。笔者认为，二者是完全不同的两个概念，具体可以从主体、性质、方式和作用几个方面加以区分。

从主体上看，查询的主体不仅包括国家机关，还包括自然人；而共享的主体仅指国家行政机构。

从性质上看，查询是申请主体依法向登记机构提出查询申请，是一种民事

[19] 参见李乐：《国土部年内启动〈不动产登记资料查询办法〉立法调研》，载《中国经营报》2016 年 5 月 9 日，第 A03 版。

[20] 参见黄征、陈冬亮、徐财江：《不动产登记资料共享的规范之道》，载 http://www.sohu.com/a/195516467_654424，2017 年 9 月 29 日访问。

行为;而共享则是不同行政机构之间的一种公务共享,从性质上来讲是一种行政行为。

从方式上看,查询是依申请的行为,是一种完全主动的行为;而共享,则要区分对待:(1)不动产登记职能部门之间的共享是一种主动的共享,是按照国家统一信息平台建设的要求,实现国家、省、市、县四级信息之间的实时互通共享,主要通过专线接入、采用前置库的共享方式;(2)不动产登记职能部门与非职能部门之间的共享是一种被动的共享,他们之间虽然也是双向信息共享,但是与前者的不同之处在于,不是每完成一项登记业务都需要共享信息,而是根据相关部门在日常管理过程中对特定不动产单元登记信息共享需求提供,[21]主要采用专线接入、查询反馈的方式,也就是按需共享,这样规定是为了保护数据信息的安全。

从作用上看,查询是为了满足交易主体保证交易安全的需求,而共享更多的是为了满足管理上的需要。

综上所述,查询和共享尽管在某些方面存在重叠,但二者绝不可等同,《查询办法》第31条规定:“有关国家机关查询复制不动产登记资料以及国家机关之间共享不动产登记信息的具体办法另行规定。”有关查询与共享的相关内容将有更加细化的规定。

五、结　　语

不动产登记资料承载了不动产权利人的财产权和隐私权等民事权利,其具体制度和相关规则的规范和完善对于房地产市场健康发展、户籍和个人信用管理、维护交易安全、保障合法权益等方面发挥着重要作用。但是目前《条例》和《实施细则》的相关规定对一些关键问题没有明确,不能明确界定相关查询主体的概念和范围,不能依据不同的查询主体区别设置查询范围和条件,实践中经常出现过度保护隐私权导致合法的查询权无法行使,或者查询权行使超限致使不动产权利人的财产权、隐私权受到不当侵害的情形,给登记机构带来了很大的工作压力,也不利于发挥不动产登记资料查询制度维护交易安全、保障权利

[21] 参见李乐:《国土部年内启动〈不动产登记资料查询办法〉立法调研》,载《中国经营报》2016年5月9日,第A03版。

人利益的作用。因此,本文梳理了不动产登记资料的性质、查询主体、查询方式和查询范围、查询与共享的区别这几个争议较大的重点问题,以期对厘清相关关系有所助益。期待新出台的《查询办法》既能够充分保护权利人的财产权和隐私权,又能够充分发挥查询权维护交易安全的作用,使不动产登记资料查询制度为不动产统一登记制度的规范和完善保驾护航。

On the Standardization of the Registration System of Real Estate Registration

Yu Mingming

Abstract:The current law stipulates the rules governing the registration of real estate registration data. There are many problems in practice and the institutionalization and standardization need to be strengthened. In view of this, this paper selects four difficult issues such as the nature of the real estate registration data, the subject of inquiry, the query method and the scope of the query, and the difference between query and sharing, and hopes to outline the system outline of the registration of real estate registration data to clarify the understanding. Misunderstandings can help the practice and legislation of real estate registration data query system. Through the examination of theoretical disputes and practical operations, the author believes that: real estate registration data does not belong to government information, should follow the principle of classified inquiry and limited disclosure; based on the nature of real estate registration data, we should make necessary restrictions on the subject of registration information Including the rights holders, interested parties and relevant state agencies. In addition, the right holder refers only to the right holder of the real property registration recorded in the real estate register, and does not include any hidden co-owner; the definition of the scope of the interested party should use the method of purpose interpretation to define the registration information of the applicant and the real estate inquired. Relationships; The enquiry system of real estate registration data should seek a balance between the maintenance of transaction security and the protection of the privacy of right holders, and strictly limit the "people-to-people check-ups". In addition, the sharing of national departments and the query of registration data also need to be clarified. The connotation and extension of the two are different, and there are significant differences in the subject, nature, mode, and role.

Key words: Real estate registration information Government information Stakeholder Inquiry Sharing

（责任编辑：扈　艳）

证据排除规则的陪审制基础*

樊传明**

内容摘要：

证据法是管控司法事实认定的规范体系，因此证据法的结构与事实认定主体的特征之间存在密切关联。普通法系的证据法，即证据排除规则体系，很大程度上是陪审制发展的产物。陪审员被假设为不够理性的事实认定者，法官适用排除规则将某些具有危险性的证据阻隔在庭外，可以优化庭审信息环境，管控陪审员的裁决。但是陪审制在诞生之初是一种知情裁判模式，只有其演变为非知情裁判，陪审员成为处于弱势地位的事实认定者之后，证据排除规则才逐渐地生成。陪审员的一些非理性认知倾向，也被一些现代认知科学和实证研究确证，这说明了排除规则立法的必要性。陪审制所造就的二元式法庭结构，能够使排除规则这种管控方式有效地运行，这使排除规则立法具有可行性。在当代中国的人民陪审员制度改革背景下，研究证据法的陪审制基础具有重要实践意义。

关键词：

证据法　排除规则　陪审制　人民陪审员　司法改革

一、引　　言

从广义上来理解，证据排除规则是指将具有逻辑相关性的证据材料阻隔在法庭事实认定者的视野之外的法律规范。如果说证据的相关性要求（排除不相关证据的规则）是一项逻辑规则，无须人为创设，那么这些要求排除相关证据的

---

* 本文系2018年国家社科基金青年项目“人民陪审员参审事实问题的证据裁判规则研究”（批准号：18CFX037）的阶段性成果。

** 华东师范大学法学院讲师，法学博士。

规则，就具有明显的法律技术性特征。对于司法程序的这种异于日常经验认识论的做法，应当予以必要的检视和证成。边沁的广为流传的警句，就表达了对排除规则体系之正当性的怀疑："排除证据，就排除了正义。"[1]实际上，边沁之后的许多普通法系证据法基础理论研究者，致力于回应边沁的这一极端批评，论证证据排除规则体系的正当性。最为著名的论述，就是塞耶提出的"证据法是陪审团之子"这一命题。[2] 塞耶及其理论的追随者，认为英美证据法（排除规则体系）是为了解决陪审团审判能力不足的问题，防止陪审团被特定的证据所误导，或者错误地评价某些证据的证明力。尽管对于英美证据法的发展动因现在有多元化的解释，但是塞耶的这一命题及其代表的研究路径，仍是对英美证据法之区别性特征的主流解释。

探讨证据排除规则与陪审制之间的关系，或者说从陪审制的角度讨论证据立法政策的问题，以前对于中国的法学学者而言，主要是为了满足比较法研究的兴趣。但是在当代人民陪审员制度改革的背景下，这一问题具有了实践意义。2004年全国人大常委会审议通过的《关于完善人民陪审员制度的决定》，是关于人民陪审员制度的主要规范性文件。但是这种"同职同权"参审模式在实践运行中，出现了陪而不审、审而不议等职能虚化问题。2014年中国共产党十八届四中全会《关于全面推进依法治国若干问题的决定》在"保障人民群众参与司法"的条目下提出："逐步实行人民陪审员不再审理法律适用问题，只参与审理事实认定问题。"从2015年开始，根据全国人大常委会的授权，最高人民法院、司法部在部分地区开展了为期3年的试点改革。2017年年底，全国人大常委会开始审议最高人民法院提交的《中华人民共和国人民陪审员法（草案）》，也将草案对外征求意见。2018年4月27日，第十三届全国人民代表大会常务委员会第二次会议通过了《中华人民共和国人民陪审员法》（以下简称《人民陪审员法》）。《人民陪审员法》中最重要的制度创新，是在保留原有陪审模式的基础上，确立了七人合议庭陪审模式。而且在七人合议庭中，人民陪审员的职能与法官相对区分：陪审员仅参与表决事实认定，不参与表决法律适用；法官则

[1] Terence Anderson, David Schum and William Twining, *Analysis of Evidence*, Cambridge University Press, 2005, p. 1.

[2] See James Bradley Thayer, *A Preliminary Treatise on Evidence at the Common Law*, Little, Brown, 1898, p. 47.

在负责法律适用的同时，与陪审员一起表决事实认定。[3]

从适用范围上看，在《人民陪审员法》规定的陪审制度中，七人合议庭是发挥陪审制价值的核心。而在七人合议庭形式中，陪审员的职能既被限缩了——仅负责事实认定；也被扩张了——人数构成比例表明陪审员是比法官更为关键的事实认定者。在中国的法律制度和司法实践背景下，陪审员参审事实问题需要有什么样的证据规则进行约束？是否应当以证据排除规则体系筛选陪审员据以裁决事实的信息？陪审制的改革会带来证据制度的变动吗？对于这些中国问题的回答，可以在英美证据法的理论和制度中找到必要的参照。本文对陪审团审判和证据排除规则之间的关联进行综述和分析，以期为中国的陪审制改革和证据规则建构带来启发。排除规则是英美证据法的主体性规范，在中国证据法中则零星地分布着，而且排除规则的功能也是多元的。本文第二部分通过分析证据法是什么这一问题，界定排除规则在现代证据法中的位置。第三部分概括性描述陪审制的发展历史，为后文的分析提供一个制度史背景。第四部分综述对陪审员的不信任态度，以及由此产生的证据法管控需求。第五部分对通过排除规则构建信息筛选机制的立法政策进行反思和评价，指出其必要的法庭结构要素以及限度。最后回到中国陪审制改革的背景，简要展望证据制度的可能发展。

二、证据法是什么？

在目前中国被作为一个具有相对独立性的法律部门（或子法律部门[4]）来研究的法律分支中，或许没有哪个像证据法这么富有争议性。学者们使用证据法这个术语所指涉的具体内容、研究证据法所遵循的知识传统都具有很大的差异性，进而导致了对证据法的体系构成、制度功能的不同看法。

---

〔3〕 参见《人民陪审员法》第14条、第21条、第22条。

〔4〕 也就是将证据法作为诉讼法部门中的一个具有相对独立性的子部门。与其他诉讼法规范注重程序性、手续性的内容不同，证据法规范更为注重证据可采性、证明力和证明标准等偏向实体性的内容，因此在基本原则、规则构成、规范功能等方面与其他诉讼法规范有差异，可以作为一个相对独立的领域来研究。我国学者使用证据法这个术语时，通常是将它作为诉讼法中的一个组成部分。

(一)证据法的理解分歧和知识传统

既有法学文献经常在三个不同的层面上使用"证据法"这个术语。

首先,证据法可以指经过系统编纂的、形式上的证据法典。在绝大多数英美法系国家,证据法被编纂成独立于诉讼法和实体法的统一法典。如《美国联邦证据规则》《加拿大证据法》《澳大利亚证据法》等。[5] 但是,在英美法系之外,就缺少了这种意义上的证据法。尽管学界有各种版本的证据法立法建议稿,但中国尚不存在形式上的证据法典。

其次,证据法可以指关于诉讼证据或事实认定问题的所有法律制度。在诉讼程序中需要解决各种关于证据的问题,例如,哪些事实需要证明?由谁来搜集和提交证据?哪些证据有资格进入法庭?在法庭上调查证据的程序是什么样的?事实认定者遵循什么样的规则评议证据?对事实的证明需要达到什么样的程度等。关于这些问题的法律规则,都可以宽泛地称为证据法。正如有学者所表述的:"关于事实认定的规则就是广义的证据法。"[6]

最后,证据法可以指实质上的证据法规范体系。上述第一种层面(证据法典)太过于狭窄,以至于超出英美法系就失去了言说证据法的语境;第二种层面(证据法律制度)又太过于宽泛,以至于只要一项规则涉及证据和事实认定问题就能够归入证据法,证据法成为一个将太多并不紧密相关的规则纳入其中的规范集合。实际上,还存在一个折中的层面:将证据法视为根据特定组织性原理

---

[5] 英美法系的证据法典化运动主要发生在20世纪前半期。美国最为重要的立法成果是1965年的《加利福尼亚州证据法典》和1975年的《联邦证据规则》。在其他英美法系国家产生了《加拿大证据法》《澳大利亚证据法》《菲律宾证据规则》等证据法典。英国强大而保守的普通法传统最终抵销了证据法典化的趋势,但仍通过单行法将许多证据规则成文化。如《1984年警察与刑事证据法》《1996年刑事诉讼和侦查法》等。需要注意的是,英美法系最早的证据法典是1872年的《印度证据法》,但它并非是在20世纪的证据法典化运动中产生,并且它的体系框架与其他英美法系的体系框架有很大不同,主要是采用了斯蒂芬的理论体系而不是塞耶的体系。关于印度证据法典以及英美证据法典化历史的更多介绍,参见易延友:《证据规则的法典化——美国〈联邦证据规则〉的制定及对我国证据立法的启示》,载《政法论坛》2008年第6期。

[6] [日]高桥宏志:《重点讲义:民事诉讼法》,张卫平、许可译,法律出版社2007年版,第24~25页。

制定的、由特定规范种类构成的法律规范体系。这种意义上的证据法(或证据法规范体系)与上述证据法典的区别是显而易见的,后者以存在形式上的统一立法文本作为界定证据法的主要标准,而前者所包含的证据法规范可能分散在各种规范性立法文件中,但有理由将它们作为一个实质上的整体进行研究。

也就是说,并非所有关于证据或事实认定问题的规则都应当归入证据法规范体系,证据法规范体系只是证据法律制度中的一部分,具有范围上的限定性。具体而言:(1)规范种类上的限定性,只有某些类型的关于证据的规则属于证据法;(2)规范功能上的限定性,只有发挥特定功能的关于证据的规则属于证据法。证据法律制度是由各种规则组成的松散集合,这些规则唯一的共性就是都与证据或事实认定问题相关。而证据法规范体系中所包含的规则是一个紧密联系的整体,它们可以统括在特定的"组织性原理"〔7〕之下,共同发挥某种制度功能。本文关于证据法规范体系和证据法律制度的区分,与美国学者阿列克西·斯坦(Alex Stein)对"证据规则"(evidential rules)和"关于证据的规则"(evidence-related rules)的区分类似。根据他的观点,证据规则是指"那些促进内在于事实认定的目标的规则";而关于证据的规则,除促进以上目标外,也可能促进完全与事实认定不同甚至相对立的目标。那些"为了其他目标和价值而不顾事实认定准确性"的规则尽管属于"关于证据的规则",但不属于证据规则(证据法)。〔8〕 阿列克西·斯坦所说的关于证据的规则,基本等同于上文第二种层面的证据法(证据法律制度),而他所说的证据规则属于上文第三种层面的证据法(证据法规范体系)。当然,这并不表明本文接受阿列克西·斯坦对证据法目标和规则构成的界定,而只是接受他的这种分类理念:在那些关于证据的规则中,只有一部分真正属于证据法。

我国学者对于证据法的研究还存在不同的学术知识传统,这种研究传统上

---

〔7〕 "组织性原理"(organizing principle)一词借鉴美国证据法学者戴尔·南斯的文章。他认为"控制陪审团"是英美证据法的传统组织性原则,"控制律师"是一个稍晚才提出来的组织性原则。他的文章为"控制律师"理论辩护,主张将证据法统括在"最佳证据原则"之下。参见 Dale A. Nance,"The Best Evidence Principle",73 *Iowa L. Rev.*,1988,p. 227。

〔8〕 关于这种观点的详细内容,参见 Alex Stein, *Foundations of Evidence Law*, Oxford University Press,2005,pp. 1–2。

的差异也造成了对证据法体系结构、制度功能的不同看法。[9] 概言之，目前中国主要存在三种证据法学研究的知识传统。

第一种传统是中国的本土证据法学传统。根据这种传统，证据法主要被看作指导事实认定者以及其他主体如何收集和审查判断证据、如何认定案件事实的规则体系。这与我国的证据立法传统相呼应。在我国关于证据问题的司法解释性文件中，规定了各种“证据审查判断规则”，似乎是给法官提供了一个办案手册。这些证据审查判断规则实际上涉及对关于证据的各种不同问题的裁判，既包括证据可采性问题或者说证据能力问题，也包括证据证明力和充分性问题、证明对象和证明责任问题，甚至还包括关于证明程序的各种裁决事项。中国司法解释中的证据规则，并未明确区分不同种类的证据问题，而是将对这些问题的裁决统称为“审查判断证据”。

第二种传统是大陆法系的证据理论传统。由于强调“自由心证”原则，大陆法系的理论避谈证明力问题。另外，由于未发展出如英美法系那样庞大的证据排除规则体系，大陆法系的理论对于证据能力（可采性）问题的关注也并不明显，只是在“自由证明”与“严格证明”的研究中涉及证据能力问题。尽管在大陆法系的证据法律中包含了特免权规则和要求排除非法证据的规则，但往往并不强调这两类规则的“可采性”或者说排除规则属性，而是将它们作为附属于某种程序价值的规则分别予以研究。[10] 大陆法系证据理论传统的特色或者说重点研究对象，体现在证明责任规则上。不仅将证明责任视为“诉讼的脊梁”“法

〔9〕 学者李训虎在研究中国死刑案件证明标准时认为，“死刑案件证明标准改革集中体现了当下影响中国法治的三大传统：儒家慎刑的死刑观——古代的礼法传统、事实清楚，证据确实、充分——现代革命意识塑造下的政法传统以及排除合理怀疑——移植而来的西方法律传统。不仅死刑案件证明标准改革体现了上述三种相异的法律传统，当下诸多司法改革措施中都可以看到上述三种法律传统的博弈、拉锯、相互撞击。如何实现三种传统的融会成为改革者面临的一个重大问题”。参见李训虎：《悖论状态中的死刑案件证明标准》，载《政法论坛》2011 年第 4 期。本文“知识传统”一词的用法借鉴李训虎文章中的“传统”。

〔10〕 一个明显的例子就是德国的“证据禁止制度”，德国法主要将它作为保护基本权的手段。

律人的真正十字架”,[11]而且围绕证明责任问题的研究成果众多。

第三种传统是英美法系的证据法研究传统,也是在目前中国证据法研究中最受关注的一种。英美法在立法形式上就将证据法和诉讼法分离,证据法的特色是各种证据排除规则,因为某些材料具有证明力上的瑕疵或者损害某种外部政策的危险性而将其排出。证明责任、证明标准(或者说证据充分性)以及某些排除规则(如非法证据排除规则),不被作为证据法的组成部分,而是属于诉讼法或实体法。英美证据法“是一个规制在法律程序中向事实认定者提供信息的规则体系”。[12] 另外,由于将对证明力(或证据分量)的评价视为陪审团自由裁决的事项,英美证据法也并不热衷于讨论证据的证明力问题。试图通过设立规则限定证据证明力的做法,往往会被视为对英美证据法的“道德上的背叛”。[13]

当然,上文关于我国证据法学研究知识传统的分类和表述过于简单化、绝对化。实际上,证据法研究往往是以某种知识传统为主,兼采其他传统中的理论和概念。应当在中国的语境中以具体问题为导向,整合不同的研究传统和学术智识。从长远来看,不同的知识传统可能会走向有益的融合。本文所说的证据法并非形式上的证据法典或宽泛的证据法律制度,而是指由特定规范种类构

---

[11] 证明责任或证明负担(burden of proof),被称为“诉讼的脊梁”“法律人的真正十字架”。“在诉讼证明的各个环节中,证明责任是唯一能与其他各环节直接相连的要素,是衔接其他环节的桥梁和纽带,它不仅为证明主体的证明行为提供了依据,而且为证明主体未尽证明责任附加了承担败诉风险的结果责任,说明了一切证明行为的动因”。引自卞建林主编:《刑事证明理论》,中国人民公安大学出版社2004年版,第173页。

[12] [美]戴维·柏格兰:《证据法的价值分析》,张保生、郑林涛译,载《证据学论坛》2007年总第13卷。

[13] 威格莫尔在一篇书评中写道:“如果说还有一个东西令普通法法官和陪审团制度得以立足的话,这就是证据规则,为法官所裁定和适用的仅仅只有可采性规则,而且仅仅是为法官而制定的;分量或者可信性则完全不受法律阻碍地交给陪审员……使用这本书来诱使法官对可信性作出法律裁决的律师,正在进行对我们制度的道德背叛。”John H. Wigmore (1908), “Book Review of C. Moore, ‘A Treatise on Facts, or the Weight and Value of Evidence’”, *Illinois Law Review* 3, p. 477. 这篇文章也收录于 William Twinning and Alex Stein editing, *Evidence and Proof*, New York University Press, 1992。

成的、发挥特定制度功能的证据法规范体系。对于这种意义上的证据法，需要从两个方面进行限定。第一个方面是规范种类——哪些法律规范属于证据法？第二个方面是规范功能——发挥哪些功能的法律规范属于证据法？实际上，传统的证据法学理论在界定证据法时，要么是从规范种类的角度界定，要么是从规范功能的角度界定。本文将前者称为结构性进路，即从证据法的体系构成的角度界定证据法；将后者称为功能性进路，即从证据法制度功能的角度界定证据法。

(二)界定证据法的结构性进路

证据法在历史上的形成过程，实际上也是学者们尝试界定证据法之体系构成的过程。面对在司法实践中形成的关于证据问题的众多法律规则，应当将哪些归入证据法领域？[14] 19世纪的英国学者斯蒂芬(James Stephen)努力将证据法与实体法和程序法进行区分。他认为，为了解决特定纠纷而界定待证事实的规则不属于证据法，应当归入程序法领域；推定规则也不属于证据法，应当归入实体法。尽管如此，他将无罪推定、合法性推定、失踪7年后死亡的推定、权利转让契据丢失推定以及合法推定等包含进他所撰写的《证据法概要》中。斯蒂芬还认为，与证人出庭相关的规则、宣誓作证规则、讯问以及制作某一事实之特别书面证据的法定条款等均属于程序问题而不是证据法问题。斯蒂芬对证据法的范围进行了大幅度的删减，最后证据法主要是统括在相关性规则下的各种排除规则。[15]

19世纪末，美国证据法学家塞耶(J. B. Thayer)重申了斯蒂芬的这一观点，即不应当将推定和证明责任规则等视为证据法的组成部分，证据法主要由排除规则构成。但是，塞耶认为，排除规则不能统括在相关性规则之下。所谓相关性规则就是要求：首先，一项证据与具有实质性的待证事实有关；其次，它对于待证事实具有证明作用。前者是对证据的“实质性”(materiality)要求，后者是对证据的(狭义上的)“相关性”要求。但是，实质性要求是一个实体法问题，因为实体法规定了支持一项诉讼主张所要具备的事实要件；相关性要求是

---

〔14〕 在英美法系，现代意义上的证据规则主要形成于16世纪至18世纪，通过法官的判例逐渐确立了规制证据问题的规则。

〔15〕 关于斯蒂芬证据法理论的介绍，参见 William Twining, *Rethinking Evidence: Exploratory Essays*, 2nd Edition, Cambridge University Press, 2006, Chapter 3。

一个逻辑问题而不是法律问题。塞耶认为,尽管相关性规则是证据法的一项基础性原则,但证据法主要是基于第二项原则而建立,即"任何具有证明力的东西都应当允许进入法庭,除非有一个清晰的政策或法律理由排除它"。[16] 可见,塞耶基本上延续了斯蒂芬将证据法主要限定在排除规则上的做法,但是,关于排除规则的组织框架,他与斯蒂芬的看法不同。

尽管塞耶的学生威格莫尔基本上承袭了塞耶的证据法框架,但是他所撰写的证据法著作却包含了远比排除规则更为广泛的规则种类。在威格莫尔的证据法著作中,包含了以下六种规则:[17] (1)规定什么样的证据具有可采性的规则,主要是各种排除规则;(2)规定提交证据的程序的规则;(3)规定由谁提交证据的规则,即关于证明负担和推定的规则;(4)规定将证据向谁提交的规则,即划定法官与陪审团在事实问题和法律问题上裁决权限和分工的规则;(5)规定哪些待证事实不需要提交证据证明的规则,即规定司法认知等免证事项的规则;(6)口头证据规则(the parol evidence rules)。口头证据规则主要是关于以下内容:当某人通过书面形式做出一项法律行为(意思表示行为)之后,是否可以用一些与书面记载内容相矛盾的口头证据或其他证据,证明该法律行为实际上不成立。[18] 现代的口头证据规则是合同法中的一项规则。[19] 可以看出,威格莫尔所界定的证据法范围,比斯蒂芬和塞耶的框架更宽泛。在当代英美法系,大家普遍接受证据法以排除规则为主体性规范,但是对于证据法的具体范围仍存在一些争议。例如,是否应当将非法证据排除规则归入证据法?特免权规则是

---

〔16〕 James Bradley Thayer, *A Preliminary Treatise on Evidence at the Common Law*, Little Brown, 1898, p. 530.

〔17〕 See John H. Wigmore, *Wigmore on Evidence: Students' Textbook*, Brooklyn: The Foundation Press, 1935.

〔18〕 关于这一规则的历史和内容,参见 John H. Wigmore, *Wigmore on Evidence: Students' Textbook*, Brooklyn: The Foundation Press, 1935, pp. 485 – 500。

〔19〕 在美国合同法中口头证据规则的含义为:"口头证据之提出不发生增加、变更或抵触书面契约之效力。当双方已合意订立书面契约后,契约内容之解释、需以契约内文字为准。对于任何书面契约订立之前或同时之口头证据,或其他过程之书面证据,凡与契约内容有所抵触或变更者,均不予采纳。"转引自杨桢:《英美契约法论》,北京大学出版社 1997 年版,第 247 页。

否属于证据法？关于说服责任和证明标准的规则是否属于证据法等。[20]

在传统的中国证据法教科书中，往往划分两部分内容：证据论和证明论。前者包括证据种类规则、证据审查判断规则等；后者包括证明对象规则、证明责任规则和证明标准规则等。在这一体系中，规定如何审查、判断和运用证据的规则是重要的组成部分。有学者对这种观点提出批评，认为“证据法学并不研究如何收集证据、如何审查判断证据以及如何发现案件事实真相，而是研究如何限制收集证据的程序、如何规范审查、判断证据的方式以及如何防止滥用发现事实真相的权力等问题”。[21] 因此，关于证据收集、审查和判断的规则并不属于证据法的组成部分，“刑事证据法所规范的主体内容就是有关证据能力的规则和司法证明的规则”。[22] 受英美证据法学的影响，有学者主张应当效仿英美，将证据法限定在规制可采性的排除规则之上，进一步缩小证据法的范围：“从众多种类的证据规则来看，唯一能够称得上是证据法学独特研究对象的，可能也就是证据的可采性问题。……对证据的可采性问题进行深入的研究与探索，应当是证据法学进一步发展的可能路径。”[23] 也有学者认为，证据法本身也包含了实体性规则和程序性规则。实体性证据规则包含证据相关性、证据能力、证明力、证据种类等方面的规则，以及关于各种权利（如对质权、作证特免权）、证明责任、证明标准等问题的规则；程序性证据规则包括证据取证方式、出示方式、询问方式等方面的程序性规定。[24]

---

〔20〕 英美证据法典中并未规定非法证据排除规则，一般将非法证据排除规则归入宪法性刑事诉讼法，但是，许多证据法教材仍然包含非法证据排除规则。特免权规则，通常被视为证据法的组成部分，但是，有学者认为特免权规则应当归属于它所保护的权利所属的部门法。参见 Alex Stein, *Foundations of Evidence Law*, Oxford University Press, 2005, Chapter 1。有些英美学者将说服责任和证明标准规则归入诉讼法，但也有学者将它们归入证据法。

〔21〕 陈瑞华：《从“证据学”走向“证据法学”——兼论刑事证据法的体系和功能》，载《法商研究》2006 年第 3 期。

〔22〕 陈瑞华：《从“证据学”走向“证据法学”——兼论刑事证据法的体系和功能》，载《法商研究》2006 年第 3 期。

〔23〕 易延友：《证据学是一门法学吗？——以研究对象为中心的省察》，载《政法论坛》2005 年第 3 期。

〔24〕 参见张保生主编：《证据法学》，中国政法大学出版社 2009 年版，第 40 ~ 41 页。

（三）界定证据法的功能性进路

以上仅仅从规范形式上界定证据法是不完整的，还应当从实质功能上分析证据法。正如德国法学家拉德布鲁赫所论述的："法律是人类的作品，并且像其他人类作品一样，只有从它的理念出发，才可能被理解。……一个无视人类作品目的的，亦即，一个无视人类作品价值的思考是不可能成立的。"[25]所以，除了上述结构性进路，还应当采取功能性进路界定证据法。

实际上，传统的证据法理论不仅采取结构性进路分析证据法的规范构成，还采取功能性进路论述证据法的制度功能。例如，在18世纪出版的吉尔伯特（Gilbert）所著《证据法》中，他提出："与证据相关的第一个也是最为显著的规则就是人类必须拥有事实性质所能拥有的最大限度的证据，因为法律的设计就是为了获得对权利问题的严格证实，没有了事物性质所能拥有的最佳证据，也就没有了某个事实的证实。"[26]所有的证据规则可以归结到这样一个中心观念上："如果没有适合事物性质的最佳证据，则不可能展现事实。"[27]这是对最佳证据原理的早期表述。根据吉尔伯特的理论，证据规则应当统括在最佳证据原理之下。也就是说，证据法的功能在于保障获取最佳证据。在十八九世纪，要求获得最佳证据被认为是一个普遍的关于证据和证明的基础性原则。[28]

获取最佳证据是为了促进事实认定准确性，达到"对权利问题的严格证实"。所以最佳证据原理实际上将证据法的功能限定为促进事实认定准确性。

---

[25] ［德］G.拉德布鲁赫：《法哲学》，王朴译，法律出版社2005年版，第3～4页。

[26] Gilbert, *The Law of Evidence*（*3rd*），Dublin，1769，p. 4.

[27] Stephan Landsman，"From Gilbert to Bentham：The Reconstruction of Evidence Theory"，36 *Wayne L. Rev.*，1990，p. 1154.

[28] 有学者认为，在英美证据法研究中，先后出现过四种最具代表性的统括证据规则的理论：吉尔伯特的最佳证据原理、边沁的"反规范主义"、斯蒂芬的相关性原则以及塞耶的可采性两原则。关于这四种理论，尤其是边沁和威格莫尔证据法思想的介绍，参见 William Twining，*Theories of Evidence*：*Bentham & Wigmore*，Weidenfeld & Nicolson，1985。但是，在这四种理论中，斯蒂芬的理论和塞耶的理论主要是采取结构性的进路界定证据法；边沁的理论实际上是倾向于废除证据法，而不是为证据法提供组织性原则；只有吉尔伯特的理论是尝试从功能性进路界定证据法。

但这种解释显然过于单一了,因为许多证据规则与准确性目标无关,甚至会降低准确性。因此,证据法的功能应当是多元的,从功能上可以将证据规则分类。威格莫尔将证据法中的规则划分为"证明政策规则"(rules of probative policy)和"外部政策规则"(rules of extrinsic policy),其中证明政策规则又包括相关性要求(relevancy requirements)和"附属的证明政策"规则(rules of auxiliary probative policy)。[29] 达马斯卡基本上延续了威格莫尔的分类,将这两大类规则称为"内部规则"(Intrinsic rules)和"外部规则"(extrinsic rules)。[30] 基于现代司法制度对诉讼效率的关注,有学者将效率目标单列,对证据规则采用了三分法:促进准确性的规则、提高效率的规则、保护外部政策的规则。[31] 还有学者提出了新的三分法:(1)增加事实认定准确性或者说使错误风险最小化的规则;(2)使事实认定程序和决策所带来的耗费最小化的规则;(3)在诉讼当事人之间分配错误风险和伴随的错误决策风险的规则。[32]

笔者认为,上述这些分类与其说是对证据规则的分类,不如说是对证据规则之功能的分类。许多证据规则发挥着多重功能,具有多元化的理由,经常很难将其归入以上分类中的单一类别。例如,传闻规则被认为是一条通过排除误导性信息并保障交叉询问而促进事实认定准确性的规则,但它同时也是一条保护被告人宪法对质权的规则,是对正当程序原则的保障。[33] 所以,传闻规则既是证明政策规则(或内部规则)又是外部政策规则(或外部规则)。以上分类实际上描述了设定证据规则的不同理由或功能,但并不能将所有证据规则进行非此即彼的划分。大陆法系的学者也对证据法的功能进行了类似地描述:"证据法的理念在于:第一,应尽可能地查明事实真相,以发现真实为目标,而且要做

---

〔29〕 See Wigmore, "Evidence in Trials at Common Law" (Vol. 1), Rev. ed. by Peter Tillers, Little Brown, 1983, p. 689.

〔30〕 参见[美]米尔建·达马斯卡:《漂移的证据法》,李学军等译,中国政法大学出版社2003年版,第16页。

〔31〕 参见[美]罗纳德·艾伦等:《证据法——文本、问题和案例》(第3版),张保生、王进喜、赵滢译,满运龙校,高等教育出版社2006年版,第136页。

〔32〕 See Alex Stein, *Foundations of Evidence Law*, Oxford University Press, 2005, pp. 1-3.

〔33〕 关于传闻规则所体现出来的多元价值基础的分析,参见樊传明:《论证据排除规则的激励功能》,载《证据科学》2013年第1期。

到低成本高效率。……第二,应牢记对公正性的要求。证据调查并不是说只要以低成本迅速地发现真实就可以了,同时还必须保证其公正性。"[34] 例如,保障调查证据时当事人在场、有权发表意见,并且禁止法官将私下所了解的情况作为裁判的依据。

(四)实施法庭认识论的排除规则体系

综上所述,对于"证据法是什么"这一问题,从规范构成、制度功能的角度,都存在多元化的回答。但是在证据法的领域中,我们可以区分出一个核心部分:实施法庭认识论的排除规则体系。

首先,从规范构成的角度来看,规定证据可采性的排除规则是最为重要的一类证据法规范。从前述英美证据法学者的论述可以看出,可采性问题一直都是英美证据法的核心问题,而可采性问题是通过证据排除规则进行规制的。现代英美证据法采取了塞耶提出的框架,从而也将证据法的范围限定在排除规则体系上。这种英美证据法的体系观念,也影响了当代中国证据法理论和立法。如前文所述,有学者呼吁采取以可采性或者说排除规则为核心的研究路径。在中国的诉讼法和证据司法解释中,也已经存在大量的证据排除规则。例如,要求排除非法证据、意见证据、非最佳证据、不出庭鉴定人的鉴定意见的排除规则。但是,这些规则分布得较为零散,未形成一个融贯的体系。概言之,尽管中国制度语境中的证据法不限于排除规则,但是,无论在理论上还是在立法上,排除规则已经成为证据法中的一个至为重要的组成部分。

其次,从制度功能的角度来看,提高法庭事实认定的准确性这一认识论目标,是证据法和排除规则体系的首要目的。笔者认为,在证据法的发展历史中,存在两个主要的动力:一个是认识论的变革,另一个是政治道德的变革。所谓认识论,就是关于人们探知既往事实之可能性和方法的观点,它对证据法制度变革的作用是非常明显的。神示证据制度、法定证据制度背后都有特定的认识论作支撑,现代证据法主要以经验理性主义认识论为基础。每当证据法背后的特定认识论假设被改变的时候,都会造成证据法的变动。"政治道德"

[34] [日]高桥宏志:《重点讲义:民事诉讼法》,张卫平、许可译,法律出版社2007年版,第25~26页。

(political morality)一词借鉴英文证据法文献,[35]笔者用它指称一些与发现真相目标无关的,但对司法证明程序构成限制的价值信条。例如,保障被告人人权、保护某些社会关系的考虑都属于政治道德的范围。许多证据法规则的发展都是因为政治道德的变动。例如,20 世纪中叶由美国联邦最高法院沃伦大法官主导的“正当程序革命”推动了非法证据排除规则的发展;基于对隐私权的尊重、对现代职业伦理的认可以及推动人们建立职业关系的考虑,推动了作证特免权规则的发展。此外,有学者认为在历史上之所以设立“排除合理怀疑”规则,是为了慰藉事实认定者、鼓励他们不要担心会犯有宗教罪孽,从而敢于参加刑事审判并将被告定罪。[36] 因此证据法存在两个关注点,或者说存在两项制度功能:一方面,通过设定法律规则提高司法证明程序发现真相的能力;另一方面,维护涉及诉讼程序的政治道德。例如,由国家发动的追诉程序不应当侵犯人权;法庭作证程序不应当破坏某些对人类生活至关重要的社会关系;诉讼程序不应当减损人们从事对社会有益行为的动机;宁可增加放纵坏人的风险也要降低惩罚好人的可能性;不值得投入太多诉讼资源去解决一个无关重要的纠纷等。

因此,根据其功能的不同,可以将证据法(或排除规则)分为两部分:属于法庭认识论领域的证据法和属于政治道德领域的证据法。本文的这种分类与英美证据法理论中的“内部规则”和“外部规则”分类基本上对应。但是正如上文所述,这种分类与其说是对证据规则的分类,不如说是对证据规则之功

---

〔35〕 如乔纳森·科恩认为英美证据法中存在一种关于自由证明的“政治道德”上的假定。参见 Jonathan Cohen, *Freedom of Proof*, in William Twining, ed. , *Facts in Law*: *Association for Legal and Social Philosophy*, Wiesbaden: Franz Steiner Verlag Gmbh, 1983。阿列克西·斯坦认为,有些证据规则和原则可以列入“政治道德”领域。参见 Alex Stein, *Foundations of Evidence Law*, Oxford University Press, 2005, p. 12。

〔36〕 参见[美]詹姆士·惠特曼:《合理怀疑的起源——刑事审判的神学根基》,佀化强、李伟译,中国政法大学出版社 2012 年版。

能的分类。[37] 尽管证据法涉及法庭认识论和政治道德两个不同的领域,但是证据法是对司法证明程序的规制体系,司法证明程序的直接目的是准确认定案件事实,维护政治道德则是间接目的。所以,证据法中属于法庭认识论的部分是第一位的,属于政治道德领域的部分是第二位的。也可以说,后者是对前者的外部约束。当然,这并不说证据法促进事实认定和维护政治道德这两类目标,存在价值上的优劣之分。可以引用边沁的功利主义理论整合这两类目标。边沁认为程序法的直接目标在于“裁判的正确性”,也就是将有效的法律正确地适用于“真实的事实”之上,而附属目标则是将讼累、费用和耗时所带来的苦痛最小化。直接目标与附属目标之间的冲突则是以功利主义理论为基础来确定,实现功利最大化。[38]

三、陪审团审判制度发展简史

上文通过对证据法的体系构成和制度功能的分析,划出了实施法庭认识论的排除规则这样一个规范领域。这类法律规范的演进与陪审制存在密切关联。在具体分析这种关联之前,有必要描述陪审制的发展。

陪审制的起源有遥远的观念史。在希腊神话传说中,雅典娜为平息复仇女神的愤怒,曾召集雅典公民进行审判。按《圣经》记载,公元前15世纪,摩西从以色列的12个部落里选取了12人组成侦察队,去往迦南打探情报,以决定是否应发动战争。在古希腊,存在“公民会审”这种形式,与现代陪审团有相似之

[37] 阿列克西·斯坦在他的著作中将证据法区分成“认识领域”和“道德领域”两个部分。他认为,证据法中属于认识论的部分以最佳证据原则为核心;属于政治道德的部分,主要是为了分配事实认定的错误风险。将他的观点摘录如下:“分配错误风险的规则和原则(基于功利的或者其他理由)对最佳证据原则的功能起到了补充作用。只有在完全适用了最佳证据原则之后,裁判者才使风险分配规则和原则发挥作用。概括来说,当事实认定的认识论上的原因不再适用时,裁判者通过适用证据法道德领域中的规则和原则来分配错误风险。‘当认识论沉默之后,道德开始登场’这样一句格言总结了这一整本书的首要论点。”转引自 Alex Stein, *Foundations of Evidence Law*, Oxford University Press, 2005, pp. 1-2。

[38] 关于边沁对司法证明程序功利主义框架理论的详细介绍,参见 William Twining, *Theories of Evidence: Bentham & Wigmore*, Weidenfeld & Nicolson, 1985。

处。当时雅典城邦的10个部落分别提名，选出6000多名陪审员，然后抽签分派到各个法院，以多数票的方式裁决案件。尽管有一名执政官主持法庭，但是他没有任何法官的职权。陪审员们才是真正的法官，其裁决不可上诉。这种制度是由公元前6世纪的梭伦所创立，公元前5世纪这种制度被引入古罗马帝国。但是现代陪审制是否与古希腊、古罗马的公民会审存在历史关联则难以考证。

现代陪审制可以追溯至英国中世纪吸收普通居民参与行政或司法事务调查的做法，但是后者的源起有争议。公元10世纪末，不列颠岛上的英格兰国王埃塞尔雷德二世通过法令，12名领主应由一名国王的代表伴随，宣誓不会起诉无辜之人和隐藏有罪之人。有观点认为这种法令是参考了丹麦人的制度，具有斯堪的纳维亚法律的特征。但是更主流的观点认为英格兰吸收平民参与调查的做法源于欧洲大陆。欧洲大陆上统治法兰克王国的加洛林王朝，在公元9世纪对涉及王室的事件进行调查时，有时会从所调查的地区召集一些重要人物，调查信息和向国王汇报。诺曼底公爵威廉一世于1066年将法兰克的信息调查制度带过了英吉利海峡，最终在英国衍生出现代的陪审制。[39] 英国的这种调查制度向陪审团的发展，一个很重要的历史事件是神明裁判方式的衰落。在神明裁判衰落之后，英国需要找到替代性的审判方式，即陪审团的审判。于是上述调查制度在司法程序中演变为陪审团。这种陪审团经过了一系列的演变，才最终发展为现代陪审团。“显而易见的是，亨利二世在证据制度领域里的革新给英格兰和诺曼带来了一种远远领先于欧洲大陆的先进制度。当后来大多数欧洲国家(包括诺曼底)采纳了罗马—教会法诉讼制度时，英国的制度开始显得古怪和陈旧。再后来，当欧洲大陆的制度因专制及缺乏民众参与而招致批评和反对时，陪审又被视为是抵御非正义的堡垒和与自由民相称的一种制度，于是它又被引进或重新引进这片许多世纪以前就与它有着许多渊源的大陆的土地。”[40] 虽然陪审制的起源和最初发展因为过于遥远而难以确证，但是从有据可查的历史算起，可以概括陪审制发展的几个趋势。

---

[39] 相关介绍和文献考证，参见王涛：《陪审制兴衰考》，载《中国刑事法杂志》2016年第1期。

[40] [比]范·卡内冈：《英国普通法的诞生》，李红海译，商务印书馆2017年版，第134页。

（一）形态结构方面

陪审制度的外部形态和组织结构，经历了复杂的流变，基本上按照“王室证人—指控陪审团—知情陪审团—现代陪审团”这样一个脉络发展。陪审团在普通法系的早期萌芽形态是“王室证人”。在英国司法制度发展的早期，国王出于调查案件的需要，有时会召集一些普通人帮助王室收集信息、查明罪犯。他们既是调查员，也是证人。[41] 在12世纪，王室证人逐渐具备了新的职能——提出指控。王室要求一些普通居民以团体的名义提出控诉，这就是所谓的“指控陪审团”（jury of presentment）制度。[42] 12世纪末13世纪初，法官要求陪审团不仅提出控告，而且还必须宣布被告有罪还是无罪，即具备了裁判职能。这就是所谓的“知情陪审团”（self-informing jury）制度。美国学者郎本（John H. Lanbein）描述了知情陪审团的特征：“这种中世纪的陪审员来到法庭上，与其说是来‘听’，不如说是来‘说’，与其说是来听审证据，不如说是来给出已经预先形成的裁决。”[43]威格摩尔也做了相似的描述：“当诺曼的法官组织陪审团协助他们调查时，一开始陪审员能够自由而不受拘束地使用证据（除了一些关于文件的规则）。他们可以使用自己在所居住的地方形成的印象，他们甚至还可以到法庭之外走访邻居们询问消息。”[44]在16世纪，刑事陪审团制度发生了很大

〔41〕 英国的这种制度到底是起源于诺曼、斯堪的纳维亚、法兰克还是盎格鲁－撒克逊法律，存在争论。参见 Ralph Turner, *The Origins of the Medieval English Jury: Frankish, English, or Scandinavian?* Journal of British Studies 7, 1968, pp. 1－10。对这种制度的概括性描述，参见［美］詹姆士·惠特曼：《合理怀疑的起源——刑事审判的神学根基》，中国政法大学出版社2012年版，第199～201页。

〔42〕 1166年亨利二世国王颁布的《克拉伦登宪章》载明了该制度：“在所有郡和百户，必须由每百户的12名以及每村镇的4名较为守法之士展开调查；他们要宣誓说出真相，即在他们的百户或村镇内是否有任何被指控或者臭名昭著地涉嫌为强奸犯、谋杀犯、盗窃犯或者窝藏前述罪犯的人”。转引自［美］詹姆士·惠特曼：《合理怀疑的起源——刑事审判的神学根基》，中国政法大学出版社2012年版，第201～202页。

〔43〕 John H. Lanbein, “Historical Foundations of the Law of Evidence: A View from the Ryder Sources”, 96 *Colum. L. Rev.*, 1996, p. 1168.

〔44〕 John H. Wigmore, *Wigmore on Evidence: A Students' Textbook of the Law of Evidence*, The Foundation Press, 1935, p. 4.

的变化：不再由知情人士组成陪审团，而是使用“像白纸一样”预先对案件事实毫不知情的人作陪审员。他们“既不认识原告也不认识被告，仅仅基于提交给他们的证据裁决作为抽象主张的争议事实”。[45] 组成陪审团的那些人“之所以被挑选，不再是因为他们对事件有所知悉，而是被期望对于该事件是无知的”。[46]

（二）功能定位方面

陪审团不仅在形态结构方面经历了上述流变，而且其功能定位也发生了变化。早期的陪审团不仅仅具有司法上的功能，而且还具有超出法律的政治、宗教意义。陪审团最初获得裁判职能（转变为知情陪审团），与其说是因为法律的原因，不如说是因为法律之外的政治和宗教原因。据法制史学者考证，12 世纪末 13 世纪初的陪审团发展，一方面是作为神明裁判的替代机制，另一方面是作为国王与封建领主争夺审判权的手段，承担裁判职能的陪审团是作为王室司法权的表征而登场的。即使到了近代，也能够看到陪审制的政治功能。英国陪审制被移植到美国之后，陪审团被视为公民权利的守护神，其权力范围非常宽泛，除了裁决事实问题之外，还可以裁决法律问题，“甚至一定程度上具有不予执行违宪法律的违宪审查权”。[47] 也就是说，在美国建国、发展民权和自己的司法制度的早期阶段，陪审制的意义远远超过了一项法律制度本身，而是具有独特的政治意义。但是从 19 世纪初开始，陪审团的功能定位逐渐限缩，最终，“陪审团从一个拥有准司法与准立法权能的独立机构演变为法庭解决事实问题的附庸。陪审制不再被视为对法官和司法系统的一种制约，而自身成为了司法系统的一部分，其宪法地位和权威进而被不断压缩。”[48]

（三）法律职能方面

不仅陪审团的宗教、政治意义逐渐被剥离，变为一个较为纯粹的法律机构，而且其具体的法律职能也经历了变迁。早期的指控陪审团实际上兼具调查员、

---

〔45〕 William W. Blume, “Origin and Development of the Directed Verdict”, 48 *Mich. L. Rev.*, 1950, pp. 555, 558.

〔46〕 John H. Langbein, “Historical Foundations of the Law of Evidence: A View from the Ryder Sources”, 96 *Colum. L. Rev.*, 1996, p. 1171.

〔47〕 王涛：《陪审制兴衰考》，载《中国刑事法杂志》2016 年第 1 期。

〔48〕 王涛：《陪审制兴衰考》，载《中国刑事法杂志》2016 年第 1 期。

证人和控告人的职能。随后的知情陪审团兼具调查员、证人、事实认定者职能，但核心职责是裁决事实，这缔造了英美二元式法庭结构。非知情陪审团的出现，使得陪审团的角色变得单一，调查员、证人的职能被剥离，只保留了作为事实裁决者的角色。陪审员逐渐被禁止进行庭外自主调查，只能根据法庭上呈现的证据信息(主要是证人证言)做出裁决。“频繁使用的证人，成为陪审员的主要信息来源。”〔49〕“当庭证人成为一个有用的信息手段(应该是在十六世纪后期)，陪审员自己的‘知识’就发挥了次要的作用。最终，到十七世纪末，陪审团不再被认可和允许掌握在法庭上提供的信息之外的其他信息——这是一个完全的功能转变。”〔50〕知情陪审团向非知情陪审团的变化，使陪审员们“由积极的来自临近区域的调查者转变为消极的审判者。”〔51〕在转变为非知情陪审团后，陪审团的职能仍然包括了部分法律适用问题，而不仅仅限于事实认定。有学者通过对美国陪审制度的考察，得出结论认为：“无论是过去还是现在，美国刑事审判中陪审团均享有一定的适用法律权。”〔52〕主要包括：在法官指示下享有有限的定罪权，死刑判处权，宣告法律无效权。但是在 19 世纪，美国逐渐取消了明示的陪审团适用法律权。

(四)适用数量方面

可以看到，陪审制的功能定位和法律职能，在过去的几个世纪里都出现了限缩的趋势：从具有重要政治意义的机构转变为较为纯粹的法律机制，从兼具多种具体司法职能的主体转变为较为单一的事实认定者。不仅有这种质上的限缩，而且还有量上的限缩：在现代英美法系国家，适用陪审团审判的案件数量大幅减少。由于过于昂贵、费时并且大部分刑事案件最终通过辩诉交易解决等原因，陪审团审判的案件比例已经非常小。有统计数据表明，加拿大刑事案件

---

〔49〕 John H. Wigmore, *A General Survey of the History of the Rules of Evidence*, in 2 Select Essays in Anglo-American Legal History, 1908, pp. 691, 692.

〔50〕 John H. Wigmore, *Wigmore on Evidence: A Students' Textbook of the Law of Evidence*, The Foundation Press, 1935, p. 4.

〔51〕 John H. Langbein, *The Origins of Public Prosecution at Common Law*, 17 Am. J. Legal Hist., 1973, pp. 313 – 315.

〔52〕 陈学权：《美国刑事审判中陪审团适用法律权述评》，载《比较法研究》2017 年第 2 期。

中最终以陪审团审判的比例不足1%;[53]英格兰和威尔士的刑事审判中使用陪审团的比例介于1%和2%之间。[54] 但是这种数量上的限缩,不能简单地理解为陪审团的衰落,因为陪审团审判集中适用于那些严重的刑事犯罪案件。在进行到审判程序的较为严重的案件中,陪审团审判是一种普遍的审判模式。并且获得陪审团审判,通常是英美法系刑事被告人的一项宪法性权利。

(五)地域范围方面

陪审制度的发展史,同时也是一个陪审制度在地域范围上的扩张史。随着英国的殖民地扩张,产生于英国本土的陪审制,连同其他普通法制度,被推及美洲、亚洲、非洲的英国殖民地。在19世纪,非英美法系国家,包括法国、德国、俄罗斯、西班牙等欧洲国家,以及一些中南美洲国家,也以不同形式引进了陪审制。[55] 根据维德马(Neil Vidmar)的调研,进入21世纪后,刑事陪审团仍活跃于澳大利亚、加拿大、英国与威尔士、北爱尔兰、爱尔兰共和国、新西兰、苏格兰、美国以及其他46个国家和地区。[56] 陪审制在当代的地域扩张,与中国最为相关的,是日本2009年开始实施的"裁判员"制度,和韩国2008年开始实施的"国民参与裁判"制度。陪审制在全球扩张的结果,一方面造成了陪审制地域范围的扩大,另一方面也造成了陪审制的多样化。有学者总结:尽管不同国家的陪审制度"源于英国而且总体上有相似的结构,但是各国的陪审制度以不同的方式(有时只是略有不同而已)分别发展。在各国的政治语境中,陪审制承担着不

---

[53] See Lisa Dufraimont, *Evidence Law and the Jury: A Reassessment*, 53 McGill L. J., 2008, p. 213.

[54] See Sally Lloyd-Bostock and Cheryl Thomas, *Deline of the "Little Parliament": Juries and Jury Reform in England and Wales*, 62 Law&Contemp. Probs., 1999, pp. 7, 20, 36.

[55] 这个时期的扩张与政治原因密切相关。法国在大革命背景下,于1808年引入了陪审制。在法国的直接推动或间接影响下,比利时、德国、瑞士、奥地利、匈牙利、撒丁岛、希腊、俄罗斯、挪威、西班牙、葡萄牙等国家引入了陪审制。随后,在西班牙和葡萄牙的影响下,陪审制又被引入厄瓜多尔、乌拉圭、巴拉圭、玻利维亚等中南美洲国家。参见 Neil Vidmar, *The Jury Elsewhere in the World*, in World Jury Systems (Neil Vidmar eds.), Oxford University Press, 2000, p. 421。

[56] See Neil Vidmar, *A Historical and Comparative Perspective on the Common Law Jury*, in World Jury Systems (Neil Vidmar eds.), Oxford University Press, 2000, p. 3.

同的角色。陪审制所处的外部法律制度,对于陪审员应当去裁决哪些案件,也有不同的侧重。实体法和程序制度也彼此不同。大众传媒对陪审员的潜在影响、陪审员相对于法官而言的自治权程度、陪审员被允许听审的证据形式和种类、法庭文化以及许多其他特征,也都彼此不同”。[57]

四、对陪审员裁决事实能力的不信任

从上述陪审制发展的历史可以看出,由陪审团认定案件事实这一古老的英美制度传统,经过了历史变迁,在某些方面表现出衰落的趋势,例如,适用的案件比例在降低;在另一些方面却表现出扩张的趋势,例如,从英美法系向其他法系的扩张。正是这种源远流长的陪审团审判制度,为排除规则的发展提供了土壤。传统的证据法理论假定,陪审员和法官的证据评价能力是不对等的。因为法官的评价能力高于陪审团,所以需要法官通过判例法创设证据规则约束陪审团。但是这一能力差异假设并不是在形成陪审团制度之后就存在,而是有一个历史转折。只有当陪审团失去了相对于法官的信息优势地位后,才可能形成这一假设。

(一)陪审团信息优势的丧失

如前文所述,在英国司法制度发展的早期,普通人被引入审判程序,一开始是充当王室法庭证人的角色,后来成为兼具证人和控告职能的指控陪审团。到1220年以后,才演变成负责裁决被告人有罪还是无罪的裁判陪审团,承担事实裁判职能。[58] 但是,在13世纪至16世纪,英国采用的并非现代意义上的陪审团,而是一种“知情陪审团”(self-informing jury):从发生犯罪的社区中挑选可能预先了解案件信息或者更方便去收集信息的人作陪审员。在使用知情陪审团制度的漫长时间里,几乎不存在现代意义上的证据规则约束司法证明过程,陪审团成员以非常自由的方式裁决事实。因为生活在犯罪所发生的社区里面,他们很可能预先知晓一些关于案件的信息,也可以亲自对案件事实进行调查;

---

〔57〕 Neil Vidmar, *A Historical and Comparative Perspective on the Common Law Jury*, in World Jury Systems (Neil Vidmar eds.), Oxford University Press, 2000, p. 5.

〔58〕 关于陪审团制度的发展历史,参见[美]詹姆士·惠特曼:《合理怀疑的起源——刑事审判的神学根基》,李伟、侣化强译,中国政法大学出版社2012年版,第192~206页。

他们对事实的裁决不受法庭上提交的证据的限制,可以主动地向“那些消息灵通但未被传唤出庭的人士”咨询。[59]

在16世纪,刑事陪审团制度发生了很大的变化:不再由知情人士组成陪审团,而是使用“像白纸一样”预先对案件事实毫不知情的人作陪审员。他们“既不认识原告也不认识被告,仅仅基于提交给他们的证据裁决作为抽象主张的争议事实”。[60] 在以前的知情陪审团裁决程序中,陪审团成员相对法官而言,处于明显的案件事实信息优势地位上。但陪审团制度的变革导致他们失去了信息优势。一方面,他们对所要裁决的事实不再有预先了解;另一方面,他们不能再自己主动地到庭外调查事实,只能被动地听审提交到法庭上的证据。相比之下,法官作为诉讼进程的管理者和具有丰富法律实务经验的职业人士,无论在案件信息还是法律业务能力上都占据了优势。对于这些消极听审、缺乏经验并且对案件事实预先不知情的新型陪审员,似乎就存在了进行约束的必要性和可能性。

概言之,由法律外行担任常规性的法庭事实认定者,滥觞于1220年左右形成的知情陪审团制度。但是英国都铎—斯图尔特王朝时期(15世纪末至17世纪初)才出现排除规则的影子,而直到十七八世纪才“见证了许多排除规则的逐渐增长”。[61] 为何排除规则的发展会远远落后于陪审团的发展?合理的解释是:陪审团的“知情”形态使其处在一个相对于法官的信息优势地位上。

(二)规制陪审团的立法理念

正是在陪审员失去了信息优势地位后,他们与法官在法律知识和司法实践经验上的差异才凸显出来。相对于法官而言,陪审员只是偶尔才参与到诉讼程序中。他们是法律外行和实务新手,因此在评价某些证据的证明力时可能不够理性;他们可能会心存偏见,可能太过于情绪化,也可能理解不了比较复杂的证据形式。例如,对于不出庭证人的证言(书面证言或别人的转述),陪审员会高

---

〔59〕 关于知情陪审团的介绍,参见 John H. Lanbein,“Historical Foundations of the Law of Evidence: A View from the Ryder Sources”,96 *Colum. L. Rev.*,1996,p. 1168。

〔60〕 William W. Blume,“Origin and Development of the Directed Verdict”,48 *Mich. L. Rev.*,1950,pp. 555,558.

〔61〕 John H. Wigmore, *Wigmore on Evidence: A Students' Textbook of the Law of Evidence*,The Foundation Press,1935,p. 5.

估证明力,而无视这样的证言形式中存在的欺诈风险(故意撒谎)或错误风险(如记忆不准确等);再如,品性证据(尤其是关于被告恶劣品性的证据)可能会给陪审团造成偏见,使他们倾向于惩罚“坏人”而放纵“好人”。关于被告人的先前犯罪记录,法官担忧“存在这样的风险:如果将被告有犯罪记录的事实被披露,那么陪审员会比证据所反映的情况更倾向于认定案件事实”。[62] 对陪审团的不信任态度体现在以下表述中:

“但在陪审团里面,我们拥有的是经验不足的新手,他们无法作为一个群体做好我们在文明生活中要求社会中的任何一个群体所做的许多活动中的任意一项活动。我们训练新兵打仗,我们给律师、内科医生、牙医、助产士、兽医、马蹄铁匠和司机颁发执照,但是,只要一个人能说任何一种英语、听力正常、在候选陪审员名单上并且没有成见,他就被认为是在法庭上解决纠纷的合适人选……得以担任陪审员的是那些多余的、不负重大责任的人,他们的职业通常不能培养出敏锐的心智。”[63]

为了解决上述问题才设置排除规则,将可能对陪审团造成不良影响的信息(传闻证言、品性证据等)排除在庭外。总而言之,为了防止陪审员被误导,需要由法官适用预先设定的规则排除某些证据。这种解释也被称为“控制陪审团”(jury-control)理论,或者“不信任陪审团”(jury-mistrust)理论。[64] 正是基于这种观点,塞耶提出了“证据法是陪审团之子”这一经典命题。[65] 威格莫尔也认为,“我们的可采性体系是基于以下目的而设立:防止陪审员被特定种类的证据

---

[62] 在R. v. Corbett案中法官的判决意见。See [1988] 1 S. C. R. 670,85 N. R. 81.

[63] Charles A. Boston, “Some Practical Remedies for Existing Defects in the Administration of Justice”, *University of Pennsylvania Law Review* 61,1912,pp. 11 - 13. 转引自[美]伦道夫·乔纳凯特:《美国陪审团制度》,屈文生等译,法律出版社2013年版,第2~3页。

[64] See Lisa Dufraimont, *Evidence Law and the Jury: A Reassessment*, 53 McGill L. J., 2008, p. 199.

[65] See James Bradley Thayer, *A Preliminary Treatise on Evidence at the Common Law*, Little Brown, 1898, p. 47.

所误导”。[66] 所以,“控制陪审团”理论以对陪审团证据评价能力的相对不信任为前提假设。所谓“相对不信任”是指相对于专业化的立法者和职业化的法官而言。“控制陪审团”理论假定立法者和法官因为具有丰富的法律知识和实践经验,能够更好地评价证据。[67] 因此由立法者设定排除规则、由法官适用排除规则,过滤掉某些陪审团不能理性评价的证据,约束陪审团的事实认定。这体现了一种“家长式”的作风。[68]

(三)基于实证研究的反思

对于上述假设需要进行反思,一些现代的实证性研究,尤其是模拟陪审团的研究,在某些方面挑战了这个假设。例如,安吉拉·帕里亚(Angela Paglia)和皮特·米涅(Peter Miene)等学者的研究表明,陪审团实际上并不像人们预想的那样会过高地评价传闻证言的证明力。相反,陪审员表现得更为谨慎,甚至倾向于低估传闻的证明力。[69] 由“芝加哥陪审团项目”(Chicago Jury Project)对美国20世纪50年代的几千件刑事审判开展的一项调查表明,实际上在75%的案件中陪审团的事实认定和法官对事实的看法是一致的。而在出现不一致的那些案件中,不一致的主要原因是陪审团对于一些被告过于仁慈“不愿意”判决

---

〔66〕 Wigmore, *Evidence in Trials at Common Law* (*Vol.* 1), (Peter Tillers ed.), Little, Brown, 1983, p. 632.

〔67〕 多数文献在说明陪审团的认知弱点时是以法官为参照,认为职业化的法官具有丰富的审判经验,能够更为理性、娴熟地处理证据问题。参见[美]罗纳德·艾伦等:《证据法——文本、问题和案例》(第3版),张保生、王进喜、赵滢译,满运龙校,高等教育出版社2006年版,第102页。但笔者认为,控制陪审团理论不仅假定法官(主要是基于法官具有法律实务经验的特征)相对于陪审团处于能力优势地位上,而且还必然潜在地假定立法者(具有丰富的法律学识)相对于陪审团处于能力优势地位上。否则就无法证成,为什么由立法者预先设定规则一般化地排除证据。

〔68〕 “家长式”作风的说法来自 Bernard Grofman and Heathcote Wales, “Modeling Juror Bias”, 5 *Legal Theory*, 1999, p. 221。

〔69〕 See Angela Paglia and Regina Schuller, “Jurors' Use of Hearsay Evidence: The Effect of Type and Timing of Instructions”, 22 *Law & Human Behaviour*, 1988, p. 501; Peter Miene, Roger C. Park & Eugene Borgida, “Juror Decision Making and the Evaluation of Hearsay Evidence”, 76 *Minn. L. Rev.*, 1992, p. 683.

他们有罪(并非是因为证据评价能力上的不足)。[70] “1998年对亚利桑那州陪审团改革方案的一次评估显示,在表明自己对民事裁决的倾向意见的法官中,84%的法官与陪审团意见一致”。[71] 另外,戴尔·南斯(Dale Nance)和斯科特·莫里斯(Scott Morris)的研究显示,陪审员在评价DNA证据时,并不容易受到误导,没有证据表明他们比法官更不善于评价DNA证据。[72] 这些研究似乎倾向于表明:在评价证据的能力上,陪审团成员并不比专业的法律人(法官)逊色。[73] 因此,由专业的法律人设置排除规则约束陪审团,似乎是一种法律人的自负。

然而,到目前为止,既有的研究结论并不能完全推翻陪审团评价证据能力不佳的假设。“芝加哥陪审团项目”的研究只是一个非常泛化的描述,而且是建立在并不精确的统计数据之上。它无法展现出陪审团对于一些具体证据种类的评价是否存在(相对于法官而言的)能力不足。那些关于具体证据种类(如上述传闻证据和DNA证据)的陪审团实证研究,充其量只能表明针对这种证据陪审团是与法官同等优秀的事实认定者,但无法简单地将这一结论适用于其他证据。

另外,不能仅仅考虑陪审团的“普通人”这一身份特征,还应当考虑它的团体性特征。有学者认为,正是因为团体性特征,陪审团在某些方面评价证据的能力可能高于法官。“审判是一个事件,作为一个集体的全体陪审员比单个人所能记住的审判证据更多。由于裁决是基于证据的,因此这种集体记忆是一种

---

[70] See Harry Kalven & Hans Zeisel, *The American Jury*, Little Brown, 1966, pp. 56 – 59. 与这一实证调研相呼应的社会心理学的研究结论,认为“对那些由于情感原因而犯下罪行的人,陪审团常常网开一面”。参见[法]古斯塔夫·勒庞:《乌合之众》,陈昊译,法律出版社2011年版,第113页。

[71] [美]伦道夫·乔纳凯特:《美国陪审团制度》,屈文生等译,法律出版社2013年版,第309页。关于陪审团裁决与法官裁决比照的更多统计数据,参见本书第309~311页。

[72] See Dale Nance and Scott Morris, “Juror Understanding of DNA Evidence: An Empirical Assessment of Presentation Formats for Trace Evidence with a Relatively Small Random-Match Probability”, 34 *J. Legal Stud.*, 2005, p. 395.

[73] 有研究表明,对于被告的犯罪记录的证明力,职业法官同样会做出较高的评价,参见Harry Kalvin, Hans Zeisel, *The American Jury*, Little, Brown, 1966, pp. 121 – 133。

明显的优势”。“陪审员不只在证据的记忆上比个人优秀，而且在对证据的解释上也更胜一筹”。“在集体讨论从证据得出的多种相矛盾的推断时，会产生一个好处。不但集体中的个人必须考虑这些证据的各个角度和多重含义，而且她也会重新思考自己的立场，因为她要向别人阐述自己的观点”。“陪审团的决定比个人的更能抵制和克服偏向与偏见。那些明显存有偏见者，在陪审团成员的遴选程序中就已经最大程度地剔除出去，这确保坐在陪审团席上的人比一般人更为开明。……偏见在陪审团进行集体决策过程中所起的影响比其在个体独自决策中的影响要小得多”。[74]

但是，团体性特征也可能带来某些危险性。例如，可能引起社会懈怠(social loafing)效应，即“在团体中由于个体的成绩没有被单独加以评价，而是被看做一个总体时所引发的个体努力水平下降的现象”。[75] 也可能引发团体极化(group polarization)效应，即“通过团体讨论使得成员的决策倾向更趋极端”，“因为人们从他人那里获得论点和信息，如果多数人支持这些论点，个体也会倾向于支持它；并且更多支持而不是反对的论点会出现，从而使这种观点变得极端。”[76] 这些心理学效应可能会降低事实认定的准确性。

(四)基于理论分析的反思

除了这些实证性的研究，还应当从理论、逻辑上反思上述假设。能力差异假设认为法官和陪审员在法律知识(包括司法实践经验)上的差异明显影响了他们的证据评价能力，也就是说缺乏法律知识和证据评价能力低之间存在因果

---

[74] [美]伦道夫·乔纳凯特：《美国陪审团制度》，屈文生等译，法律出版社 2013 年版，第 55 页、第 58 页、第 60 ~ 62 页。

[75] 侯玉波：《社会心理学》，北京大学出版社 2002 年版，第 185 页。另外，还可能引发比社会懈怠更加极端的去个体化(deindividuation)现象：“个体丧失了抵制从事与自己内在准则相矛盾行为的自我认同，从而做出了一些平常自己不会做出的反社会行为，去个体化现象是个体的自我认同被团体认同所取代的直接结果。”参见本书第 187 页。

[76] 侯玉波：《社会心理学》，北京大学出版社 2002 年版，第 218 页。如果团体极化走向极端，就会发展为团体思维(groupthink)现象。“团体思维也叫小团体意识，它是指在一个高凝聚力的团体内部，人们在决策及思考问题时由于过分追求团体的一致，而导致团体对问题的解决方案不能做出客观及实际评价的一种思维模式，这种思维模式经常导致灾难性的事件发生”。参见本书第 220 页。

关系。但是,证据评价是否要使用法律知识?

证据评价本质上并非法律推理,不是从法律规则出发,而是从证据出发。证据评价的思维过程实际上就是普通人的日常经验推论过程。“事实认定者的推论主要是一个归纳推理过程,即运用经验知识(empirical knowledge)或常识(common knowledge)的经验推论过程”。[77] 当然,证据评价的过程并非完全不包含法律推理。当存在证明力规则的情况下,或者是适用证明标准的时候,也需要事实认定者做出一定的法律推理。但是总体上来讲,证据评价主要是经验推论。因此,以不具有法律知识为由贬低陪审员的证据评价能力,是过于夸大了。“他们在法律事实认定方面是缺乏经验的外行。然而,陪审团成员们在一般性事实认定方面并不是缺乏经验的外行。每个有能力的社会成员,从小就开始收集和改善有利于适应外界环境的事实认定的方法,而我们大多数人在这方面都具有非凡的效率。在很大程度上,法律依赖于其事实认定者(陪审团成员或法官)所拥有的这些自然推理过程”。[78]

当然,还需要从法官的角度提出以下问题:具备丰富的法律知识是否有助于改善证据评价?毫无疑问,日常经验化的证据评价过程肯定存在不完美之处,那么这些缺点是否能够因通晓法律而克服?“更确切地说,法官也是个普通人。与科学家相比(他接受过评价数据的训练,不管他是在什么领域),法庭上的法官本人在证明科学方面并不是一个专家”。[79] 法官只是个法律专家,而不是事实推理的专家。因此,很难从一般意义上断言法官的证据评价能力比较优越。当然,对于被告人非自愿的供述、关于被告人不良品性的证据、比较血腥的证据等,陪审团成员因为缺乏法律实践经验而确实更容易产生偏见。相对而言,法官因为长期从事审判形成了职业化思维,能够较好地隔离这些证据所带来的偏见。因此针对这些证据设定排除规则是符合上文“控制陪审团”理论的。[80]

---

〔77〕 张保生主编:《证据法学》,中国政法大学出版社2009年版,第103页。

〔78〕 [美]罗纳德·艾伦等:《证据法:文本、问题和案例》(第3版),张保生、王进喜、赵滢译,满运龙校,高等教育出版社2006年版,第136页。

〔79〕 John A. Love, “The Applicability of the Rules of Evidence in Non-jury Trials”, 24 *Rocky Mountain Law Review*, p. 482.

〔80〕 参见[美]达马斯卡:《漂移的证据法》,李学军等译,中国政法大学出版社2003年版,第40~43页。相似的观点也可见于Lisa Dufraimont, *Evidence Law and the Jury: A Reassessment*, 53 McGill L. J., 2008, p. 199。

(五)理性假设和非理性假设

上述传统的控制陪审团理论以及对此的质疑,尽管关注了英美陪审制和排除规则之间的联系,但是过分聚焦于陪审团相对于法官的能力缺陷。这对于分析证据法(尤其是排除规则)的功能和正当性而言,是有些误入歧途了。毫无疑问,即使法官也可能被某些证据所误导,因此似乎在法官审中也应当排除那些误导性的证据。如果是这样的话,陪审员和法官的证据评价能力差异只能说明在陪审团审判和法官审判中适用排除规则的程度或种类不同,而不是适用和不适用的不同:如果陪审团更容易被证据误导,那么在陪审团审判中应较多地排除证据;而在法官审中应较少地或裁量化地排除证据。陪审团和法官之间的证据评价能力差异,只是一个影响排除规则数量、种类和严格性的变量,而不是决定排除规则正当性的关键因素。总而言之,更具有意义的不是在法官和陪审团这两种事实认定者之间进行比较,而是回答这一问题:我们法律程序中的事实认定者(不管是法官还是陪审团)在评价证据的时候是否理性?是否存在某些非理性的倾向?实际上,对于事实认定者同时存在一个"理性假设"和一个"非理性假设",两者之间存在紧张关系。

首先,对评价能力的理性假设。现代证据法建立在自近代以来的经验理性主义认识论基础上。经验主义认识论对人的认知能力保持了一个乐观的态度,正如英国哲学家、法学家乔纳森·科恩所总结的:"在整个认识论领域内占统治地位的一个共同性主题就是,任何人都可以通过自己的努力去获得知识。如果具有同样求知欲望和机会的人们仅使用其自身天生的能力并排除任何偏见或过去权威的影响,那么他们就都会建造起相同的真实信念的大厦。每个人都具备人类共有的认识能力,而且这是其获得科学知识的唯一正确途径。"〔81〕这种认识论上的乐观态度进入证据法领域,就得出了这样一个"理性假设":事实认定者能够理性地评价证据,并做出准确的事实认定。〔82〕

---

〔81〕[英]乔纳森·科恩:《证明的自由》,何家弘译,载《外国法译评》1997年第3期。

〔82〕当然,这并不是说所有学者都对于司法证明认识论采取了乐观的态度,并接受这一"理性假设"。实际上,与这种理性假设相反的"怀疑主义"一直存在于证据法领域。但是,"几乎所有英美主流证据法学界的杰出作家都是愿望理性主义者;大多数人在大多数时间都是乐观理性主义者;并且许多人,但绝非全部,对他们所处时代司法辖区中对抗制的一般运行情况是相当自满的。"参见[美]特伦斯·安德森、戴维·舒姆、[英]威廉·特文宁:《证据分析》,张保生等译,中国人民大学出版社2012年版,第106页。

上述理性假设倾向于支持“自由证明”原则。[83] 既然对事实认定者理性地完成准确认定事实的任务是保持普遍信赖的,那么就不应当设置法律规则约束证据评价的过程乃至整个司法证明过程。正如边沁所认为的:理想的司法证明程序应当是“自然化的体系”(Natural System),而不是“技术性的体系”(Technical System)。所谓的自然化体系是指,事实认定者在认定案件事实的时候,应当“察看一切所能看到的;倾听每一位可能对该问题有所知晓的人;倾听每一个人,但最需要注意的也是最为重要的是,倾听也许对问题了解最多的那些人——当事人”。[84] 但是,“理性假设”是有限度的,因为存在一个与之竞争的“非理性假设”。

其次,对评价能力的非理性假设。实际上,即使根据经验常识,我们也能认识到上述理性假设的局限性。任何事实认定者在评价证据的时候都不可能是完全理性的,都存在诸如直觉、情绪、偏见等非理性认知因素,它们可能影响事实认定的准确性。本文将这种担忧称为“非理性假设”:事实认定者在评价证据的时候可能存在某些非理性的认知倾向,会降低事实认定的准确性。

在心理学的实证研究中,存在许多关于非理性假设的论据。例如,有研究表明,陪审团成员对缺席证人的知觉,受到随机挑选出以宣读证词的人的行为的影响。“我们好像是不自觉地对突出的对象给予注意,而完全未意识到随之而产生的知觉歪曲。甚至一个人说话的声音大也能造成这种归因偏向”。[85]

---

[83] 所谓自由证明原则,是指:“允许事实认定者通过日常化的、经验推论的方式,运用普通人的理性和经验(而不是法律规则或法律知识)从事司法证明程序中的事实认定活动;不应设置技术性的法律规则,预先筛选证据信息或者界定证据证明力。”“所谓的‘自由’,是指不受人为设置的技术性法律规则的约束……既包括筛选证据的排除规则,也包括规定如何评价证据的证明力规则。”参见樊传明:《自由证明原则与技术性证据规则》,载《环球法律评论》2014年第2期。

[84] John Bowring, ed., *The Works of Jeremy Bentham*: Ⅶ, Bristol: Thoemmes Press, 1995, p. 599.

[85] [澳]J. P. 福加斯:《社会交际心理学——人际行为研究》,张保生、李晖、樊传明译,中国人民大学出版社2011年版,第二章。

证人的体态外貌等方面的特征,对模拟陪审团的审判工作具有重要影响。[86] 另外,在法庭上评价证据的过程涉及对证人诚实性和证言可信性的判断,也就是说,事实认定者经常需要对证人"形成印象"。但是,在对人形成印象的过程中实际上存在许多非理性的认知倾向。到目前已经为许多心理学实证研究所证实的倾向就包括:(1)光环效应。指判断者具有这样一种倾向,即一旦认定人们具有某些好的(或坏的)特性,便认定他们的与这些特性毫无关系的其他特性也可能是好的(或坏的)。(2)首位和近位效应。我们从一个人那里接收到的信息的次序对其在印象形成中的相对"权重"有很大影响。(3)刻板偏见。我们看见一个人的时候,头脑中常常会浮现出这个人隶属群体之典型成员或"范型"的意象。我们一旦把某个人同这种典型或类型联系起来,就会自觉不自觉地设想他具有许多与该群体典型成员一样的特性。这也许会使对人知觉判断产生严重曲解。(4)由期望而生的偏见。我们关于世界的知识不仅是以人物类型,而且还以事件类型的方式来组织的。关于典型的、预期的事件序列的表述,或者称作"样板",也可以影响对人的知觉判断。(5)否定性偏见。研究表明,否定性信息往往在决定印象方面起着极其巨大的作用,并且坏的第一印象比好的第一印象更难以改变。(6)宽厚偏见。这种偏见是指,在缺乏明确否定性信息的情况下,我们一般总是期望人们具有好的而不是坏的品质。[87]

所以,尽管对于事实认定者的证据评价能力存在一个总体的"理性假设",但我们必须同时接受一些具体的"非理性假设"。至少在某些时候,事实认定者的证据评价过程可能受到某些非理性认知倾向的干扰。"理性假设"倾向于支持自由证明原则,那么是否"非理性假设"倾向于支持对证明过程的规制,即设立约束可采性和证明力的规则呢?从逻辑上来说,"非理性假设"并不必然支持对证据规则的设立。即使我们承认事实认定者存在非理性的认知倾向,但是如果我们假定:设立某种形式的证据规则无助于防范这些倾向,反而可能带来更大的损害;那么仍然会对设立排除规则或证明力规则保持警惕。也就是说,只有假设事实认定者在某些证据评价过程中是不理性的,并且同时假定设立某种

---

〔86〕 See M. G. Efran, "The Effects of Physical Appearance on the Judgment in a Simulated Jury Task", *Journal of Research in Personality*, 1974 (8), pp. 45 - 54.

〔87〕 对这些认知偏向的介绍,参见[澳]J. P. 福加斯:《社会交际心理学——人际行为研究》,张保生、李晖、樊传明译,中国人民大学出版社 2011 年版,第四章。

证据规则能够改善这一过程(对证据规则有效性的假设),才能够为相应的证据规则提供正当性。

(六)为什么发明陪审制?

如果说陪审员相对于法官,不是更好的事实认定者,那为什么还要发明陪审制?在普通法的历史上,为何要将普通民众引入司法程序?为何又通过"王室证人—指控陪审团—知情陪审团—现代陪审团"这一脉络,将参与司法的民众角色限缩为事实认定者?

首先,陪审制在普通法系的起源,可能并不是基于他们是优秀的事实认定者这一理由,而是出于其他的社会、政治、宗教、法律等方面的原因,这些原因具有一定的历史偶然性。美国学者惠特曼教授的研究很有代表性。根据他的考证,在英格兰将普通民众引入司法程序,有着宗教上的动因。神职人员被禁止参与神明裁判程序后,为了使法官避免因裁决被告有罪和处刑而受宗教教义上的"鲜血之污",才将普通人引入司法程序担当控诉、裁决职能,消除法官的焦虑。因此陪审制度在产生之初实际上是一个"道德慰藉"机制,而不是"事实证明"机制——它是"法官的救赎,陪审团的地狱"。[88] 尽管同时代的欧洲大陆也存在这种宗教动因,却没有转向陪审团。这在很大程度上是因为,当时的苏格兰已经形成了一个较为强有力、足以管控普通公众的政权,因此能够强迫民众组成王室证人、指控陪审团等形式。而当时的欧洲大陆却不具备这样的政权条件。

其次,如果陪审制的起源不是基于他们是优秀的事实认定者这一原因,那么为什么陪审制可以源远流长地留存、发展至今?这是因为,不管这一制度实际上的起源动因为何,都可以在现代的语境下重新反思和证成其价值。但是关于陪审制度的价值存在多个评价维度,事实认定之优劣只是其中之一。除此之外,还可以从其他方面为陪审制辩护,例如,陪审员可以代表社会的价值观使法律以较为缓和而不是过于刚性的方式适用;陪审制可以通过让普通民众参与司

〔88〕 参见[美]詹姆士·惠特曼:《合理怀疑的起源——刑事审判的神学根基》,李伟、侣化强译,中国政法大学出版社2012年版,第186页。替代法官进行裁判的陪审团随后也陷入这种由宗教因素引发的焦虑之中,为了缓解其焦虑,鼓励他们作出有罪判决,普通法系又发明了"排除合理怀疑"规则。

法从而达到社会法治教育目的,进而增强法律制度的合法性,等等。[89] 多个评价维度共同构成了陪审制改革的政策考量坐标。陪审制发展至今这一事实,能够说明这一制度在整体上的价值,但不必然意味着它在事实认定这一维度上的正面价值。即使陪审员不是好的事实认定者,为了发挥陪审制在其他方面的价值,而容忍他们的事实认定能力缺点,也是可以解释和正当化的。

五、二分式法庭结构下的证据阻隔机制

正是因为陪审员的事实认定,相对于职业化的法官更容易偏离理性的认知轨道,提高错误风险,因此才需要由排除规则进行管控。具体来说,排除规则在证据的证明价值和危险性之间进行权衡,阻隔那些危险性超过证明价值的证据。这种管控方式很大程度上依赖于二元式的法庭结构。因此陪审制不仅是为排除规则提供了立法的必要性,而且还提供了运作的可行性。

(一)证据排除规则的发展历史

证据排除规则的发展是一个从零散的判例法走向体系化的成文法的过程。大体上可以将排除规则的发展过程划分为三个阶段:首先,判例法生成阶段(16 世纪至 18 世纪);其次,学者体系化梳理阶段(18 世纪末到 20 世纪初);最后,成文法典化阶段(20 世纪)。

如果说 16 世纪之前的知情陪审团制度"几乎未给关于证据的法律留下任何空间",[90] 那么变革后的现代陪审团裁决程序则为法官创设证据规则约束证明过程提供了一个可能的制度环境。从 16 世纪开始,法官通过创设先例的方法,逐渐确立了各种关于证据问题的判例法规则。例如,最早出现的证据规则之一是认定封印文件具有终局性的证明效力;16 世纪的判例中还确立了关于证人资格的规则;进入 17 世纪之后牢固地确立了要求排除传闻证

[89] 参见 Lisa Dufraimont, *Evidence Law and the Jury: A Reassessment*, 53 McGill L. J., 2008, p. 199, 211 - 213。

[90] Frederick Pollock & Frederic W. Maitland, *The History of English Law Before the Time of Edward I* (*2d ed.*), Cambridge 1898, p. 660.

据的规则;免于自证其罪的特免权也逐渐在17世纪中形成。[91] 根据美国证据法学家威格莫尔的研究,在1500年至1700年,普通法中逐渐显现出了现代证据法的轮廓。[92] 概言之,在16世纪至18世纪,英美司法证明制度的主要发展趋势是:通过法官的判例形成规制证据问题的规则,不但数量逐渐增加,适用起来也越发复杂。这些证据规则非常散乱地分布于各种法院报告(reports)和判决摘要(digests)中,从类型上来看主要是排除规则,基于不同的理由要求排除特定种类的证据。

在形成了判例法排除规则后,学者们开始分析、阐释甚至重塑这些规则。尽管很早就出现了几部简单汇总、摘录关于证据问题的判例的著作,但主要是从18世纪末,[93]英国学者们才开始大规模地整理普通法中的证据规则并逐渐形成一个独立的法学分支。学者的研究既包括提炼、梳理、解释每条判例法规则之精确含义和形成历史的注释性研究,也包括尝试以某种统括性理论为基础将所有证据规则体系化的融贯性研究。在这种融贯性研究进路中,有四种最具代表性的尝试:吉尔伯特的最佳证据原理、边沁的"反规范主义"、斯蒂芬的相关性原则以及塞耶的可采性两原则。[94] 从19世纪中叶开始,证据法研究的重心转移到美国。到20世纪前期,以威格莫尔《普通法审判中的英美证据制度专论》的流行为标志,对普通法证据规则的考古式梳理和注释性研究达到了顶峰,并且塞耶的可采性两原则被普遍接受为英美证据法的体系框架。从此进入证

[91] See William Twining, *Rethinking Evidence: Exploratory Essays*, 2nd Edition, Cambridge University Press, 2006, Chapter 3.

[92] John H. Lanbein, "Historical Foundations of the Law of Evidence: A View from the Ryder Sources", 96 *Colum. L. Rev.*, 1996, p. 1168.

[93] 在此之前也存在一些关于证据的论著,但除了稍后将论述的吉尔伯特的《证据法》外,其他的著作基本上都是对有关证据的判例和判决摘要的简单汇总,而并未使这些规则成为一个有着融贯体系性的法律分支。

[94] 关于这四种理论尤其是边沁和威格莫尔证据法思想的介绍,参见 William Twining, *Theories of Evidence: Bentham & Wigmore*, Weidenfeld & Nicolson, 1985。

据规则的法典化时代。[95]

整个20世纪前半期,关于法典化的争论和尝试充斥着美国证据法学界,而最终的成果是1965年的加利福尼亚州《证据法典》和1975年的《联邦证据规则》。证据规则法典化的趋势也蔓延到其他英美法系国家,产生了《加拿大证据法》、《澳大利亚证据法》、《菲律宾证据规则》等证据法典。虽然英国强大而保守的普通法传统最终抵销了证据法典化的趋势,但仍通过单行法将许多证据规则成文化。如《1984年警察与刑事证据法》《1996年刑事诉讼和侦查法》等。[96] 这些成文证据法典以体系化的方式规定了各种证据排除规则。当然,它们并不是简单地重述普通法,而是对普通法中的排除规则进行了调整。总的方向是:减少了排除规则的数量,并且通过设置例外或者授予法官裁量权的方式使排除规则更加非刚性化。[97] 经过几个世纪的发展,现代的证据排除规则成为一个庞大的规范系统,包含不同种类的规则。就像塞耶所描述那样:"一些东西因其意义微乎其微而被排除,或由于具有太多的推测性和遥远的联系而被排除;有些东西因为它们对陪审团有影响而具有危险性,而且可能被那个团体误用或高估而被排除;有些东西,由于不合时宜,或因公共原因不安全而被排除;有些东西,完全是因为没有先例而被排除。"[98]

(二)作为危险证据阻隔机制的排除规则

危险证据阻隔机制的正当性或者说理由,取决我们对它所排除的证据之

---

〔95〕 英美证据规则法典化的最初成果是由英国学者斯蒂芬爵士(Sir James Fitzjames Stephen)起草并于1872年通过的印度证据法典。但该法典并未导致英美本土的证据规则法典化趋势。相反,斯蒂芬随后想在英国起草证据法典的努力以失败告终。并且,印度的证据法典在很大程度上可以视为殖民地国家因移植殖民国法制而借助法典这一形式的结果。所以,真正在英美本土发生并持续影响整个英美法系的证据法典化浪潮,始于20世纪的美国。关于证据规则法典化的更多论述,参见易延友:《证据规则的法典化——美国〈联邦证据规则〉的制定及对我国证据立法的启示》,载《政法论坛》2008年第6期。

〔96〕 关于英国成文证据法规范的译介,参见何家弘、张卫平主编:《外国证据法选译》、《外国证据法选译》(增补卷),人民法院出版社2002年版。

〔97〕 关于现代证据法的变革,参见Eleanor Swift,"One Hundred Years of Evidence Law Reform: Thayer's Triumph",88 *Cal. L. Rev.*, p. 2347。

〔98〕 James Bradley Thayer, *A Preliminary Treatise on Evidence at the Common Law*, Little, Brown, 1898, p. 266.

“证明力危险”的认识。本文所说的证明力危险,是指某些证据尽管对于待证明的要件性事实具有证明力,但同时也带有诱导事实认定者做出错误证据评价的某种危险性。证明力危险分为两种:高估证明力的危险和引发偏见的危险。[99]

1. 高估证明力的危险

事实认定者容易过高地评价某些证据的证明力,而这些证据其实并不像它们看上去那么可靠。证明力表示从证据到待证事实的推论链条的强度,高估证明力的危险指的是事实认定者容易忽视这一推论链条的薄弱之处。传闻证据(非当庭证人的证言)是容易引起高估证明力危险的典型例子。由于对案件事实有亲身知识的人不出庭,事实认定者不能观察他的言行举止,不利于发现证言推论中的弱点,如记忆的不准确性、撒谎的动机等。因此,事实认定者很可能忽视这些降低传闻证言可靠性的潜在因素,过高评价传闻的证明力。品性证据也容易引发高估证明力的危险。我们以品性证据的推论链条解释这种危险。

使用品性证据的典型方式是做出以下推论:品性证据→品性→行为→法律要件。例:

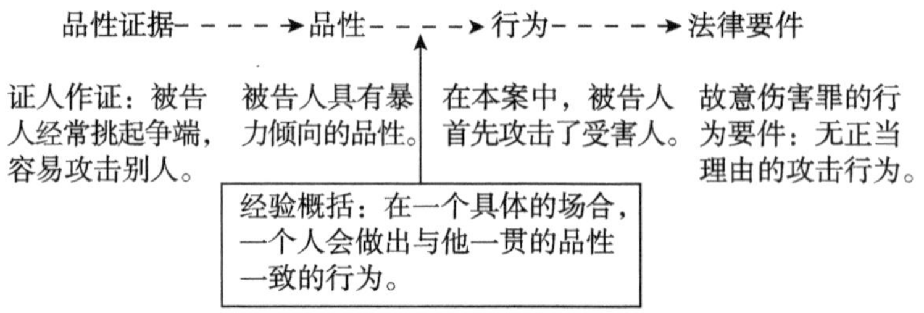

在上面的推论链条中,包含了一个经验概括:“在一个具体的场合,一个人会做出与他一贯的品性相一致的行为。”只有借助这一经验概括,才能从一般的品性推论出具体的行为。一个人的品性能够或多或少地反映他的行为倾向性,这种行为倾向性与他在一个具体场合中的行为方式有关。但这种关联性是非

[99] 与这种分类基本上对应的是 Alex Stein 的分类,他将证明力风险分为“过高评价的风险”(risk of overvaluation)和“基于个人偏好的裁决”(verdicts ad hominem)。参见 Alex Stein, *The Refoundation of Evidence Law*, 9 Can. J. L. & Jur. 279 (1996)。另外, Lisa Dufraimont 将关于证据证明力问题的担忧分为对不可靠性(unreliability)的担忧和对偏见(prejudice)的担忧。参见 Lisa Dufraimont, *Evidence Law and the Jury: A Reassessment*, 53 McGill L. J., 2008, p. 199。

常弱的,事实认定者可能会忽视经验概括的较低盖然性,高估了上述被告按照其具有暴力倾向的品性做出攻击行为的可能性。所以,在品性证据的推论链条中,事实认定者因为容易高估"品性行为一致性概括"的强度,从而容易过高评价品性对于行为的证明力。因为存在这种担忧,根据美国《联邦证据规则》第404条款,"关于一个人品性或品性特征的证据,不得用于证明在一个特定的场合此人做出了与其品性或品性特征相一致的行为"。

除了传闻证据和品性证据,还有其他许多证据形式也存在被高估证明力的危险。例如,意见证言可能会通过"猜测性、评论性、推断性"的语言误导事实认定者,使后者无法评价从证人的亲身感知(看到或听到了什么)到证人的意见(认为发生了什么)之间推论的强度。因此,原则上应排除意见证言。[100] 缺乏可靠性保障的专家证言,可能会因为作证者的身份而使事实认定者轻信证言内容,因此法律对专家证言的可采性设置了高于"任何倾向性"标准的门槛。[101]

2. 引发偏见的危险

除高估证明力的危险之外,某些证据会额外地引起不公正的偏见,诱导事实认定者根据偏见而不是该证据的证明力作出裁判。也就是说,事实认定者在推论链条之外,又增设了一个纯粹是基于情感、直觉等非理性因素的联系。还是以

[100] 我国《办理死刑案件审查判断证据若干问题的规定》第12条第3款规定:"证人的猜测性、评论性、推断性的证言,不能作为证据使用,但根据一般生活经验判断符合事实的除外。"这相当于在我国刑事诉讼中初步确立了意见证言排除规则。相似的规定可见于最高人民法院《关于民事诉讼证据的若干规定》第57条第2款:"证人作证时,不得使用猜测、推断或者评论性的语言。"

[101] 美国《联邦证据规则》对专家证言可采性的要求为:"如果科学、技术或其他专业知识,将辅助事实裁判者理解证据或裁断有争议的事实,因其知识、技能、经验、培训或教育而具备专家资格的证人,可以意见或其他形式对此作证。但须符合下述条件:(1)证言基于充足的事实或数据,(2)证言是可靠的原理或方法的产物,并且(3)证人将这些原理和方法可靠地适用于案件的事实。"可将,专家证言不能仅仅因为具有"任何倾向性"的相关性而可采,还应当具有"可靠性"。当然,如何解释这种可靠性,存在不同的观点。Dale Nance在一篇论文中批评了传统的界定专家证言可靠性的观点,提出了一种符合最佳证据原理的可靠性概念。参见Dale Nance,"Two Concepts of Reliability",*The Journal of Philosophy, Science and Law*, Volume 5, 2005。

品性证据的使用为例。用某个人的品性特征证明他在特定场合做出了与其品性相一致的行为,不但该推论链条的强度容易被高估,而且更为令人担忧的是,品性证据可能带来“坏人”偏见:事实认定者可能会仅仅因为某人是“坏人”(例如,具有暴力倾向的人、不诚实的人等)而倾向于作出对他不利的事实认定。例:

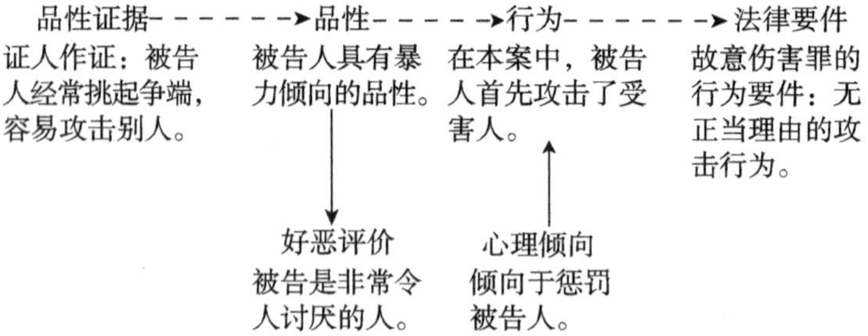

在上面的例子中,被告的暴力倾向品性引发事实认定者对被告作出一个道德上的好恶评价,这一好恶评价随后引发了惩罚被告的心理倾向,使事实认定者更乐于认定被告实施了攻击行为。这种心理倾向已经被心理学中关于“光环效应”的实证研究所证实。“判断者具有这样一种倾向,即一旦认定人们具有某些好的(或坏的)特性,便认定他们的与这些特性毫无关系的其他特性也可能是好的(或坏的)”。[102] 所以,对被告品性的评价,诱导事实认定者在证据和待证事实之间创设了一个非理性的联系,这一联系强化(在其他情况下可能是削弱)了对待证事实的认定。为了消除这种引发偏见的危险,需要通过排除规则阻挡某些信息。除品性证据排除规则之外,美国《联邦证据规则》第 403 条明确规定了对引发偏见危险的证据的排除:“相关的证据,如果具有不公正偏见、混淆争议或误导陪审团的危险……在实质上超过其证明价值时,亦可被排除,不予采用。”这一规则授权法官在无其他法律明文规定的情况下自由裁量。关于犯罪现场的血腥照片、某人过去的类似行为等证据形式,如果会引起过高的偏见性危险,法官可以将它们排除。

综上所述,内部排除规则实际上是一个危险证据阻隔机制,允许某些证据进入法庭但将某些证据阻挡在庭外,缩减了事实认定者能够评价的证据的范

〔102〕 [澳]J. P. 福加斯:《社会交际心理学——人际行为研究》,张保生、李晖、樊传明译,中国人民大学出版社 2011 年版,第四章第六节“光环效应”。书中列举了许多心理学的实证研究,说明了诸如“人们倾向于惩罚坏人/放纵好人”等光环效应的例子。

围。被它阻挡在庭外的那些证据有两方面的特点：首先，具有相关性，因此也具有证明力；其次，具有伴随着证明力的某种危险，容易导致事实认定者犯错误。内部排除规则的目的是，剔除那些证明力危险太大以至于超过其证明力的证据，借此提高作为法庭决策之基础的信息库的质量。正如有学者所概括的："证据是经过过滤的事实。在理想情况下，诉讼是一个相对温和的净化过滤器，能去除偏见与不合理的猜测，同时保持证据的证明力。"[103] 概言之，通过减少证据的方式优化决策信息，这是一个危险证据阻隔机制。[104]

（三）对危险证据阻隔机制的功能反思

作为危险证据阻隔机制的排除规则，尽管有助于减少上述高估证明力的危险和引发偏见的危险，但是，它所排除的证据是具有证明力因而对于认定事实有价值的信息。尽管它减少了证据风险因而对于事实认定具有正面效应，但是它也减损了证据信息，对于事实认定有以下三方面的负面效应：

首先，导致有效信息的流失。证据的相关性意味着信息的有效性，排除了相关证据就会导致有效信息的流失。根据"原子论"模式的观点，事实认定者对每一个要件性事实的认定，取决于他对单个证据的评价。随着证据的增加，事实认定者的心证程度也在发生着变化。单个证据的证明力，最终以某种方式"合成"了对待证事实的整体心证。这是一种归纳式的心理过程。因此，排除了具有相关性的证据，实际上是减少了所要归纳的信息量，从而降低了所形成的心证的可靠性。

其次，破坏信息的整体关联性。事实认定者并不是完全孤立地评价每个证据，而是也注重证据与证据之间的关联性。如果排除了单个的证据，不仅仅使被排除的证据缺失，而且可能会为全面地评价其他证据制造人为的障碍。边沁也认为证据本身具有"关系"的属性，应当从证据与证据之间的关系中判断证据本身的价值。排除证据就是损害了这种关系。另外，根据"整体论"模式（或

---

[103] ［美］伦道夫·乔纳凯特：《美国陪审团制度》，屈文生等译，法律出版社2013年版，第333页。

[104] 本文所说的充当信息阻隔机制的排除规则，在威格莫尔的理论中被称为"附属的证明政策"规则（rules of auxiliary probative policy），因为它们是解决那些满足相关性要求的材料在证明力上的瑕疵问题。参见 Wigmore, *Evidence in Trials at Common Law* (*Vol.* 1), Rev. ed. by Peter Tillers, Little, Brown, 1983, p. 689。

“故事模型”理论)的观点,证据与证据之间的关联性是事实认定者形成和接受“故事”的基础。一个证据的缺失,可能会改变所有证据的关系模式,即对故事版本的选择造成影响。总而言之,排除单个的相关证据,不仅仅造成了信息量上的减少,而且可能破坏信息的整体关联性,对评价其他证据以及形成总体心证带来影响。

最后,减少对事实的证伪检验。除以上两点,排除相关证据还会造成一个在传统的证据法学研究中被忽略的问题,即减少对所认定的事实的“证伪”检验。在哲学认识论领域,弗朗西斯·培根(Francis Bacon)和卡尔·波普尔(Karl Popper)开创了与经验归纳主义不同的证伪主义认识论。这种认识论的核心观点是:我们无法通过归纳法完全证实一件事情,而只能暂时接受尚未被证伪的事情。“如果仅靠积累明显对假设有利的案例,来证明某些一般假设或主张,那将是浪费我们的时间。不管我们积累了多少支持这个假设的结果,一个明确不支持的结果,就可以证伪这个假设”。“众多假设中能够坚持到底的假设,才是我们最应增强信任的”。[105] 在证伪主义认识论中,一项证据之所以是相关的,是因为它可以被用于检验与要件事实有关的假设或命题。事实认定者最终认定了一项要件事实,只是意味着这项事实没有被法庭所采用的证据证伪。如果采纳了越多的证据,这一要件事实仍然没有被证伪,说明对这一事实的认定越是可靠(但仍然不可能被完全证实,而是存在被证伪的潜在可能性)。所以,排除了一项具有相关性的证据,就等于是减少了一个对要件事实的检验,或者说减少了一个可能证伪要件事实的机会。概言之,排除了相关的证据就意味着减少了对所认定的事实的证伪检验,从而也降低了事实认定的可靠性。

从为法庭证据评价提供信息的角度来看,危险证据阻隔机制具有导致有效信息流失、破坏信息整体关联性、减少对事实的证伪检验这三个方面的负面效

---

[105] [美]特伦斯·安德森、戴维·舒姆、[英]威廉·特文宁:《证据分析》,张保生等译,中国人民大学出版社2012年版,第九章第三节。这种证伪主义的观点,被乔纳森·科恩(Jonathan Cohen)、戴尔·南斯(Dale Nance)等学者引入证据法学领域。科恩据此发展出了“培根概率”理论,南斯据此提出了“证据分量”理论。科恩的理论主要体现在他的一本专著中,参见Jonathan Cohen, *The Probable and the Provable*, Oxford: Oxford University Press, 1977。南斯在一篇论文中简要介绍了他的理论,参见Dale Nance, “The Weights of Evidence”, *in Episteme: A Journal of Social Epistemology*, Vol. 5, p. 267。

应。它们构成了不排除相关证据的认识论理由。与此同时,按照上文的分析,危险证据阻隔机制具有减少高估证明力的危险和引发偏见的危险两方面的功能,它们构成了排除相关证据的认识论理由。在构建危险证据阻隔机制的时候,必须权衡正反两方面的理由。针对某种具体的证据形式(如传闻证据、品性证据、专家证言等),立法者需要考量:排除这种证据所减少的证明力危险与所损失的证明力相比,哪一个更重要?以什么样的形式、设定多么严格的排除规则,才会在尽量降低证明力危险的同时将证明力损失最小化?排除理由和不排除理由构成了一个坐标上的两个方向,作为危险证据阻隔机制而设置的排除规则,需要在这两个方向之间寻找折中。

(四)对二元式法庭结构的依赖

排除规则对于陪审制的依赖,还体现在陪审制所造就的二元式法庭结构上。在法官审中,法官或由法官组成的合议庭是唯一的审判主体,同时负责事实认定、法律适用和程序管理工作。而在陪审制中,陪审员与法官存在分工。按照传统的陪审团制度,陪审员负责认定事实,但是法官并非在事实问题上无所作为。恰恰相反,法官自始至终跟进陪审员的事实认定过程,通过各种法律机制约束和指导陪审员。[106] 由此,在事实认定方面,陪审员和法官形成了一个二元式结构:陪审员是事实认定者,负责给出最终的认定结论;法官是程序管理者,站在一个更超然的立场,服务、指导和管制陪审员。现有陪审员决策研究,往往忽略了这种二元式结构的意义。实际上,这种二元式结构为许多技术性的法律机制提供了运行空间。

排除规则这种信息筛选机制的运行,就有赖于二元式法庭结构:一个主体负责评议证据和认定事实,另一个主体负责预先筛选证据。如果这两个主体合一,预先筛选证据的做法就可能无效,因为难以期望同一个主体在审查了证据之后,还将该证据排除而视为该信息不存在。[107] 如果采取这样的解释路径,那

---

[106] 这些手段包括:更改审判地点、剔除有偏见的陪审员、限制证据的可采性、法官对证据进行评论和概括等。参见 Lisa Dufraimont, *Evidence Law and the Jury: A Reassessment*, 53 McGill L. J., 2008, pp. 199, 215 – 218。

[107] 达马斯卡就采取了相似的思路,从二元式法庭结构的角度解释了英美证据法(排除规则体系)的动因。参见[美]米尔建·达马斯卡:《漂移的证据法》,李学军等译,中国政法大学出版社 2003 年版,第 64 ~ 79 页。

么由陪审员认定事实的制度就不是一个缺点——需要以排除规则来弥补这个缺点;而是一个优点——它为排除规则的功能提供了发挥空间。概言之,陪审制所造就的二元式结构,为以排除规则优化庭审信息提供了基础,从而在事实认定准确性维度上可能优于一元式法庭结构。在法官审的一元式结构中,证据排除规则的实效令人怀疑。法官审查一项证据是否应当排除的时候,已经充分知悉了该证据的内容。该证据实质上已经影响了法官的心证,此时再将其排除是否有意义?在二元式法庭结构中,则不会具有这样的疑问。法官可以在陪审员不知情的情况下,预先适用各类排除规则,给陪审员创造一个纯净、良好的认知信息环境。

六、结　　语

综上所述,普通法系的证据法,或者说证据排除规则系统,与陪审制存在观念、历史和证成上的关联。首先,在观念上,证据法被视为规制法庭证据评价的体系,是为了实施法庭认识论原则。具体而言,法庭上的非知情陪审团被想象为不够理性的事实认定者,法官适用排除规则将某些危险性的证据阻隔在庭外,为陪审团的决策优化了信息环境。其次,在历史上,陪审制的发展与证据法的演进存在关联性。证据法的发展远远落后于陪审制的产生,因为陪审制在诞生之初是一种知情陪审模式。处于信息优势地位的陪审团,不可能也不需要受到法官的管制。而当知情陪审团演变为非知情陪审团之后,证据排除规则才逐渐地生成。陪审制的转型带动了证据法的变革。最后,从功能证成的角度我们也可以看到陪审制与证据法之间的联系。前述观念只是一种理论假设,而历史也只是一种事实层面的描述,证成视角下的分析则正面回答证据排除规则的立法正当性问题。陪审员的一些非理性认知倾向被一些实证研究确证,通过排除规则予以管控尽管有其潜在成本,但是也会带来高于成本的制度收益。这解释了排除规则立法的必要性。陪审制所造就的二元式法庭结构,能够使排除规则这种管控方式有效地运行。这解释了排除规则立法的可行性。所以,作为一种观念演绎和历史发展结果的排除规则体系,在当代的适用陪审制的司法制度中,仍有其正当性。

将上述分析引入当代中国的人民陪审员制度改革背景中,会有重要的启发意义。《人民陪审员法》在所创设的七人合议庭模式中,将陪审员的职能限定在事实认定上。第22条规定:“人民陪审员参加七人合议庭审判案件,对事实认定,独立发表意见,并与法官共同表决;对法律适用,可以发表意见,但不参加表决。”而且根据简单多数表决规则,陪审员的人数特征决定了,他们在七人合议庭中是最为关键的事实认定者。对于未受过法律专业训练、缺乏司法实务经验的人民陪审员,需要通过恰当的法律机制进行管控。《人民陪审员法》第20条做了初步规定:“审判长应当履行与案件审判相关的指引、提示义务,但不得妨碍人民陪审员对案件的独立判断。合议庭评议案件,审判长应当对本案中涉及的事实认定、证据规则、法律规定等事项及应当注意的问题,向人民陪审员进行必要的解释和说明。”这实际上是规定了法官对陪审员的指示规则。但是除了在具体案件中的法官指示,还应当构建一般性的、契合陪审员裁决特点的证据规则体系。既然证据排除规则这种证据规范类型与陪审制之间存在关联,那么在中国人民陪审员制度改革的背景下,通过构建和完善排除规则体系来管控或保障陪审员的事实认定职能,就是一个值得考虑的立法策略。《人民陪审员法》将法官的职能与陪审员的职能做了相对区分,在一定程度上创造了二分式的法庭结构。庭前会议制度等相关改革的推进,可能进一步强化这种二元结构。这会为排除规则的运行提供恰当的程序环境。当然,具体如何进行证据排除规则的构建和完善,仍有待进行细致的理念论证和对策设计。

The Jury Foundations of Evidential Exclusionary Rules

Fan Chuanming

Abstract: Since evidence law is a rule system for regulating judicial fact-finding, its structure closely relates to fact-finder's features. Anglo-American evidence law, that is an evidential exclusionary rule system, is largely the outcome of jury system development. Jurors are presupposed as irrational fact-finders, and judge can screen certain dangerous evidence out of the court through applying exclusionary rules. The rules enable the judge to regulate the jurors. But the jury system at its origin is a kind of informed mode. Only when it evolved into a blind mode, which means the jurors became disadvantaged fact-finders, evidential exclusionary rules gradually take shape. Some of the irrational cognitive tendency of jurors has been established by modern cognitive science research and empirical study. This shows the necessity of exclusionary rule legislation. The dualistic structure created by jury system can make the exclusionary regulating method function effectively. This provides feasibility for the exclusionary rule legislation. In the background of China's jury system reform, a study of evidence law's jury foundations has significant importance.

Key words: Evidence law Exclusionary rules Jury system People's jury Judicial reform

（责任编辑：陈梦寻）

论国际人道法在外空武装冲突中的适用*

杨　宽**

内容摘要：

外空军事化、武器化的发展以及现行国际法的缺陷导致在外空发生武装冲突的可能性不断增加。国际人道法的根本目的在于限制冲突各方的作战手段和方法，以最大限度地减少战争灾难。基于现行国际人道法公约、外空国际条约的规定以及国际法院的相关裁决和咨询意见，国际人道法适用于外空存在充分的法律基础。但现行国际人道法主要是从传统的陆海空战争背景下发展而来，鲜有涉及外空的直接规定，这为国际人道法在外空的具体适用带来相应挑战。比例原则、区分原则等国际人道法基本原则在外空中的适用既要考虑其传统发展路径，也要考虑外空的特殊性。中国应坚持不得在外空使用武力的原则，同时积极参与阐释适用于外空武装冲突的国际人道法规则的国际进程，并制定相应的外空作战指导手册或规则。

关键词：

外层空间　武装冲突　国际人道法　区分原则　比例原则

和平利用外层空间是国际空间法的基本原则。然而，由于外空具有极为重要的军事战略意义，人类对于外空的军事化利用从未停止。随着外空军事化利用程度的加深和外空武器化的发展，外空在未来极有可能成为军事对抗或武装冲突的新场所。出于人道主义的要求，任何武装冲突都应受到相应的法律规则约束，但现行国际人道法主要是在传统的陆海空战争和武装冲突的背景下发展而

---

* 本文在写作过程中得到麦吉尔大学法学院航空与空间法研究所 Ram S. Jakhu 教授和 Kuan-Wei Chen 先生的帮助，在此表示感谢。

** 北京理工大学法学院助理研究员、空间法研究所研究员，法学博士。

来,没有单独或专门适用于外空的具体规则。[1] 因此,国际人道法能否适用于外空这一新领域存在一定的法律不确定性。如果不能受到合理约束,外空武装冲突可能会对外空、地球及人类造成灾难性影响,但由于外空与外空活动的特殊性以及新型外空武器的发展等原因,国际人道法规则在外空中的具体适用面临挑战。

一、外空武器化与外空武装冲突

(一)外空武器化趋势不断加剧

兵法有云:"凡军好高而恶下"。[2] 与古代或近代传统作战方式相比,外空在以高科技为基础的现代战争中更具全局性和统摄性军事战略意义。绝大多数现代军事活动及军事力量效能的发挥都高度依赖于空间技术及其应用,如卫星侦查、通信、导航定位等技术已成为地面武器系统的增效器,也是国家军事力量不可或缺的一部分。实际上,自人类一开始进入外空时起,外空及其利用就带有强烈的军事色彩。[3] 虽然与人类的期望相违背,外空的军事化利用和不断发展已成为客观事实。基于对外空及其应用的依赖,各国特别是航天国家均把外空作为重要的战略要地,如美国将外空视为"最后的制高点"(ultimate high ground),并认为必须在外空维持其军事统治地位。[4] 由此而来的外空武器化是外空军事化利用不断发展的结果,[5] 主要表现为直接试验、部署或使用各种外空武器。[6] 外空武器化大致包括两个阶段:初级阶段为地基外空武器系统如

---

[1] See Dale Stephens, Cassandra Steer, *Conflicts in Space: International Humanitarian Law and Its Application to Space Warfare*, McGill Annals of Air and Space Law, 2015, 2.

[2] 《孙子兵法·行军篇》。

[3] 参见梁洁:《外层空间军事利用国际法问题探析》,载《西安政治学院学报》2016年第2期。

[4] See Joan Johnson-Freese, *Space Warfare in the 21st Century: Arming the Heavens*. Routledge, 2017, p. 57.

[5] 参见赵海峰:《外空武器化与国际法治》,载《学习与探索》2011年第2期。

[6] 国际社会尚无对于外空武器的同一定义,较为普遍接受的观点是外空武器包括部署在外空(包括月球和其他天体)或地面,用于破坏、损害或干扰位于外空的物体的正常功能以及部署在外空用于破坏、损害或干扰地面物体的正常功能的装置。参见王君:《防止外空武器化问题及其前景评估》,载《现代国际关系》2002年第12期。

反卫星武器和反弹道导弹武器系统的地面建设和部署;高级阶段则为直接在外空部署天基外空武器。[7] 随着反卫星武器、反导武器以及各种新型外空武器系统的发展,外空武器化的趋势日益加剧,对外空空间安全构成严重威胁,已成为国际社会面临的现实问题。[8]

(二)外空武装冲突已具备现实可能性

除外空武器化的发展之外,以下因素也增加了外空武装冲突发生的可能性。首先,随着外空商业活动和外空商业化利用的发展,外空活动的非政府主体越来越多,外空活动主体范围的扩大、外空应用不断增多使外空环境及其所涉的各方利益更为复杂。由此导致各国对外空的利用和依赖不断加深,外空涉及的政治、经济、军事利益逐步增大,国家对外空资产或设施的安全也更为重视,这同时也增加了国家或其他外空活动主体之间产生利益冲突的可能性。[9]

此外,现行国际法在预防外空武装冲突方面存在缺陷。一方面,现行外空国际条约在防止外空武器化方面存在较大缺陷。作为外空国际法的纲领性文件,联合国《关于各国探索和利用外层空间包括月球与其他天体活动所应遵守原则的条约》(以下简称《外空条约》)规定外空只能用于和平目的,[10]但对于何为"和平目的"条约中并未明确,实践中各国做出了不同解释。[11] 中国、俄罗斯等国主张任何在外空部署武器的行为都违反为和平目的探索和利用外空的原则,而美国认为只要是"非进攻性"地使用外层空间即符合该原则,这就为其发

---

[7] 参见魏志雄:《外空武器化与中国国家安全》,国防科技大学2007年硕士学位论文。

[8] 参见徐能武:《论防止外空武器化国际法律制度的现实构建》,载《北京航空航天大学学报》(社会科学版)2012年第4期。

[9] See Lee Billings, *War in Space May Be Closer an Ever*, Scientific American (10 August 2015), http://www. scienti camerican. com/article/war-in-space-may-be-closer-than-ever, last visited on 25 May 2018.

[10] 《外空条约》第4条。

[11] 参见蒋圣力:《外层空间军事化及其国际法规制的模式和路径》,载《北京理工大学学报》(社会科学版)2017年第1期。

展外空武器提供了依据。[12]《外空条约》第4条规定各缔约国不得在地球轨道、其他天体或外空中放置或装置核武器及大规模毁灭性武器，然而并未禁止上述武器的“使用”，以及上述武器以外的其他常规性武器的部署或使用，且对于何为“大规模毁灭性”武器也没有明确定义。虽然《外空条约》也禁止在天体上建立军事基地、军事设施和工事，试验任何类型的武器和进行军事演习，但其适用范围仅是月球和其他天体，并未直接禁止在天体以外的外空空间进行上述活动。[13] 这些都为外空武器化的发展留下了余地。此外，近年来日内瓦裁军谈判会议在防止外空武器化和外空军备竞赛方面的议程也未取得有效进展。[14]

另一方面，禁止使用武力或武力威胁原则虽然是国际法的基本原则，但该原则并非绝对。[15] 根据《联合国宪章》，在自卫或安理会授权的情况下一国可采取武力行动。[16] 但自卫权的行使在国际法上存在争议，在外空环境下可能产生的问题是：一国可否以自卫为目的发展外空防御武器或在外空使用武力？在外空行使自卫权的条件是否与在地面相同？可否在外空进行预防性自卫等。这些问题在《联合国宪章》和现行外空条约中都没有明确答案，因而可能导致国家以自卫为由在外空非法使用武力。[17]

本文讨论的重点并非在外空诉诸武力的合法性问题，但通过上述讨论不难发现，现行国际法在预防外空武装冲突方面难以发挥有效作用，外空武装冲突已不再是虚幻的场景，甚至有学者认为外空武装冲突是难以避免的。[18] 现代战

---

〔12〕 See Ram S. Jakhu, Cassandra Steer, Kuan-Wei Chen, “Conflicts in Space and the Rule of Law”, *German Journal of Air and Space Law*, 2017, p. 661.

〔13〕 参见李寿平：《外层空间的军事化利用及其法律规制》，载《法商研究》2007年第3期。

〔14〕 参见夏立平：《外层空间军备控制的进展与障碍》，载《当代亚太》2007年第6期。

〔15〕 参见胡馨月：《试论国际法上的预防性自卫》，载《北大国际法与比较法评论》2003年第3期。

〔16〕《联合国宪章》第51条、第42条。

〔17〕 参见梁洁：《外层空间军事利用国际法问题探析》，载《西安政治学院学报》2016年第2期。

〔18〕 See Dale Stephens, *Law and War in Outer Space*, RUMLAE Research Paper No. 18 – 03, https://papers.ssrn.com/sol3/papers.cfm? abstract_id = 3155953, last visited on 20 May 2018.

争必定会涉及或依赖于外空,早已成为各国军方的共识。[19] 实际上,外空在最近几次现代战争中已得到广泛应用,如在20世纪90年代的海湾战争中,侦查、导航、通信等卫星为美国的军事行动提供了巨大支持,并对战争的结局起到关键性作用。虽然该战争主要是将卫星等空间平台用于对地面军事行动的支持,并非真正意义上的外空战,但有人认为其标志着人类战争进入了外空时代。[20] 值得注意的是,国际法中并没有对于"外空武装冲突"的定义。除了直接发生在外空的武装冲突之外,地面上的武装冲突也有可能涉及外空,如以地基外空武器摧毁敌方在外空中的设施或以天基外空武器对地面目标进行攻击等。从这个意义上讲,"外空武装冲突"应包括"发自外空、穿越外空以及在外空进行的武装冲突"(Warfare from, through and within space)。[21]

二、外空武装冲突对现行国际人道法的挑战

武装冲突将给战争受难者带来无穷的苦痛,并往往造成极大的人员伤亡、财产损失、环境损害。国际法对于武装冲突的法律规制主要包括两个方面,即使用武力的合法性问题(jus ad bellum)和在武装冲突中的交战规则问题(jus in bello)。[22] 后者即"国际人道法"定义下的武装冲突规则问题。[23] 概括而言,国际人道法是通过限制武装冲突中各方的作战武器、方法等以保护战争受难

〔19〕 See Bhupendra M. Jasani, *Outer Space: Battlefield of the Future?* London: Taylor & Francis, 1978.

〔20〕 参见梁洁:《外层空间军事利用国际法问题探析》,载《西安政治学院学报》2016年第2期。

〔21〕 See Dale Stephens, *Why Outer Space Matters*, http://intercrossblog.icrc.org/blog/twmzia1cp84kv2c29bi4iz6q4u03in, last visited on 25 May 2018.

〔22〕 参见李斌:《联合国预防武装冲突的若干国际法问题》,载《当代法学》2010年第4期。

〔23〕 参见朱文奇:《何谓"国际人道法"》,载《武大国际法评论》2003年第1期。

者、减轻战争灾难的国际法原则和规则体系。[24] 其主要包括两方面的内容：一是关于战争或武装冲突受难者，如平民、战俘、武装部队伤病员的权利或保护规则。这方面的规则主要是在1949年于日内瓦签订的一系列公约的基础上所形成，所以被称为“日内瓦法体系”。二是主要关于限制杀伤敌方人员所使用的作战手段（武器）和方法的“海牙法体系”，包括1899年和1907年两次海牙和平会议上签订的一系列公约。[25] 两个方面的规则实际上紧密相连，因为限制作战手段和方法的最终目的也在于实现对受武装冲突危害的人员和财产的保护。1977年通过的1949年《日内瓦公约》的两个《附加议定书》[26] 融合了“日内瓦法”和“海牙法”，对国际人道法规则进行了重要的编纂和发展，是国际人道法发展历程中的重要里程碑。[27]

经过长期发展，国际人道法已形成了较为完善和系统的规则体系，除相关公约之外，国际人道法的另一重要组成部分是通过长期的国家实践形成的习惯国际人道法规则。[28] 在软法方面，作为传播、发展国际人道法的重要机构，国际红十字会等组织通过对公约及附加议定书进行评注或就国际人道法具体问题

---

〔24〕 国际红十字会曾对国际人道法做出过定义：即“由协定或习惯所构成的、其目的在于为解决由国际性和非国际性武装冲突直接引起的人道问题，以及出于人道方面的原因、为保护已或可能受武装冲突影响的人员及其财产而对有关冲突方使用的作战手段和方法的选择进行一定限制的国际规则。”参见朱文奇：《何谓“国际人道法”》，载《武大国际法评论》2003年第1期。

〔25〕 参见俞正山：《国际人道法的界定及其与战争法、武装冲突法的等同问题》，载《西安政治学院学报》2009年第6期。

〔26〕 两个议定书分别为《1949年8月12日日内瓦四公约关于保护国际性武装冲突受难者的附加议定书（第一议定书）》和《1949年8月12日日内瓦四公约关于保护非国际性武装冲突受难者的附加议定书（第二议定书）》。

〔27〕 参见马新民：《变革中的国际人道法：发展与新议程——纪念〈日内瓦公约〉1977年〈附加议定书〉通过40周年》，载《国际法研究》2017年第4期。

〔28〕 参见梁洁：《习惯国际人道法规则确立方法探析》，载《西南政法大学学报》2008年第1期。

编写相关研究报告、解释性文件或指南等方式，阐明和完善了国际人道法的内涵。[29] 虽然这些软法文件或学术编纂不具有法律拘束力，但却对国际人道法的形成和完善起到了重要的推动作用。从国际人道法的发展历史而言，现行国际人道法是在传统战争和武装冲突的背景下逐渐发展而来，主要涉及陆地、海洋和空中区域，而外层空间在位置、环境、管辖权等方面与上述区域相比都具有极大的特殊性。因此，在面临外空这一新领域时，国际人道法的适用可能会面临以下挑战：

第一，国际人道法能否适用于外空存在一定的法律模糊性。从逻辑上讲，只要发生武装冲突，国际人道法适用的问题就无法避免。然而，国际人道法是在传统的陆海空战争中发展而来的，经历了很长的发展历程，其规则也可大致对应陆地、海上和空中的武装冲突。虽然关于陆地、海上和空中武装冲突的划分并非绝对，同一武装冲突可能同时涉及以上二者或全部区域，但三者各自适用的规则仍有一定特殊性和差别。[30] 而外空武装冲突则是在现代空间技术和人类外空活动取得长足发展后方才具备可能性，目前国际人道法并没有发展出单独或专门适用于外空武装冲突的规则，相关国际人道法公约中也鲜有提及外空，亦无关于外空的习惯国际人道法规则。因此，在外空武装冲突的背景下，国际人道法首先面临的挑战就是其能否适用的问题。

第二，外空的军民两用性质为国际人道法的适用带来挑战。国际人道法一个重要的基本原则为区分原则，即冲突各方在选取攻击目标时必须区分军事和民事目标，且仅能以军事目标为攻击对象。将二者进行区分的目的在于最大限度地保护战争受难者，但该原则在外空中的适用将面临现实问题。由于空间平台设施耗资巨大，且鉴于经济、技术手段上的可行性，当今各国都注重发展军民两用的外空平台，因此多数外空设施在功能和用途上具有重合性，如导航、通

---

〔29〕 如2005年《习惯国际人道法研究》、2008年《关于国际人道法中武装冲突的定义》和2009年《国际人道法中直接参加敌对行动定义的解释性指南》等。参见马新民：《变革中的国际人道法：发展与新议程——〈日内瓦公约〉1977年〈附加议定书〉通过40周年》，载《国际法研究》2017年第4期。

〔30〕 See Dale Stephens, Cassandra Steer, "Conflicts in Space: International Humanitarian Law and Its Application to Space Warfare", *McGill Annals of Air and Space Law*, 2015, p. 8.

信、遥感等卫星既可应用于军事也可同时用作民事用途。[31] 而"用途"则是判断一个物体是否为军事目标的主要标准之一。因此,在发生外空武装冲突的情况下能否将此类外空设施作为攻击目标,现行国际人道法公约中并没有明确的答案。除此之外,用于自然灾害预警、大坝远程监控、民航客机导航的卫星大多可以直接或经过改装后用于军事目的,但若对其进行摧毁或干扰可能会造成重大安全风险或其他灾难性的后果,此种损害可能会大大超过摧毁卫星所获得的军事利益,故外空设施的军民两用性质也给国际人道法的比例原则及预防措施等原则的适用带来一定的不确定性。

第三,新型外空武器的发展为国际人道法的适用带来挑战。由于外空武器化趋势的加快,各种新型外空武器相继出现并不断发展。国际人道法的比例原则要求冲突方所使用的作战手段(武器)和方法与预期的军事利益成正比,但这一原则在外空背景下如何适用也存在不确定性。在现有的技术手段下,使用反卫星武器或其他动能武器摧毁卫星或其他外空目标已不再是难题。然而,由于外空环境的特殊性,此类攻击手段所产生的空间碎片可能对外空环境造成严重破坏,并对外空中其他外空设施或航天器的安全造成威胁。随着外空技术的发展,目前也出现了卫星抓捕、网络、电子干扰等新的外空作战手段和方法,使用此类手段不会以物理方式摧毁卫星,但仍能对卫星的控制和运行进行有效干扰,以使卫星丧失其功能。在此情况下,如何判断外空武装冲突中的攻击行为是否符合比例原则?外空环境污染是否应作为违反比例原则的标准之一?此时,既要考虑国际人道法的传统适用路径,也应考虑外空的特殊性,而不能将国际人道法机械地适用于外空。

三、国际人道法适用于外空的法律基础

(一)国际人道法公约中的相关规定

如前所述,在外空武装冲突的背景下国际人道法首先面临的就是能否适用的问题,对此可从相关公约的规定入手进行探讨。在这方面,《日内瓦公约》共同第1条规定,各缔约国"承诺在一切情况下尊重本公约并保证本公约之被尊

[31] 参见黄嘉:《外空信息作战对传统战争法原则的新挑战》,载《西安政治学院学报》2007年第4期。

重”。该条中“一切情况下”的措辞体现了公约适用范围的广泛性，应包括任何已出现和未出现、预料到或未预料到的武装冲突。[32] 此外，《第一附加议定书》关于作战方法和手段基本原则的第35条规定，在“任何武装冲突中，冲突各方选择作战方法和手段的权利，不是无限制的”。第36条关于“新武器”的规定进一步明确，“在研究、发展、取得或采用新的武器、作战手段或方法时，缔约方有义务断定，在某些或所有情况下，该新的武器、作战手段或方法的使用是否为本议定书或适用于该缔约一方的任何其他国际法规则所禁止”。上述两条规定主要是对武装冲突中作战手段和方法包括武器的限制，大多数反卫星以及各种新型地基或天基外空武器相对于传统武器无疑属于“新武器”。附加议定书中强调“任何武装冲突”中的作战方法和手段都应受到限制，并专门就新武器制定了具体规则，这也体现了其适用范围具有一定的延伸性。《第一附加议定书》关于防止敌对行动影响一般保护的第49条规定，对于平民居民和民用物体的一般保护适用于可能对其造成影响的任何陆战、空战或海战。[33] 该条中的规定未提及外空，但根据国际红十字会的评注，任何对平民和民事物体造成影响的攻击，都应适用上述规定。[34] 此外，没有任何依据表明附加议定书的起草者有意将外空武装冲突单独排除于适用于陆战、空战或海战之外。[35]

从根本上讲，国际人道法适用范围的广泛性是由其性质所决定的。国际人道法最根本的目的在于最大限度地减轻战争或武装冲突的危害，保护战争受难者及相关财产。其产生和发展的出发点是人道主义，体现了整个人类社会的共同价值，即对人类生命和尊严的尊重。1949年《日内瓦公约》是世界上得到最多国家批准的国际条约之一，也在一定程度上体现了这一点。从这个意义上讲，国际人道法应当适用于任何能够带来战争灾难的武装冲突，包括外空武装

---

〔32〕 See Dale Stephens, Cassandra Steer, “Conflicts in Space: International Humanitarian Law and Its Application to Space Warfare”, *McGill Annals of Air and Space Law*, 2015, p. 10.

〔33〕 《第一附加议定书》第49条第3款。

〔34〕 See International Committee of the Red Cross, *Commentary on the Additional Protocols of* 8 *June* 1977 *to the Geneva Conventions of* 12 *August* 1949, Martinus Nijhoff Publishers, 1987, pp. 1892 – 1899.

〔35〕 See Michael N. Schmitt, “International Law and Military Operations in Space”, *Max Planck Yearbook of United Nations Law Online*, 2006, p. 115.

冲突。

(二)国际法院的相关裁决或咨询意见

目前,实践中尚不存在国际人道法在外空适用的案例,但国际法院在先前案例中的相关裁决和咨询意见可以提供相应参考。首先,在科孚海峡案中,国际法院在裁决阿尔巴尼亚负有警示领海中水雷的义务时表示,此义务并非来自任何国际条约中的规定,而是因为在国际法中存在某种"一般性且受到广泛承认的原则,即关于人道的基本考虑"(elementary considerations of humanity)。[36]在尼加拉瓜案中,国际法院进一步确认了上述"关于人道的基本考虑"为"国际人道法的一般性根本原则"(fundamental general principles of international humanitarian law),并认为即使在没有具体条约规定的情况下该原则也应适用于任何武装冲突。[37] 国际法院关于国际人道法适用范围更直接的阐述体现在"威胁使用或使用核武器的合法性"(Legality of Nuclear Weapons)的咨询意见中。国际法院在该咨询意见中指出,国际人道法的内在和固有的人道主义性质渗透于该法律体系的整体,其适用于武装冲突的所有规则或原则的核心在于"高于一切的人道考虑"(overriding consideration of humanity),因此国际人道法"适用于过去、现在和未来的所有类型的战争或武装冲突,以及所有种类的武器"。[38]

从上诉裁决和咨询意见中可以看出,国际法院在适用和解释国际人道法公约时,并非仅仅考虑公约条文的规定,而往往从国际人道法的性质和宗旨出发,对国际人道法规则进行宽泛的解释,以实现对"人"的基本保护,最大限度地减少战争灾难。在公约中没有明确规定时,其倾向于适用国际人道法中的基本原则来填补相应空白,并对国际人道法的适用范围进行扩大解释,以避免其基本原则和目的遭受减损。基于此,即使公约中没有直接的规定,国际人道法特别是其基本原则仍可适用于外空武装冲突。

---

〔36〕 *Corfu Channel* (*United Kingdom of Great Britain and Northern Ireland v. Albania*), Judgment of 9 April 1949, I. C. J. Reports (1949), p. 22.

〔37〕 *Military and Paramilitary Activities in and against Nicaragua* (*Nicaragua v. United States of America*), Judgment of 27 June 1986, I. C. J. Reports (1986), para. 215.

〔38〕 *Legality of the Threat or Use of Nuclear Weapons*, Advisory Opinion of 8 July 1996, I. C. J. Reports (1996), para. 86.

(三)外空国际条约关于国际法在外空适用的规定

现行规制外空活动的联合国外空条约中没有直接关于外空武装冲突或国际人道法在外空适用的规定,但《外空条约》第3条规定:各国探索和利用外层空间,包括月球与其他天体在内的活动,应按照国际法,包括联合国宪章,并为了维护国际和平与安全及增进国际合作与谅解而进行。此规定被认为是《外空条约》中最重要的条款之一。《外空条约》起草时之所以强调国际法应适用于外空,主要是出于对在美苏争霸和冷战的背景下产生外空军备竞赛的担忧,以及维护外空国际和平与安全的考虑。[39] 当然,鉴于外空的特殊性,这并不意味着所有的国际法都需要或将在外空背景下适用。外空对于诸多国际法部门而言属于一个新的领域,即使某些领域的国际法可适用于外空,在规范该国际法之下主体的活动时,也可能需要对其进行延伸性或"更加宽泛的解释"(a more extensive interpretation),以适应外空的特殊环境。[40] 然而,正如美国联大一委代表于1962年所指出,外空并非一个新的主体,只是所有原有的主体活动的新场所,外空中所有活动都无法与地球上人类存在的其他方面相隔绝,因此,在适用国际法时不应孤立地看待外空。[41]

无论如何,《外空条约》赋予了缔约国以符合国际法的方式进行外空活动的法律义务。正如国际空间法著名学者曼佛雷德·拉克斯所言:"外空从来不是法外之地",并一直都在国际法的管辖之内。[42] 在外空发生武装冲突的情势下,可能涉及的国际法包括:一般国际法,如《联合国宪章》、国家责任法、国际条约法等;关于外空环境保护的国际环境法,以及相关的国际人权法、国际刑法、

[39] See Francis Lyall, Paul B. Larsen, *Space Law: A Treatise*, Routledge, 2017.

[40] See Ram S. Jakhu, Cassandra Steer, Kuan-Wei Chen, "Conflicts in Space and the Rule of Law", *German Journal of Air and Space Law*, 2017, p. 663.

[41] See Richard B. Bilder, Harold S. Burman, Stanley L. Cohen, et al., "Contemporary Practice of the United States Relating to International Law", *American Journal of International Law*, 1963, 57(2), p. 429.

[42] See Manfred Lachs, *The Law of Outer Space: An Experience in Contemporary Law-Making*, Reissued on the Occasion of the 50th Anniversary of the International Institute of Space Law, Brill, 2010, p. 125.

国际电信法和国际空间法等。[43] 作为国际法的一个重要分支，武装冲突法，包括关于诉诸武力权规则，以及保护平民、限制作战手段和方法的国际人道法，应当适用于外空。[44]

四、国际人道法原则在外空的具体适用

基于《日内瓦公约》及其附加议定书等公约中的规定和措辞所体现出的适用范围的广泛性，以及国际法院在解释或适用国际人道法规则时所体现的一贯且清晰的宽泛性倾向，不难得出国际人道法应当适用于外空的结论。然而，现行国际人道法是在传统武装冲突的背景下发展而来，且目前尚无在外空中适用的相应实践，国际人道法规则在外空的具体适用难免存在诸多模糊之处。在探讨其应如何适用于外空时，既应考虑国际人道法在传统武装冲突中的适用方式，也要考虑外空的特殊性。下文将以区分原则、比例原则等国际人道法基本原则为重点，讨论其在外空中的具体适用。[45]

（一）区分原则在外空武装冲突中的适用

在作战过程中将战斗员与平民，或至少是妇女、儿童、牧师等非战斗员区分开来，已成为各国普遍接受和认可的习惯国际法规则。[46] 区分原则是国际人道法最重要的基本原则之一，是冲突各方在进行攻击时必须遵守的最基本限制。[47]《第一附加议定书》第48条明确了该原则，其规定：为了保证对平民居

---

〔43〕 See Ram S. Jakhu, Cassandra Steer, Kuan-Wei Chen, "Conflicts in Space and the Rule of Law", *German Journal of Air and Space Law*, 2017, p. 664.

〔44〕 See Stephan Hobe, Bernhard Schmidt-Tedd, Kai-Uwe Schrogl, "Cologne Commentary on Space Law", *Carl Heymanns Verlag*, Volume I, p. 67.

〔45〕 本部分讨论主要参考 Dale Stephens, Cassandra Steer, "Conflicts in Space: International Humanitarian Law and Its Application to Space Warfare", *McGill Annals of Air and Space Law*, 2015, pp. 14 – 16。

〔46〕 See Anthony Peter Vernon Rogers, *Law on the Battlefield*, Manchester University Press, 2005, p. 4.

〔47〕 参见毛国辉：《平民的国际人道法保护：困境与出路》，载《河北法学》2012年第11期。

民和民用物体的尊重和保护，冲突各方无论何时均应在平民居民和战斗员之间、在民用物体和军事目标之间加以区别，且冲突一方的军事行动仅应以军事目标为对象。[48] 区分原则基于人道主义而产生和发展，通过要求冲突各方审慎选择攻击对象以保护平民和民事物体，从而最大限度地降低战争灾难。[49] 在外空武装冲突的背景下，区分原则的适用主要将面临以下两个方面的问题。

第一，在区分平民与战斗员方面，如何界定参加军事行动的宇航员的法律地位。根据《第一附加议定书》，武装部队包括"冲突一方的司令部所统率下的有组织的武装部队、团体和单位"，[50]除医务人员和随军牧师之外，武装部队的所有人员都是战斗员。[51] 附加议定书中没有直接规定平民的概念，而是通过排除战斗员间接定义平民：即所有不属于战斗员的人员。[52] 根据上述规定，承担军事任务的宇航员如属于武装部队的人员而作为战斗员时可被攻击。然而，另外，宇航员在外空中享有特殊的法律地位。根据《外空条约》，各缔约国"应把宇航员视为人类派往外层空间的使节"，[53]《外空条约》及《营救宇宙航行员、送回宇宙航行员和归还发射到外层空间的物体的协定》（以下简称《营救协定》）均进一步规定，缔约国的宇航员在外空及其他天体上活动时，应给予其他缔约国的宇航员一切可能的协助，并在其遭遇意外事故或紧急情况时予以救助。由此可见，此时国际人道法公约和外层空间条约的规定存在一定程度的冲突，此时何者作为"特别法"加以适用将带来截然不同的法律后果。[54] 一方面，由于国际人道法是关于武装冲突的特别法，且从国际法院的裁决和咨询意见来看，国际人道法的基本原则不应遭到任何减损，因此有人认为此时应适用国际人道法。另一方面，也有人认为应适用外层空间法的规定，理由是外空活动存在极

[48] 《第一附加议定书》第48条。

[49] 参见朱路：《论国际人道法中的平民概念——兼评红十字国际委员会〈解释性指南〉》，载《暨南学报》（哲学社会科学版）2013年第6期。

[50] 《第一附加议定书》第43条第1款。

[51] 《第一附加议定书》第43条第2款。

[52] 《第一附加议定书》第50条第1款。

[53] 《外空条约》第5条。

[54] See Dale Stephens, Cassandra Steer, "Conflicts in Space: International Humanitarian Law and Its Application to Space Warfare", *McGill Annals of Air and Space Law*, 2015, p. 15.

高的风险性,任何时候都需要各国的相互合作与配合,宇航员的生命安全和保障也有赖于国际合作的善意进行。且《营救协定》的生效表明即使是在处于敌对或紧张关系时,各国也愿意对他国宇航员提供必要的协助。

对此问题,可借鉴国际人道法中关于直接参加敌对行动的平民和未直接参加敌对行动的平民的区分规则。[55] 所谓"直接参加敌对行动",是指实施"依其性质或目的可能造成敌方武装部队人员和装备实际受损的战争行为"。[56] 在武装冲突中,如果作为宇航员的一方军事人员承担或参与了外空武器的控制、操作等对作战任务有直接影响的行动,则应被视为战斗员;[57] 而在非直接参加敌对行动的情况下,如根据《外空条约》第4条,各缔约国可以使用军事人员在外空进行科学研究或把军事人员用于任何其他的和平目的,此时则应享有免受直接攻击之保护,外空条约中的救助宇航员的原则应予适用。

第二,由于短期内外空中宇航员的数目不会急剧增加,关于其法律地位的问题暂时不会十分急迫,关于区分原则更为现实的问题是如何在外空武装冲突的背景下区分军事目标和民事物体。前面已经提到,判断可否将某一外空设施作为攻击目标,其难点在于诸多卫星或外空平台均为军民两用性质,以致难以对其性质做出准确界定。在武装冲突中对民事物体和军事目标进行区分也已成为一项习惯国际人道法规则。[58] 根据《第一附加议定书》的规定,军事目标只限于由于其性质、位置、目的或用途对军事行动有实际贡献,而且在当时情况下其全部或部分毁坏、缴获或失去效用提供明确军事利益的物体。[59] 据此,判断某一空间物体为军事物体须符合两个累加性标准:一是该物体依其性质、位

---

〔55〕《第一附加议定书》第51条第3款规定:"平民除直接参加敌对行动并在直接参加敌对行动时外,应享受本编所给予的保护"(防止敌对行动影响的一般保护)。

〔56〕 See International Committee of the Red Cross, *Commentary on the Additional Protocols of* 8 *June* 1977 *to the Geneva Conventions of* 12 *August* 1949, Martinus Nijhoff Publishers, 1987, p. 619.

〔57〕 参见梁洁:《外层空间军事利用国际法问题探析》,载《西安政治学院学报》2016年第2期。

〔58〕 See William H. Boothby, *The Law of Targeting*, Oxford University Press, 2012, p. 101.

〔59〕《第一附加议定书》第52条第2款。

置、目的或用途对军事行动有实际贡献;二是其部分毁坏、缴获或失去效用能够提供明确的军事利益。

根据国际红十字会对《第一附加议定书》的评注,上述规定中的“性质”是指该物体必须是为武装部队所使用。[60] 军方直接使用的军事卫星无疑满足这一标准,但商业或民用通讯、遥感卫星若为军方提供作战支持而实际上是由军方使用时,也可能符合该条件。就“位置”而言,即使某一物体不具有军事功能,但基于其所处位置能够对作战行动做出有效贡献时,比如位于重要战略位置的桥梁、建筑等,则可被视作军事目标。[61] 在外空武装冲突中,如果某一卫星并非为军方所使用,但由于其邻近其他军事卫星而使其损毁或移动有利于作战行动时,则可能符合上述“位置”标准。对于军民两用的外空目标,更难以判断的是其“目的”和“用途”。“目的”与预期的未来用途有关,而“用途”是指某一物体现在的功能。[62] 对此,必须在有充分的信息能证明对方事实上或意图将该物体用于作战目的的情况下,方能将其作为攻击目标,而不能仅以该设施有被用于作战行动的可能性为依据对其进行攻击。然而,由于冲突方通常难以获取对方外空设施或设备的准确信息,要做出上述判断无疑十分困难。就军事利益标准而言,卫星或其他外空设施可能会由于高速移动而导致其轨道位置发生变化或当其用途发生变化时而不再具有军事利益。如将一颗同时用于军事和民事用途的卫星部分或全部损毁,也往往难以证明这是否提供了明确的军事利益。在这方面,有学者认为判断是否存在明确军事利益的标准应为是否有助于削弱对

---

〔60〕 See International Committee of the Red Cross, *Commentary on the Additional Protocols of* 8 *June* 1977 *to the Geneva Conventions of* 12 *August* 1949, Martinus Nijhoff Publishers, 1987, p. 2020.

〔61〕 See International Committee of the Red Cross, *Commentary on the Additional Protocols of* 8 *June* 1977 *to the Geneva Conventions of* 12 *August* 1949, Martinus Nijhoff Publishers, 1987, p. 2021.

〔62〕 See International Committee of the Red Cross, *Commentary on the Additional Protocols of* 8 *June* 1977 *to the Geneva Conventions of* 12 *August* 1949, Martinus Nijhoff Publishers, 1987, p. 2022.

方的军事力量。[63]

在外空武装冲突中难以区分军事和民事物体的原因除了外空设施的军民两用性质之外，还在于在外空中只能依靠非视觉信息或情报来完成攻击，这与传统武装冲突中作战人员通常可以对攻击目标进行视觉观察不同。综上所述，外空的军民两用性质及其位置、环境的特殊性对于区分原则的适用造成了一定困难。因此，无论如何在对外空目标进行攻击时都应当审慎而为。

（二）比例原则在外空武装冲突中的适用

比例原则是国际人道法的另一基本原则，该原则的含义是武装冲突中各方的作战方法和手段应与预期的、具体的和直接的军事利益成比例，作战行动不得过度超出所要达到的军事目的的限度，禁止过度攻击或造成不必要痛苦的作战方法和手段。[64] 比例原则的重要性在于通过限制作战方法和手段以平衡获取军事利益和保护平民及民事物体的需要。具体而言，《第一附加议定书》第51条禁止不分皂白的攻击，[65]这种攻击包括“可能附带使平民生命受损失、平民受伤害、平民物体受损害，或三种情形均有而且与预期的具体和直接军事利益相比损害过分的攻击”。[66] 该规则也被视为构成习惯国际人道法规则。[67] 在外空武装冲突的背景下，比例原则的适用主要涉及以下几个方面的问题：

首先，攻击军民两用性质的外空设施所造成的附带损害问题。最为典型的军民两用空间设施即全球卫星导航定位系统（GNSS），如美国的GPS系统一开始用于军事目的，但在其后的发展过程中其民事应用愈加突出。GPS及相关的卫星应用目前已广泛运用于民航、远洋航运、自然灾害预警、能源及相关的信息、通信行业等。GPS具有重要的军事用途，如在作战中满足军事目标的条件则可受攻击。然而，由于GPS在上述领域的广泛应用，如果受到攻击很可能对

[63] See Anthony Peter Vernon Rogers, *Law on the Battlefield*, Manchester University Press, 2005, p. 62.

[64] See Michel Bourbonniere, “Law of Armed Conflict and the Neutralization of Satellites or Ius In Bello Satellits”, *Journal of Conflict and Security Law*, 2004, 9(1), p. 49.

[65] 《第一附加议定书》第51条第4款。

[66] 《第一附加议定书》第51条第5款。

[67] See Dale Stephens, Cassandra Steer, “Conflicts in Space: International Humanitarian Law and Its Application to Space Warfare”, *McGill Annals of Air and Space Law*, 2015, p. 22.

各国包括非交战方的民航安全、能源安全、灾害预警等方面造成极大影响,所导致的后果可能是灾难性的。即使由于外空无人居住,对外空目标的攻击通常不会直接造成人员伤亡,但比例原则的适用不应仅考虑直接的人员伤亡或民事物体损害,还应包括由于攻击所造成的任何影响。这在外空设施具有关键性民事用途、对其攻击可能对地面造成极大影响的情况下尤为重要,也是比例原则在外空中适用的特殊之处。

其次,比例原则在外空的适用涉及外空作战所造成的空间碎片和环境污染问题。在这方面,《第一附加议定书》第55条规定,“在作战中,应保护自然环境不受广泛、长期和严重的损害”。国际法院在“威胁使用或使用核武器的合法性”咨询意见中明确指出是否尊重和保护环境是考量武装冲突中的行为是否符合比例原则的要素之一。[68] 由于外空环境的特殊性,对外空中军事目标的攻击往往会造成严重的外空环境污染,特别是在运用反卫星动能武器对敌方卫星进行物理攻击的情况下,很可能会产生大量的空间碎片。这些空间碎片一方面是对外空环境的直接污染,另一方面由于空间碎片运行速度极快,将对其他空间物体,无论是否属于交战方、无论是军用或民用均造成极大安全威胁。由于空间碎片难以清除,基于“凯斯勒效应”可能在长时间内持续对空间环境造成大面积的污染。[69] 而相较于以物理方式摧毁外空目标的作战武器,采用网络、电子干扰等方法使卫星失效的“软杀伤”作战手段造成的附带损害更小。鉴于空间碎片对外空环境的广泛、长期和严重的损害,如果在使用上述“软杀伤”手段可以获得同等的军事利益,并避免对空间环境造成损害的情况下,仍然选择以动能武器进行攻击而造成大量空间碎片,则可能违反比例原则。[70]

最后,比例原则中的“过度”损害标准在适用于外空武装冲突时具有一定的模糊性。根据《第一附加议定书》第51条,判断某一攻击行为是否符合比例原

---

〔68〕 See *Legality of the Threat or Use of Nuclear Weapons*, Advisory Opinion of 8 July 1996, I. C. J. Reports (1996), para. 30.

〔69〕 “凯斯勒效应”是指当近地轨道中运行的物体达到一定密度时,这些物体在碰撞后产生的碎片将形成更多的新撞击,产生级联效应,最终导致近地轨道被空间碎片和垃圾所覆盖。

〔70〕 See Ram S. Jakhu, Cassandra Steer, Kuan-Wei Chen, “Conflicts in Space and the Rule of Law”, *German Journal of Air and Space Law*, 2017, p. 665.

则的标准是其对平民和民事物体所造成的附带损害是否过度超过预期的军事利益。然而,对于何为“过度”(excessive)损害却没有明确的标准,这也为冲突各方留下了解释的余地。实践中有的国家认为,在判断附带损害是否过度时,攻击行为的预期军事利益应包括武装部队的安全,而不仅是某一攻击所产生的直接效果,如此则可能导致预期军事利益被过度放大。此外,有国家认为判断某一攻击行为是否符合比例原则应以“攻击行动的整体而非单次攻击”所预期的军事利益为标准。[71] 这一衡量标准的不可量化性以及由此而导致的法律模糊性也为比例原则在外空中的适用造成了困难,相关规则需要进一步加以明确。

(三)国际人道法在外空适用的其他问题

除区分原则和比例原则外,国际人道法的其他原则如必要原则、预防措施原则等在外空中的适用也具有重要意义。如预防措施原则要求在冲突中采取措施避免对平民和民用物体使用武力或造成伤害。[72] 《第一附加议定书》第57条规定,冲突各方“在选择攻击手段和方法时,应采取一切可能的预防措施,以期避免,并无论如何,减少平民生命附带受损失、平民受伤害和民用物体受损害”。[73] 此规定对冲突方选择攻击手段和方法施加了一定的事前限制。如前所述,由于以动能武器等物理摧毁的方式攻击外空中的目标可能造成大量空间碎片,从而带来严重的外空安全和环境问题。因此,基于预防原则,在外空武装冲突中各方在考虑作战手段和方法时,应尽量避免使用将导致上述后果的外空武器,以符合采取一切“可能的”预防措施标准。此外,预防措施原则对于反卫星武器的使用也施加了一定的限制。由于各种外空武器大多依赖卫星进行定位,若卫星受到攻击可能导致此类武器无法精确定位而对非军事目标造成更大

---

〔71〕 ICRC. *Rule* 14 *Proportionality in Attack*, Customary International Humanitarian Law. https://ihl-databases.icrc.org/customary-ihl/eng/docs/v1_rul_rule14, last visited on 26 May 2018.

〔72〕 参见赵州:《在国内武装冲突中履行“保护的责任”的规范依据及其适用》,载《法律科学》2012年第4期。

〔73〕 《第一附加议定书》第57条第2款。

损害,故在一定情形下对于卫星的干扰或非物理损害也可能有悖于预防原则。[74] 虽然该原则并不要求零程度的民事损害,但冲突方在选择作战手段和方法时,应在可能的最大程度内预防并减少此类损害。[75]

国际人道法在外空的适用可能还涉及对平民基本生存不可缺少的物体的特殊保护问题,国际人道法禁止在武装冲突中对此类物体进行攻击、毁坏、移动或使其失去效用,以保障平民基本生存的权利。[76] 《第一附件议定书》中对于此类物体进行了列举,包括粮食、生产粮食的农业区、农作物、牲畜、饮水装置和饮水供应和灌溉工程等,但此列表并非排他性的。在通信、遥感等卫星应用于特定情形,如自然灾害预警、大坝远程监控、饮用水监测等工程时,这类空间设施有可能符合"对平民基本生存不可缺少的物体"标准,若对其进行攻击则涉嫌违反国际人道法。

五、我国关于外空武装冲突法律规制的立场和对策

(一)推动外空安全国际立法,坚持不得在外空使用武力的原则

防止外空武器化和外空军备竞赛是保障外空安全、预防外空武装冲突的必要前提。中国政府反对外空武器化、反对在外空使用武力的立场一向十分明确。为此,中国和俄罗斯于 2008 年向联合国裁军谈判会议提交了《防止在外空放置武器、对外空物体使用或威胁使用武力的条约》(PPWT)草案,并于 2014 年进行了修订完善,以促进达成一项防止外空武器化和外空军备竞赛的具有法律拘束力的国际条约。[77] 根据该草案,缔约国不得在外空放置任何武器,并不

---

〔74〕 参见梁洁:《外层空间军事利用国际法问题探析》,载《西安政治学院学报》2016 年第 2 期。

〔75〕 See Dale Stephens, Cassandra Steer, "Conflicts in Space: International Humanitarian Law and Its Application to Space Warfare", *McGill Annals of Air and Space Law*, 2015, p. 30.

〔76〕 《第一附加议定书》第 54 条第 2 款。

〔77〕 中华人民共和国外交部:《防止在外空放置武器、对外空物体使用或威胁使用武力条约(草案)》,载 http://www.mfa.gov.cn/chn//pds/ziliao/tytj/zcwj/t1165755.htm,2018 年 5 月 25 日访问。

得对外空物体使用武力或以武力相威胁。[78] 与现有外空条约的规定相比该草案更为严格,对外空武器化持全面禁止态度,并明确规定禁止对外空物体使用武力。如果草案最终生效,对于防止外空武装冲突的发生将起到重要作用。在中国的推动下,负责裁军和国际安全事务的联大一委于2017年12月通过了“不首先在外空放置武器”[79]和“防止外空军备竞赛进一步切实措施”[80]两项重要决议。上述决议中指出,外空军备竞赛可能爆发且外空可能变成军事对抗的舞台,而现有外空法律制度不能保证防止外层空间的军备竞赛,需要进行巩固和加强。决议敦促各国以中俄条约草案为基础立即着手就缔结一项具有法律拘束力的全面防止外空军备竞赛的多边协定进行谈判。上述决议虽然不具有法律拘束力,但根据该决议,在达成此种协定之前各国“可采取其他措施,促进确保不在外空放置武器”,并鼓励各国特别是航天国家作出不首先在外空放置武器的承诺。鉴于外空武装冲突可能对外空、地球及人类带来的巨大危害,我国应坚持全面防止外空武器化和外空空军备竞赛、坚持不得在外空使用武力的立场和原则。

(二)积极参与阐释适用于外空武装冲突的国际人道法规则的国际进程

鉴于外空中出现武装冲突的可能性不断增加,战时国际法在外空的适用问题也逐渐受到国际社会的关注,在这方面目前较为重要的国际进程是加拿大麦吉尔大学航空航天法研究所发起的“适用于外空军事利用的国际法手册”(Manual on International Law Applicable to Military Uses of Outer Space, MILAMOS)项目。[81] 该手册主要包括三个方面的内容,即外空军事利用所适

---

〔78〕《防止在外空放置武器、对外空物体使用或威胁使用武力的条约草案》第2条。

〔79〕联合国大会决议,A/RES/72/27(2017-12-04)。http://www.un.org/en/ga/search/view_doc.asp?symbol=A/RES/72/27&referer=http://www.un.org/en/ga/72/resolutions.shtml&Lang=C,2018年5月25日访问。

〔80〕联合国大会决议,A/RES/72/250(2017-12-24)。http://www.un.org/en/ga/search/view_doc.asp?symbol=A/RES/72/250&referer=http://www.un.org/en/ga/72/resolutions.shtml&Lang=C,2018年5月25日访问。

〔81〕关于该手册的详细介绍,参见Ram S. Jakhu, Cassandra Steer, Kuan-Wei Chen, “Conflicts in Space and the Rule of Law”, *German Journal of Air and Space Law*, 2017, pp. 686-690。

用的平时国际法、外空军事对立期间所适用的国际法(在外空诉诸武力的合法性规则),以及外空武装冲突期间所适用的国际法。其中最后一个方面即主要是关于国际人道法在外空中的适用问题。

MILAMOS手册是第一部全面讨论国际人道法在外空适用规则的法律手册。虽然该手册并非国际立法,也不具有直接的法律拘束力,但正如近年来以学术编纂方式完成的关于网络战国际法规则的《塔林手册》[82]、关于海战规则的《圣雷莫手册》[83]以及关于空战规则的《空战和导弹站国际法手册》[84]等都对相关领域国际人道法规则的解释和适用产生了较大影响,MILAMOS手册很可能会对国际人道法在外空的适用和发展,以及对各国关于外空武装冲突的作战手册及相关政策或实践产生不容忽视的影响。[85] 这一方面是由于该手册的部分起草专家兼具学界和军方的双重背景,项目也受到政府和军方的支持,[86]从其人员构成、手册编纂过程以及资助方而言,该项目本身就具有一定的政治和军事影响。另一方面,该项目集中了众多来自不同国家的军事法、国际空间法、国际人道法等领域的知名专家学者开展研究。根据《国际法院规约》第38条,权威国际公法学家的学说在一定条件下也可作为国际法渊源而具有法律拘

[82] 《关于网络战国际法适用的塔林手册》由北约"网络防御合作卓越中心"编纂,目前已出版2.0版本。See *Tallinn Manual* 2.0 *on the International Law Applicable to Cyber Operations*, https://ccdcoe.org/tallinn-manual-20-international-law-applicable-cyber-operations-be-launched.html, last visited on 25 May 2018.

[83] 《适用于海上冲突的国际法圣雷莫手册》由圣雷莫国际人道法学院编纂。See *San Remo Manual on International Law Applicable to Armed Conflicts at Sea*, https://ihl-databases.icrc.org/ihl/INTRO/560? OpenDocument, last visited on 25 May 2018.

[84] 《空战和导弹站国际法手册》由哈佛大学"人道主义政策和冲突研究"项目组编纂。See *Manual on International Law Applicable to Air and Missile Warfare*, http://assets.cambridge.org/97811070/34198/frontmatter/9781107034198_frontmatter.pdf, last visited on 25 May 2018.

[85] 参见马新民:《变革中的国际人道法:发展与新议程——纪念〈日内瓦公约〉1977年〈附加议定书〉通过40周年》,载《国际法研究》2017年第4期。

[86] See *McGill Institute of Air and Space Law*, Manual on International Law Applicable to Military Uses of Outer Space, https://www.mcgill.ca/milamos/about, last visited on 25 May 2018.

束力。基于上述原因,美国、加拿大、日本、俄罗斯等国专家和学者积极参与了 MILAMOS 手册的起草过程。我国虽然也有学者参与,但在前期参与的广度和深度方面都远不及上述各国,这一点应引起我国学界和相关政府部门及研究机构的重视。除 MILAMOS 手册之外,澳大利亚阿德莱德大学军事法律与道德研究中心等机构也发起了“关于国际法与外空军事行动的 Woomera 手册”(The Woomera Manual on the International Law of Military Space Operations)项目,专门对适用于外空军事行动的国际法规则进行研究。[87]

(三)制定关于外空武装冲突的作战指导手册或规则

虽然国际人道法在外空中的适用还存在模糊之处,但其区分原则、比例原则、预防原则等基本原则无疑就外空武装冲突中平民和民事物体的保护、外空作战手段和方法、作战前的预防措施等提出了基本的要求和限制。尽管目前尚未出现真正意义上的外空武装冲突,但美国及其他国家都越来越多地将外空作战规则纳入其作战或军事手册,并往往在此类手册中结合自身情形就国际人道法规则的具体适用做出相应规定或予以进一步明确。由于在必要时可能面临在外空行使自卫权的情形,我国也应制定符合自身立场和国防安全的外空作战指导手册或规则。制定此类手册与我国不得在外空使用武力的主张并不冲突,[88]也可指导我方在外空武装冲突中的作战行为以及更好地履行国际人道法义务。同时,各国作战或军事手册作为国家实践的一种体现,将对习惯国际人道法的发展产生重要影响。如国际红十字会在对习惯国际人道法进行编纂时,就在很大程度上考虑了各国军事或作战手册中的规定。[89] 因此,我国可通过相关手册反映我方立场,发挥示范作用以推动达成国际人道法在外空适用方面的

---

[87] See The University of Adelaide, *The Woomera Manual on the International Law of Military Space Operations*, https://law. adelaide. edu. au/woomera/, last visited on 25 May 2018.

[88] 中俄 PPWT 草案第 4 条亦规定,本条约不得影响《联合国宪章》第 51 条确立的缔约国固有的单独或集体自卫权。

[89] 国际红十字会在编纂习惯国际人道法规则的同时,亦将每项习惯法规则相关的国家实践进行了汇编,军事手册(Military Manual)为其中一个重要方面。See *ICRC. Customary International Humanitarian Law*, https://ihl-databases. icrc. org/customary-ihl/eng/docs/src, last visited on 25 May 2018.

国际习惯法共识。

The Application of International Humanitarian Law to
Armed Conflicts in Outer Space

Yang Kuan

Abstract: The militarization and weaponization of outer space, together with the defects of current international law, lead to an increasing possibility of armed conflicts in outer space. The fundamental objective of international humanitarian law (IHL) is to limit the means and methods of attack, so as to relieve war disaster to the maximum extent. In accordance with the provisions in existing IHL treaties and outer space treaties, as well as decisions and advisory opinions of the International Court of Justice, there is a solid legal basis for the application of IHL in outer space. Current IHL has mainly been developed against a backdrop of traditional land, sea and air warfare, with rare reference to the outer space, thus posing challenges for its specific application in outer space. The application of IHL fundamental principles such as the principle of distinction and proportionality should take into account both the traditional development path of IHL and the characteristics of outer space. China should insist on the principle of prohibiting the use of force in outer space, actively participate in the international process of interpreting IHL applicable to armed conflict in outer space, and enact relevant military manuals or rules.

Key words: Outer space Armed conflict International humanitarian law Principle of distinction Principle of proportionality

(责任编辑：谭观福)

评　　论

略论汉唐之际的法典编纂者*

王宏治**

内容摘要：

中国历代的法典编纂者莫不以贯通经史者为之，尤以汉唐之际为最。本文梳理自汉代以降，魏晋南北朝直至隋唐的法典编纂者，其中不是经学大师、儒学名家，就是深谙狱讼的法官，而这些法官也都颇具儒学背景。正是因为这些一流学者参预法典编纂，才使以儒家学说为核心的中华法典能够远播中外，成为当时世界法学的顶峰之作。

关键词：

律学家　经义决狱　法典编纂

一、前　　言

中华民族自古以来就是一个注重法治建设的民族，表现在法典编纂上尤为显著。纵观中国历代法典的编纂者，莫不以贯通经史者为之。商鞅虽是法家的代表人物，但他在说服秦孝公变法时，先以“帝道”“王道”说，孝公不感兴趣，再说之以“霸道”。从商鞅与甘龙、杜挚辩论，可以看出其对儒学经史的了解绝不亚于那些儒士。[1] 他将魏国李悝所作的《法经》引进当时还是较中原地区落后的秦国，奠定了秦律的基础。李斯本为大儒荀子的弟子，他协助秦始皇统一天下，“明法度，定律令，皆以始皇起”，[2] 发展并完善了秦律，实现了儒家“车同轨，书同文，行同伦”的理想。陈寅恪先生说：“秦之法制实儒家一派学说所附

* 此为北京市法学会中国法律文化研究会2017年学术年会宣读论文。

** 中国政法大学法律史学研究院教授。

[1] 参见《史记》第67卷《商君列传》；亦参见《商君书》。

[2] 《史记》第87卷《李斯列传》。

系。《中庸》之'车同轨，书同文，行同伦。'（太史公所谓'至始皇乃能并冠带之伦'之'伦'。）为儒家理想之制度，而于秦始皇之身，而得以实现之也。"[3]汉武帝后，儒家经典以"经义决狱"的形式影响司法判决，曹魏开始将儒家的学说编入其法典。西晋更是把儒家的礼制融入《晋律》，经学家与司法官分别对法律进行注释，形成了中国特色的注释法学。南朝循着这条路径发展，而北朝则汲取汉魏法学的成果，发挥中原文化的成就，兼收并取，取精用宏，推动了法典编纂技术的发展。隋代可以说是承上启下，使中华法系得以初见成就。唐代修律，可谓集汉魏以降法典编纂之大成，尤其是《唐律疏议》的编纂，其文字简洁，条理清晰，内容全面，意义显霍，达到同一时代世界法典的最高峰。

二、汉代经义决狱

汉初，萧何、曹参等虽多为刀笔吏出身，但他们以"无为"为政，秉承秦制。萧何在《秦律》的基础上制定《九章律》，这是汉代的基本法典。《九章律》颁发后，汉代没有再对现行法律、法规进行总体编纂，其立法都是制定单行律令"科"，或颁布案例性质的"决事比"。但在武帝时独尊儒术，将"五经"入学官，从此经学成为新儒家的专学，并成为官学，五经的原典精神也就成为儒家的理论。董仲舒所倡导的"经义决狱"，使五经的理念与法律结合。所谓"经义决狱"，并不仅限于《春秋》一经，《春秋》三传、三《礼》《尚书》《诗经》和《周易》，以及"五经"之外的《孝经》《尔雅》等经史之书，皆可以作为审判案件的理论依据，以补法律条文之不足，有时甚至其效力还高于法条。如《春秋》中"君亲无将"的提法，成为后世重处"谋反""谋叛""谋大逆"等罪的理论依据。孔子的"父为子隐，子为父隐，直在其中矣"的说法，发展成为"亲亲得相首匿"原则，后入《唐律》之"同居相隐"条。武帝时，提倡以经学大义对疑难案件进行释义判决。就连张汤这样的酷吏，也不得不"响应号召"，史载：

是时，上方响文学，（张）汤决大狱，欲附古义，乃请博士弟子治《尚书》、《春秋》，补廷尉史，平亭疑法。奏谳疑，必奏先为上分别其原，上所是，受而著谳法

[3] 陈寅恪：《冯友兰中国哲学史下册审查报告》，载陈美延编：《陈寅恪集·金明馆丛稿二编》，上海古籍出版社1980年版，第251页。

廷尉挈令，扬主之明。[4]

张汤所请博士弟子中见于记载最重要的是兒宽，据其《传》说：

兒宽，千乘人也。治《尚书》，事欧阳生。以郡国选诣博士，受业孔安国。贫无资用，尝为弟子都养。时行赁作，带经而锄，休息辄读诵，其精如此。以射策为掌故，功次补廷尉文学卒史。

宽为人温良，有廉知自将，善属文，然懦于武，口弗能发明也。时张汤为廷尉，廷尉府尽用文史法律之吏，而宽以儒生在其间，见谓不习事、不署曹。除为从史，之北地视畜数年。还至府，上畜簿，会廷尉时有疑奏，已再见却矣，掾史莫知所为。宽为言其意，掾史因使宽为奏。奏成，读之皆服，以白廷尉汤。汤大惊，召宽与语，乃奇其材，以为掾。上宽所作奏，即时得可。异日，汤见上。问曰："前奏非俗吏所及，谁为之者？"汤言兒宽。上曰："吾固闻之久矣。"汤由是向学，以宽为奏谳掾，以古法义决疑狱，甚重之。及汤为御史大夫，以宽为掾，举侍御史。见上，语经学，上说之，从问《尚书》一篇。擢为中大夫，迁左内史。[5]

《汉书·儒林传序》说："公孙弘以治《春秋》为丞相封侯，天下学士靡然向风矣。"公孙弘的榜样作用带动了一股学《春秋》的社会风潮。路温舒，"因学律令，转为狱史，县中疑事皆问焉。太守行县，见而异之，署决曹史。又受《春秋》，通大义"。宣帝初，上《尚德缓刑》书，以《春秋》《尚书》之意，对现实的司法状况提出批评，他说："臣闻秦有十失，其一尚存，治狱之吏是也。"认为"故天下之患，莫深于狱；败法乱正，离亲塞道，莫甚乎治狱之吏。此所谓一尚存者也"。要求"省法制，宽刑罚，以废治狱"[6]，得到宣帝赏识。这也是一位通《春秋》的法官。儒家思想因此渗入到司法实践领域中，对后世产生重大影响。如于定国"少学法于父"，继承父业从狱史、郡决曹，补廷尉史，后升至廷尉，他自知学养不足，"乃迎师学《春秋》，身执经，北面备弟子礼，为人谦恭，尤重经术士"，"其决狱平法，务在哀鳏寡，罪疑从轻"，朝廷上下称之曰："张释之为廷尉，天下无冤民；于

[4] 《汉书》第59卷《张汤传》。

[5] 《汉书》第58卷《兒宽传》。

[6] 《汉书》第51卷《路温舒传》。

定国为廷尉,民自以不冤。"[7]就是说,张释之判的案子,决狱皆当,不会冤枉好人;世人皆知于定国断案宽平,被判者没有受冤枉的疑虑。其中对后世影响最大的则是董仲舒。董仲舒是治今文经学、公羊春秋的大儒,在他的影响下,历代今文学家皆以《春秋公羊传》作为议论政治的工具。他们一方面将《春秋》一书所记载的242年(公元前722~前481年)之事,看作无所不包、无所不有的百科全书;另一方面,又将《春秋》所记之事,当作可以引申出无穷的具体法律原则的最高本原。这些原则可以通过举一反三,翻援比类,"伍其比,偶其类""以比贯类"等方式,也就是后人所说的比附、类推的方式,加以总结、提炼出来,即从《春秋》的具体事件中抽象出一般的法律原则,再将这些原则运用于现实发生的司法审判中,以此断案,也就是以《春秋》的原则适用于判例的《春秋决狱》。史称董仲舒"作《春秋决狱》二百三十二事,动以经对,言之详矣"。[8]《春秋决狱》的审判方式,在中国法律史上具有十分重要的意义,对后世影响极大。

如东汉之郭躬,颍川阳翟人。父郭弘,习《小杜律》,其担任决法曹三十年,执法平允,郡人将其比作东海于公。"躬少传父业,讲授徒众常数百人"。"元和三年(86年)拜为廷尉。躬家世掌法,务在宽平,及典理官,决狱断刑,多依矜恕,乃条诸重文可从轻者四十一事奏之,事皆施行,著于令"。郭躬的后代及弟子"数世皆传法律",凡郭氏为廷尉者七人,"为法名家"。[9]

又如陈宠,字昭公,沛国人,曾祖父陈咸,"成哀间以律令为尚书"。陈宠自幼"明习家业",被司徒鲍昱召辟入府。"为昱撰《辞讼比》七卷,决事科条,皆以事类相从。昱奏上之,其后公府奉以为法"。"永元六年(94年)(陈)宠代郭躬为廷尉。性仁矜。及为理官,数议疑狱,常亲自为奏,每附经典,务从宽恕,帝辄从之,济活者甚众。其深文刻敝,于此少衰"。而其子陈忠:

自以世典刑法,用心务在宽详。初,父宠在廷尉,上除汉法溢于《甫刑》,未施行,及宠免后遂寝。而苛法稍繁,人不堪之。忠略依宠意,奏上二十三条,为《决事比》,以省请谳之弊。又上除蚕室刑;解赃吏三世禁锢;狂易杀人,得减重

---

〔7〕《汉书》第71卷《于定国传》。

〔8〕《后汉书》第18卷《应奉附子应劭传》。

〔9〕《后汉书》第46卷《郭躬传》。

论;母子兄弟相代死,听,赦所代者。事皆施行。[10]

东汉末年,仅经学大师“叔孙宣、马令卿、马融、郑玄诸儒章句十有余家,家数十万言。凡断狱所当用者,合二万六千二百七十二条,七百七十三万二千二百余言。”后朝廷下诏:“但用郑氏章句,不得杂用余家”。[11] 将儒家经义上升到等同于,甚至高于现行法律的地位,从而使儒家思想进入司法实践成为可能。反过来,这种实践又大大丰富了中国古代的法学内容,使中国古代法学的儒家化色彩逐步突出,成为中华法系最具特色的内容之一。唐初宰相王珪说:“汉家宰相,无不精通一经,朝廷若有疑事,皆引经史决定。由是人识礼教,理致太平。”[12]

汉代因汉武帝推崇儒学,公孙弘以治《春秋》而拜相封侯,作为廷尉的张汤为迎合此风气,在廷尉寺设专治《春秋》《尚书》的博士弟子为廷尉史。而到东汉,从宰相到廷尉卿皆以饱读经典的儒学大家充之。此外,还有众多的经学大师用儒学经典讲习法律,生徒动辄千人,从而形成不同学派,直接影响国家的立法活动。

三、曹魏的律学家

陈寅恪说:“汉魏之时法律皆家世之学。”[13] 曹魏制《新律》,命陈群、刘劭等主持删修,这些人都是当时的名士、律学家。陈群之父陈纪,祖父陈寔,汉末名儒,著名的“九品中正制”即由他创建。刘劭曾受命撰《五经全书》,在作律同时,著《律略论》,解读《新律》。

刘劭,字孔才,广平邯郸人。“黄初中,为尚书郎、散骑常侍。受诏集五经群书,以类相从,作《皇览》”。是为中国最早的类书,可惜未能流传至今。魏明帝时,与庾嶷、荀诜等修订法律,作《新律》18 篇、《都官考课》72 条,著《律略

[10] 《后汉书》第 46 卷《陈宠传》。

[11] 《晋书》第 30 卷《刑法志》。

[12] 《贞观政要》第 1 卷《论政体》。

[13] 陈寅恪:《刑律》,载《隋唐制度渊源略论稿》,中华书局 1963 年版,第 105 页。

论》。[14] 《隋书·经籍志二》称:“刘劭《律略论》五卷,亡。”[15] 程树德引《太平御览》:“刘劭《律略论》曰:删旧科,采汉律为魏律,悬之象魏。”[16] 正始中“执经讲学”,说明刘劭是当时有名望的经学大家。

陈群,字长文,颍川许昌人。祖父陈寔、父陈纪,叔父陈湛,都是东汉末年著名的大儒,世称“三君”。东汉末,陈寔曾因党锢之祸,隐居荆山。曹操执政,议恢复肉刑,陈纪支持,理由是:“汉除肉刑而增加笞,本兴仁恻而死者更众,所谓名轻而实重也。名轻则易犯,实重则伤民。《书》曰:‘惟敬五刑,以成三德。’《易》著劓、刖、灭趾之法,所以辅政助教,惩恶息杀也。”是以儒家经典支持恢复肉刑。陈群虽继承其父的观点,但由他主持制定的曹魏《新律》却不曾把肉刑吸收进去,主要还是因为王朗等人的反对意见占了上风。

卫觊,字伯儒,河东安邑人。自幼“以才学称”,曹操迁汉都许昌,典章制度多散乱流失,卫觊“以古义多所正定”。明帝时曾上奏,“请置律博士,转相教授”。[17]

高柔,字文惠,陈留圉人。以从事基层司法出身,曹操曾委派他任刺奸内史,因其“处法平允,狱无留滞”,而辟入丞相府。曹魏建国后,历任丞相理曹掾、法曹掾后迁为廷尉。从其治狱的经历看,注重引用儒家经义考察决断,提倡“尊道重学”。公孙晃因其弟公孙渊谋逆连坐,高柔上疏曰:“《书》称‘用罪伐厥死,用德彰厥善’此王制之名典也。”并说明公孙晃在公孙渊未反前“数陈其变”,“虽为兇族,原心可恕”。[18] 所用方式是典型的“经义决狱”的路数。

钟繇,字元常,颍川长社人。魏国初建,为大理;及文帝践祚,改为廷尉。曹操曾下令,让群臣讨论“死刑可宫割者”。钟繇赞同,以为“古之肉刑,更历圣人,宜复施行,以代死刑”。文帝时陈群、钟繇再次提议应该恢复肉刑,遭到司徒王朗等反对,又“帝以吴、蜀未平,且寝”。[19] 但是后人对高柔、钟繇的评价还是很

---

[14] 参见《三国志》第21卷《魏志·刘劭传》。

[15] 《隋书》第33卷《经籍志二》;参见《旧唐书》第46卷《经籍志上》;《新唐书》第58卷《艺文志二》。

[16] 程树德著:《九朝律考·魏律考》,中华书局1963年版,第221页。

[17] 《三国志》第21卷《魏志·卫觊传》;又参见《晋书》第30卷,《刑法志》。

[18] 《三国志》第24卷《魏志·高柔传》。

[19] 《三国志》第31卷《魏志·钟繇传》。

高的，如南齐孔稚珪曾说："元常、文惠，绩映魏阁。"[20]

王朗，字景兴，东海郯人。以精通儒家经典而拜郎中。魏国初建，迁"大理，务在宽恕，罪疑从轻，钟繇明察当法，俱以治狱见称"。文帝即王位后，迁御史大夫，上疏劝"育民省刑"，曰："《易》称敕法，《书》著祥刑，一人有庆，兆民赖之，慎狱法之谓也。"[21]文帝议复肉刑，王朗带头反对，使之未能通过。

曹魏的修律，是继秦汉之后的第一次大规模、系统性的法典修纂活动。从上述参与立法活动的人物看，无论是以儒学出身，还是以基层法官起家，都须具备经学基础，才有可能进入核心领域，参与立法活动。此外，如高柔、钟繇又都是具有司法实践经验的大理、廷尉寺长官，他们将儒学理论与司法活动相结合，如将《周礼》的"八辟"改为"八议"入律，在法律儒家化的进程中起到关键性作用。

四、晋代律学家

《晋律》以贾充领衔制定，贾充在历史上虽评价不高，被视为小人，但参加修律者达 14 人，其中太傅郑冲"耽玩经史，遂博究儒术及百家之言"；[22]司徒荀顗"明三礼，知朝廷大仪"，主持"撰定《晋礼》"；[23]中书监荀勖"掌乐事，又修律吕，并行于世"，汲冢古简发现后，曾奉命整理撰编写定，称为《中经》；[24]守河南尹杜预，以"左传癖"闻名于世，曾撰《春秋左氏经传集解》，是经学大师一级的人物，《晋律》修成后，又"为之注解"；[25]散骑侍郎裴楷"尤精《老》、《易》，少与王戎齐名"。[26] 程树德称："其时议律诸人，如羊祜、杜预，又皆一时之俊。史称新律班于天下，百姓便之，是在当日即已众论翕然。又有张斐、杜预为之注解，

[20] 《南齐书》第 48 卷《孔稚珪传》。

[21] 《三国志》第 13 卷《魏志·王朗传》。

[22] 《晋书》第 40 卷《贾充传》。

[23] 《晋书》第 39 卷《荀顗传》。

[24] 《晋书》第 39 卷《荀勖传》。

[25] 《晋书》第 34 卷《杜预传》。

[26] 《晋书》第 35 卷《裴楷传》。

故江左相承，皆用晋世《张杜律》。"[27]

贾充，字公闾，平阳襄陵人。幼时曾"典定科令""有刀笔才"。司马昭为晋王时"迁廷尉，充雅长法理，有平反之称"。著名的《晋律》就是在他的主持下修订的。史称：

> 充所定新律既班于天下，百姓便之。诏曰："汉氏以来，法令严峻。故自元成之世，及建安、嘉平之间，咸欲辩章旧典，删革刑书。述作体大，历年无成。先帝愍元元之命陷于密网，亲发德音，厘正名实。车骑将军贾充，奖明圣意，谘询善道。太傅郑冲，又与司空荀顗、中书监荀勖、中军将军羊祜、中护军王业，及廷尉杜友、守河南尹杜预、散骑侍郎裴楷、颍川太守周雄、齐相郭颀、骑都尉成公绥荀煇、尚书郎柳轨等，典正其事。朕每鉴其用心，常慨然嘉之。今法律既成，始班天下，刑宽禁简，足以克当先旨。昔萧何以定律受封，叔孙通以制仪为奉常，赐金五百斤，弟子皆为郎。夫立功立事，古之所重。自太傅、车骑以下，皆加禄赏。其详依故典。"[28]

贾充在主持修《晋律》的同时，又将不适合入律的法条，即不涉及刑事犯罪的法条，如军事、田农、酤酒等项，"悉以为令"，所谓令是"施行制度，以此设教，违令有罪则入律"；又"其常事品式章程，各还其府，为故事"。[29] 从此确立了"律以正罪名，令以存事制"，"违令有罪则入律"[30] 的律令分行的法律体制，并以"故事"与之并行。贾充还与杜预等人合著《刑法律本》21 卷[31]。

郑冲，字文和，荥阳开封人。出身寒微，然"清恬寡欲，耽玩经史，遂博究儒术及百家之言"。司马昭辅政，"命贾充、羊祜等分定礼仪、律令，皆先咨于冲，然

---

〔27〕 程树德：《九朝律考》（第 3 卷），载《晋律考序》，中华书局 1963 年版，第 225 页。

〔28〕 《晋书》第 40 卷《贾充传》。

〔29〕 《晋书》第 30 卷《刑法志》。

〔30〕 《太平御览》第 638 卷《刑法部 · 律令下》。

〔31〕 参见《旧唐书》第 46 卷《经籍志上》作"贾充等撰"；宏按：据《隋书》第 33 卷，《经籍志二》：《律本》21 卷为杜预撰；而《新唐书》第 58 卷，《艺文志二》作"贾充、杜预《刑法律本》第 21 卷"。

后施行”。[32] 贾充主持定律令之初，与羊祜共同向太傅郑冲咨询。郑冲曰：“皋陶严明之旨，非仆闇懦所探。”羊祜曰：“上欲令小加弘润。”郑冲“乃粗下意。”[33]

杜预，字元凯，京兆杜陵人。杜预“博学多通，明于兴废之道”。杜预与车骑将军贾充等撰定律令，既成，杜预为之注解，乃奏之曰：

法者，盖绳墨之断例，非穷理尽性之书也。故文约而例直，听省而禁简。例直易见，禁简难犯。易见则人知所避，难犯则几于刑厝。刑之本在于简直，故必审名分。审名分者，必忍小理。古之刑书，铭之钟鼎，铸之金石，所以远塞异端，使无淫巧也。今所注皆网罗法意，格之以名分。使用之者执名例以审趣舍，伸绳墨之直，去析薪之理也。[34]

杜预是晋代著名的经学大师，尤好《左传》，自称有“左传癖”，亲自撰写《春秋左氏经传集解》《春秋释例》等，至今仍是研究《春秋左传》的必读之著。其注律并不同于汉儒偏重于以经义解律，而是“网落法意，格之以名分”，即搜求法律的精神实质，明确其概念，以便于执法者依照名例律的原则去判断取舍，定罪量刑。

张斐，晋廷尉之明法掾，因官位较低，正史无传。张斐是从司法官员的角度对律文进行注释，其目的是“明发众篇之多义，补其条章之不足”，用注释的方式，阐明和揭示刑律中各篇章之间的关系及其丰富的含义，弥补条目的疏漏，并使刑律中的名词概念明确化、严密化。张斐的著作没有留存下来，见于记载的有《汉晋律序注》1 卷、《杂律解》21 卷等[35]。张斐的著作虽没能留存下来，但《晋书·刑法志》收录了他为注释《晋律》给皇帝所上的表，对当时的立法原则、律文的适用等都作了必要的说明，特别是对数十个法律专用名词逐个进行了精确的解释，对中国注释法学的发展具有深远意义。

杜预、张斐解律，是从司法审判的原则出发，特别着重于法律名词术语的解

---

〔32〕《晋书》第 33 卷《郑冲传》。

〔33〕（南朝宋）刘义庆：《世说新语》卷上之下《政事三》。

〔34〕《晋书》第 34 卷《杜预传》。

〔35〕《隋书》第 33 卷《经籍志二》;《新唐书》第 58 卷《艺文志二》作“张斐《律解》第 20 卷”。

释,他们不仅吸取了以往律学的成果,而且还有所发展创新,为古代法律词汇的规范化奠定了基础,为中国法学的科学化作出了开创性的贡献。尤其是他们的注解,经朝廷认可,颁行天下,成为在全国范围内普遍遵行的法律解释,其注文与律文通行,具有同等的法律效力,故后世又称《晋律》为“张杜律”。晋代的律学,标志着当时法学发展的最新水平,并为唐代注释法学的典范——《唐律疏议》提供了模本。

刘颂,字子雅,广陵人。晋武帝时,为廷尉,曾多次上疏主张恢复肉刑,未得朝廷认可。惠帝时又官拜尚书三公郎,“典科律,申冤讼”,后迁议郎,守廷尉。“时人以颂比张释之,在职六年,号为详平”。[36] 其后刘颂迁为三公尚书,针对“法渐二门,令申不一”的时弊,提出“律法断罪,皆得以律令正文,若无正文,依附名例断之。其正文名例所不及,皆勿论”[37]的主张,得到朝廷首肯,并被后人评价其具有罪刑法定主义倾向。

西晋修律是迈出中华法律儒家化的重要一步,“准五服以制罪”,即以服制入律,将儒家礼制的丧服制度融入刑律的亲属间相犯原则。虽然惠帝之时,“试图以门第为升进,搢绅以清谈为庙略。论经礼者谓之俗生,说法理者名为俗吏”。[38] 但就是在这种时代背景下,仍有杜预以经学大师的身份对《晋律》做经义解释,又有张斐以司法吏的身份对《晋律》做法理解释,从而使中华法系的注释法学达到新的高度,并为后代的注释法学的典范——《唐律疏议》提供了模本。

五、南朝律学家

刘宋与萧齐政权皆沿用《晋律》,其刑律的篇目及刑制皆与晋略同。但在法律的应用方面,司法官员常以儒家经典,变通执行,以案例创法,形成新的法律原则。

何承天,东海郯人,自幼“儒史百家,莫不该览”。隆安四年(400年)为行参

〔36〕《晋书》第46卷《刘颂传》。

〔37〕《晋书》第30卷《刑法志》。

〔38〕《文选》干宝《晋纪总论》注引王隐《晋书》。转引自程树德:《九朝律考》之《晋律考序》,中华书局1963年版,第225页。

军。有县史射鸟,“箭误中直帅,虽不伤人,处法弃市”。何承天议曰:“狱贵情断,疑则从轻”,并引张释之处理汉文帝车驾因犯跸而受惊事为例,提出“按律过误伤人,三岁刑,况不伤乎?微罚可也”。又有“尹嘉者,家贫,母熊自以身贴钱,为嘉偿责。坐不孝当死”。何承天议曰:“夫明德慎罚,文王所以恤下;议狱缓死,中孚所以垂化。言情则母为子隐,语敬则礼所不及。今捨乞宥之评,依请杀之条,责敬恭之节,于饥寒之隶,诚非罚疑从轻,宁失有罪之谓也。”何承天既是历史学家,又是经学家,曾与皇太子同讲《孝经》,并将《礼论》八百卷,“删减合并,以类相从,凡为三百卷”[39]

孔稚珪,字德彰,会稽山阴人。南齐武帝永明七年(489年)为廷尉,奉诏主持修订法律。至九年,上表:

臣闻匠万物者以绳墨为正,驭大国者以法理为本。是以古之圣王,临朝思理,远防邪萌,深杜奸渐,莫不资法理以成化,明刑赏以树功者也。伏惟陛下蹑历登皇,乘图践帝,天地更筑,日月再张,五礼裂而复缝,六乐穨而爰缉。乃发德音,下明诏,降恤刑之文,申慎罚之典,敕臣与公卿八座共删注律。谨奉圣旨,谘审司徒臣子良,禀受成规,创立条绪。使兼监臣宋躬、兼平臣王植等抄撰同异,定其去取。详议八座,裁正大司马臣嶷。其中洪疑大议,众论相背者,圣照玄览,断自天笔。始就成立《律文》二十卷,《录叙》一卷,凡二十一卷。今以奏闻,请付外施用,宣下四海。

臣又闻老子、仲尼曰:“古之听狱者,求所以生之;今之听狱者,求所以杀之。”“与其杀不辜,宁失有罪。”是则断狱之职,自古所难矣。今律文虽定,必须用之;用失其平,不异无律。律书精细,文约例广,疑似相倾,故误相乱,一乖其纲,枉滥横起。法吏无解,既多谬僻,监司不习,无以相断,则法书徒明于帙里,冤魂犹结于狱中。今府州郡县千有余狱,如令一狱岁枉一人,则一年之中,枉死千余矣。冤毒之死,上干和气,圣明所急,不可不防。致此之由,又非但律吏之咎,列邑之宰亦乱其经。或以军勋余力,或以劳吏暮齿,犷情浊气,忍并生灵,昏心狠态,吞剥氓物,虐理残其命,曲文被其罪,冤积之兴,复缘斯发。狱吏虽良,不能为用。使于公哭于边城,孝妇冤于遐外。陛下虽欲宥之,其已血溅九泉矣。

寻古之名流,多有法学。故释之、定国,声光汉台;元常、文惠,绩映魏阁。

[39] 《宋书》第64卷《何承天传》。

今之士子，莫肯为业，纵有习者，世议所轻。良由空勤永岁，不逢一朝之赏，积学当年，终为闾伍所蚩。将恐此书永坠下走之手矣。今若弘其爵赏，开其劝慕，课业宦流，班习胄子；拔其精究，使处内局，简其才良，以居外仕；方岳咸选其能，邑长并擢其术：则皋繇之谟，指掌可致；杜郑之业，郁焉何远！然后奸邪无所逃其刑，恶吏不能藏其诈，如身手之相驱，若弦栝之相接矣。

臣以疏短，谬司大理。陛下发自圣衷，忧矜刑网，御廷奉训，远照民瘼。臣谨仰述天官，伏奏云陛。所奏缪允者，宜写律上，国学置律学助教，依《五经》例，国子生有欲读者，策试上过高第，即便擢用，使处法职，以劝士流。[40]

中国古代"法学"一词，就出现在孔稚珪的这篇表中，值得注意的是从此表的内容看，孔稚珪在论述"法学"时，是将其与"法理"相关联，即古代中国的法学是以儒家的经典及孔子的言论为理论依据的。

王植，正史无传，其事见《孔稚珪传》。南齐武帝永明七年(489年)修律前7年，尚书删定朗王植根据《晋律》及张斐、杜预的律注，撰定齐之《永明律》二十卷，由于张斐、杜预注律的标准不一，王植对张、杜二家之注进行整理后，上《撰定律章表》曰："取张注七百三十一条，杜注七百九十一条。或二家两释，于义乃备者，又取一百七条。其注相同者，取一百三条，集为一书。凡一千五百三十二条，为二十卷。"但公卿八座之间意见不能统一，直到永明九年方才定稿，"始就成立《律文》二十卷，《录叙》一卷，凡二十一卷"，[41]史称《永明律》。

《梁律》的删定者蔡法度"家传律学"，是当时的律学名家。他"损益王植之旧本为《梁律》"20卷，《令》30卷，《科》40卷。《唐六典》称："梁氏受命，命蔡法度、沈约等十人，增损《晋律》，为二十篇，凡定罪二千五百二十九条。"[42]沈约则是经史大家，二十四史中的《宋书》百卷即其所撰，[43]史学是经学的基础，经学又是法学的原则，故其以尚书仆射参与立法，也是顺理成章的。《文苑英华》载沈约授蔡法度廷尉制略云：

[40]《南齐书》第48卷《孔稚珪传》。

[41]《南齐书》第48卷《孔稚珪传》。

[42]《唐六典》第6卷《刑部郎中员外郎条》。

[43]《梁书》第13卷《沈约传》。

尚书删定左曹郎中蔡法度,少好律学,明晓法令,世之所废,笃志不怠。至于章句踳滞,名程乖碍,莫不斟酌厥里,允得其门,方欲寄以国刑,开示后学。[44]

王冲,字长深,琅琊临沂人。王冲“习于法令,政在平理”。陈文帝时曾“参撰律令”。[45]

殷不害,字长卿,陈郡长平人。“年十七,仕梁廷尉平。(殷)不害长于政事,兼饰以儒术,名法有轻重不便者,辄上书言之,多见纳用”。梁元帝立,兼廷尉卿。[46]

陈寅恪评说:“律学在江东无甚发展,宋齐时代之律学仍两晋之故物也。梁陈时代之律学亦宋齐之旧贯也。隋唐刑律近承北齐,远祖后魏,其中江左因子虽多,止限于南朝前期,实则南朝后期之律学与其前期无大异同。”[47]但南朝律学也并非一无是处,何承天、沈约、孔稚珪都是经史大家,他们将经史之学与法律之学融合,对后世法学的发展起到推动作用。其余司法官员,也多是精通儒学的士人,因此可以说,南朝律学仍在扬汉代经学与两晋律学之余波。

六、北朝律学家

北魏是鲜卑族建立的政权,在进入中原以后,积极汲取汉族与其他民族的先进文化,开始注意运用法律手段作为其统治的工具,在汉族士人的帮助下,参酌魏、晋与南朝诸律,先后八次编纂法律。太武帝拓拔焘命崔浩等改定律令。陈寅恪在其《隋唐制度渊源略论稿·刑律》一书中说:

崔宏、崔浩父子,此二人乃北魏汉人士族代表及中原学术中心也。其家世所传留者实汉及魏晋之旧物……据此,则浩必深通汉律者也。当日士族最重礼法。礼律古代本为混通之学,而当时之学术多是家世遗传,故崔氏父子之通汉律自不足怪。

---

〔44〕《文苑英华》第397卷《中书制诰·大理卿·授蔡法度廷尉制》。

〔45〕《陈书》第17卷《王冲传》。

〔46〕《陈书》第32卷《殷不害传》。

〔47〕陈寅恪:《刑律》,载《隋唐制度渊源略论稿》,中华书局1963年版,第101页。

崔宏，字伯远，清河东武城人。因“名犯高祖庙讳”，以字行。北魏道武帝天兴元年(398年)，北魏第一次大规模修订礼律，“尚书吏部郎中邓渊典官制，立爵品，定律吕，协音乐；仪曹郎中董谧撰郊庙、社稷、朝觐、飨宴之仪；三公郎中王德定律令，申禁科；太史令晁崇造浑仪，考天象；吏部尚书崔玄伯总而裁之”。[48]

崔浩，字伯渊，清河人。“少好文学，博览经史”，魏太宗“闻浩说《易》及《洪范》五行，善之”。史载：

> 世祖即位，以刑禁重，神麚中，诏司徒浩定律令。除五岁四岁刑，增一年刑。分大辟为二科死，斩死，入绞。大逆不道腰斩，诛其同籍，年十四已下腐刑，女子没县官。害其亲者轘之。为蛊毒者，男女皆斩，而焚其家。巫蛊者，负羖羊抱犬沉诸渊。当刑者赎，贫则加鞭二百。畿内民富者烧炭于山，贫者役于圊溷，女子入舂槁；其固疾不逮于人，守苑囿。王官阶九品，得以官爵除刑。妇人当刑而孕，产后百日乃决。年十四已下，降刑之半，八十及九岁，非杀人不坐。拷讯不逾四十九。谕刑者，部主具状，公车鞫辞，而三都决之。当死者，部案奏闻。以死不可复生，惧监官不能平，狱成皆呈，帝亲临问，无异辞怨言乃绝之。诸州国之大辟，皆先谳报乃施行。[49]

这里值得注意的是对死刑要求“狱成皆呈，帝亲临问”，而且“诸州国之大辟，皆先谳报乃施行”，将魏晋以来死刑权由地方自决收归朝廷，皇帝亲自掌决，开隋唐死刑复奏的先河。

北魏世祖、高祖都曾以高允定律令，史称高允“博通经史、天文、术数，尤好《春秋公羊》”，以经义断疑狱，“据律评刑，三十余载，内外称平”。[50] 在刑罚方面，“罢门房之诛”，并立“存留养亲”之制。

北齐参与编撰《河清三年律》的也都是当世名流，如魏收，即《魏书》的著者。另一重要人物为封述，曾在文宣帝时参与制定《麟趾格》，“其名法科条，皆述删定”，“述久为法官，明解律令，议断平允，深为时人所称”。[51] 程树德对此

---

[48] 《魏书》第2卷《太祖纪二》。

[49] 《魏书》第111卷《刑罚志》。

[50] 《魏书》第48卷《高允传》。

[51] 《北齐书》第43卷《封述传》。

评说："按渤海封氏，世长律学，封隆之参定《麟趾格》，封绘参定《齐律》，俱见各本传。"[52]《北齐律》颁布后，"又敕仕门子弟常讲习之，齐人多晓法律，盖由此也"。[53]

封述，字君义，渤海蓨人。"天平中，为三公郎中。时增损旧事，为《麟趾新格》，其名法科条皆述所删定。齐受禅，累迁大理卿。河清三年，敕与录尚书赵彦深、仆射魏收、尚书阳休之、国子祭酒马敬德等议定律令。历位度支、五兵、殿中三尚书。述久为法官，明解律令，议断平允，深为时人所称"。[54] 程树德说："渤海封氏，世长律学，封隆之参定《麟趾格》，封绘议定律令，而齐律实出于封述之手，俱见《齐书》及《北史》各本传。是祖宗家法，具有渊源。"[55]

苏绰，字令绰，武功人。曾因与周太祖宇文泰"指陈帝王之道，兼述申韩之要"，受到太祖赏识，即拜大行台左丞，参典机密。"绰始制文案程式，朱出墨入，及计帐、户籍之法"。又为六条诏书。太祖命百司习诵之，"其牧守令长，非通六条及计帐者，不得居官"。[56]

陈寅恪先生称，孝文帝第一次定律，"其议律之人如高允、高闾等皆中原儒士，保持汉代学术之遗风"；"第二次定律河西因子居显著地位"。世宗正始元年(504 年)"议定律令，(彭城王)勰与高阳王雍、八座、朝士有才学者五日一集，参论轨制应否之宜"。[57] 参与法典编纂者都是"有才学者"，代表当时"中原学术之中心"。这样，北魏的刑律就融合了中原之汉学，河西之汉魏晋文化及"江左所承西晋以来之律学"。陈寅恪先生将魏晋南北朝以来法学的发展史看作中华民族文化的融合史。

七、隋朝律学家

隋虽受周禅，但其典章制度都不袭周而因齐，杨坚命高颎、郑译、杨素、裴政

---

[52] 程树德：《九朝律考》第 6 卷《北齐律考》，中华书局 1963 年版，第 410 页。

[53] 《隋书》第 25 卷《刑法志》。

[54] 《北史》第 24 卷《封述传》。

[55] 程树德：《九朝律考》第 6 卷《北齐律考序》。中华书局 1983 年版，第 393 页。

[56] 《周书》第 23 卷《苏绰传》；又参见《北史》第 63 卷《苏绰传》。

[57] 《魏书》第 21 卷下《彭城王元勰传》。

等在《北齐律》的基础上制定新刑律，不久又命苏威、牛弘等对律文进行更定。苏威之父苏绰，北魏为度支尚书，隋初修改旧法，“为一代通典，律令格式，多威所定，世以为能”。[58] 牛弘不仅参与修律，开皇《五礼》也由他主持修纂，史称：“牛弘笃好坟籍，学优而仕，有淡雅之风，怀旷远之度，采百王之损益，成一代之典章，汉之叔孙，不能尚也。”[59] 在众人的努力下，隋律“除死罪八十一条，流罪一百五十四条，徒杖等千余条，定留唯五百条，凡十二卷”。[60] 此后《唐律》即以此为蓝本，开中华法系之典范。

苏威，字无畏，武功人，苏绰之子。苏绰在北周时制定征税法，税负较重，为此叹曰：“所为者正如张弓，非平世法也。后之君子，谁能弛乎？”苏威以此为己任，“奏减赋税，务从轻典”，帝皆从之。隋初文帝“令朝臣厘改旧法，为一代通典。律令格式，多威所定，世以为能”。[61]

裴政，字德表，河东闻喜人。受周文帝命，与卢辩依《周礼》改革礼律、官制，“多遵古礼，革汉、魏之法，事并施行”。裴政“明习故事，又参定《周律》”。其“用法宽平，无有冤滥”。囚徒犯死罪者，许其妻子入狱就之。所以到行刑时，皆曰：“裴大夫致我于死，死无所恨。”隋文帝登基，“诏与苏威等修订律令。政采魏、晋刑典，下至齐、梁，沿革轻重，取其折衷。同撰著者十有余人，凡疑滞不通，皆取决于政”。可见裴政是制定《开皇律》的关键人物。

高颎，字昭玄，自称是渤海蓨人。开皇初，受命制定新律，隋之“制度多出于颎”，“所有奇策密谋及损益时政，颎皆削稿”。[62]

牛弘，字里仁，安定鹑觚人。开皇三年，参与修律，并奉敕主持修撰《五礼》百卷，后奉诏“改定雅乐，又作乐府歌词”。炀帝继位后，“诏改修律令”，大业三年(607 年)“牛弘等造新律成，凡十八篇，谓之《大业律》”，史称：“牛弘笃好坟籍，学优而仕，有淡雅之风，怀旷远之度，采百王之损益，成一代之典章，汉之叔孙，不能尚也。”[63]

---

[58] 《隋书》第 41 卷《苏威传》。

[59] 《隋书》第 44 卷《牛弘传》。

[60] 《隋书》第 25 卷《刑法志》。

[61] 《隋书》第 41 卷《苏威传》；亦参见《北史》第 63 卷《苏威传》。

[62] 《隋书》第 41 卷《高熲传》；亦参见《北史》第 72 卷《高熲传》。

[63] 《隋书》第 44 卷《牛弘传》；亦参见《资治通鉴》第 180 卷《隋炀帝大业三年》。

李德林，字公辅，博林安平人。“年十五，诵五经及古今文集，日数千言。俄而该博坟典，阴阳纬候，舞步通涉。善属文，辞覈而理畅”。北周时任内史上士，主持修纂“诏诰格式”。开皇元年，“敕令与太尉任国公于翼、高熲等同修律令”。格令颁布后，苏威总是要改动事条，李德林认为“格式已颁，义须画一，纵令小有骉驳，非过蠹政害民者，不可数有改张”，[64]强调法的稳定性。

隋代参与立法与制礼的官员几乎是同一阵容，如李德林、牛弘等，而裴政则更具特色，陈寅恪说：“裴政为南朝将门及刑律世家，其与卢辩之摹仿周礼，为宇文泰文饰胡制，童牛角马，贻讥通识，殆由亡国俘囚受命为此，谅非其所长及本心也。故一入隋代，乃能与苏威等为新朝创制律令，上采魏晋，下迄齐梁，是乃真能用南朝之文化及己身之学业，以佐成北朝完善之制度者，与其在西魏北周时迥不相同。”[65]正是因为隋代立法用的是精于礼律的通才，才使《隋律》得以引领《唐律》，达到中华法系的巅峰。

八、唐代律学家

（一）《唐律疏议》及其作者

武德元年（618 年）五月，李渊受隋禅，即皇帝位，称帝第九天，就命令裴寂、刘文静等“与当朝通识之士”修订律令，制五十三条格。同时又命裴寂、萧瑀、崔善为、王敬业、刘林甫、颜师古、王孝远、靖延、丁孝乌、房轴、李桐客、徐上机等十五人修订系统的《唐律》，历时五年，至武德七年（624 年）完成奏上，是为《武德律》。唐高祖在颁行新律的诏书中称该律是：“正本澄源，式清流末，永垂宪则，贻范后昆。”[66]从后世中华法典的发展史看，这一自诩并不过分。

唐太宗李世民也是一上台就着眼于立法，贞观元年（627 年），李世民命长孙无忌、房玄龄与学士、法官等厘改《武德律》，历时十年，至贞观十一年（637 年）“颁新律令与天下”，[67]是为《贞观律》。高宗李治即位，又命长孙无忌、李勣、于志宁等，以《武德律》《贞观律》为蓝本，制定《永徽律》及其他法令。其

---

[64] 《隋书》第 42 卷《李德林传》。

[65] 陈寅恪：《礼仪》，载《隋唐制度渊源略论稿》，中华书局 1963 年版，第 49 页。

[66] 《旧唐书》第 50 卷《刑法志》。

[67] 《旧唐书》第 3 卷《太宗纪下》。

后又命“解律人”对《永徽律》进行疏解，参加者有十九人，是历次修律活动中人数最多，规模最大的一次。其中长孙无忌、李勣、于志宁、柳奭、段宝玄、刘燕客、贾敏行七人皆参加了《永徽律》的修定，又有褚遂良、唐临、韩瑗、来济、辛茂将、裴弘献、王怀恪、董雄、路立、石士远、曾惠果、司马锐等十二人参与修撰。这些人除以高官领衔者外，多为当时法学大家。如黄门侍郎韩瑗之父韩仲良：

> 武德初为大理少卿，受诏与郎楚之等掌定律令。仲良言于高祖曰："周代之律，其属三千，秦法以来，约为五百。若远依周制，繁紊更多。且官吏至公，自当奉法，苟若徇己，岂顾刑名？请崇宽简，以允惟新之望。"高祖然之。于是采定《开皇律》行之，时以为便。贞观中，位至刑部尚书。[68]

也就是说，正是在他的建议下，武德修律以《开皇律》为蓝本，为唐律的发展奠定了基本方向。又如裴弘献在贞观修律时以蜀王府法曹参军的身份上书，“驳律令不便于时者四十余事，太宗令参掌删改之”，于是他与房玄龄等建议：

> 以为古者五刑，刖居其一。及肉刑废，制为死、流、徒、杖、笞，凡五等，以备五刑。今复设刖足，是为六刑。减死在于宽弘，加刑又加烦峻。乃与八座定议奏闻。于是又除断右趾，改为加役流三千里，居作二年。[69]

这一改革，对《唐律》的宽刑形象起着重大作用，使许多罪名因此而没有了死刑。裴弘献因此升为刑部郎中。由此可见，这些“解律人”都非等闲之辈。

永徽四年(653年)，撰定《律疏》的工作完成，十一月，“颁新《律疏》于天下”。[70] 律文与疏文合为一体，具有同等的法律效力，都是司法官员定罪量刑的法律依据。《永徽律疏》的制定，不仅对唐代官吏统一地适用法律起了重要作用，而且通过对法律的注疏，使经史原典与法律真正融为一体，阐明了中国古代的法学理论原则，大大推动了中华法系法理学的进展。可以说，正是因为有了

---

〔68〕《旧唐书》第80卷《韩瑗传》。

〔69〕《旧唐书》第50卷《刑法志》。

〔70〕《旧唐书》第4卷《高宗纪上》。

这注疏，才使《唐律》得以完整地保存下来，使《唐律》的影响惠及后世，远播中外，直接促及中华法系的形成。

裴寂，字玄真，蒲州桑泉人，隋大业中为晋阳宫副监。李渊时为太原留守，与之交往甚密，与刘文静一道鼓动李渊起兵反隋。“既克镐京，尽收图籍。市无改肆，民有息肩。道致升平，并公之力”。[71] 其做法与“沛公至咸阳，诸将皆争走金帛财物之府分之”，而萧何“独先入收秦丞相御史律令图书藏之”[72]相类似。故其入京师后，即可协助李渊为约法十二条。李渊称帝后，裴寂与刘文静受命“与当朝通识之士，因开皇律令而损益之，尽削大业所用烦峻之法，又制五十三条格，务在宽简，取便于时”，并与萧瑀、崔善为等人以《开皇律》为准，撰定《武德律》。[73]

刘文静，字肇仁，自称是彭城人，世居京兆之武功，隋末为晋阳令。高祖践祚，“时制度草创，命文静与当朝通识之士更刊隋开皇律令而损益之，以为通法”。高祖指令：“本设法令，使人共解，而往代相承，多为隐语，执法之官，缘此舞弄。宜更刊定，务使易知。”可以说这成为《武德律》的立法原则之一。后因与裴寂有隙，被诬谋反处死。[74]

长孙无忌，字辅机，河南洛阳人，为太宗长孙皇后之兄。贞观初，长孙无忌、房玄龄与学士法官受命对《武德律》进行厘改，制定《贞观律》。高宗即位，主持修订《永徽律》。永徽三年(652 年)，又主持对《永徽律》进行疏解，次年完成，以《律疏》颁行天下。后因反对高宗立武则天为皇后，被诬以谋反，“逼令自缢而死”。[75]

房玄龄，本名房乔，以字行，齐州临淄人。自幼聪敏，博览经史。太宗即位，受命与长孙无忌、学士法官修订律令。房玄龄等“遂与法司增损隋律，降大辟为流者九十二，流为徒七十一，以为律”；“定令一千五百四十六条，以为令；又删无德以来敕三千余条为七百条，以为格；又取尚书省列曹及诸寺、监、十六卫计帐，

---

〔71〕 胡戟：《珍稀墓志百品》之《裴寂墓志》，陕西师范大学出版社 2016 年版，第 46 页。

〔72〕 《汉书》第 39 卷《萧何传》。

〔73〕 《旧唐书》第 57 卷《裴寂传》；亦参见《旧唐书》第 50 卷《刑法志》。

〔74〕 《旧唐书》第 57 卷《刘文静传》。

〔75〕 《旧唐书》第 65 卷《长孙无忌传》；亦参见《旧唐书》第 50 卷《刑法志》。

以为式”。可谓贞观立法的第一人。[76]

刘林甫,魏州观城人,武德初为内史舍人。高祖委托他处理各种“庶事”,“寻诏与中书令萧瑀等撰定律令,林甫因著《律议》万余言”。此书对《唐律疏议》具有直接的影响。贞观初,迁吏部侍郎,“初,隋代赴选者,以十一月为始,至春即停,选限既促,选司多不究悉。时选人渐众,林甫奏请四时听选,随到注拟,当时甚以为便。时天下初定,州府及诏使多有赤牒授官,至是停省,尽来赴集,将万余人。林甫随才铨擢,咸得其宜。时人以林甫典选,比隋之高孝基”。由此奠定唐代铨选制度的基础。其子刘祥道承其选事,完善铨选之法。高宗时,刘祥道迁刑部尚书,“每覆大狱,必歔欷累叹,奏决之日,为之再不食”。“诏巡察关内道,多振冤滞”。[77]

(二)唐代文学家的法学思想

唐高祖、唐太宗常令以文学见长的朝官,以本官兼学士,待诏门下,引入内殿,议论政事,“时时召以草制,而犹未有名号”。[78] 高宗、武后时,刘懿之、刘禕之、周思茂、元万顷、范履冰等,“皆以文词召入待诏”,“参决时政,以分宰相权”,“常于北门候静止,时号‘北门学士’”。[79] 唐玄宗好文学词章,常召张说、陆坚、张九龄等文学名士,以翰林待诏、翰林供奉的名义入宫,“掌四方表疏批答,应和文章”。到了开元二十六年(738年),正式改翰林供奉为翰林学士,建翰林学士院,“专掌内命,凡拜免将相,号令征伐,皆用白麻”。[80] 翰林院成为天子私人的特殊的立法机构,皇帝可通过翰林院,以特别立法程序,不经外朝官,直接发布政令。翰林院的院长被称为“内相”,以区别于外朝的宰相。故唐代的文学之士,许多参与立法活动,文学家的法律素养高于往世。

陈子昂,梓州射洪人。曾上书批评武则天任用酷吏,“专任刑罚以为威断,可谓策之失也”。反对大搞告密,认为告密“遂使奸臣之党,快意相仇;睚眦之嫌,即称有密,一人被告,百人满狱,使者推捕,冠盖如市”。希望武则天“顿息严

[76] 《旧唐书》第66卷《房玄龄传》;亦参见《旧唐书》第50卷《刑法志》;亦参见《新唐书》第56卷《刑法志》。

[77] 参见《旧唐书》第81卷《刘祥道传》;亦参见《新唐书》第106卷《刘祥道传》。

[78] 《新唐书》第46卷《百官志一》。

[79] 参见《旧唐书》第43卷《职官志二》;亦参见《新唐书》第117卷《刘祎之传》。

[80] 《新唐书》第46卷《百官志一》。

刑,望在恤刑”。[81] 武则天时(约684—704),同州下邽(音 gui,治所在今陕西省渭南县东北),发生了一宗命案:当地有个叫徐元庆的,因其父徐爽被县尉赵师蕴所杀。后赵师蕴转迁为监察御史,徐元庆改名换姓,在驿站作佣工,伺机报仇。过了很久,赵师蕴以御史身份住进驿站,徐元庆亲手用刀杀了他,然后到官府自首。此案上报朝廷,引起很大的争议,多数人认为,徐元庆杀人的行为是“孝烈”的表现,应该宽免其罪。武则天也欲赦免许元庆之罪。而左拾遗陈子昂认为:“杀人者死,画一之制也。法不可二,元庆宜伏辜。”即据法当处死刑;但依照礼制,“父仇不同天”的原则,元庆杀死害死父亲的仇人是“孝义”的行为,故应该得到赦免。他由此提出了一个折衷的方案,“宜正国之典,置之以刑,然后旌其闾墓”,以褒其孝义。陈子昂的奏议得到时议的赞同,武则天也采纳了这个意见,据说还“编之于令,永为国典”。

韩愈(768~824),字退之,号昌黎,河南邓州人。[82] 宪宗时元和六年(811年)又发生了富平人梁悦为父报仇杀人案,宪宗为此下诏:“在礼父仇不同天,而法杀人必死。礼、法,王教大端也,二说异也。下尚书省议。”时为尚书省职方员外郎的韩愈,针对这一复仇案件,特上《复仇状》专门论述处理复仇杀人的原则。韩愈从儒家经典《春秋》《礼记》《周官》等诸子经史中关于子为父复仇的记载中,“未有非而罪之者”出发,讲到现行的《唐律》,认为“律无其条,非阙文也”,认为《唐律》不设有关复仇的专条,决不是无意的疏漏。在韩愈看来,若法律完全“不许复仇,则伤孝子之心,而乖先王之训;许复仇,则人将倚法专杀,无以禁止其端矣”。为了将礼与法二者统一起来,就需要司法官吏在处理这类案件时,应区别对待,因为“复仇之名虽同,而其事各异”,若是百姓之间相互仇杀,根据儒家经典,“凡杀人而义者,令勿仇,仇之者死”。即复仇者所杀本身有当死之罪,一般可以允许。如为官府所诛,则不可以复仇。总之,“杀之与赦,不可一例”,并建议制定制度,“凡有复父仇者,事发具其事申尚书省,尚书省集议奏闻,酌其宜而处之,则经、律无失其指矣”。[83] 韩愈提出的这一“礼、刑两不失”的原则,实际上仍是无可奈何的模棱两可的解决办法。他的基本倾向是,同情孝子的复仇行为,但又不提倡和鼓励复仇。他强调礼和刑在司法中的一致性。宪宗

---

〔81〕《旧唐书》第46卷《刑法志》。

〔82〕《旧唐书》第160卷《韩愈传》。

〔83〕《韩昌黎全集》第37卷《复仇状》。

基本上采纳了他的建议,下敕:“复仇杀人,固有彝典。以其伸冤请罪,视死如归,自诣公门,发于天性,志在徇节,本无求生。宁失不经,特减死,宜决一百,配流循州。”[84] 本案以“特事特办”的方式予以解决,反映了唐人“德礼为先,辅以政刑”的司法原则。

柳宗元(773~819),字子厚,河东人,故称“柳河东”,与韩愈并称“唐宋八大家”之首。柳宗元曾作《驳复仇议》专门针对前述陈子昂的观点进行批驳。柳宗元认为,礼与法的关系应是统一的,故“旌与诛莫得而并焉。诛其可旌,兹谓滥;旌其可诛,兹为僭,坏礼甚矣”。本案的关键在于“刺谳其诚伪,考正其曲直,原始而求其端”。即先从根本上搞清楚事实的来龙去脉,分清其是非曲直。如果赵师蕴是因私怨而杀害徐元庆的父亲徐爽,元庆在“州牧不知罪,刑官不知问,上下蒙冒,吁号不闻”的情况下,为父报仇,这完全是“守礼而行义”之举,于法则不应诛杀。反之,若徐爽是因为本身犯有重罪,赵师蕴作为县尉据法处死之,“是非死于吏也,是死于法也”。徐元庆在这种情况下再为父报仇,其行为则是“仇天子法,而戕奉法之吏”。这时,“执而诛之,所以正邦典,而又何旌焉”?柳宗元不是简单地赞成或反对复仇,而是强调根据具体情况,区别对待,认为“冤抑沉重而号无告也,非谓抵罪触法,陷于大戮”的情况,可以复仇;而根据《周礼》“凡杀人而义者,令勿仇,仇之则死,有反杀者,邦国交仇之”,即国家依法处决罪犯,罪犯家属不得以此为仇,否则就是以国法为仇。他认为,国家的律令与儒家的礼教应是完全一致的,应当允许合礼合法的复仇,这也就意味着在符合“孝义”的前提下,允许使用私刑。[85] 柳宗元曾作《断刑论》,提出“赏务速而后有劝,罚务速而后有惩”的赏罚原则。他认为:“顺时之得天,不如顺人顺道之得天也。何也?使犯死者自春而穷其辞,欲死不可得。贯三木,加连锁,而致之狱吏。大暑者数月,痒不得搔,痹不得摇,痛不得摩,饥不得时而食,渴不得时而饮,目不得瞑,支不得舒,怨号之声,闻于里人,如是而大和之不伤,天时之不逆。彼其所宜得者死而已也,有若是焉何哉?”[86] 反映了柳宗元对传统“赏以春夏而刑以秋冬”的司法行刑观念虚伪性的批判精神。

白居易(772~846),字乐天,太原人,是唐代著名诗人,也是先进的思想家、

---

[84] 《唐会要》第40卷《臣下守法》。

[85] 参见《柳河东集》第4卷《驳复仇议》。

[86] 《柳河东集》第3卷《断刑论下》。

政治家。白居易将孔子“道之以政，齐之以礼”的思想，发展为刑、礼、道“循环表里，迭相为用”的理论，认为“刑者，可以禁人之恶，不能防人之情；礼者，可以防人之情，不能率人之性；道者，可以率人之性，不能禁人之恶”。因此“衰乱之代，则弛礼而张刑；平定之时，则省刑而弘礼；清净之日，则杀礼而任道”。[87] 针对朝野恢复肉刑的舆论，他从征其实，酌其情的角度，论证肉刑“可废不可用”。[88]他认为要想达到“囹圄空虚”“刑措不用”的境界，必须使百姓富之，在此基础上加以教化，“富其人，崇其教，开其廉耻之路，塞其冤滥之门，使人内乐其生，外畏其罪，则必犯过自省，刑罚字措”。[89] 对于当时司法出现的问题，他认为“非刑法不便于时，是官吏不循其法也”。为了提高司法官员的素质，他建议“悬法学为上科，则应之者必俊乂也；升法直为清列，则授之者必贤良也”。[90]

初唐的法典编纂者，皆脱胎于隋，非名门显贵，即司法能吏。高祖“爰命群才，修订科律”。[91] 这些“通识之士”，既精于《隋律》，且明于事故，故在立法上首选《隋律》为蓝本，加以损益，本着“化死为生，减重为轻”的原则，制定《唐律》。他们将经过儒家纲常以“礼”的形式融入“法”中，使法律规范与道德规范统一起来，“德礼为政教之本，刑罚为政教之用”。[92] 体现了汉代以来儒家所倡导的“德主刑辅”，“礼刑并用”的法律思想。而中唐以后，立法活动由修纂法典改为编纂敕令，而草撰诏敕，往往由文学之士待诏。尤其是翰林院建立后，诏书的起草者，渐由中书舍人转为翰林学士，他们都是当时闻名遐迩的诗人、思想家或政治活动家。其所草诏书，虽说是“体现了皇帝的意志”，但也不脱离法理，仍能代表唐后期的立法水平。

九、结　　语

综上所述，从汉魏到隋唐，中国在法典的编纂方面得到长足的进步，而之所

[87] 《白居易集》第64卷《策林三·刑礼道迭相为用》。

[88] 《白居易集》第64卷《策林三·议肉刑可废不可用》。

[89] 《白居易集》第65卷《策林四·止狱措刑在富而教之》。

[90] 《白居易集》第65卷《策林四·论刑法之弊》。

[91] 《旧唐书》第50卷《刑法志》。

[92] 《唐律疏议》第1卷《名例律》。

以能够发展,正如先师王永兴先生所说:

> 自魏晋迄唐,制定典章制度多次,其参预制定者均为当时第一流学者才智之士,亦即我华夏民族中最优秀者,亦可谓我华夏民族之精华。他们以心血灌注于以儒家思想为核心之典章制度法纪中,使之成为华夏民族以及禹域九州广土众民之国独立于天壤之间的精神基石,使之成为如唐代之辉煌的基础。此传统制度法纪,自魏晋至唐,继承之又损益而发展之,但以儒家思想为其核心不变,终能使长期分裂归于统一,出现光耀史乘之唐代。[93]

汉唐之际,跨越千年,其间不乏社会动荡,法治隳突,国土分裂,政权林立,但正是因为每朝每代,都有着一批代表其文化特色的精英,以学士或法官的身份参与制定法典的活动。他们既能坚持把儒家思想融入法典,同时又能坚持法理的独立性,故我中华民族的法治文化总能像凤凰涅槃一般光前裕后,重振雄风。

A Brief Account of Codifiers during the Dynasties from Han to Tang

Wang Hongzhi

Abstract: Codifiers in Chinese past dynasties, especially in the dynasties from Han to Tang, all are well-read of Confucian classics and history. This article makes a textual research on codifiers from Han Dynasty to Sui and Tang Dynasties, whom are either masters of Confucianism or judges whose educational backgrounds include Confucianism skilled in suits. It is the attendance of these masters and first-rate judges that makes the Chinese Code renowned both at home and abroad, becoming the crowning achievement in the field at that time.

Key words: Legalist Judgement by Chunqiu Codification

(责任编辑:赖伟能)

---

〔93〕 王永兴:《王永兴学述》,浙江人民出版社1999年版,第244页。

齐奄猫论：耿定向法哲学批判

屠　凯*

内容摘要：

本文意在赋予耿定向的古典法哲学思想以现代的分析的形式，并予以批判。耿定向作为王守仁的私淑后学、张居正的僚属密友，揭开一切学术化修辞遮蔽，其思想比较典型地体现了“王学”传统中和专制主义比较贴合的一面。在规范的来源问题上，通过耿版的“不容已”概念，他最终把内心的伦理底线拉同于外在的纲常名教，重树了实定法权威；在规范判断上，他欣赏高超精致的智识计算，以之排斥“良知”学说可能唤醒的个人主观意志；关于政治秩序，他推崇拥护精英集团的“大人”君相，贬低普通士绅百姓的作用，其在泰州学风影响下偶尔吐露的亲民言语实在经不起推敲。耿氏在法哲学上的种种调和，实质是对前人形上思考的整体否定。他最根本的出发点仍是维护他的政权。

关键词：

耿定向　李贽　法哲学　阳明学　专制主义

耿定向，字在伦，号楚侗，湖北黄安人，生于明世宗嘉靖三年(1524年)十月初十日，殁于明神宗万历二十四年(1596年)六月廿一日，得寿七十三岁。[1] 耿定向于嘉靖三十五年中进士，登上仕途。据他的学生焦竑记述，耿定向在此时期经过其弟耿定理的引介，了解到王守仁的心学，并和当时的心学人物，如罗汝芳、胡直等，建立起深厚友谊。[2] 这一选择对耿定向的影响无疑是决定性的，此

---

* 清华大学法学院副教授，博士生导师。

[1] 参见(明)焦竑：《天台耿先生行状》，载(明)耿定向：《耿定向集》，傅秋涛点校，华东师范大学出版社2015年版，第897页、第906页。

[2] 参见(明)焦竑：《天台耿先生行状》，载(明)耿定向：《耿定向集》，傅秋涛点校，华东师范大学出版社2015年版，第898页。

后他加入朝廷中以徐阶为首的集团，一生沉浮均与此有关。他曾由衷称赞徐阶的核心作用说："乃今中外仔肩鞲大遞为国桢者，故皆先生所树材也。"〔3〕针对严嵩，耿定向向明世宗上《劾吏部尚书吴鹏疏》，对其党羽宣战；〔4〕针对高拱，耿定向攻击他"褊心盩气，无大臣度"；〔5〕而针对徐阶的衣钵继承人张居正，耿定向则尽力协助，甘当臂膀，也成为少数最得张氏信赖的大僚。其被张居正委为福建巡抚后，努力推行"条鞭"之法，并联结柬埔寨、暹罗共同打击纵横南洋的林道乾。〔6〕张居正执政末期，耿定向颇识时务，离开仕途，返回故里，讲学于天台山中，故世人又称之为"天台先生"。〔7〕

耿定向为人瞩目，与他和李贽爆发的激烈冲突、学术公案有莫大关系，对他的评价因而也两极分化。支持李贽的前人一般认为二人之中，一人代表了市民阶层、人文主义的思想萌芽，另一人代表了大地主大官僚、封建礼教的卫道意识。〔8〕有些人甚至全盘接受李贽对耿定向的人身攻击，指斥其为两面派、伪道学。〔9〕在新兴的学术潮流中，耿定向的形象日趋好转，李贽思想的进步性则经

〔3〕（明）耿定向：《奉贺元辅存斋先生八十寿序》，载（明）耿定向：《耿定向集》，傅秋涛点校，华东师范大学出版社2015年版，第447页。

〔4〕（明）耿定向：《劾吏部尚书吴鹏疏》，载（明）耿定向：《耿定向集》，傅秋涛点校，华东师范大学出版社2015年版，第29页。

〔5〕（明）焦竑：《天台耿先生行状》，载（明）耿定向：《耿定向集》，傅秋涛点校，华东师范大学出版社2015年版，第901页。

〔6〕参见（明）焦竑：《天台耿先生行状》，载（明）耿定向：《耿定向集》，傅秋涛点校，华东师范大学出版社2015年版，第903～904页。另见（明）耿定向：《保留贤能疏》，载（明）耿定向：《耿定向集》，傅秋涛点校，华东师范大学出版社2015年版，第51页。

〔7〕参见（明）焦竑：《天台耿先生行状》，载（明）耿定向：《耿定向集》，傅秋涛点校，华东师范大学出版社2015年版，第906页。

〔8〕参见方祖猷：《李贽与耿定向的论争》，载《宁波大学学报》（人文科学版）1989年第2期；张思珉、乔清举：《论李贽与耿定向史论之差异：以冯道为核心》，载《社会科学战线》2014年第3期。

〔9〕参见丘汉生：《泰州学派的杰出思想家李贽》，载《历史研究》1964年第1期；苏双碧：《李贽思想新探》，载《山东社会科学》1988年第4期；武占江、董文武：《性善论的千古迷失及良知坎陷问题：从李贽与耿定向的争论谈起》，载《河北师范大学学报》（哲学社会科学版）2005年第5期。

受重审。[10] 一方面,有人认为耿定向属于阳明后学泰州学派,只不过较为平实稳健;[11]另一方面,有人提出李贽也并没有真正摆脱传统意识的束缚。[12] 因而,耿李的争论也就从立场水火不容转为学派内部分歧。有人认为二人之中,一人的出发点是抗议仗势欺人,另一人是维护家族利益;[13]一人是政治乌托邦理想引导的革命派,另一人是"对传统意识形态和现实社会架构"的"修复倾向";[14]一人认为礼法制度和心性本体之间没有必然联系,另一人反之;[15]一人是非理性的,另一人是理性的。[16] 由此推出,二者的争论完全是学术性质的,甚至推动了学术发展。[17]

本文意在通过文本细读,赋予耿定向的古典法哲学思想以现代的分析的形式。在此基础上,力求揭示耿氏学说的法政意涵,恢复耿定向研究中曾经突出的批判维度。耿定向作为王守仁的私淑后学、张居正的僚属密友,其思想比较典型地体现了"王学"这个大的传统中那些和专制主义比较贴合的政治主张。[18] 在规范的来源问题上,通过"不容已"概念,他最终把内心的伦理底线拉

---

〔10〕 参见吴震:《阳明后学研究》(增订本),上海人民出版社2016年版,第413页。

〔11〕 参见陈鸣钟:《简论焦竑》,载《南京社会科学》1990年第6期;李银安:《和而不同:李贽、耿定向思想交锋与生活交往方式及其历史启示》,载《湖北行政学院学报》2012年第3期;张高元:《一贯与有无:从耿定向儒佛之辨谈起》,载《甘肃理论学刊》2014年第2期。

〔12〕 参见鲍和平:《异端乎? 传统乎?:论李贽的社会政治思想》,载《青岛大学师范学院学报》1997年第3期。

〔13〕 参见左东岭:《耿、李之争与李贽晚年的人格心态巨变》,载《北方论丛》1994年第5期。

〔14〕 罗福惠:《两舍则两从,两守则两病:耿定向与李贽"论道相左"新解》,载《江汉论丛》2002年第10期。

〔15〕 参见谭春生、张思珉:《论李贽与耿定向的"不容已"之争》,载《社会科学战线》2013年第6期。

〔16〕 参见许建平:《中国人学美学思想从理性到非理性的异变:以明万历年间李贽与耿定向的笔战为论述中心》,载《学术月刊》2006年第11期。

〔17〕 参见蔡志荣:《晚明鄂东学术据点形成探源:耿定向与李贽讲学论战的文化史考察》,载《武汉大学学报》(人文社科版)2014年第3期。

〔18〕 王守仁学术和张居正政治本就带有不可抹杀的一层专制主义色彩,参见刘修明:《李贽的思想历程和价值取向》,载《复旦学报》(社会科学版)1992年第2期。

同于外在的纲常名教,重树了实定法权威;在规范判断上,他欣赏高超精致的智识计算,以之排斥"良知"学说可能唤醒的个人主观意志;关于政治秩序,他推崇拥护精英集团的"大人"君相,贬低普通士绅百姓的作用,其在泰州学风影响下偶尔吐露的亲民言语实在经不起推敲。实际上,耿定向"学无常师",和泰州学的精神特质并不相符。[19] 耿氏在法哲学上的种种调和,实质是对前人形上思考近乎反智主义的整体否定。他最根本的出发点仍是维护他的政权。

一、规范的来源

耿定向所留下的文字,实际上是他和定理、定力兄弟的集体作品,三人的思想难以完全一致,所以前后表述颇有矛盾之处。二弟之中,尤以"仲子"定理对耿定向影响更多。定向自述:"余固陋,不能为高为玄,为环玮新奇,诸所臆谭,诸所称引,大都平常言耳。故称《庸言》。且曰《耿子庸言》者,又因志感也。盖余篇中所述,多闻诸吾仲氏子庸者。即非闻诸子庸,启于子庸,证诸子庸者也。"[20] 即说明了这一情况。而耿定向哲学中,最为关键的概念"不容已"也恰恰和耿定理大有联系。嘉靖四十年(1561年)秋天,耿定向、耿定理和胡直聚会于"汉江之浒",届时耿定理首倡"吾学以不容已为宗"并得到胡直的首肯,耿定向这才仔细揣摩这一"新论",开始"笃信此为尧舜周孔之仁脉"。[21]

对于"不容已"之说,本有多种理解。一种是将其就认作道德情感,约略等同于孟子所谓"四端"。耿氏承认"四端"和"不容已者"的紧密联系,说过:"人有恒性,恻隐、羞恶、辞让、是非,是性真不容已者。"[22] 耿定向举例说明"不容已者"的表现,也正是"四端"的流露。所谓"禹稷之犹饥犹溺,伊尹之若挞若沟,

---

〔19〕 吴震:《泰州学案刍议》,载《浙江社会科学》2004年第2期。

〔20〕 (明)耿定向:《庸言序》,载(明)耿定向:《耿定向集》,傅秋涛点校,华东师范大学出版社2015年版,第429页。

〔21〕 (明)耿定向:《汉浒订宗》,载(明)耿定向:《耿定向集》,傅秋涛点校,华东师范大学出版社2015年版,第447页。

〔22〕 (明)耿定向:《活人忠告》,载(明)耿定向:《耿定向集》,傅秋涛点校,华东师范大学出版社2015年版,第314页。

它若视亲骸而泚颡,遇呼蹴而不屑,见入井之孺子而怵惕”等。[23] 但是,这种道德情感的理解很容易将“不容已”引向纯粹主观的心理状态。如耿定向就注意到,刘调父说:“心弥此,故此不容已。……惟心体原自如此,故自不容已。”[24] 王时槐说:“心贯古今,故欲与万世之人同归于善。原本心之真自不容已,只此不容已处便是生理,便是天命之不已也。”[25] 耿定向评论他们说:“先生谓欲天下万世同归于善,由本心原自不容已。参会到此,即意而无意,念而无念,情识、思虑、照了、觉察、分别,都是好的,不必分疏也。”[26] 如果“不容已”只是心理状态,那么在个人主观感受之中一切事物可能“都是好的”,那么也无所谓存在任何规范了。

耿定向所谓“不容已”,并非简单的道德情感或者心理状态。实际上,耿定向反对以情感为规范之源泉,他把任情和纵欲等同起来。他认为只有“不容已”是真,而“或以一切任情纵欲为真,无可辩哉”,乃是妄。[27] 耿定向直斥:

> 顾近承学者第觑此些子光景,便自侈得最上乘法,高者躭虚归寂至于遗物离伦,卑者任性恣情至谓一切皆是,淫纵恣睢。以讼悔为轮回,以迁改为粘缀,以尽伦为情缘,至谓见景即动,既动即为者为见性,而以羞恶是非之本心为尘障,尽欲抹杀。伤风败化,戕人螫物,蔑不至矣!乃劣质下根,乐其便于情欲,一唱百和,从之如流水,而且谓藉口文成宗旨原是如此。吁,岂非斯道之一大厄哉![28]

---

[23] (明)耿定向:《汉浒订宗》,载(明)耿定向:《耿定向集》,傅秋涛点校,华东师范大学出版社 2015 年版,第 305 页。

[24] 转引自(明)耿定向:《别刘调父》,载(明)耿定向:《耿定向集》,傅秋涛点校,华东师范大学出版社 2015 年版,第 482 页。

[25] 转引自(明)耿定向:《读塘南先生语录》,载(明)耿定向:《耿定向集》,傅秋涛点校,华东师范大学出版社 2015 年版,第 477 页。

[26] (明)耿定向:《读塘南先生语录》,载(明)耿定向:《耿定向集》,傅秋涛点校,华东师范大学出版社 2015 年版,第 478 页。

[27] (明)耿定向:《与周柳塘之十八》,载(明)耿定向:《耿定向集》,傅秋涛点校,华东师范大学出版社 2015 年版,第 125 页。

[28] (明)耿定向:《遇聂赘言》,载(明)耿定向:《耿定向集》,傅秋涛点校,华东师范大学出版社 2015 年版,第 320 页。

但耿定向也不希望“矫情”。他记述了一个故事：

昔有前辈士绅，尝肫肫以道谊诲其门徒。一日，其徒反之曰：“道义误人。”曰：“何谓也？”曰：“本情要受用，只为道义不得受用；本情要快乐，只为道义不得快乐。”云。其师艴然诃之曰：“是何言哉！”晚年，其师退休林下，落然，而其徒富厚受享。师语人曰：“往吾徒之言是也，悔不听之。”[29]

耿定向认为：“若或病此性之难明也，而欲断缘息念，绝应离伦，以求性之见，譬如堙江堑河而欲塞水之流，不可能也。又或病此性之难制也，而欲揉情刻意、矫强惩窒以求性之定，譬则高坊固堤以制水之横，即能之，不可常也。”[30]

实际上，耿定向所谓“不容已者”更接近规范背后的伦理底线。[31] 与生俱来，自然且必要，所谓“吾人受生盖载间，天与此灵明，必有形骸以舍之；有此形骸，必有此衣冠章服以蔽之；有此衣冠章服而类聚群居也，必有升降、上下、等威、物采以辨之。此实降于天而不容强，生于人心而不容自已者”。[32] 他把这条底线称为“礼之真体”：“盖三千三百者，礼之散见；而若愚若虚者，礼之真体。彼逐散见之仪文，而不识此真体，亦止是扮演戏剧耳。”[33]但“礼之真体”一说还是比较抽象。若要稍微具体化，也就最基本的伦理。所谓“今彼言世纲者，只为些秉彝又殄灭不得，故当忠孝仁义之际，皆处于不得已”。[34] 再具体一些，即最

---

〔29〕 (明)耿定向：《与周柳塘之四》，载(明)耿定向：《耿定向集》，傅秋涛点校，华东师范大学出版社2015年版，第111页。

〔30〕 (明)耿定向：《病间寤言》，载(明)耿定向：《耿定向集》，傅秋涛点校，华东师范大学出版社2015年版，第317页。

〔31〕 参见[日]冈田武彦：《王阳明与明末儒学》，吴光等译，重庆出版社2016年版，第184～185页。

〔32〕 (明)耿定向：《答友人问一》，载(明)耿定向：《耿定向集》，傅秋涛点校，华东师范大学出版社2015年版，第254～255页。

〔33〕 (明)耿定向：《答友人问一》，载(明)耿定向：《耿定向集》，傅秋涛点校，华东师范大学出版社2015年版，第254页。

〔34〕 (明)耿定向：《明道语录辑》，载(明)耿定向：《耿定向集》，傅秋涛点校，华东师范大学出版社2015年版，第256页。

平常的孝悌。耿定向说："孟子称尧舜惟曰'孝弟'而已。至其言孝也，不称引割股尝粪等奇事，止取曾子养曾皙一节为能养志；其言弟也，未称引让肥争死等难事，又止曰'徐行后长'一语，恨世无有能理会者。"[35]

至此，"不容已者"与实定的规范也完全可以被当作一回事。耿定向确实说："圣人审人性之本诸天者原自不容已，虽其发见万有不齐，而性之所止，止于至善而已。彼其所以章轨真教，敦典崇礼，敷政明刑，其术万方，无非使人同归于善而已。"[36]而混同哲学之伦理底线和现实之实定伦理，可能正中耿氏下怀。耿定向讲过这样一个故事：

昔焦弱侯读《论语》志道章，为说曰："道是没把捉的，德是没凭据的，仁是没依靠的，第于艺游之而已。"余为下一转语曰："除却孝弟无道，除却言行无德，除却师友无仁，除却涵泳道德而辅仁者，非吾孔氏之所谓艺。"云云。莫不是拉足扯下地来耶？[37]

换言之，规范就是耿定向从"不容已"之处"拉足扯下地来"的伦理规定而已，"从'无声无臭'发根，高之不涉虚玄；从'庸言庸行'证果，卑之不落情念"。[38]

二、规范判断

深受王学话语影响的耿定向，也认为人作出规范判断是"良知"的运用。他自述经验说："弟见在职业，校比评品，一循天则，不为毁誉，狥请托，暱宴安，惮

[35] (明)耿定向：《别萧生言》，载(明)耿定向：《耿定向集》，傅秋涛点校，华东师范大学出版社2015年版，第483页。

[36] (明)耿定向：《病间寤言》，载(明)耿定向：《耿定向集》，傅秋涛点校，华东师范大学出版社2015年版，第318页。

[37] (明)耿定向：《寄白下友》，载(明)耿定向：《耿定向集》，傅秋涛点校，华东师范大学出版社2015年版，第195页。

[38] (明)耿定向：《汉浒订宗》，载(明)耿定向：《耿定向集》，傅秋涛点校，华东师范大学出版社2015年版，第305页。

烦劳;不席踈脱,驰防检;……是即不昧良知,不违天则。"[39]因为阳明曾有"真诚恻怛"的说法,耿定向也强调"真"字,将良知称为"真心"。他说:"夫阳明所揭良知……即尔我日用之真心也。"[40]但阳明的"真诚恻怛"更多的是心理状态,而耿定向的"真心"已经是无形的实在,即所谓"些子"。耿定向说:"夜来伏枕,时反身内观,一无所有,唯此些子炯然在此,始信人之所为人者,唯此明哲体耳。"[41]又说:"乃甲午夏仲,偶感危病,手足口语倏失吾故,惟此些子幸炯然如常,因益循省往之所以能言能动者,诚非天莫能与此也。"[42]

要解释这炯然在此之物究竟如何,可以参考耿定向讲过的另一个故事:

一招提中畜犬百十数,东西兰若轮豢之,以鸣钟为号。日每东鸣钟,则犬就食东;西鸣钟,则犬就食西,习以为常。一日,诸小僧计戏犬。初东庑钟鸣,群犬将之东。西庑钟忽鸣,群犬反西未至,东钟忽鸣。群犬又欲之东,而西钟又鸣,群犬又错愕而西。顾已而东西两钟杂然齐鸣,群犬彷徨墀中,竟莫知所之。仲子顾谓二三友曰:"试为犬谋,若何而可?"诸友未解。浮光官子曰:"犬能一反思,昨豢东,今应豢西;昨豢西,今应豢东,自不眩瞀于钟声矣。"仲子曰:"否否。"官子默然良久,忽噱曰:"吾谋本是,子故乱撞钟也。"师晗之。[43]

对这个有趣的故事,耿定向的评论是:"人之所以异于禽兽,圣哲之所以异

---

[39] (明)耿定向:《本末说》,载(明)耿定向:《耿定向集》,傅秋涛点校,华东师范大学出版社2015年版,第288页。

[40] (明)耿定向:《与南中诸弟》,载(明)耿定向:《耿定向集》,傅秋涛点校,华东师范大学出版社2015年版,第216页。

[41] (明)耿定向:《明哲保身说》,载(明)耿定向:《耿定向集》,傅秋涛点校,华东师范大学出版社2015年版,第288页。

[42] (明)耿定向:《别潘詹两生言》,载(明)耿定向:《耿定向集》,傅秋涛点校,华东师范大学出版社2015年版,第418页。

[43] (明)耿定向:《观物篇之一》,载(明)耿定向:《耿定向集》,傅秋涛点校,华东师范大学出版社2015年版,第783~784页。

于凡民者,惟此反思耳。"[44] 实际上,故事中耿定理和官子所谈,是人通过观察综合而推知规律、预测未来的能力,区别于群犬的条件反射,其实质是一种高超的计算能力,也可称为智识。而耿定向所谓"反思",是智识的表征,即清明的思维。

以"智识"定义"良知"是耿定向哲学的一个要点。他说:

余尝臆自古圣贤提掇宗旨,摽示承学,似亦大造化循环,有莫知然而然者。惟昔三代以降,学术分裂,异学喧豗,高者骛入虚无,卑者溺于繁缛,乃夫子出而单提"为仁"之宗。夫仁者人也,欲人反求而得其所以为人者,学无余蕴矣。逮至战国,功利之习熏熵寰宇,权谋术数以智舛驰,益未知所以求仁矣。孟子出而又提一"义"。要之,义即仁,特自仁之毅然裁制者言也。下逮晋、魏、六朝,时惩东汉之以名节受祸,或清虚任放,或靡丽蔑质,德益下衰矣。宋儒出而提掇"主敬"之旨。主敬,礼也,即所以集义而存仁也。后承传者又失其宗,日束于格式形迹,析文辨句于训诂之余,而真机梏矣。乃文成出,而提掇"良知"之旨。良知,智也,欲人识其真心耳。人识其真心,则即此为仁为义为礼矣。[45]

如要智识发挥作用,就要排除个人意志的影响。耿定向说:"人之生也直,惟直则生,故直心为悳。直即常也,诚也,至诚之德直而已。惟意作而迂回纽捏,则曲而不诚。曲而不诚,未有能动者也。"[46] 个人意志会扭曲规范判断,即所谓"以邪径为坦途,见也,非知也"。[47] 而意志之所以不是智识,缘于它起于情感、情绪,化为意见、意气。耿定向在《读慈湖先生语录》中把这种联结解释得十分清晰:

---

[44] (明)耿定向:《观物篇之一》,载(明)耿定向:《耿定向集》,傅秋涛点校,华东师范大学出版社 2015 年版,第 784 页。

[45] (明)耿定向:《示应试生》,载(明)耿定向:《耿定向集》,傅秋涛点校,华东师范大学出版社 2015 年版,第 193 ~ 194 页。

[46] (明)耿定向:《致曲说》,载(明)耿定向:《耿定向集》,傅秋涛点校,华东师范大学出版社 2015 年版,第 281 页。

[47] (明)耿定向:《病间寤言》,载(明)耿定向:《耿定向集》,傅秋涛点校,华东师范大学出版社 2015 年版,第 315 页。

夫意缘情识而生者也，意至违拂，不能不伤神而漓性矣。夫人各以识起意，一家之内人各异意也，能齐一而无违拂耶？无论一家，即人自每先横一意，其违拂而不遂者十常八九，岂不重伤而戾兹性真哉！……从心者，即欲即心，即心即矩，故曰不逾矩。世学者从意识耳，意见耳，意气耳，非从本心也，矩安得不逾！矩逾矣，其中心必有不自安者。不安处即心之矩，是天则不容自违者。而故犹悍然不顾，是则丧失其本心而可哀者也。[48]

耿定向反对意志对伦理底线、天则心矩的"悍然不顾"。他的这一主张以生活经验为基础。所谓"今日士绅，九列以上似是一班议论，一班意见；九列以下庶僚又是一班议论，一班意见。从旁观之，南北议论意见，似亦隐隐不同"。[49]又说："所谓近日九列以上意见，大都以调停保和为长厚，而后生或见以为怯，为比，为固位。九列以下大多以慷慨激烈为英杰，而老成或见以为躁，为锐，为钓奇。殆犹人病噎膈，上下不相通矣。"[50]在耿定向的时代，晚明党争之风已经显露端绪，这不得不令他深感忧虑。人人争意见，争意气，则上下隔、到处堵塞，政治系统将无法运行。他奉劝士人说："顾如因人之谨也而中微有喜意存，则人承吾意而誉言至，誉至而日积焉，或间指其瑕，吾耳将亦或逆矣；因人之慢也而中微有嗔意存，则人承吾意而毁言至，毁至而日积焉，或间称其贤，吾耳将亦逆矣。"[51]的确，意志本就可能摇动判断，加之"吾党往多过于自信，耻于谐俗"，就更可怕。[52] 耿定向讲了一个这样的故事。"市有不贞之妇，初蒙帷薄之诟，赧然内愧欲死已。或诟之，则犹俯首至羞涩也。久之，抗颜与人閧诟，悍然不顾

〔48〕（明）耿定向：《读慈湖先生语录》，载（明）耿定向：《耿定向集》，傅秋涛点校，华东师范大学出版社2015年版，第474页。

〔49〕（明）耿定向：《与焦弱侯之五》，载（明）耿定向：《耿定向集》，傅秋涛点校，华东师范大学出版社2015年版，第101页。

〔50〕（明）耿定向：《与王相公之一》，载（明）耿定向：《耿定向集》，傅秋涛点校，华东师范大学出版社2015年版，第228页。

〔51〕（明）耿定向：《知天说之一》，载（明）耿定向：《耿定向集》，傅秋涛点校，华东师范大学出版社2015年版，第283页。

〔52〕（明）耿定向：《与胡庐山书之一》，载（明）耿定向：《耿定向集》，傅秋涛点校，华东师范大学出版社2015年版，第82页。

已。或挑之以目,或蹑足而拊其股,则犹嘻嘻自明曰:‘吾心自贞,畴能浼我’”。[53] 这个故事形象地说明,强调意志而不顾伦理,久而久之,自甘堕落而大言不惭,便是必然结果。

三、政 治 秩 序

也许是因为和泰州学派的人物多有接触,耿定向哲学中有亲近平民的一面。[54] 他承认普通人可以作出正确的规范判断,曾在见到乡里老妇的书信后评论说:“按张媪止子远游书,大略谓:修佛业者,取静不在境而在心。心安则随处皆静,此心不安,无有静处,云云。吁!此孔子惕宰予短丧、孟子格夷之二本指。媪智何能及之?原此慈爱本心,愚妇可与知能者。”[55] 但这种对普通人判断能力的肯定是受到严格限制的。耿定向绝不认为正确的判断是现成的、见在的,可以不费吹灰之力得到。他说:“吾侪欲臻此理,须是从山穷水尽处寻讨,刀口锋尖上识取,临境对阵时证验。着些儿意识情与不得。参着些子,便有更换,便非不改之真头面矣。”[56] 又举出阳明本人的例子,说:“看阳明那豪杰,往时自负有文章,有气节,可以名世矣。到了龙场,便才晓得都没用了,只此能视能听能言这些子良知,便是一生依靠的灵丹耳。”[57]

耿定向哲学中的另一面是坚持“大人”与凡人的不同。他所谓“大人”,是有真知、真智者。而要想获得真知、真智,则必须懂得采用客观的视角、超然的立场。《置身说》在此特别重要:

---

[53] (明)耿定向:《澥习篇之六》,载(明)耿定向:《耿定向集》,傅秋涛点校,华东师范大学出版社 2015 年版,第 775 页。

[54] 参见(明)耿定向:《与同志之四》,载(明)耿定向:《耿定向集》,傅秋涛点校,华东师范大学出版社 2015 年版,第 251 页。中有:“近王心斋谓满街皆圣人,盖会得此意者。”

[55] (明)耿定向:《读李卓吾与僧若无书》,载(明)耿定向:《耿定向集》,傅秋涛点校,华东师范大学出版社 2015 年版,第 479 页。

[56] (明)耿定向:《与赵汝泉之二》,载(明)耿定向:《耿定向集》,傅秋涛点校,华东师范大学出版社 2015 年版,第 242 页。

[57] (明)耿定向:《与陶左山之一》,载(明)耿定向:《耿定向集》,傅秋涛点校,华东师范大学出版社 2015 年版,第 184 ~ 185 页。

盖通贯天地万物而无古今人我者,吾心之真体故然也。顾视自置身为何如耳。尝试验之,世人身不出闾闬,念不越身家,所暱者惟妇子耳,一垣之外皆胡越也。试举其身孑然游于百里外,途遭里之人犹戚矣。又试举其身孑然游于千里外,途遭邑之人犹戚矣。又试举其身孑然游穷荒绝域万里之外,第见似人者亦跫然而喜矣。此何以故?身之所置异处也。古之人超然物表,视其身为天下万世公共之身,天下万世故皆度内也,岂缘境所能移,名利所能障哉?[58]

由此,既然伦理底线人人皆有、整齐划一,那么“大人”与凡人的差别就成了前者知其然且知其所以然,而后者则懵然不知。正所谓“日用处,圣人原与百姓同;其所用处,圣人自与百姓异”。[59] 这个局面,被善喻的耿定向比作演戏。他说:“比睹长安道中,日迎新科进士,大都若酬金为戏者。切思此辈从此升沉显晦,得失赞毁,景态轮转,百态万状。彼身此为戏者不能当下一览,一生悲欢苦乐,日波没于戏场中耳,岂不可慨乎哉!然自古帝王经纶天下,全凭此戏。由此类推言之,凡辨等威,章物采,制礼作乐,皆此意也。”[60] 可惜的是,人群中只有少数是“作家”,绝大多数成了“演员”,“今吾侪业已在范围曲成中,即欲自外而不得,特日用而不知耳”。[61] 如果不幸做了演员,其行为的性质便是模拟比划、手舞足蹈一番而已。耿定向说:“大人通天下为一身也。吾人只苦不识得自家这个身,便去身外觅道。卑卑者只为此假躯壳,终生汩没于声色势利场中,无论矣;即高明者亦只在名行格式上模拟,与语曰‘天下通一身’,亦如说梦矣。”[62]

那么,现实之中谁是作者谁是演员呢?本来,依照《置身说》的逻辑,人人立

[58] (明)耿定向:《置身说》,载(明)耿定向:《耿定向集》,傅秋涛点校,华东师范大学出版社2015年版,第285页。

[59] (明)耿定向:《与焦弱侯之三》,载(明)耿定向:《耿定向集》,傅秋涛点校,华东师范大学出版社2015年版,第100页。

[60] (明)耿定向:《与周柳塘之七》,载(明)耿定向:《耿定向集》,傅秋涛点校,华东师范大学出版社2015年版,第113页。

[61] (明)耿定向:《与周柳塘之三》,载(明)耿定向:《耿定向集》,傅秋涛点校,华东师范大学出版社2015年版,第110页。

[62] (明)耿定向:《格物解》,载(明)耿定向:《耿定向集》,傅秋涛点校,华东师范大学出版社2015年版,第291页。

时转换视角和立场便都可成为作者,但是,也许太过于担心普通人可能任情恣意的危害,耿定向并不允许对人生和社会的“自由创作”。他错误地把“思维试验”和实际情境等同起来,认为只能在身居鸟瞰天下位置者中寻找“大人”。耿定向把孟子关于“善士”的讨论演绎成一个威权体系。他说:“夫一乡之善士,是一乡之灵秀所钟,进之而善;盖一国则萃一国之灵秀矣,乡固不得而囿也。一国之善士是一国之灵秀所钟,进之而善;盖天下则萃天下之灵秀矣,国不得而囿也。”[63]耿氏不是没有意识到这个几乎和科举若合符契的体系具有弊端,他懂得“一庠之中岁举十数人止矣,未必人人举也。况士不志仁而惟荣肥之棘,即令岁举十数辈,亦衹为乡国丛蠹、宫墙增羞耳”。[64] 但实质上,很难让人相信,这个哲学上的威权体系不是在支持吹捧紫禁城中的当轴者。——请看他的这番感叹:“嗟夫!天下之生久矣,为民立命者君乎!而君所与共理,非相耶?由余所览记,上下几千年间,乃相业之炳然著者,仅仅可几手指数。如此而犹为尽纯者也,又用之有竟,有不竟矣。抚今思往,能不怀乎?”[65]

有趣的是,耿定向在抬高当世“伊尹”的过程中每每不忘贬低其下的官绅。他的作法是把士绅和普通百姓对立起来。在解释“民之所好好之,民之所恶恶之”时,他提出问题:“顾唯一邑之中必有缝掖,尤有荐绅,是民之秀而杰者,抑岂无好恶之情,而第曰民?民云者,彼蚩蚩横目之概称也。乃当父母称者,好恶惟此之同,而荐绅而缝掖,释《诗》者咸不及何也?”[66]然后自己回答说:“尝观世长人者,或荐绅交誉,缝掖豫附,而民不见德,德音为损。籍第令此蚩蚩横目之民群然而安之若父母,而缝掖而荐绅或然或否,即有违言,德音亦自不已也。”[67]

---

〔63〕 (明)耿定向:《繁昌重迁儒学记》,载(明)耿定向:《耿定向集》,傅秋涛点校,华东师范大学出版社2015年版,第459页。

〔64〕 (明)耿定向:《繁昌重迁儒学记》,载(明)耿定向:《耿定向集》,傅秋涛点校,华东师范大学出版社2015年版,第460页。

〔65〕 (明)耿定向:《硕辅宝鉴序》,载(明)耿定向:《耿定向集》,傅秋涛点校,华东师范大学出版社2015年版,第425页。

〔66〕 (明)耿定向:《贺李邑侯膺台奖序》,载(明)耿定向:《耿定向集》,傅秋涛点校,华东师范大学出版社2015年版,第455页。

〔67〕 (明)耿定向:《贺李邑侯膺台奖序》,载(明)耿定向:《耿定向集》,傅秋涛点校,华东师范大学出版社2015年版,第456页。

这便是所谓“心恺悌而后好恶能与民同，足称父母云尔”。[68] 耿定向不但不喜欢士绅，也对言官不满。他给言官写信说：“窃怪近日弹章欲去一人，不极其丑诋不已。是以房帷媟亵之语，市进谣诼之言，俱为采摭，行之奏牍。……当此清明之时，公议自明，何须如此！”[69]

耿定向曾经讲过这样一个故事，还是和戏场有关：

> 余往游京国，于燕会中见优人之扮古王公大人为戏者，其謦欬色笑、揖让周旋多俨然似之，且其讴音清越优柔，所以形写古昔之悲欢慨慕以为忠节孝义状者，亦足兴矣。缘彼多出大方，居都会之日久，其于朝贵荐绅习耳而目之者稔也。比见吾里河口柳巷之优，亦常被冠服，饰须鬓，东涂西抹，扮古王公大人状也者。乃其启口举止，动露村俗，令人厌观。而讴声之叫噪嚣喧，既厉且麤，殆若村妇诅鸡然者，余甚不欲耳之。乃甿隶市儿环拥而观者如睹，啧啧欣赏焉。盖荒陬僻邑，局于所见然耳。[70]

如此，则村里士绅与朝堂言官在耿定向极尽精英主义的眼中大概也就是东涂西抹、叫噪嚣喧的一幅丑态吧，如何比得上王公大人的清越优柔、忠节孝义状呢？

四、耿定向的思想坐标

从耿氏留下的文字看，他应有系统梳理此前明代思想的计划，并为主要人物撰写了传记。但和后来的黄宗羲相比，耿天台本人并非顶尖的哲学家，因而完全不具备准确理解、品评前贤的能力。耿定向在薛瑄文中找到一些稍具玄理的话头，便说敬轩夫子“非直矫然以名节自树者，读其书，讽诵其绪言，盖亦有原

[68] （明）耿定向：《牧要编序》，载（明）耿定向：《耿定向集》，傅秋涛点校，华东师范大学出版社2015年版，第647页。

[69] （明）耿定向：《与北台谏》，载（明）耿定向：《耿定向集》，傅秋涛点校，华东师范大学出版社2015年版，第207页。

[70] （明）耿定向：《优喻示儿侄》，载（明）耿定向：《耿定向集》，傅秋涛点校，华东师范大学出版社2015年版，第495～496页。

本矣”。[71] 对于陈献章，则曰：“一如白沙先生，其学术谓即孔孟正脉固未能谓然，顾当此俗学沉溺之余，而挺然崛起，欲求自得于心，故亦我明创开眼孔人也。”[72]至如吴与弼，耿定向说：“亦尝读其《日录》暨诸咏，盖亦卓然自立、笃行守道人也。”[73]他还为湛若水辩护：“甘泉先生或谓其事行或多弘阔，不满俗眼，顾其一生任道、兴起斯文之志，尚可想见。”[74]总之，“明兴，弘、正间巨儒辈出，其奥论闳议，无论汉、唐，即宋理学称盛，亦远轶矣”。[75]

耿定向基本上以紫阳、阳明，宋学、王学的调人面目出现。对于宋学，他一方面批评其“似亦少失孔孟宗本”。[76] 所谓“终日辟佛，辟仙，实落未脱二家蹊径。如何成德，如何达材，所谓议论多，成功少，无怪也”。[77] 但是，若是遇到王畿等人的“讥刺宋学议论”，耿天台也会破口说他们“甚是混账”，因为他“自对证此心不过”，感到那些子“不容已者”的要求。[78] 关于朱熹和王守仁的差异，耿定向主张“明白说出”。所谓“盖自阳明致良知之说一出，近世但是谈学者都知驳刺朱子即物穷理之说之为支。今考其青天白日之履，泰山乔岳之气，继往开来之心，如此豪杰，顾曾见几人哉？……夫朱子即物穷理，其说虽若支离，然

〔71〕 (明)耿定向：《薛文清公传》，载(明)耿定向：《耿定向集》，傅秋涛点校，华东师范大学出版社 2015 年版，第 513 页。

〔72〕 (明)耿定向：《与内翰习豫南》，载(明)耿定向：《耿定向集》，傅秋涛点校，华东师范大学出版社 2015 年版，第 209 页。

〔73〕 (明)耿定向：《与内翰习豫南》，载(明)耿定向：《耿定向集》，傅秋涛点校，华东师范大学出版社 2015 年版，第 209 页。

〔74〕 (明)耿定向：《与刘中丞》，载(明)耿定向：《耿定向集》，傅秋涛点校，华东师范大学出版社 2015 年版，第 211 页。

〔75〕 (明)耿定向：《题泾野先生语录》，载(明)耿定向：《耿定向集》，傅秋涛点校，华东师范大学出版社 2015 年版，第 471 页。

〔76〕 (明)耿定向：《与胡庐山之一》，载(明)耿定向：《耿定向集》，傅秋涛点校，华东师范大学出版社 2015 年版，第 83 页。

〔77〕 (明)耿定向：《与胡庐山之一》，载(明)耿定向：《耿定向集》，傅秋涛点校，华东师范大学出版社 2015 年版，第 83 页。

〔78〕 (明)耿定向：《与霍邱田生之二》，载(明)耿定向：《耿定向集》，傅秋涛点校，华东师范大学出版社 2015 年版，第 196 页。

此老所穷者如此,其率而循之者便亦如此”。[79] 这便是以朱子的伦理实践对应阳明的深湛学思,也预告着朱子学在晚明的回潮。毕竟,“彼骛外而遗内者固非,执内而遗外者亦非也”。[80]

而如若希望弥补两方的缺陷,只有回到孔孟。耿定向说:“乃近世学术无论虚浮者流,即负真志、称有得者,类拾伯阳之余唾;称妙悟者,类剿《楞》《坛》之半解;笃修者,类守先儒之格式。于尧舜周孔真血脉,原已辽邈。”[81] 那么孔孟之学又是什么呢?耿定向在《学彖》中以洋洋千言否定了一切功利、文词、货殖、注脚、力行之学,而最终归诸《中庸》之“宜兄弟、和妻子、顺父母”,《大学》之孝、弟、慈。[82] 而他又说:“余胞中伎俩只识得高皇帝教民榜中一二语……夫此入孝出弟,就是穿衣吃饭的这个。”[83] 原来,所谓孔孟之学还是实定之伦理规范而已。

由此可知,耿定向那个“巨儒辈出,奥论闳议”的说法其实只是漂亮的修辞。在他内心深处,估计将此前理学家关于关键概念的辨析视为徒劳。他记述:

蔡文忠公曰:生而眇者不识日,问之有目者,或告之日之状如铜盘,扣盘而得其声。他日闻钟,以为日也。或告之曰日之光如烛,扪烛而得其形。他日揣籥,以为日也。日之与钟、籥亦远矣,而眇者不知其异,以其未尝见而求之人也。道之难见也甚于日,而人之未达也无以异于眇。达者告之,虽有巧譬善导,亦无以过于盘与烛也。自盘而之钟,自钟而籥,转而叩之,岂有既乎?故世之言道

〔79〕 (明)耿定向:《与赵汝泉之三》,载(明)耿定向:《耿定向集》,傅秋涛点校,华东师范大学出版社2015年版,第243～244页。

〔80〕 (明)耿定向:《内观说》,载(明)耿定向:《耿定向集》,傅秋涛点校,华东师范大学出版社2015年版,第277页。

〔81〕 (明)耿定向:《与张阳和之一》,载(明)耿定向:《耿定向集》,傅秋涛点校,华东师范大学出版社2015年版,第235页。

〔82〕 参见(明)耿定向:《学彖》,载(明)耿定向:《耿定向集》,傅秋涛点校,华东师范大学出版社2015年版,第349页、第354页。

〔83〕 (明)耿定向:《与周柳塘之十五》,载(明)耿定向:《耿定向集》,傅秋涛点校,华东师范大学出版社2015年版,第120页。

者,或即其所见而名之,或莫之见而意之,皆求道之过也。[84]

在此,前贤的工作好似像盲人描述太阳一样,注定事倍功半。而且,耿定向可能还不仅是从推崇实践,即所谓"慎术"的角度否定他们的。[85] 他大概觉得一切分析都等于翻译,不过是围绕着词语打转,即"世之贸贸然傍人口吻,争辩于名义字句间者"。[86] 耿定向说:

乃世之言道,有譬之以管窥天者,第知一隙之为天,不知触处皆天也。亦有知触处之皆天者,而躭虚执见,不自反身理会,知视听言动之皆天也。或亦有能自己反身理会,寔知吾身视听言动之皆天也者,而乃混账卤莽,诐僻恣雎,是又不知视听言动之礼之为天则也。苟实知天,即命曰撑犁,于天何病?[87]

如此一番嘲笑之下,又不知几位学人能免于张居正和耿定向一起祭出的"哺糟拾余,无裨实用,徒以惠奸宄,贼良民"冠冕呢?[88]

明人中,耿定向服膺的是邹守益,也受到王艮的一些影响,时常肯定罗洪先,但和王畿的分歧比较大。相与论学者,他欣赏罗汝芳,厌恶何心隐,憎恨李

---

〔84〕(明)耿定向:《徹蔀篇之三》,载(明)耿定向:《耿定向集》,傅秋涛点校,华东师范大学出版社 2015 年版,第 759 页。

〔85〕参见(明)耿定向:《慎术解》,载(明)耿定向:《耿定向集》,傅秋涛点校,华东师范大学出版社 2015 年版,第 300 页。耿定向说:"学有三关:初解即心即道,已解即事即心,其究也须慎术云。……皆事,故皆心也。……心剖判于此,事亦剖判于此;事剖判于此,人亦剖判于此矣。"

〔86〕(明)耿定向:《与焦弱侯之七》,载(明)耿定向:《耿定向集》,傅秋涛点校,华东师范大学出版社 2015 年版,第 103 页。

〔87〕(明)耿定向:《与焦弱侯之七》,载(明)耿定向:《耿定向集》,傅秋涛点校,华东师范大学出版社 2015 年版,第 103 页。

〔88〕(明)张居正:《答福建巡抚耿楚侗言致理安民》,载(明)耿定向:《耿定向集》,傅秋涛点校,华东师范大学出版社 2015 年版,第 840 页。

赞。最得意之弟子，乃是焦竑。[89] 而这些好恶的根源，恐怕还在于诸君学说和纲常名教、政治秩序的距离。[90] 耿定向作为一个权力核心圈内的通天人物、当世显宦，他不可能反对这个塑造其人生地位的政治秩序，至多根据自身经验，期待出现一个更加优秀的领袖（徐阶或者张居正）来维持之。与此同时，就其著述而言，耿定向也明显缺乏形上思考的能力，因此，普通纲常的确定性可以让他感觉舒适安稳，而晚明心学中的概念辨析、神秘体验无疑会威胁、颠覆此老的虚荣心和认同感。

五、结 语

用当时流行的话本笔调，耿定向讲述了这样一个故事：

齐奄家蓄一猫，自奇之，号于人曰："虎猫"。客说之曰："虎诚猛，不如龙之神也，请更名'龙猫'。"又客说之曰："龙固神于虎也，龙升天须浮云，云其尚于龙乎？不如名曰'云'。"又客说之曰："云霭蔽天，风倏散之，云故不敌风也，请更名曰'风'。思不可尚矣。"又客说之曰："大风飚起，维屏以墙，斯足蔽矣，风其如墙何？名之曰'墙猫'可。"又客说之曰："维墙虽固，维鼠穴之，墙斯圮矣，又如鼠何？即名'鼠猫'可也。"东里丈人嗤之曰："噫嘻！捕鼠者固猫也，猫即猫耳，胡自失本真哉！"[91]

耿定向对此的评论是："世谈道者此为说是矣，彼故为一说以高之；彼为说是矣，此又为一说以高之。爨瓦窬句，遞极要渺而后已，所谓以友人为实而欲以胜人为名耳。曷思庸德之实，庸言之谨，是尼父之所为至道而未能者与？"[92]——

[89] 参见（明）耿定向：《与焦弱侯之一》，载（明）耿定向：《耿定向集》，傅秋涛点校，华东师范大学出版社2015年版，第98页。焦竑高中状元，耿定向"闻贤大魁报喜，而不寐者终夕"。

[90] 参见吴震：《阳明后学研究》（增订本），上海人民出版社2016年版，第391页。

[91] （明）耿定向：《砭痼篇之四》，载（明）耿定向：《耿定向集》，傅秋涛点校，华东师范大学出版社2015年版，第769～770页。

[92] （明）耿定向：《砭痼篇之四》，载（明）耿定向：《耿定向集》，傅秋涛点校，华东师范大学出版社2015年版，第770页。

“庸德之实,庸言之谨”,耿定向终究是这样一个“庸”者。或者说,这日益喧腾的齐奄之家中主人公的一只巧谲狸猫吧。

An Ineloquent Bureaucrat: Critique to Geng Dingxiang's Legal Philosophy

Tu Kai

Abstract: This article, in a critical perspective, reconstructs minister Geng Dingxiang's legal philosophy with a modern and analytic form. A high-level mandarin in late Ming dynasty, self-proclaimed advocate for Wang Yangming philosophy, and dear friend of premier Zhang Juzheng, Geng and his works, being stripped off all the rhetoric disguise, represent a part of the Yangming tradition that is contiguous with the despotic regime. With the concept of "that can't be transgressed", he brings internal heartfelt baseline to the same level of external ethic doctrine, to restore the authority of positive rules as source of norms. In delivering normative judgment, he appreciates intelligent calculation, being in dread of the individual willpower aroused by the "liangzhi" (良知) thesis. Geng Dingxiang endorses the functionality of elites for maintaining political order, despises rural countrymen. The words of compassion and fraternity of his, plagiarized from Taizhou contemporaries, are not sincere. The legal philosophy of his is not only a hodgepodge of previous doctrinal disputes, but also a denial of the totality of precedent metaphysical searching. His essential standing is to preserve the falling regime.

Key words: Geng Dingxiang　Li Zhi　Legal philosophy　Wang Yangming Despotism

(责任编辑:李展硕)

《人大法律评论》稿约

《人大法律评论》是在中国人民大学法学院支持下，由法学院学生自主创办、独立编辑并公开出版发行的学术连续出版物，现为 CSSCI(中文社会科学引文索引)来源集刊。

《人大法律评论》初创于 2000 年，至 2017 年 12 月已出版 25 辑，现包含“专题研讨”“论文”“评论”等栏目。

欢迎海内外专家学者、优秀学子惠赐稿件，来稿原则上在 1 万字以上，并只接收电子邮箱投稿。来稿请以“作者姓名 + 文章标题”为邮件名称。收稿邮箱：ruclawrev@ gmail. com。

来稿请附中英文标题和摘要(300 字之内)、关键词(5 个以内)及作者个人简介(包括姓名、单位、职务或职称、地址、联系电话、电子邮箱)。关于引证规范，请具体参见尾页所附之引证体例。

《人大法律评论》实行匿名三审制，编辑部收到稿件起 3 个月内向作者通报审录结果，每稿必复。

《人大法律评论》崇尚学术自由，严守学术规范。一旦发现作者一稿多发、抄袭或者存在其他严重学术不端行为的，本书将向其所在单位、主管机关、学术团体及新闻媒体通报情况，并保留追究其法律责任的权利。

为了扩大本书及作者知识信息交流渠道，除非作者在来稿时声明保留，否则视为同意《人大法律评论》拥有以非专有方式向第三人授予已刊作品电子出版权、信息网络传播权和数字化汇编、复制权，以及向《中国社会科学文摘》《高等学校文科学术文摘》和中国人民大学书报复印资料等文摘类刊物推荐转载已刊作品的权利。

《人大法律评论》编辑部

《人大法律评论》注释体例

一、文中注释一律采用脚注,全文连续编号。

二、非直接引用原文的,注释前加“参见”;引用非原始资料时,请注明“转引自”。

三、注释及参考文献范例

(一)著作、教材类:

[1]《马克思恩格斯选集》(第4卷),人民出版社1972年版,第24页。

[2]龚祥瑞:《比较宪法与行政法》,法律出版社1985年版,第255页。

[3]佟柔主编:《中国民法》,法律出版社1990年版,第67~75页。

(二)论文类:

[1]苏永钦:《私法自治中的国家强制》,载《中外法学》2001年第1期。

[2]王利明:《隐私权的新发展》,载《人大法律评论》2009年第1辑。

(三)文集类:

龚祥瑞:《比较宪法学的研究方法》,载《比较宪法研究论文集》(第1集),南京大学出版社1993年版,第55页。

(四)译作类:

[古希腊]亚里士多德:《政治学》,吴寿彭译,商务印书馆1983年版,第54页。

(五)报纸:

张志铭:《现代化与中国律师制度的发展》,载《光明日报》2003年9月23日,第×版。

(六)古籍类:

(清)沈家本:《沈寄簃先生遗书》甲编,第43卷。

(七)辞书类:

《新英汉法律词典》,法律出版社1998年版,第24页。

（八）网络资料类：

郑成思：《"入世"、知识产权保护与民商法的现代化》，载 http://www.iolaw.org.cn/showNews.asp? id = 243，2009 年 6 月 19 日访问。

（九）英文类：

[1] L. Fuller, *The Morality of Law*, Robert Gilpin, revised edition, New Haven: Yale University Press, 1969, p. 143.

[2] Joseph Raz, "Legal Principles and The Limits of Law", 81 *Yale Law Journal* (1972), p. 839.

[3] H. L. A. Hart, *Jhering's Heaven of Concepts and Modern Analytical Jurisprudence*, in Esaays in Jurisprudence and philosophy, London: Oxford University Press, 1983, pp. 269 - 270.

（十）英文以外的外文文种：依照该文种注释习惯。

图书在版编目(CIP)数据

人大法律评论. 2018年卷. 第1辑 : 总第26辑 / 《人大法律评论》编辑委员会组编. -- 北京 : 法律出版社, 2018

ISBN 978-7-5197-2868-7

Ⅰ. ①人… Ⅱ. ①人… Ⅲ. ①法律-文集 Ⅳ. ①D9-53

中国版本图书馆CIP数据核字(2018)第256376号

人大法律评论 2018年卷第1辑
总第26辑
RENDA FALÜ PINGLUN 2018 NIAN JUAN DI-1 JI ZONG DI-26 JI

《人大法律评论》编辑委员会组编

责任编辑 黄琳佳
装帧设计 李 瞻

出版 法律出版社
总发行 中国法律图书有限公司
经销 新华书店
印刷 北京虎彩文化传播有限公司
责任校对 王晓萍
责任印制 陶 松

编辑统筹 学术·对外出版分社
开本 720毫米×960毫米 1/16
印张 25.25
字数 407千
版本 2018年11月第1版
印次 2018年11月第1次印刷

法律出版社/北京市丰台区莲花池西里7号(100073)
网址/www.lawpress.com.cn
投稿邮箱/info@lawpress.com.cn
举报维权邮箱/jbwq@lawpress.com.cn
销售热线/010-83938336
咨询电话/010-63939796

中国法律图书有限公司/北京市丰台区莲花池西里7号(100073)
全国各地中法图分、子公司销售电话:
统一销售客服/400-660-6393
第一法律书店/010-83938334/8335 西安分公司/029-85330678 重庆分公司/023-67453036
上海分公司/021-62071639/1636 深圳分公司/0755-83072995

书号:ISBN 978-7-5197-2868-7
定价:78.00元
(如有缺页或倒装,中国法律图书有限公司负责退换)